本书获中国社会科学院学科建设"登峰战略"资助计划资助，
编号 DF2023YS32。

邓 丽／著

收养法论
源流、体系与前瞻

THE LAW OF ADOPTION
ORIGINS, SYSTEMS
AND PROSPECTS

社会科学文献出版社
SOCIAL SCIENCES ACADEMIC PRESS (CHINA)

# 序　一

甲辰龙年新春之际，欣闻弟子邓丽新作《收养法论：源流、体系与前瞻》即将付梓，甚为欢忻。该书是她多年来观察、思考和研究收养法的集大成之作。

收养作为一种社会现象，在东西方社会自古有之。根据民政部公报数据，2018年至今国内收养登记年均数量超1万，其功能早已摆脱了宗法继嗣之目的。在法律层面，收养反映了一种典型的法律拟制技术。法律拟制代表的是一种虚构，运用在这里是以自然血缘父母子女关系为蓝本，通过收养法律行为将收养人与被收养人之间的法律关系虚构为自然血缘父母子女关系。虽是如此，收养所形成的这种关系与自然血缘父母子女关系还是存在差异。最为典型的差异表现在，自然血缘父母子女关系无法解除，而收养可以解除。

法兼具内在体系与外在体系，内在体系反映法的实质意义脉络，外在体系则是法的形式载体。对于收养法而言，现代收养法内在体系上最为重要的转变表现为从收养人中心主义转向被收养人中心主义。收养主要不再是为无子女家庭提供替代人伦的法律机制，而主要是确保被收养人健康成长。《民法典》第1044条第1款将此理念转变外显为最有利于被收养人的基本原则。由于被收养人往往不具备完全民事行为能力，需要国家更为强有力的介入，以维护被收养人的利益，收养法中强制性规范数量明显更多。在外在体系上，虽然收养法整体回归家庭法，但其因法律继受，在

1

民法典婚姻家庭编中自成一体，与大陆法系典型民法典存在较大差异。

虽然收养法在各国家庭法中均有一席之地，但以此为对象进行专题研究者凤毛麟角，且多以实务操作为导向。邓丽新作别出心裁，从源流、体系和发展三个层次，结合最新理论研究成果和实务经验，对收养法的理念与形式进行了系统性的阐述，填补了这一领域的研究空白。该书既有博古通今的历史观察、高瞻远瞩的趋势研判，也有放眼世界的比较研究；既有对收养法宏观理念体系的娓娓道来，也有对收养法教义极深的研几分析；既有理论层面的鞭辟入里，也有实践层面的细致入微。尤为值得关注的是，作者在该书中从领域法视角，阐明了收养法的社会化趋势。这一判断为收养法的未来发展勾勒了总体方向。该书对于推动我国家庭法学的研究与发展大有裨益。

邓丽在硕士期间跟随我研习家庭法，后又师从方流芳教授研习商法，此后因研究岗位的需要在慈善法和妇女儿童保护方面亦有涉猎，始终保持着开放思维和开阔视野，其研究路径和研究成果独具一格，别有洞天。期待邓丽百尺竿头，更进一步，创作出更多优秀学术作品。

中国政法大学教授

中国法学会婚姻法学研究会会长

2024 年 2 月 12 日于北京

# 序二·一部收养法的精深之作

在公法与私法二分的制度框架下，人身关系与财产关系共同塑造了私法的调整界域。然而，近代以降，商品经济的繁荣、契约自由的勃兴以及市民社会的形成，极大地促进了以财产关系为中心的个体主义思潮的盛行，由身份到契约的蜕变间接导致了以家庭关系为核心的身份法慢慢被边缘化，并与如日中天的财产法世界渐行渐远。这在收养关系上体现得尤为明显。寄身于家庭关系法一隅的收养关系，在私法世界中沉寂日久，从1991年《收养法》到2020年《民法典》，在这三十年间有关收养关系的规则罕有变化，条文数量甚至由34条缩减至26条，其在立法者眼中仿佛不足为意，学术界问津者亦寥寥可数。

事实上，收养是一个法学和社会学需要共同面对的交叉性问题，处在个体、家庭、社会与国家四维关系之中，兼具道德伦理和法律规范意义，其重要性不言而喻。如何在法律层面和社会层面妥当地处理收养问题，不仅攸关被收养人个人权利与人格尊严的维护，而且也是衡量社会治理水平高低的一个重要标杆。如今，家庭主义与个体主义的纠缠已不再泾渭分明，家事法与财产法的互动悄然间唤醒了理论界对家事法的共情与重视。因此，收养法这座"富矿"的挖掘迫在眉睫。

邓丽副研究员所著《收养法论：源流、体系与前瞻》一书解锁了这一矿藏的丰富价值，让收养法的真实面貌鲜活地呈现在大众面前。本书主要从规范变迁、体系架构以及未来展望三个角度描绘了收养法纵横交错、宏观与微观皆备的整体图景，对于深入了解收养法"由来"与"由去"的发展脉络及其多维面相不啻一项重要的素材文本。

本书主要有以下几大特色。

第一，点面结合，视角多元。这是自《民法典》颁布后首部系统性论述收养法的重要著作，也是作者不遗余力深耕细作数年的结晶。本书在写作视角上既注重历史与现实的映照，也讲求域内法与域外法的比较，还着眼于理论与实务的往返，力求从不同的侧面或角度刻画收养法的前世今生。另一方面，本书坚持问题导向，针对收养纠纷所触及的某一具体规则或某一项具体制度进行点线勾勒，从而在规则与事实之间往返穿梭，增强了收养规则解释的充分性与合理性，为司法裁判提供了理论支撑。

第二，体用结合，注重效益。现代法学研究的基本宗旨有二：一是建构体系，提升理论价值；二是阐明机理，助益规范适用。本书正是在这一宗旨的指导下开展收养法研究的，它一方面注重收养法外在制度体系与内在价值体系的建构，将收养实体规范与程序规范加以统合，从而丰富和完善了收养法的理论体系，另一方面，它又注重收养规则的教义学阐释与反思，对《民法典》中规定的收养条件、收养同意、收养程序、收养效力、收养解除等规则进行深入浅出的剖析，从而为收养规范的精准理解与妥当适用提供了知识支撑。

第三，方法独到，教义学与社会学互补。本书创造性地提出了收养法的社会化发展路径，立足于最有利于被收养人的基本原则，主张在规范理念上由国家责任转向社会保护，并通过收养机制、收养程序的合理架构，实现收养法由纯粹私法向社会化私法的过渡。这是本书最大的亮点。诚然，从现行收养法的体系位置与内在逻辑上看，它关注的对象是收养关系与收养行为，具有纯粹私法的属性。然而，纷繁复杂的社会生活使得收养问题逐渐溢出私领域，产生了一系列并发性问题，如子女上学、户口迁移、拐卖儿童、虐待或遗弃儿童以及侵犯儿童人身权益等。诸如此类非私法一己之力所能彻底整治，而需要社会层面的关照与重视、社会资源的整合与协力。因此，本书倡导的收养社会化发展路径具有深远意义。

　　本书凝聚了作者数年的心血和精力，是一部关于收养法研究的专精之作，其见解之独到、思想之深刻、资料之翔实、文笔之流畅，无不反映了作者从事法学研究的扎实功底和对收养法无与伦比的热爱。这也是一部理论性与实践性并重的工具书，无论对学者，还是对司法裁判者、律师等实务工作者而言，它都具有重要的参考意义，值得每一位法律工作者认真阅读与细细品味！在此，祝贺邓丽副研究员的大作问世，也期待其取得更加丰硕的成果！

　　是为序。

谢鸿飞

2024 年 6 月 25 日

# 目　录

# 中篇　体系

## 下篇　前瞻

# 引论　概念与架构

在我国司法体系中，收养是一个相当静寂的领域：多年来，收养纠纷少量存在、挑战不大，收养法律规范的阐释与发展甚少深入。[①] 但在更加宏大的社会治理视角下，法律收养效能不高、私自收养屡禁不绝、被收养人权益不保等现实问题已威胁到"法治民政建设"[②]：2008 年汶川大地震造成 600 多位儿童[③] 失怙失恃，后据媒体报道仅 12 名孤儿被成功收养[④]；2013 年，河南兰考县"爱心妈妈"袁厉害收留残障儿童的居所发生火灾，7 名儿童死亡[⑤]；2018 年，河北武安市"大爱妈妈"李利娟涉嫌

---

① 根据 2017 年 9 月 14 日北京市第一中级人民法院发布的《涉家事纠纷专业化审判白皮书》，该院自 2014 年 3 月成立家事纠纷专业化审判庭以来，共审理各类家事纠纷案件 2316 件，其中离婚纠纷案件、离婚后财产案件、继承案件、分家析产案件、赡养案件五类共计占比 92% 以上，在此之外，抚养费纠纷、同居关系析产纠纷、被继承人债务清偿纠纷、收养关系纠纷等案件仅"少量存在"。2016 年 6 月，由最高人民法院专事婚姻家庭案件审判指导的法官主编的婚姻家庭继承指导案例集共收入 154 件案例，其中属于收养纠纷的案例仅 3 件，其中 2 件聚焦于收养行为是否有效（"发生在《收养法》实施前的收养行为的认定"《收养法》颁布后没有经过登记的收养不受法律保护"），另 1 件主题为"解除收养关系后收养期间的生活费和教育费是否应予补偿"，对于收养法律规范的阐释与适用并无实质性发展。参见吴晓芳主编《婚姻家庭继承案件裁判要点与观点》，法律出版社 2016 年版，第 11 页。

② 雷敏：《民间收养问题研究——基于民政法治建设的视域》，《中国民政》2016 年第 14 期，第 30 页。

③ 国际公约如《儿童权利公约》之"儿童"与我国法律如《中华人民共和国未成年人保护法》之"未成年人"均指 18 岁以下的自然人。整体而言，本书中，"儿童"与"未成年人"为同一概念，端视具体语境依习惯表达而作切换。

④ 《汶川地震孤儿仅 12 人被收养 8 万多人曾争养》（2012 年 5 月 11 日讯息），搜狐新闻，http://news.sohu.com/20120511/n342922113.shtml，最后访问日期：2023 年 5 月 25 日。

⑤ 王梦婕、张轶婷：《谁来"叫停"袁厉害的爱心困局》，《中国青年报》2013 年 1 月 14 日，第 3 版。

1

犯罪被刑事拘留，被曝光竟私自集聚 69 名儿童[①]；2019 年，全国妇联发布"依法维护妇女儿童权益十大案例"，位居其首者为郑某金强奸养女案[②]……收养司法与收养民政之间的隔膜与疏离由此可见一斑：一面是风平浪静，一面是暗流涌动。

但两者实则同出一源，具有共同的法治目标和统一的制度规范，亦即通过收养法律文件体现的顶层制度设计。在我国现阶段，法律效力最高的收养法律文件当属《中华人民共和国民法典》（以下简称《民法典》），其第五编"婚姻家庭"第五章为"收养"的内容，其下有各相关法律法规、部门规章等规范性文件，这些法律规范彼此之间互为支撑、互相勾连，形成具有内在逻辑的整体架构。此制度架构具有相当的稳定性，因为现行法律制度乃是牢固地建基于我国传统收养文化和大半个世纪以来新中国的收养实践与制度探索。与此同时，自改革开放之后融入国际社会以来，我国收养法律制度的发展亦受到国际人权理念尤其是儿童保护理念和其他法域比较法研究的影响。因此，以《民法典》第五编第五章为统领的收养实证法，在纵向体系上融合了过去的收养传统与实践探索，并孕育着未来的改革趋势；在横向体系上则形成微观条文之间的逻辑关联和宏观法域之间的比较观照。对收养法作纵横体系的研究，有助于厘清其内在架构，分析其效用得失，把握其发展走向。在这一框架下，收养司法与收养民政之"冰火两重天"的症结所在亦将逐渐显现，在理论上归位，在实践中改善，成为收养法进阶的现实驱动。

基于规范分析和系统研究的需要，本章通过界定概念、勾勒架构和引介内容为全书明确论域、奠定基调，具体分为两节。第一节对收养法的核心概念进行界定，其要在于分述和比较"收养"在传统私法和国际人权保护中的不同侧重，并在不同分类标准下提出多组具有对应关系的概念，以此识别不同国家收养制度的轮廓，力图为点到点的规范比较研究提供更

---

① 郑林、付垚：《"爱心妈妈"李利娟的"滑铁卢"》，《北京青年报》2018 年 5 月 7 日，第 A06 版。
② 《依法维护妇女儿童权益十大案例》，《中国妇女报》2019 年 11 月 29 日，第 1 版。

为宽广的整体制度背景。第二节对收养法的体系架构进行描摹，以我国现行收养法律制度为原点，从纵向视角出发分别向前追溯、向后引申，从横向视角出发分别向内勾连、向外观照，阐述对我国收养法开展纵横体系研究的不同维度。并在此架构基础上对本书各篇章主要内容进行概括和引介，并尝试就我国收养法的历史形成、体系构成和发展进程等提出预设命题，一方面为具体而微的分支论题提供可予证实或证伪的比照，另一方面也有助于将细碎零散的规范分析归纳提升为较为宏观的法学论断。

## 第一节　概念与分类

收养法是以收养为主要调整对象的法律规范的总和。其中的关键词"收养"最核心的要义在于收留抚养，《现代汉语词典》中将其解释为："把别人的儿女收留下来当作自己家里的人来抚养。"[1] 但是在上述收养法的界定中，以"收养"语词定义"收养法"概念，看去似语义循环。无独有偶，我国台湾地区的教科书和有关文件亦有如此情形，曰："所谓收养，系指收养他人之子女为子女，收养者为养父或养母，被收养者为养子或养女。"[2] 当一个法律概念的内容阐释一再被规避，往往意味着相关基础理论尚存种种争议与歧义，"收养"法学概念正是如此：任何更多一些的阐释，都必然面临无尽的诘问、反思与追溯。

### 一　收养生活用语与收养法律概念

法律上的收养概念区别于社会生活中的收养语词，亦即法学视角下的收养已由社会现象转化为法律事实。在我国，收养社会现象与收养法律事实的区分主要体现为私自收养、事实收养和法律收养这三个概念各自

---

[1]　中国社会科学院语言研究所词典编辑室编《现代汉语词典》（第7版），商务印书馆2020年版，第1201页。

[2]　林秀雄：《亲属法讲义》，元照出版有限公司2018年版，第263页。

不同的"涵义空间"①：私自收养是指未办理收养登记、自行建立亲子关系以及类亲子关系之祖孙关系的收养，多用于政策文件，如《民政部、公安部、司法部、卫生部、人口计生委关于解决国内公民私自收养子女有关问题的通知》、杭州市《关于解决我市公民私自收养子女有关问题的实施意见》等。但也有一些政策性文件使用事实收养的称谓，如北京市《关于解决我市公民事实收养有关问题的意见》，上海市《处理公民事实收养问题的意见》。可见在行政执法领域，私自收养和事实收养并无严格的区分。然而在司法领域，事实收养是指未办理收养手续，亲友、群众公认或有关组织证明确以养父母与养子女关系或养祖父母与养孙子女关系长期共同生活，根据《最高人民法院关于贯彻执行民事政策法律若干问题的意见》（〔1984〕法办字第112号）司法解释文件以及相关法律文件肯认其收养效力的私自收养。亦即，司法实践中所称事实收养特指收养效力受到法律肯认和保护的私自收养。而法律收养则是指符合法定条件的主体依照法律规定的程序实施的具有法律效力的收养。

法律收养实际上是在国家干预收养这一前提下生成的概念，国家干预越强，法律收养与私自收养之间的效力差异越大，而事实收养则是二者的折中。我国当前的现实是，法律收养机制效用不彰，私自收养现象屡禁不绝，导致在社会治理层面不得不通过政策性的操作将一部分私自收养认定为事实收养再疏导至法律收养通道，从而将其纳入法律规制与保护的范畴。但这显然只是权宜之计，要想真正防止收养溢出法律框架、避开法律管辖，则根本性的制度建设应着力于面向现实需求调整和适当开放法律收养通道，逐步消解私自收养的社会经济文化成因。至于为何以法律收养为制度目标而需致力于减少或者消除私自收养，系因现代法治国家皆以保护儿童、实现儿童最大利益为己任，故以强调国家干预的宣告收养机制为共识。本书上篇第二章将从收养法演进的视角对此予以详述。

---

① 〔德〕齐佩利乌斯：《法学方法论》，金振豹译，法律出版社2009年版，第30页。

### 二　收养法律行为与收养法律关系

作为法律概念，收养既可能指向收养法律行为，也可能指向收养法律关系，以致在薪火相传的经典教科书中亦出现夹杂不清的界定："收养亦称收养关系，谓收养人与被收养人之间，以发生亲子关系为目的之要式的法律行为。"[①] 法律行为与法律关系皆系民法学基础概念，在任何情形下都应具有明确的涵义和分界，却在前引关于收养的界定中出现语词飘移和语义冲突，其间固然有论者之疏忽，但也反映出收养法基础理论本身的稚拙。这种学科体系的先天不足也恰恰昭示，民法基础理论在身份法领域的应用非经一定的改造、变通甚或创新，必会带来诸多逻辑上与表达上的困扰。

当前我国通行的婚姻家庭法教科书大多在概念的界定中规避了上述冲突，径行将收养界定为法律行为，虽具体表述略有不同，然核心共识皆在于：收养系自然人依照法律规定的条件和程序领养他人的子女为自己的子女，从而使收养人和被收养人之间形成法律拟制的亲子关系的民事法律行为。[②] 那么收养法律关系何所指，能否与收养法律行为切割开来？再有，其各自当事人为何？由于缺乏系统阐述，数十年来这一基础理论问题尤其是最终聚焦的送养人在收养中的法律地位问题，竟成为无解公案：当前民法学界代表性论见皆认为，收养人和被收养人是收养关系的当事人，送养人仅以被收养人的法定代理人身份进入收养关系，并非收养关系的一方主体，"因为收养关系是一种拟制血亲的亲子关系，因而送养人不可能为收养关系的当事人"[③]。在婚姻法学界，较早期虽有学者提出收养行为的当事人是收养人、被收养人和送养人，但仍然认为送

---

[①]　史尚宽：《亲属法论》，中国政法大学出版社 2000 年版，第 584 页。

[②]　参见夏吟兰主编《婚姻家庭继承法》（第二版），中国政法大学出版社 2017 年版，第 180 页；薛宁兰、金玉珍主编《亲属与继承法》，社会科学文献出版社 2009 年版，第 221 页。

[③]　余延满、房绍坤、朱庆育等诸位学者均持此见，引文见余延满书。余延满：《亲属法原论》，法律出版社 2007 年版，第 406 页；房绍坤、范李瑛、张洪波编著《婚姻家庭与继承法》（第五版），中国人民大学出版社 2018 年版，第 126 页。

养人"在法理上可以解释为是作为未成年被收养人的法定代理人而参与收养行为的"[1]。后继学者倾向于将收养人、被收养人和送养人各自作为独立的主体看待，强调被收养人是收养行为的主体，而不是收养行为的标的。[2]另有学者对收养行为的当事人与其后形成的收养关系中的当事人进行区分，认为收养行为的当事人为三方，即被收养人、送养人和收养人，收养关系的当事人为收养人和被收养人，前者为养父、养母，后者为养子、养女。[3]

本书认为，前述最后一种立场抓住了问题的要害，但由于在使用概念方面偏于保守和自我设限，使得问题被重新推向混沌境地。实际上，将旨在建立拟制亲子关系的收养行为与其后有效成立的拟制亲子关系进行概念上的区分是厘清收养当事人的第一步。为免于混淆，可将后者称为养父母子女关系，而将形成养父母子女关系这一过程中的法律行为和法律关系称为"收养"。如此，收养行为指向当事人各方在收养过程中所为民事法律行为，收养关系则指向当事人各方在收养过程中形成的权利义务关系。虽是同一过程，两者的法律意义却不同：收养行为的核心要素在于当事人围绕收养事项而为之意思表示，此意思表示与法律相关规定相结合产生的当事人各方权利与义务则构成收养关系的主体要素。自"时间上的存在"而言，两者的区分更为显著，正如拉伦茨对合同行为与合同关系所作的区分：合同是一个过程，是一种事实的出现，存在于时间上的特定点，因此作为已经发生的行为而区别于买卖双方的法律关系，该法律关系是一种债权债务关系。[4]显然，买卖双方之间的债权债务关系区别于合同履行之后形成的对标的物的所有的关系。同理，收养过程中形成的法律关系与收养生效后形成的拟制亲子关系亦不可混同。

---

[1] 杨大文主编《亲属法与继承法》，法律出版社 2013 年版，第 197 页。

[2] 陈苇主编《婚姻家庭继承法学》（第三版），中国政法大学出版社 2018 年版，第 168 页。

[3] 马忆南：《婚姻家庭继承法学》（第三版），北京大学出版社 2014 年版，第 163 页。

[4] 〔德〕卡尔·拉伦茨：《德国民法通论》（上册），王晓晔、邵建东等译，法律出版社 2003 年版，第 259 页。

确立这一基础认知之后，我们重新回到论题，收养当事人究竟包括哪几方主体，其各自地位如何？现代民法的基本理念是，人必为主体，不能也不容沦为客体。所以首先应当明确，成年的收养人和送养人，未成年的被收养人，均为法律上的主体。那么，他们是否都属于收养当事人？笔者认为，收养与三方主体的亲子权益均直接、密切相关，收养的成立将使三方的亲子权益都发生实质性的、重大的改变，他们都是收养当事人。然则，他们是否都具有独立的主体地位，以其自身的名义参与收养、影响收养、决定收养？笔者认为，收养法对收养人、送养人、被收养人各方的条件和权利义务均有明确规定，任何一方不符合条件或不积极履行权利义务都可能导致收养归于无效，他们显然都具有独立的主体地位。对收养当事人的认知，还会关联至有关收养同意的制度设计，相关法律规范必然反映立法对法律关系当事人的认知和定位。一方面溯及法理，一方面诉诸规范。综合可知，被收养人并不因为其未成年而丧失或减损其主体地位，送养人也不会因为其同时承担被收养人法定代理人的职责而湮灭或减损其自身的独立主体地位。本书中篇在讨论《民法典》所规定的各方当事人条件及有关收养同意的条款时会进一步追溯和展开当事人主体地位问题。

### 三　收养的分类

仅聚焦于某一法域收养实证法引介的论著，通常不必以收养分类为专题详加研讨。一方面或是因为立法上的类别区分相当有限，如我国实行以未成年人为被收养人的单一完全收养机制，在编排体例上完全不体现收养类别。而大多数国家立法文本对收养的类别虽有区分但也止于两项而已，于规范层面分别阐述即可，似不必再设抽象论题：如《法国民法典》分"完全收养"与"简单收养"，《德国民法典》分"收养未成年人"和"收养成年人"，《瑞士民法典》分"未成年人的收养"和"成年人的收养"，《意大利民法典》和《日本民法典》通过规定"特别养子女的收养"区别于之前的普通收养。① 另一方面，不同的立法分类也反映出各国收养制度皆具鲜明的民族性，与其特定的国情、文化、风俗背景相联，头绪纷多，旁逸斜出，实难一较短长，这或许是收养分类研究并不风行的实质性原因所在。

我国亲属法研究开创之始，前辈学者曾尝试兼以国别和学理标准对收养进行分类，如史尚宽先生在论及收养关系种类时，先以国别分出罗马法、法国法、日本法和韩国法：罗马法之分类，其下始分收养自权者和收养服从家长权之人，至优帝时出现完全收养与不完全收养的区分；法国民法之分类，其下分为普通收养、例外的或血缘断绝之收养关系以及特别或准正收养关系；日本、韩国之分类，前者分为未成年人收养、成年人收养、夫妻养子，后者分为死后养子、婿养子、遗嘱养子、夫妻养子。其继而又在学理上确立不同区分标准：依生父母关系之断绝与否，分为血缘断绝之收养与血缘继续之收养；依拟制血亲所及之程度，分为当事人关系之收养与全面亲属关系之收养；依收养行为时期，分为生前收养与遗嘱收养；依养育主体，分为公法养子与私法养子；等等。②

如此复杂的收养分类体系需贯通古今中外的学理与实证方可进一步厘清和辨析，但我国收养法研究向来隐身于家庭法或亲属法大宗，鲜有绵密细致的全面阐释，收养分类作为其中学理性的分支论题更是未及深入。但是对于勾勒收养制度的框架、阐明收养制度的功能而言，研究收养分类又是无法回避、不可或缺的基础性工作，凡专事收养法研究者必于此拓开论域。正是在这一意义上，蒋新苗教授基于国际法、比较法视角对收养分类所作的简明阐释极大地丰富和拓展了学界对现代收养机制的研究。该理论

---

① 本书所引外国民法典译本：《法国民法典》，罗结珍译，北京大学出版社 2010 年版；台湾大学法律学院、台大法学基金会编译《德国民法典》，北京大学出版社 2016 年版；《瑞士民法典》，于海涌、赵希璇译，〔瑞士〕唐伟玲校，法律出版社 2016 年版；《意大利民法典》，陈国柱译，中国人民大学出版社 2010 年版；《日本民法典》，刘士国、牟宪魁、杨瑞贺译，中国法制出版社 2018 年版。以下不再赘注。

② 史尚宽：《亲属法论》，中国政法大学出版社 2000 年版，第 587~590 页。

提出七种不同的标准对收养进行分类：按照收养行为发生的时间，分为生前收养和死后收养；按照收养是否依法成立，分为法定收养与事实收养；按照收养人的人数，分为共同收养和单独收养；按照收养主体的性质，分为公法收养与私法收养；按照收养行为是否保密，分为公开收养和秘密收养；按照养子女与亲生父母是否终止权利义务关系，分为完全收养与不完全收养；按照收养是否含有涉外因素，分为国内收养与国际收养。①

这些分类都使用了两两相对的概念，使其更易于识别，而且就其时代性和应用性而言，也与当前各国的实证法体系更为契合，能够在实证法中找到依据。但值得注意的有两点。其一，有些分类虽有现实意义却并不严谨，不宜作为法学概念。如公法收养与私法收养之别，旨在区分抚养教育主体的公法主体和私法主体属性，但收养历来与家庭整合相关，本质上属于私法范畴，由国家收留抚养承担监护职责已完全溢出私法框架，用国家监护或国家责任的概念加以指称更加清晰直观，称之为公法收养非但在体系建构上毫无助益反而使两种性质不同的法律现象互生干扰。此外，法定收养与事实收养作为对称也不妥当，因为在法定收养、事实收养、私自收养同时存在的法域中，仅仅框定其中两个概念显然没有穷尽所有情形，在逻辑上不周延，在效用上也很有限，不能对收养的有效或无效作出明确的甄别。其二，以上七种分类系在国际视域下综合各国收养法而作总体概括，并非每种分类均适用于各国收养法，亦非每组对称均体现于各国收养法。质言之，具体到某一法域，可能其收养制度仅适用少数分类，而且在对称概念中仅择其一。以我国收养法为例，立法上没有出现上述七种分类十四个概念中的任何一个，而从学理分析则可识别出生前收养、共同收养为原则单独收养为例外、秘密收养、完全收养这些规则，同时既包括国内收养也包括国际收养。但整个分类体系仍具有非常重要的基准意义，因为它有助于实现在国际视域下对各国收养法律制度作整体研究，进而为分析

---

① 蒋新苗：《收养法比较研究》，北京大学出版社 2005 年版，第 36~40 页。

一国收养法提供宽广的参照系和坐标轴，使民族的制度与世界的潮流关联起来、融合起来。

本书旨在对我国收养法律制度展开教义分析和逻辑剖析，因此当以实证法上的收养分类为主要认知框架。但即使研究本国实证法，亦必参其古今，知其所源，识其所趋，这就需要历史参照系和国际参照系，所以历史发展进程中收养类型的转变及他国实证法上的收养分类及收养规范亦在考察范围之内。但要真正作有意义之比较，须力避断章取义、支离破碎的生硬对比，坚持在限定条件大致相当的背景下进行比较，这就需要对不同法域有整体认知，且适时引入其他社科范畴的概念和标准以进一步探究法律机制背后之社会成因。

有鉴于此，本书论题主要在以下收养分类体系所框定的论域中展开：其一，我国及主要代表国家的收养实证法所采用的分类，以德国、法国、意大利、瑞士、日本为例，主要涉及成年人收养与未成年人收养、完全收养与简单收养、特殊收养与普通收养（意、日）、国内收养与涉外收养；其二，学理体系中反映社会经济文化背景或者体现未来发展趋势的分类概念，如生前收养和死后收养、共同收养与单独收养、亲缘收养与第三方收养、协议收养与宣告收养、秘密收养与开放收养等。

首先，就实证法上的收养分类模式简述如下：

其一，德国和瑞士民法典采成年人收养与未成年人收养的分类，我国《民法典》则限定仅未成年人可被收养。《德国民法典》在体例编排上在"收养"一节下区分"收养未成年人"与"收养成年人"两小节，关于成年的判定则须援引此法典第 2 条，"满十八岁即为达到成年年龄"。《瑞士民法典》则在"收养"一节中以一级标题显示"未成年人的收养"和"成年人的收养"，关于何谓成年亦须援引该法典第 14 条，"年满十八周岁的人为成年"。我国《民法典》第 1093 条明确被收养人须是"未成年人"，援引法典第 17 条，"十八周岁以上的自然人为成年人。不满十八周岁的自然人为未成年人"。可见，年满 18 周岁认定为成年人系国际通例，肯认未成年人收养也是共识，唯在是否肯认成年人收养方面，各国存在制度差异。

其二，意大利和日本民法典设特别收养规范，以区别于关于收养的一般性规定。《意大利民法典》中的"特别养子女收养"一节在收养条件、收养程序和收养效力的内容上均较一般收养有很大不同，而其中主导性、决定性、本质性的差异应归于收养效力。该法典第300条第1条针对一般收养规定，"养子女对其原来的家族保有一切的权利和义务。但不妨碍由法律所定的例外"。另其第314条之26第2款则针对特别收养规定，"在特别养子女收养的同时，养子女对于生身家族的关系消灭。但不妨碍婚姻的禁止及基于亲属关系的各种规范"。可见在意大利，特别收养与一般收养的效力差异主要在于，养子女对于生身家族的关系是否消灭。《日本民法典》与此相似，其在收养效力的一般性规定中丝毫没有提及被收养人与其生身家庭的关系，但对于特别收养则在该法典第817条之2第1款明确规定："家庭法院，在具备下条至第八百一十七条之七规定的要件时，根据将成为养父母的人的请求，可以准予成立旨在与亲生方的血亲终止亲属关系的收养关系（以下本分节称'特别收养'）。"意大利和日本在实证法层面通过特别收养和一般收养来区分的这种效力差异，在学理上通常以完全收养和不完全收养的对称予以概括。

其三，《法国民法典》在第八编"收养子女"中分三章，分别规范"完全收养"、"简单收养"和"有关收养亲子关系的法律冲突以及国外宣告的收养在法国的效力"。这里涉及完全收养与简单收养、国内收养与涉外收养两种分类体系。其中针对完全收养的法律规范最为繁复细致，被收养人一般年龄不满15周岁或符合法律规定的例外情形（第345条）。综合该法典第356条和第358条的规定可知完全收养的效力在于：确立一种替代原始亲子关系的父母子女关系——被收养人在收养人的家庭中享有与婚生子女相同的权利，负相同的义务；被收养人不再属于与其有血缘关系的家庭，但保留执行有关禁止结婚的规定。简单收养对被收养人的年龄没有限制（第360条），其在姓氏、扶养、继承等方面的效力均有具体规定，但特别要注意到，依据该法典第 364 条的规定，被收养人仍留在原生家庭内并保留其全部权利，尤其是继承人的权利。该法典第 370-5 条在规定涉外收养的效力时进一步阐明完全收养与简单收养的实质差异所在：在国外符合规定宣告的收养，如其完全地、不可解除地断绝原有的父母子女关系，在法国产生完全收养之效力；在并非完全地、不可解除地断绝原有亲子关系的情况下，在国外符合规定宣告的收养在法国产生简单收养之效力；如果当事人是在完全知情的情况下表示明确的同意，简单收养也可以转为完全收养。

国内收养与涉外收养则主要依据有无涉外因素来进行区分，通常涉及准据法的确定、收养程序的协作和收养效力的承认等问题。有些国家的民事收养法律制度会一并纳入涉外收养法律规范，如前述《法国民法典》第八编第三章，又如我国《民法典》第 1109 条，但涉外收养法律规范也可能体现在单行法中，如我国《涉外民事法律关系适用法》第 28 条专门规定了涉外收养的准据法。全面掌握一国涉外法律制度，还须结合该国加入的有关国际条约，最著名、最常用者如《儿童权利公约》《跨国收养方面保护儿童及合作公约》等。

然后，对学理上的收养分类概念简介如下：

其一，依收养发生效力的时间，分为生前收养和死后收养。[①] 现代收养制度要实现重构家庭的功能，以生前收养为基本形态。死后收养源于历史上为继承宗祀而存在的相关机制，如我国古代的继绝制度等，此后演变为遗嘱收养，即行为人生前以遗嘱方式作出收养意思表示，该收养自行为人死亡之时起生效。随着现代收养制度逐渐明确以儿童保护为首要目标，遗嘱收养无法实现其制度功能，因此被逐渐禁绝，现在唯有德国、意大利

---

① 蒋新苗教授在其专著中以"收养行为发生的时间"为标准区分生前收养和死后收养。参见蒋新苗《收养法比较研究》，北京大学出版社 2005 年版，第 36 页。笔者以为，这一标准在逻辑上不甚恰切，因为行为只能发生在生前，现代民事法律体系中的死后收养实则是指行为人生前以遗嘱等方式作出收养意思表示，但收养程序完成、收养生效系在其死亡之后发生，因此主张将该区分标准修改为"收养发生效力的时间"。

等少数国家在各自民法典中就收养人启动收养程序之后发生死亡情事的处理作出规定。

其二，依收养人为一方或多方主体，分为共同收养与单独收养。收养是以自然血亲亲子关系（以下简称"自然亲子关系"）为比照设立拟制血亲亲子关系（以下简称"拟制亲子关系"）的法律机制。在自然亲子关系中，子女与父母形成对应关系，子女通常归属于一个家庭，由一对父母抚育。因此，收养制度在拟制亲子关系时亦不允许收养人为分别处于不同家庭的多方主体，亦即收养人通常为夫妻双方，是为夫妻共同收养。随着同性结合受到越来越多的肯认，同性伴侣能否共同收养也成为学界、社会关注和讨论的议题。而独立生活或者虽有伴侣而未缔结婚姻的单身人士，以其个体身份收养子女，称为单独收养。各国法律通常对单独收养的条件专门作出规定，确保单身人士有条件、有能力履行对养子女的养育和保护责任，并防止单身人士可能对养子女造成的性剥削和性侵害，这种性剥削和性侵害多是针对异性养子女，但考虑到性倾向的多元化，对同性养子女的保护亦应纳入考量。共同收养与单独收养的分类带来的一个诘问是，继父或者继母收养继子女，应归为共同收养还是单独收养。显然，生父或者生母与其子女之间存在自然血亲关系，不需要通过收养拟制亲子关系，所以继父或者继母收养继子女，应视为单独收养。但继亲母收养继子女似乎又不同于普通的单方收养，因为此类收养能够使子女处于生父 – 养母或者生母 – 养父的养育保护之下，对于子女的成长和重婚家庭的凝聚都具有积极意义，所以各国法律普遍对继亲收养持鼓励和支持的立场，而非以单独收养的各种条件设定相辖。但这一逻辑转承需要通过法律条文的适当措辞予以妥善处理，方可疏通体系避免混乱。

其三，依收养人是否与被收养人具有亲属关系，可分为亲属收养与第三方收养。在国际上，有学者使用"第一方收养"（first party adoption）或者"家庭收养"（family adoption）作为对继亲收养和血亲收养的概称，同时使用"第三方收养"（third party adoption）指称没有亲缘关系的收养。笔者认为，"第一方收养"的说法与中国法律文化和习惯表达相去甚远，而"家庭收养"的说法又多歧义，皆不可用，主张以亲属收养概指继亲收养和血亲收养，因为继亲在性质上属于姻亲，可纳入亲属范畴。至于"第三方收养"之谓，笔者认为此概念可予保留，因为中国法亦习以"第三方"之谓指称利害关系上相对独立、相对疏远的主体，正可引申指代没有亲缘关系的收养人。亲属收养和第三方收养这组概念具有显著的社会学意义，对两者的区分有助于从相关统计数据中体察收养制度在某一法域中的主要功能和应用场景，为立法规范收养条件和收养程序设定背景和目标。

其四，依收养以当事人协商合意为主导抑或以国家机关审查宣告为主导，可分为协议收养与宣告收养。协议收养更多体现私法自治理念，其本质在于亲子权利义务主体由生父母／被收养人转变为养父母／被收养人，该理念下法律规定的收养程序旨在对当事人之间的合意予以确认。近年来，随着儿童保护理念逐渐成为共识，国家愈来愈积极主动地履行收养中的儿童保护责任，并由此通过规范收养条件、替代或者免除收养同意、丰富收养程序对收养进行越来越多、越来越强的干预，国家有权机关对收养的审查、肯认和宣告逐渐取代当事人协议原有的主导地位，形成宣告收养机制。由于收养的具体类型不同，国家干预的程度也不同，因此协议收养和宣告收养可能同时并存于一国法律体系之中，也可能两者正处在转化与发展的过程之中。

其五，依收养信息是否向当事人尤其是被收养人披露，可分为秘密收养与开放收养。这当然是针对完全收养机制而言的，因为不完全收养中被收养人在原生家庭和收养家庭中分别享有相应的权利并承担相应的义务，不存在信息遮蔽，也就没有信息披露的需求。完全收养旨在于收养人与被收养人之间创设完全同于自然亲子关系的拟制亲子关系，而完全断绝送养人与被收养人之间的联系与接触被认为有助于实现此目标，因此遵循秘密收养的准则。秘密收养带来的问题是被收养人无法保有其幼时与密切联系人建立起来的信任与依赖，而现代儿童研究认为这可能给被收养人的成长带来身心方面的困扰，更重要的是被收养人即使在成年以后也无法获知自己的身份信息，从而损害到其自我认知与身份建构，而当代国际人权理论与实践已经肯认身份权包括知道谁是其父母的权利。《儿童权利公约》《跨国收养方面保护儿童及合作公约》均有相关规定。在儿童发展研究和国际人权思潮的推动下，秘密收养机制逐渐松动，开始向开放收养转变。但各国的开放程度并不相同，有的国家主要关注被收养人成年以后对收养信息的知情权，如瑞士、法国等，有的国家则更加积极地探索通过收养令与探视令结合的方式为被收养人和送养人争取接触的机会与通道，如英美国家。

综上，通过对基础概念与分类体系的梳理，当代收养法领域的主要议题与发展趋势已初见轮廓。在民族性与特异性凸显的这个领域，宏观和微观层面的研究同样重要，一方面须删繁就简，把握主体脉络；另一方面则须探幽发微，辨析具体差异。由于各国实证法上的收养分类体系不尽一致，关于具体规范的比较考察尤应注意在同等设定下展开，并对关联制度作一体考察。

## 第二节 架构与内容

本书以《民法典》第五编"婚姻家庭"之第五章"收养"的理解与适用为中心，由此在纵向的时间轴上分别向前、向后延展，于宏观处探明其来路与趋势，于微观处审视其效用与限度，同时亦在横向的逻辑轴上分别向内、向外勾连，于宏观处打开国际比较视域，于微观处梳理内在机理逻辑，最终以兼具历史性和国际性的坐标系力争为我国收养法律制度作准确定位和科学前瞻。在此架构之下，本书主体内容分上中下三篇，首先着眼于收养制度的历史发展勾勒其源流、格局与趋势，然后聚焦于我国现行法律规范的教义分析，描摹每一次演进与修改，解析每一处理解与适用，最后从当前收养实践的现实需求出发，探寻我国收养法社会化发展的进阶路径。

一 纵向时间轴上的前后延展

1. 宏观视角

在数千年的人类历史上，收养制度古已有之，沿袭日久，但其性质与功能在不同的社会背景和时代形势下表现为不同的样态。古代社会，皇权在皇族内部传承并通过层级化的家族实现统治，"为家族的收养"是家国同治链条中的重要一环。在家国同治体系的裹挟下，儿童处于工具性、从属性的"客体"地位，服务于家族利益和国家政治。

近代以降，随着工业化生产方式的普及，家族制度开始消隐，家国关系也逐渐走向分离，家族利益对收养的捆绑渐渐放松，核心家庭的亲子需求开始显现。但在盛行已久的父权文化中，尊亲的需求显然较之卑亲更有分量，由此导致收养制度虽不再完全由家族利益所辖制，却又不可避免地受制于尊亲的利益与意愿，是为"为（尊）亲的收养"。适逢两次世界大战使得失怙失养儿童数量陡增，成为突出的社会问题，加之未婚先孕、再婚家庭愈益多见，收养逐渐成为现代法律体系中一个稳定而普遍的要素。这一时期在社会治理框架的涵摄下，被收养儿童是作为待解决的社会"问题"而呈现的。

二战以后，在国际人权思潮的影响下，以儿童为本位的保护理念发展为层次丰富的理论体系和实践规范。在国际人权公约和人权理念日益广泛而深入的影响下，各国收养制度和实践形成细节不同但潮流一致的发展动向，其驱动因素分布于各个层面。在政治层面，老龄化、少子化背景下社会发展和国家竞争的需要使得儿童群体作为关键而稀缺的人力资源储备受到更多的战略性关注和关切。在法律层面，人权领域的发展使得儿童"主体"地位获得普遍认可，被收养儿童因处于明显弱势地位而需要特别保护，如何基于其个体性需求和处境为之提供周全而妥当的权益保障是必须面对的实践问题。如此，儿童所拥有的超越家庭的公民身份愈加凸显，

"为（尊）亲之收养"在儿童保护理念的冲击下通过因应社会现实、加强社会保护的社会化路径渐渐转向"为儿童之收养"。同时，在愈来愈趋向于原子化的现代社会，收养因其具有联结个体、重塑家庭的制度功能而成为对抗个体化与去家庭化思潮、助力社会建构与社会融合的积极力量。

### 2. 微观视角

虽然我国古代史上立嗣制度常入律令，清末民法典编纂中亦有考量和涉及，但1949年新中国成立以后，我国收养制度几乎完全是另起炉灶、由简而复逐渐发展起来的。最初，只是1950年《婚姻法》在规定自然亲子关系中若干权利义务后，附带规定养父母子女关系同此，至1980年《婚姻法》出台，上述条款经调整后，明确养父母子女关系全面适用自然亲子关系规范，形成拟制的法律效果。在法律仅作效力规定之外，1972年、1984年的民事法律司法解释文件逐渐补充规定收养的条件和程序、事实收养的认定、解除收养的条件及法律后果。至1991年《收养法》出台，始在以上规范与实践的基础上系统规定收养法律规范，该单行法于1998年修订后一直沿用至2021年1月1日被《民法典》"收养"章取代。

在以上发展包括《民法典》起草过程中，我国收养法律规范总体保持稳定，但条文中有些表述和语词亦在不断修改和调整之中，最终有的修改落实在正式出台的条文中，具有了法律约束力，有的动议则可能佚失在法律审议程序中，仅在立法史上产生微弱的回响。但我们也要看到，立法是一个系统、综合和统筹的过程，不仅以每次修法当下的社会现实为基础，也会深刻反映民众和社会对有关议题的呼声以及立法者的相关思考与积淀，因此曾经出现过的动议对于理解和分析收养法的旨意和走向亦是不可忽视的。

## 二 横向逻辑轴上的内外勾连

### 1. 宏观视角

在国际化与全球化时代背景下，不同法域的制度规范无时不在互为观照中相互影响、相互交会，加之国际人权理念和规范体系的推动，同一领域的法律制度往往会形成一些基本共识和逻辑线条，进而形成共同的趋势和走向。

结合以上对诸国民法典中有关收养法律规范的体例介绍及内容援引可知，不同法域虽或采用不同的收养分类模式，但其在机理上是高度一致的：区分未成年人收养与成年人收养，则分别在其效力上对应体现完全收养与简单收养的规范；区分完全收养与简单收养，则分别在其条件上对应体现未成年人收养与成年人收养的规范；区分特殊收养与普通收养，则分别在条件和效力上对应体现未成年人收养/完全收养与成年人收养/简单收养的规范。由于我国实行单一的未成年人完全收养机制，相应地，比较研究应主要在与之具有相似本质的未成年人收养、完全收养、特殊收养规范中展开。但如果另一法域中这类收养的条件、程序和机制等须参照该国成年人收养、简单收养、普通收养规范或与之无异，则可援引相关规范。

关于收养的学理分类更是自觉纳入比较研究的视角，从而更加全面、更加直接地反映出不同法域之收养法律制度所处的发展阶段及其共同的发展趋势，同时亦在其差异处折射出不同法域所独具的民族特性与价值立场。譬如生前收养的大一统与遗嘱收养的被禁绝、夫妻共同收养的主流模式与单独收养的特别规范、亲属收养的延续与第三方收养的扩张、协议收养的外观与宣告收养的实质、秘密收养的传统与开放收养的革新等，尽皆反映出当前收养法律制度之进退无不以儿童保护为首要考量和主要驱动。但是在这其中，是否保留遗嘱收养的"遗迹"，于收养人死亡后继续推进收养程序，怎样在共同收养与单独收养的体系中定位继亲收养之规范，如何把握亲属收养与第三方收养的干预尺度，如何在协议收养的私法框架下加入宣告程序从而实现儿童保护意旨，如何在保持秘密收养传统的同时适当开放信息以兼顾当事人尤其是被收养人身份建构的需求与权利，凡此种种，各国收养法均须立足于本国国情与文化、民众理念与诉求以及社会治理模式而予裁夺、应对和决断。在这些方面与其他法域作比照，有助于为本国收养法律制度精准定位，同时又超脱于当前发展阶段，直面未来可能的趋势和走向。

2. 微观视角

我国《收养法》于1991年出台，1998年修订，其结构与内容都相当稳定，凡34条，分为六章，章名依次为"总则""收养关系的成立""收养的效力""收养关系的解除""法律责任""附则"。以此为基础框架，2021年1月1日生效的《民法典》第五编"婚姻家庭"之第五章"收养"从第1093条始至第1118条结，共26条，分为三节，依次为"收养关系的成立""收养的效力""收养关系的解除"，与《收养法》之主体结构完全重合。此外，《民法典》第五编第一章"一般规定"中第1044条规定收养原则，为现行收养法律规范之基准，其地位相当于《收养法》"总则"部分的规定，只是更加精简与凝练。如此看来，《民法典》"收养"章承继了《收养法》的框架结构，以收养关系的成立、效力与解除为主线，构建起以民事法律关系为中心的收养私法体系。

自篇幅之繁简而言，《民法典》"收养"章的三节内容并不均衡，其中第一节"收养关系的成立"用去18条详细规定收养的条件与程序，第二节"收养的效力"仅区区3个条文，第三节"收养关系的解除"也很简省，包括5个条文。鉴于第二节和第三节条文少且主旨集中，于此不再细论。第一节中18个条文可以再从结构上加以分析：①第1093条规定被收养人的条件；②第1094条规定送养人的条件，在形式上与前条表现出一定的对应关系，但从构建制度模块的视角出发，可将第1094条至第1097条皆归入送养主题，包括送养人主体和送养条件；③第1098条规定一般性的收养人条件，其后5条涉及特殊收养的条件和要求，可将此6条一并归入收养主题；④第1104条规定收养同意；⑤第1105条和第1109条分别规定国内收养和涉外收养的程序；⑥余条规定收养所涉其他事项，包括第1106条关于户口登记的规定，第1107、1108条关于收养（送养）

与抚养之间的辨析与协调，第 1110 条关于保守收养秘密的规定。当然，这里面亦可更加简明地将第 1093 条至第 1103 条全部纳入收养条件（其中第 1093 条至第 1098 条归入一般收养，其后第 1099 条至第 1103 条划入特殊收养），第 1104 条、第 1105 条和第 1109 条一并纳入收养程序，然后是第 1106~1108 条加第 1110 条构成的杂项规定。

此外，亦可打通该章三节的内容，描摹出相关条文间更加隐秘的逻辑勾连，如第 1096 条、第 1107 条、第 1108 条主要处理收养与抚养之间的关系，由此又可突破该章界限，援引至《民法典》"家庭关系"章有关抚养的规定；再如第 1106 条、第 1110 条和第 1112 条主要规定收养所涉户口、姓氏、保守秘密等事项，亦可一并归入收养的支持与服务体系。

### 三 篇章结构与主要内容

本书主体内容分上中下三篇。

1.上篇"源流"分三章，框定论域，奠定基调

第一章"收养与家国关系"从较宏观的家国关系切入，揭示古代收养制度深深楔入家国体系，成为统治链条中的一环，被收养儿童表现为被家国利益所裹挟的"客体"。至近现代，农耕文明消隐，家国关系疏离，收养制度的主要宗旨也从家族延续转为家庭重构。以 1804 年《拿破仑法典》为界碑，收养制度被纳入私法体系，开启现代收养立法，两次世界大战以及性观念、婚姻关系的变革，儿童失恃失怙失养问题突出，收养逐渐被纳入现代社会治理范畴。

第二章"现代收养法的两次进阶"聚焦于《拿破仑法典》以后收养法的发展和演进，阐释现代收养制度通过承继和变造"法律行为—法律关系"线性逻辑，实现拟制亲子关系制度目标。二战以后，社会现实需求、国际人权思潮等推动各国收养法立足于本土国情不断社会化，发展出以儿童最大利益原则为统率，以收养条件、收养程序、收养效力和收养服务为制度支柱的伞形儿童保护架构。

第三章"中国收养法的主体框架"简述新中国成立以来以《收养法》为主体制度的收养立法历程，从逻辑起点、基本原则、规范重心、制度供给等各方面分析我国收养法律制度的私法属性，指出纯粹私法框架的收养制度面临内在体系立场保守价值杂糅、外在体系规制严格适用失范的现实危机。在这一背景下，2020年通过的《民法典》对收养制度作了多处修改，虽总体仍承袭《收养法》的制度框架，保留私法架构，但通过重述收养原则、放宽一般收养条件、充实特殊收养规范、改革收养法律程序等释放出积极的社会化信号。

2. 中篇"体系"分五章，溯源法律变迁，阐释法律规范

这部分内容着力对我国现行收养法律制度进行精细研究。这里所指的现行收养法律制度，是以《收养法》出台到《民法典》"收养"章面世这一历史时期相对稳定的收养法律条文为基础，延伸至相关的行政执法文件、司法裁判指引等。这部分内容的主要特点呈现为三个方面。

（1）遵循教义学方法，按照学理逻辑将所有实证法上的条文无一遗漏地纳入收养条件、收养同意、收养程序、收养效力、收养解除五个主题。

（2）充分凸显系统观视角，建构起以法律条文为核心元素的微观历史系统、文本系统、专题系统等：考察法律条文的沿袭和修改形成各个条文自身的历史系统；考察法律条文彼此之间的勾连和呼应形成以文本为基础的不同制度系统；考察法律条文与行政执法文件、司法裁判指引乃至社会现实问题之间的比照与联系形成以问题为导向的不同专题系统。所有的法律条文，连同这些法律条文的历史来路，以及立法过程中的各种抉择，都被纳入一个全景分析系统。

（3）针对具体制度提出发散式的多个创见。包括但不限于：对收养主体"两方论"和"三方论"经典学术争议的探究和回应；适格被收养人与适格送养人的制度对应关系；特殊收养条件豁免的正当性；收养同意及其豁免或替代机制的构造；收养程序的现代化与社会化；保守收养秘密与个人信息披露之间的关系；完全收养与不完全收养双轨合理性；私自收养

的疏导；等等。

3.下篇"前瞻"分四章，面向未来，着眼发展，将论题引向深远

作为对上篇"源流"关于现代收养法发展历程研讨的呼应，这部分内容以中篇"体系"所论我国现行收养法律制度和社会现实需求为基础，集中探讨中国收养法实现社会化发展的整体布局、指导理念和发展路径。

第九章"立场转向与价值厘清"阐述在新的人口结构、经济形势、社会观念乃至国家治理模式下，应以最有利于被收养人原则为主导，在立场上以鼓励、促进取代保守、抑制，在机制上以实质审查、注重监督取代形式审查、注重门槛，充分发挥现代收养机制在儿童福祉、家庭建设、代际融合等方面的积极效用。

第十章"社会化发展的奥义"旨在揭示法律社会化发展的实质是趋向于以社会需求为导向、为弱势群体提供社会保护。由此导出，收养法的社会化发展主要在两大维度展开：其一，制度目标兼及社会治理；其二，规范路径趋向社会保护。进而指出，在收养领域，社会治理目标指向儿童保护公共政策，社会保护规范决定未成年人保护个案裁决，两者均以未成年人为本位，因此收养法社会化发展的实质可精准概括为从亲子法到未成年人法的转向。[①]

第十一章"社会化发展的路径"从当前法律适用与未来法律改革两个向度出发，提出统合不同部门法、不同效力位阶的法律规范，确立起体系融贯、效能统一的收养新架构。具体路径为：在私法框架内进一步放松对一般收养条件的不当限制，因应时势充实特殊收养规范，并针对继亲收养等开放不完全收养机制，充分发挥收养法律机制的积极效用；在社会保护法律范畴中系统建构包括试收养、收养评估、收养回访、支持服务在内的收养辅助程序，与现有的收养登记相衔接，形成张弛有度的平衡机制。

---

① 本书所言"未成年人法"系领域法层面的概念，指所有涉及未成年人而须保护其合法权益的法律制度的总和，包括家庭法、教育法、少年司法等相关法律规范，这些制度规范均遵循最有利于未成年人这一共同原则。在此意义上，《中华人民共和国未成年人保护法》可视为未成年人法主干法，但并非未成年人法的全部。

　　第十二章"社会化发展的制度涟漪"指出收养法的社会化通过两个范畴——"亲子关系"和"未成年人"——将从属于私法体系的亲子法与从属于社会法体系的未成年人保护法关联起来，映照出整个亲子法的发展趋向：尊重未成年人主体地位和人权，建构亲子领域的未成年人保护机制，进而阐释未成年人法治体系经最有利于未成年人这一原则而得以融会贯通。

上 篇

# 源 流

在各个时代，收养都具有涟漪效应，自个体至家庭再及于国家／社会，由此"如何统治国家／治理社会"的宏大政治命题得以转化为更加具象的治理路径"如何修复作为社会细胞的家庭""如何对待游离于家庭之外的儿童"，并最终通过私法规范作用于社会现实。在"为家（族）之收养—为亲之收养—为子女之收养"的发展历程①中，被收养儿童先是表现为被家国利益裹挟的"客体"，继而呈现为社会治理中亟待解决的"问题"，终至被肯认为具有完整独立人格、有权获得特殊保护的"主体"。

法国 1804 年颁布的《拿破仑法典》将收养纳入私法体系，标志着现代收养立法的开端。②两次世界大战使得失恃失怙失养儿童数量陡增，成为突出的社会问题，加之未婚先孕、再婚家庭愈益多见，收养逐渐成为现代法律体系中一个稳定而普遍的要素。通过对私法逻辑不断加以承继和体系内变造，现代收养法律框架得以确立。二战后，在国际人权思潮的影响下，儿童保护理念发展为层次丰富的理论体系和实践规范，引领各国收养立法对私法框架进行第二次变造，形成更加"社会化"的制度体系③，从而更好地回应现实需求，实现儿童保护目标。

中国收养制度在独特的中华文化背景下展开，经历从家国同治到家国分离的变迁，吸收近现代以来私法体系的发展成果，最终在新中国成立后逐步确立起简明、单一的完全收养机制。从《婚姻法》少量相关条款到《收养法》的出台，再到《民法典》将收养制度纳入法典体系，我国收养法律制度在回应现实需求、顺应时代潮流的驱动下不断发展，当前已逢社会化转向的深刻变迁。于此之际，建构收养法科学体系、研讨收养法发展

---

① 此种概括始于史尚宽先生在其《亲属法论》一书中所作表述，后成为学界通说。参见史尚宽《亲属法论》，中国政法大学出版社 2000 年版，第 585 页；夏吟兰主编《民法学卷五 婚姻家庭继承法》，中国政法大学出版 2004 年版，第 174 页；薛宁兰、金玉珍主编《亲属与继承法》，社会科学文献出版社 2009 年版，第 222 页。

② 蒋新苗：《收养法比较研究》，北京大学出版社 2005 年版，第 47 页。

③ 概括言之，法律社会化的实质是法律趋向于以社会为本位、为弱势群体提供社会保护。参见张文显《二十世纪西方方法哲学思潮研究》，法律出版社 2006 年版，第 96 页。

路径，放长眼量从整体上观照现代收养制度之私法构建及其社会化历程，有助于在比较中甄别我国现行收养法的制度属性和发展阶段，在借鉴中探寻我国收养法未来的制度走向和体系变革。

# 第一章　收养与家国关系

## 第一节　古老的收养：家国一体中的统治链条

在人类社会早期，"亲族"是非常重要的组织体，它主要是指通过父亲亲属（这里的亲属是指在血亲之间存在的关系较密切的至亲）相传而来的群体，有时也包括通过母亲亲属相传的群体。这样一个群体总是相对集中地聚居在一起，他们往往有习惯法上的权威人物，通过他来执行族规。亲族对其成员行使着相当大的制约权，并为其承担着相应的责任。亲族作为一个群体，会为杀害其他亲族成员的本亲族成员支付或筹集赔偿金、分割死去亲族成员的财产、承当孤儿的监护人，并会在危难时互相帮助。这种群体之所以具有较强的凝聚力，是因为当时经济形态比较封闭，需要众人进行协作，同时国家的力量还不足以直接规制和保护个人，因此这种群体的存在有其必要性和合理性。

在古代君主制社会，皇权在皇族内部传承并通过层级化的家族实现统治，家庭担负着生产、生育、教育、文化、宗教以及司法等多项职能。"为家族的收养"是家国同构社会中统治链条的重要一环。

### 一　古罗马时期的收养：家国同构的法律与政治面向

在西方，收养立法可溯源至公元前 18 世纪古巴比伦的《汉谟拉比法典》，到古罗马时期已开枝散叶蔚然成秀。通过收养建立的纯法定血亲被肯认为法定自然血亲和纯自然血亲之外的第三种血亲关系。①公元前5世纪中期颁布的《十二铜表法》之第四表"家长权"中有载"家长如三次出卖其子的，该子即脱离家长权而获得解放"，即可运用于通过转让家长权而完成的收养程序。罗马法上的收养是深深植根于当时的家长权制度的，它是指因收养他人为子女而取得家长权的制度，因此绝不限于现代收养制度的意旨及种类。以被收养人的法律地位而论，罗马法上的收养可分为自权人收养和他权人收养②，后因适用于贵族阶层的自权人收养太过严苛，又设遗嘱收养以为补救。这三种收养类型都可能运用于未成年人的收养。

对自权人的收养仅适用于贵族，目的在于延绵宗祀。一个宗族唯一的家长年迈无子的，即可收养其他宗族的自权人，以免绝后。自权人被他人收为养子，就要处于养父的家长权，包括生杀权之下，原来在他自己的家长权下的家属及财产都须转归养父支配。自权人的收养要经过祭司的审核和贵族大会的批准。在这种收养中，当事人双方必须各自达到一定的条件。收养者必须是家长，必须没有男性后裔，必须没有生育的可能，其年龄必须长于被收养者，"因为收养是摹仿自然，如果儿子的年龄大于父亲，那就显得不自然了"（优帝一世时，确定双方必须相差18岁以上，而且收养者一般要达到60岁以上）。③被收养者也必须是家长（且自愿因收养而放弃家长权），必须达到从军年龄（因为未达到从军年龄者不能正确表达意思，而且未达到从军年龄也不能参加贵族大会），必须同意收养（成年人自己同意即可，已达适婚年龄而未满25岁的未成年人，除本人同意外，还要得到保佐人的同意），此外，双方须未曾有过收养关系（因为法律禁止在收养之事上出尔反尔，但解除收养后仍可为他人的养子）。

---

① 周枏：《罗马法原论》（上册），商务印书馆2014年版，第154、155页。

② 罗马法根据人们在家庭中的地位不同，把人分为自权人和他权人。他权人是指处在其他市民的权力支配之下的市民，这种权力在罗马法中被分为家长权、夫权和买主权三种。与他权人相反，不受家长权、夫权和买主权支配的人，就叫自权人。参见周枏《罗马法原论》（上册），商务印书馆2014年版，第126、127页。

③〔罗马〕查士丁尼：《法学总论——法学阶梯》，张企泰译，商务印书馆1989年版，第24页。

最后，在自权人收养的问题上，还有两种限制，即未成年人不能被其原监护人或原保佐人收养，以防止收养者借收养之名侵占被监护人或被保佐人的财产；优帝一世时还禁止姘合者收养因姘合所生的子女，目的在于强制他们办理"认领"手续。[1]

对他权人的收养要经过消灭生父对被收养者的家长权和创设收养者的家长权两个步骤。前者采取"解放信托"和"买回信托"的方式[2]，后者采取"拟诉弃权"的方式[3]，这都是罗马法上特有的要式行为。这种转换家长权的手续极为烦琐，至帝政后期，地奥克莱体亚努斯帝规定他权人收养可由生父和养父偕同被收养者至法院订立收养契约，经法院证明即可，优帝一世更简化为由三方向法院陈述同意收养的意思（被收养人以不表示反对为已足），记录于公簿即可。在他权人收养中，也须满足一定的条件，但比自权人收养要宽松一些。收养者必须是家长，必须比被收养者年长（优帝时一并规定为差距18岁以上），但即使收养者未达60岁或已有男性后裔亦可收养他权人。他权人收养中，对被收养者的限制很少，且收养他权人只需经被收养者的家长同意即可，而无须征求其本人的意见，因为一般来说收养一方总是比被收养的一方富裕，因而收养也就被推定为符合被收养者的利益。

遗嘱收养仅在罗马文学家的著作中有记载，而不被罗马法学家所提及。遗嘱收养为不符合自权人收养条件的当事人所采用。因为收养他权人仅有继承财产的功用，收养自权人又需被收养人愿意牺牲自己的家长权而

---

① 周枏：《罗马法原论》（上册），商务印书馆2014年版，第175、176页。

② 古罗马社会中，要解放家属，须由家长将此人"卖"与他人，《十二表法》和大法官们规定，家长三次出卖其子或一次出卖其女或孙的，该子女即脱离家长权而获得解放。罗马法学家将这一过程称为"解放信托"，如果在最后一次买卖过程中，买受人不将该家属解放而仍将其出卖给丧失了家长权的原家长，使之取得对该家属的买主权（在此权力之下，原家属在法律上享有的权利范围稍大一些），则法学家将这一回合的买卖称为"买回信托"。此点见前引周枏《罗马法原论》上册，商务印书馆2014年版，第178页。

③ 此亦为罗马法上常用的要式行为。这里是指，原家长与收养者假装就被收养者的身份发生争执，诉请长官解决，由收养者为原告，主张对被收养者的家长权，原家长则表示原告的主张属实或默不作声，再由长官判决收养者对被收养者取得家长权。

受收养人的支配，且收养人的年龄须达到 60 岁，条件苛刻，因此当收养人未到 60 岁，又须延绵宗祀时，习惯上允许他以遗嘱立一养子。遗嘱收养不发生权力支配问题，不产生家长权，所以妇女也可以作为收养人。

古罗马收养制度之所以繁复而发达，部分原因在于罗马社会成员存在严格的阶层划分，即有主体地位的自权人与无主体地位的他权人，两者分别适用不同的收养机制；另一部分的原因则在于收养制度的功能从最初解决门户无后逐渐扩展至非常广泛的功用，典型如阻止自然血亲继承的适用，或使本无继承权的卑亲属得以参与遗产继承。收养还可用于获致公法效果，如外省人可通过被收养成为罗马公民；贵族或平民可通过收养改变其阶级身份，以符合某些专属官职的要求；甚至皇帝可通过收养确立继承人，如最为典型的遗嘱收养是 G.J. 恺撒在其 56 岁时收养他的外孙 G. 屋大维为养子，屋大维作为恺撒大帝的养子继承皇位后又通过收养将皇位传给提比略。[①]

## 二　中国古代收养制度：家国一体的宗族伦理面相

### （一）家国一体治理模式

在中华五千年历史上，由战争和祭祀两大社会学成因推动形成的家国一体、家国同构、家国合一治理模式是千百年来皇族政权的精髓所在。[②]其具体内涵主要包括：家与国呈二元结构，二者组织模式和政治功能相通，注重家族团体利益，推崇伦理道德治国。[③]春秋之前的夏商周三代和秦汉以后的帝制朝代在治理结构和意识形态上莫不推崇国与家遵循同样的模式和准则，通过家的维系凝聚国的统治。[④]在文化上，以儒家为代表的礼制强调

① 〔古罗马〕苏维托尼乌斯：《罗马十二帝王传》，田丽娟、邹恺莉译，上海三联书店 2010 年版，第 157 页。

② 刘毅：《家国传统与治理转型》，《中共中央党校学报》2017 年第 1 期，第 62、63 页。

③ 盛泽宇："家国同构"问题与中国的法治国家建构》，《中国政法大学学报》2015 年第 6 期，第 96 页。

④ 刘毅：《家国传统与治理转型》，《中共中央党校学报》2017 年第 1 期，第 61 页。

"君君，臣臣，父父，子子"（《论语·颜渊》），国家治理中的君臣角色堪
与家族关系中的父子身份相提并论；强调个人修为、家庭管理、国家治理、
建功天下之间的顺承关系，所谓"物格而后知至，知至而后意诚，意诚而
后心正，心正而后身修，身修而后家齐，家齐而后国治，国治而后天下平"
（《礼记·大学》）。家与国始终保持在同一个逻辑链条上、同一个话语情境
中。数千年封建法制较为一致地呈现诸法合体、民刑不分、以刑为主的特
点，也从实证法层面验证了家国之间由礼入法、径相接驳的治理模式。历
史社会学——历史与社会学的相遇①——观点指出，直到 1949 年，中国约
4/5 的人口居住在农村，依附于自己所侍弄的土地和庄稼，剩下的地主、学
者、商人、官员等少数阶层在城镇流动，农民在艰苦的生存条件下却有着
高水准的行为范式，其家庭体系既衍生出力量又滋养着惰性，这个体系是
微观宇宙，也是迷你国家，家庭而非个人才是社会单位和政治生活的责任
单元。②

（二）收养的宗族伦理面相

我国古代收养制度的功能偏于单一，主要是通过无子立嗣的传统服务
于家族传承的利益。③所谓"立嗣"，又称"过继""过房"等，指无子的
男子可立宗族中同辈分其他男子之子（如兄弟之子）为"嗣子"，以完成
继承宗祧的家族使命。如果被立为嗣子的人是亲生父母的独子，则原生家
庭和收养家庭可以约定"兼祧"，即两个家庭各自为该男子娶妻，分别实
现传宗接代的目的。习俗上还有"继绝"的做法，即年轻男子早亡，生前
无子且未立嗣，则其配偶或尊长可代其立嗣，以免出现家族绝后的情形。④

---

① 〔英〕丹尼斯·史密斯：《历史社会学的兴起》，周辉荣、井建斌等译，刘北成校，上海人民出版
社 2000 年版，第 4 页。
② John King Fairbank, *The United States and China (Fourth Edition, Enlarged* (Cambridge: Harvard
University Press, 1983), pp.20, 21.
③ 我国近代亲属法研究者将西方收养制度也称为"嗣子制度"，认为："欧洲立嗣制度之精神，只在
慰藉孤独，救护贫困，扶助遗孤，奖励战士，而与继承宗祧一层，非其所重，故与我国立嗣之主
旨迥然不同。"参见徐朝阳《中国亲属法溯源》，商务印书馆 1930 年版，第 147 页。
④ 薛宁兰、金玉珍主编《亲属与继承法》，社会科学文献出版社 2009 年版，第 223 页。

出于宗祧继承的目的与要求，立嗣须经官府批准或认可。唐、宋、金、元、明清时代的律令均明文规定立嗣须"同宗昭穆相当"，讲求嗣父与嗣子属于同一宗族且为上下世代关系。[①]立嗣的条件大致包括：收养者无亲生子孙；被收养者一般为本族同姓者，原则上不得收养异姓；须得宗族族尊的同意即"通族金同"；须到官府办理手续即"经官除附"；等等。[②]立嗣关系一经成立，嗣子取得继承宗祧和家庭财产的权利，同时也要承担服从亲权和教令的义务，与亲生子孙并无轩轾。[③]

另有一种收养称为"乞养"，一般是收养三岁以下被遗弃的异姓小儿，也包括抚养同宗而不立其为嗣子的情形，主要解决孤儿失养的社会问题。民间也有不论年龄收留有冻馁至死之虞的儿童之义举。在乞养的情形下，收养人和被收养人彼此之间以义父母和义子女相称，义子女可以改从义父之姓，但通常不得继承宗祧，而只能酌量分得财产，其在家族中的地位和重要性都远逊于嗣子。有学者谓，嗣子是继承性的法律上之养子，义子则是具有恩养性的事实上之养子。[④]综合而言，我国古代收养制度是以延续家族门户、利于宗祧继承为主要目标来构建的，官府律法的涉入深刻体现出家国一体的治理文化，单纯旨在救助孤儿的乞养在制度体系中处于边缘地位。[⑤]

## 第二节　近现代流变：家国分离下的社会治理

近现代以来，工业化生产方式的普及带来生产关系和生活关系的改

---

① 〔日〕滋贺秀三：《中国家族法原理》，张建国、李力译，法律出版社 2003 年版，第 255~257 页。

② 程维荣：《中国继承制度史》，东方出版中心 2006 年版，第 72~75 页。

③ 程维荣：《中国继承制度史》，东方出版中心 2006 年版，第 78 页。

④ 〔日〕滋贺秀三：《中国家族法原理》，张建国、李力译，法律出版社 2003 年版，第 463 页。

⑤ 史家认为，中国古代养子的领养方式、在家中的地位，既取决于家庭延续的需要，又有收养被遗弃小儿、以免其冻馁而死的仁举；既照顾到收养与被收养双方的实际情况与相互关系，也要防止外姓扰乱宗族；但个中最主要的因素，是要有利于宗祧继承。参见程维荣《中国继承制度史》，东方出版中心 2006 年版，第 87 页。

变，亲族制的消解、家长权的衰落、子女融入社会等成为家国关系分离的重要表征。在新的生产方式下，浩大的亲族组织不易在生产活动中保持一致性，以亲族为主体的制度渐渐失去了其赖以存在的社会条件，亲族之间的联系变得松散，亲族之间的制约变得没有必要和没有力度，渐渐消隐。鉴于家庭不再可能提供有效的劳动组织形式，家庭企业日益让位于在工厂中组织劳动的大规模工业，家庭不可逆转地失去其生产职能。

应工业化之需要，社会上渐渐发展起越来越多的公立学校，子女在家庭中度过的时间和进行的活动比先前要少，家庭的教育和文化职能也被削弱。宗教职能及司法职能，即祖先崇拜带来的凝聚力以及世代复仇的权力，这些都已彻底地失去了。由于家庭不再是一个全能的生活单位，也不再是家庭成员的全部或居统治地位的生活空间，家庭中的专制性权威失去存在的意义，由父亲享有的"家长权"失去了根基。而且，由于工业社会的生活和工作环境比较发达，青少年越来越脱离家庭或家庭圈子，而与同辈人群体越来越融为一体，以独立的姿态融进社会[①]，在社会中接受教育，在社会中长大成人，在社会中寻找机遇。

随着宗族土地制度及其代表的农耕文明在历史中消隐，家族与国家之间的关系渐渐疏离，家庭回归到个体联合的本真层面，收养制度的主要宗旨也从家族延续转为家庭重构。在大规模战事遗留大量孤儿的社会现实及个体本位社会理念的综合作用下，儿童的主体地位被肯认，儿童保护、儿童福利的社会思潮和制度建构将儿童最大利益原则导向专事儿童安置的收养制度，给收养制度框架带来根本性、系统性的改变。

一　西方收养制度的嬗变：战争"制造"孤儿，法律"发现"儿童

公元 10 世纪以后，欧洲地区否认养父母与养子女之间的继承权，收养机制一度陷于停滞甚至消失，后世法学家就此评论说，"作为一种法律

---

① 参见〔奥〕迈克尔·米特罗尔、雷因哈德·西德尔《欧洲家庭史——中世纪至今的父权制到伙伴关系》，赵世玲等译，华夏出版社 1987 年版，第 71~81 页。

制度，收养的动机不是爱，而是钱"①。可见，无视社会需求的制度供给行之不远。收养机制再获新生，乃起因于 1804 年《拿破仑法典》以自由主义契约法的范式②，规定收养的方式、条件和效力，将收养制度纳入现代私法体系③。这部法典遵循"契约"路线规范收养行为，但同时纳入国家监管和干预视野，规定收养应订立契约并经法院认可，法院有调查核实之责。在收养法律框架上，虽然该法典严格限制未成年人收养，并由此导出被收养人保留与原生家庭所有权利义务关系的法律效果，与现代以未成年人收养、完全收养为主导的制度模式相去甚远，但它确是以另一种立场呈现成年收养与未成年收养、完全收养与不完全收养这些主要的范畴与争点。拿破仑的赫赫战功使这部法典对法属殖民地以及一些大陆法系国家产生巨大影响，1900 年前 1/6 的德国领土上约 800 万名德意志帝国国民适用这部法典。④此后 1889 年《西班牙民法典》、1900 年《德国民法典》、1911 年《瑞士民法典》以及 1922 年《苏俄民法典》莫不以其为借鉴，将收养制度纳入民法典。⑤

一战以后，因战争而失去双亲或流离失所的儿童数量陡增，成为严重的社会问题。"儿童"与"收养"之间的关联大大强化，《拿破仑法典》所确立的收养制度不敷所需，这才放开未成年人收养路径。欧洲其他一些大陆法系国家紧随其后。与此同时，一些英属殖民地也纷纷颁布单行收养法以解决战后孤儿失养问题，直接推动和影响英国于 1926 年制定《儿童

---

① 〔美〕劳伦斯·M.弗里德曼：《美国法律史》，苏彦新等译，苏彦新校，中国社会科学出版社 2007年版，第 218 页。

② 〔美〕哈罗德·J.伯尔曼：《法律与革命——西方法律传统的形成》，贺卫方等译，中国大百科全书出版社 1996 年版，第 300 页。

③ 蒋新苗：《收养法比较研究》，北京大学出版社 2005 年版，第 47 页。需说明的是，1804 年《拿破仑法典》并未严格限制未成年人收养，并由此导出（成年）被收养人保留与原生家庭所有权利义务关系的法律效果，与后来以未成年人收养、完全收养为主导的制度模式大异其趣。

④ 〔德〕弗里茨·施图尔姆：《为德国法律统一而斗争——德国民法典的产生与〈施陶丁格尔德国民法典注释〉第一版》，陈introduces佐译，《私法》2002 年第 1 期，第 316 页。

⑤ 蒋新苗：《现代国际社会收养立法的溯源与展望》，载公丕祥主编《法制现代化研究》（第六卷），南京师范大学出版社 2000 年版，第 648~670 页。

收养法》，收养专项立法由此辐射到整个普通法系。时隔不久的二战使社会中的孤儿以及由此产生的收养需求进一步增多，收养成为现代法律体系中一个稳定而普遍的要素。在战后重建中，福利社会的理念逐渐兴起，收养在家庭、儿童保护和社会福利规划议题中愈加受到关注和重视。1960年，联合国召集专家针对国内与国际收养问题进行了广泛而深入的研讨，形成将儿童利益置于首要地位的基本共识，此后跨国收养和众多国家的国内收养制度均逐步接受和体现这一理念。"发现"儿童的主体地位、优先保障儿童的利益成为现代收养法律制度的基调和底色。

## 二 中国收养制度变法的背景与历程

近代以来，中国历经苦痛、彷徨、抗争之后，终于向工业化文明迈进，最终以迅猛之势步入现代化轨道。工业化生产模式大大颠覆了农耕文明的经济基础，个体从土地和家庭中游离出来，呈原子态向城镇流动，成为流水线上的劳动力。原来附着于土地从而具有静态性、稳定性的乡村家庭被迫打开缺口，维系礼制的行为范式无以为继，家庭对于国家统治的效用逐渐减弱，在人民公社运动、"文化大革命"等"斗私批修"的浪潮中家庭甚至被刻意地削弱和冲击。[1]同时，随着西学东渐思潮日甚，关于家国关系的理论认识走向对立面，西方理论传统认为，血缘关系和亲族纽带可能对国家构成和运行构成妨碍，因此从国家治理立场出发对家庭充满了防备和质疑，如柏拉图在《理想国》中视家庭与城邦势如水火，极端地主张消灭私的家庭生活而统归于公的城邦治理。[2]在理论和现实的双重冲击、世界与民族的时代角力下，家与国之间逐渐疏离、罅隙渐生。

在中国，传统收养制度被动摇始于清末时期各种新思想的传入，与近代民法的法典化进程基本一致。这一时期的民法亲属继承编有五个版

---

① 孟宪范：《家庭：百年来的三次冲击及我们的选择》，《清华大学学报》（哲学社会科学版）2008年第3期，第136~138页。

② 肖瑛：《家国之间：柏拉图与亚里士多德的家邦关系论述及其启示》，《中国社会科学》2017年第10期，第161页。

本，战事频仍、政权交替中有四个都未及颁布实施：1911 年（宣统三年）清政府主持编订的《大清民律草案》强调"最适于中国民情"，主张维持家族秩序，但在体例上将宗祧继承与财产继承分立于"亲属"编和"继承"编；1915 年（民国四年）北京政府在《大清民律草案》的基础上编订民律草案，多沿用旧制；1925 年（民国十四年）到 1926 年（民国十五年）北洋政府主持修订民律草案"亲属"编和"继承"编，既注重传统伦理又采用若干新法，制成一部新旧混杂的民律草案；南京政府 1928 年组织起草民法之亲属、继承两编，力图废除宗祧继承转而确立纯粹的财产继承制度，但由于机构改组而遭搁置。次年南京政府再次启动民法编订工作，终于 1930 年 12 月颁布《中华民国民法》第四编亲属、第五编继承，次月公布两编施行法，废除宗祧继承，而将立嗣转化为收养和继承关系，并赋予养子女（不论同姓异姓）与婚生子女同等地位与权利。① 但直到新民主主义革命彻底推翻族田制度，摧毁宗族制度的经济基础，我国收养制度的主旨才从立嗣真正转型为救孤。如此，随着中国社会在纷扰的战争、政治、经济、文化等急剧变革中挣脱等级身份步入契约自由，我国法律制度也终于在历经波折之后跨入近现代纪元，游离于宗族利益之外的乞养制度得因时势而发扬光大，成为现代收养制度的主流模式。

---

① 程维荣：《中国继承制度史》，东方出版中心 2006 年版，第 369~425 页。

# 第二章　现代收养法的两次进阶

## 第一节　收养的私法化

自 1804 年《法国民法典》将收养机制纳入自由主义契约法范式以来，通过对法律行为与法律关系一般理论构造中的要件、类型、意思表示等进行承继与变造，古已有之的收养机制得以纳入现代私法框架。

### 一　现代收养法对私法逻辑的承继

民法典体系下的收养制度最典型的特征是承继私法逻辑。作为"一般私法"的民法，是以"一般性的概念"（法律行为）为逻辑起点，以"一般性的规则和制度"（主要指向关于法律关系的主体、客体和内容的相关规定）为基础建构起来的。①在通行的学理框架下，收养的民法学概念兼具双重意义，即收养法律行为和收养法律关系，前者指向形成拟制亲子关系的法律事实，后者一般指向拟制亲子关系本身。②

收养法律制度的建构遵循法律行为制度和法律关系结构的基本逻辑：在法律行为层面，收养法律行为在性质上归于多方法律行为和亲属法上的法律行为，要发生当事人所预期的法律效果必须符合法律行为制度的基本要求，如法律行为成立、法律行为意思表示真实有效、法律行为内容符合

---

① 〔德〕卡尔·拉伦茨：《德国民法通论》（上册），王晓晔、邵建东等译，法律出版社 2003 年版，第 9、10、39 页。

② 杨大文主编《亲属法》，法律出版社 1997 年版，第 276 页。

法律规定（尤其是亲属法上"类型强制"的要求）①，由此衍生出收养各方主体的资格、意思表示（或"同意""允许"）以及收养法律行为的效力等系列规则。在法律关系层面，收养法律关系属于"长期、复杂和包罗万象的亲属关系"②，具有主体、客体和权利义务的逻辑构造，由此衍生出收养人和被收养人之间经法律拟制而形成的具体亲子权利义务关系。围绕收养法律行为而形成的制度体系被称为合同体系，围绕收养法律关系而形成的制度体系则根据其与自然亲子关系法律效力比较的异同被称为完全收养体系或不完全收养体系。

## 二　现代收养法对私法逻辑的第一次变造

对应法律行为理论的合同体系和对应法律关系理论的完全收养/不完全收养体系是现代收养法律制度自私法逻辑承继而来的基本制度框架。但是基于收养行为所具有的身份属性和身份效果，现代收养法律制度在其发端之初即不断通过亲属法中大量运用的强制性规范对私法逻辑进行多方面的变造，重要而通行者有三。

其一，在要件上，于合同体系之外加入宣告体系。1804年《法国民法典》即规定收养应订立契约并由法院在调查核实后予以认可，1966年以后更是打破收养的契约传统，要求对收养采取诉讼程序，经法院判决而生效。《德国民法典》在1976年之前尚能见到收养契约的用语，但"德国现行法已不将收养行为视为契约，而视为法院的裁定行为"③。对收养加以公权力的监督不唯通行于大陆法系，英国1926年颁布第一部《收养法》、美国1949年由密苏里州首度颁布收养法令都奉行严格的国家监督

---

① 〔德〕卡尔·拉伦茨：《德国民法通论》（下册），王晓晔、邵建东等译，法律出版社2003年版，第586页。

② 〔德〕卡尔·拉伦茨：《德国民法通论》（上册），王晓晔、邵建东等译，法律出版社2003年版，第260、261页。

③ 戴炎辉、戴东雄、戴瑀如：《亲属法》，作者自版2010年版，第361页。

主义，要求收养须经法院调查和裁定。[1]

其二，在类型上，于收养规范体系中区分成年人收养／未成年人收养、不完全收养／完全收养不同模式。根据被收养人范围、收养效力区分不同收养类型是现代收养制度体系构建的一个重要抉择。自法理而言，两类标准具有内在相关性，一般针对成年人的收养产生不完全收养的效力，而针对未成年人的收养则产生完全收养的效力，但具体规范层面偶有例外。开创现代收养制度的1804年《法国民法典》以成年人收养、不完全收养为主，但在一战以后出于解决孤儿失养问题的需要逐渐转向未成年人收养、完全收养，二战后儿童本位、儿童人权理念的兴起更加强化了这一潮流。

收养制度的分类模式至今仍有显著立法体现和重要研究意义：《法国民法典》分"完全收养"（主要针对年龄不满15周岁的被收养人）与"简单收养"（被收养人年龄不限）；《德国民法典》分"收养未成年人"和"收养成年人"；《瑞士民法典》分"未成年人的收养"和"成年人的收养"；《意大利民法典》和《日本民法典》通过规定"特别养子女的收养"区别于此前的普通收养。日本尤为特殊，其民族文化首先将收养视为成年人之间进入（结成）一种互利的虚拟亲属关系的合意（协议）[2]，故长期以来并不限定被收养人的年龄，直到20世纪80年代在民法典中专设"特别收养"，规定对6岁以下（法定情形下未满8岁）被收养人的完全收养机制[3]。当前大部分国家实行完全收养与不完全收养双轨制，以完全收养为主导以利家庭再造，但单纯采取完全收养的国家并不多见，只有英国、美国纽约州和我国等少数法域。单一完全收养制度的采用往往缘于被收养人仅限于未成年人，如英国法令规定只有未满18周岁的未婚儿童

---

① 蒋新苗：《收养法比较研究》，北京大学出版社2005年版，第32、33页。

② 〔美〕泰米·L.布里安原：《日本的收养制度与观念》，范忠信摘译，《苏州大学学报》（哲学社会科学版）1997年第2期，第49页。

③ 〔日〕细川清：《日本的特别收养制度》，林青译，师张校，《环球法律评论》1988年第4期，第59页。

方可被收养。①

其三，在意思表示上，于合意基准之下建构主体多元、层次丰富的同意权体系。作为转移亲子权利义务关系的法律行为，收养涉及多方主体、涉及身份变更、涉及家庭伦理，不可不慎重和周密。各国收养法律制度往往针对参与收养程序的各方主体及具体情形分别规定意思表示的内容和要求。以德国法为例，经过持久的发展与完善，当前其收养法上第一层次的同意权规范表现为针对各方主体意思表示的一般性规定，如收养人向家庭法院提交公证文书的申请发动收养程序，被收养人、被收养人的父母以及收养人或被收养人的配偶②以公证文书的形式表示同意。第二层次的同意权规范表现为针对有关主体行为能力不足的情形认可其同意（有限制行为能力的被收养人父母）或补足其同意（有限制行为能力或年满 14 周岁的被收养人）或免除其同意（父母一方长期不能作出意思表示或居所不明等）或代替其同意（父母一方怠于照顾子女或遗弃子女等情形）。③

现代收养法律框架的确立，既是私法逻辑向收养领域延伸、扩张的过程，也是收养制度改造法律行为、法律关系一般规范体系的过程。经此体系内变造，古老的收养机制得以相容于现代私法体系和私法逻辑。

## 第二节　收养法的社会化

二战以后，儿童、家庭、社会各层面不断发展的形势与不断涌现的

---

① 〔英〕凯特·斯丹德利：《家庭法》，屈广清译，中国政法大学出版社 2004 年版，第 425 页。

② 《德国民法典》将收养区分为"收养未成年人"和"收养成年人"，各分小节加以规范，并规定收养成年人无特殊规定的，按其意义适用关于收养未成年人的规定。在被收养人配偶同意方面，"收养未成年人"小节中第 1749 条第（2）款规定，"对于收养已婚的人，其配偶的允许是必要的"。这里关于结婚年龄的制度背景为，第 1303 条虽以成年为一般要求，但也另作豁免：申请人已满 16 周岁，且其未来的配偶已成年的，家庭法院可以根据申请，对前款规定给予免除。

③ 德国民法典（BGB）第 1746~1749 条分别规定各方主体、各种情形下的同意权（"允许"），紧随其后的第 1750、1751 条规定行使同意权的形式、效果等，共同构成丰富详尽的同意权规范体系。

需求推动现代收养法逐步走向社会化。其一，安置战争孤儿的需要。两次世界大战使得失亲失怙、流离失所的儿童数量陡增，如何妥善安置这些儿童以及如何保护安置儿童的家庭成为严峻的社会治理难题。<sup>①</sup>其二，接纳婚外生育儿童的需要。随着战后婚姻家庭观念的变迁——结婚率下降，离婚率上升——未婚先孕、再婚家庭愈益多见，如何将婚外生育的儿童纳入家庭环境（含或不含其生身父母）成为现实的制度需求。<sup>②</sup>其三，照护脱离原家庭监护儿童的需要。战后重建中，人权与国家责任的理念兴起，国家干预打破家庭壁垒，父母由于失职、滥权损害儿童利益而被褫夺监护资格的案件屡见不鲜，同时公共照护系统的效率与水准又受到质疑和批评，如何安置国家监护下的儿童成为广受注目的焦点问题。<sup>③</sup>不唯如此，现代辅助生殖技术的发展和运用亦带来前所未有的挑战：通过人工生殖技术出生的婴童，基因来源、孕育行为、养育意愿分属不同主体，如何认定其亲子关系。<sup>④</sup>

上述问题，既是家庭的，又是社会的；既是独立的，又是关联的。在各种情形下，收养都可以成为一种依据主体意愿"拟制亲子""建构家庭"的制度选项。在此背景之下，收养在儿童保护和社会福利规划中愈加受到关注，成为跨越国界的重要议题。有关收养的各类区域性、全球性公约不断涌现：前者如《欧洲人权与基本自由公约》《欧洲儿童收养公约》等；后者如《关于儿童保护及福利、特别是国内和国际寄养与收养办法的社会和法律原则宣言》《儿童权利公约》《收养管辖权、法律适用和判决

---

① Young Alexandra, "Developments in Intercountry Adoption: From Humanitarian Aid to Market-Driven Policy and beyond", *Adoption & Fostering* 36(2)(2012):67~78.

② Joans, Barbara, "The Girls Who Went Away: The Hidden History of Women Who Surrendered Children for Adoption in the Decades Before Roe v. Wade (review)", *Oral History Review* 36(1) (2009):285~287.

③ Sanders, Deborah L., "Toward Creating a Policy of Permanence for America's Disposable Children: the Evolution of Federal Foster Care Funding Statutes from 1961 to Present", *Journal of Legislation 29(1)* (2003):51.

④ John Tobin, "To Prohibit or Permit: What is the (Human) Rights Response to the Practice of International Commercial Surrogacy", *International and Comparative Law Quarterly* 63(2) (2014): 317.

承认公约》《跨国收养方面保护儿童及合作公约》等①。这些公约围绕儿童在收养中的权益确立起国内收养及跨国收养的基本框架、原则、要求等，深刻地影响和引领了现代收养制度的形成及发展。

虽然适用法域、内容侧重有所不同，上述规范体系都遵奉同一指导理念：经 1959 年《儿童权利宣言》首倡、1989 年《儿童权利公约》（简称《公约》）阐释的儿童保护理念，在最为广泛的国际疆域成为共识。②《公约》肯认儿童基于其独立而完整的主体地位享有固有尊严及平等和不移的权利，并有权获得特别照料和协助，免受饥饿、匮乏、忽视和虐待。这一宣言奠定儿童保护的理论基础：一是儿童具主体性，应受同等尊重；二是儿童有脆弱性，应予特别保护。儿童本身并无全面参与社会生活的行动力，甚至缺乏独立代表人，因此对儿童的保护需要由家庭、社会和国家承担较高的注意义务，这种高标准的注意义务即表现并表达为——"儿童最大利益原则"。到 20 世纪末，推崇儿童最大利益原则，突破收养的契约性，已经成为当代收养法律制度最显著的发展趋势。③

---

① 相关国际规范文件的中文译名与英文名称对照如下：《欧洲人权与基本自由公约》（*European Convention for the Protection of Human Rights and Fundamantal Freedoms* 1950）、《欧洲儿童收养公约（修订）》（*the European Convention on the Adoption of Children* 2008）；《关于儿童保护及福利、特别是国内和国际寄养与收养办法的社会和法律原则宣言》（*the United Nations Declaration on Social and Legal Principles relating to the Protection and Welfare of Children with Special Reference to Foster Placement and Adoption Nationally and Internationally* 1986）、《儿童权利公约》（*the United Nations Convention on the Rights of the Child* 1989）、《收养管辖权、法律适用和判决承认海牙公约》（*The Hague Convention on Jurisdiction,Applicable Law and Recognition of Decrees Relating to Adoption* 1965）、《跨国收养方面保护儿童及合作海牙公约》（*The Hague Convention on Protection of Children and Co-operation in Respect of Intercountry Adoption* 1993）。
② 截至 2019 年 11 月 20 日，《儿童权利公约》通过 30 周年之际，缔约国达到 196 个，是缔约国为数最多的国际公约文件。参见李茂奇《〈儿童权利公约〉诞生 30 周年 保护儿童权利任重道远》，联合国网站专题报道，https://news.un.org/zh/story/2019/11/1046021，最后访问日期：2023 年 5 月 22 日。
③ John Heifetz Hollinger, *Adoption Law and Practice* (NewYork:Matthew Bender & Company Inc., 1996), pp.8-17。

## 一　儿童最大利益原则的作用机理

《公约》关于儿童最大利益原则的规范通过三个层次辐射到收养领域。

1. 提出儿童最大利益原则的一般性要求

《公约》第 3 条确立"儿童最大利益"（The Child's Best Interests）原则的核心地位，要求"关于儿童的一切行动，不论是由公私社会福利机构、法院、行政当局或立法机构执行，均应以儿童的最佳利益为一种首要考虑（primary consideration）"。

2. 明确该原则在收养领域的适用效力

《公约》第 21 条明确要求凡承认和（或）许可收养制度的国家应确保以儿童最大利益为至上考量（paramount consideration）①，并应确保只有经主管当局按照适用的法律和程序并根据所有相关的可靠资料，判定鉴于儿童有关父母、亲属和法定监护人方面的情况可允许收养，并且判定必要时有关人士已根据可能必要的辅导对收养表示知情的同意，方可批准儿童的收养。除了其他款目针对跨国收养提出要求之外，第 21 条以上内容极尽简洁、明确地勾勒出现代收养制度的框架：以儿童为本的理念、规范化的程序、情境性的个案审查、当事人知情同意、必要的公共支持与服务。

3. 丰富现代收养法律制度的规范体系

《公约》中众多保护儿童权益的具体规范均可适用于收养领域，使现代收养制度体系更加充实细致，典型如：第 2 条规定非歧视原则，第 7 条规定儿童身份权，第 9 条和第 18 条规定父母承担抚养儿童的首要责任以及儿童享有不与父母分离的权利，第 12 条规定儿童在行政及司法程序中的表意权，第 13 条和第 14 条规定儿童享有自主、尊严、尊重、不受干扰及知情同意权，第 20 条和第 27 条分别规定国家负有保护失养儿的责任以及

---

① 英文中 primary consideration 和 paramount consideration 的含义略有不同，前者强调重要性，后者强调优先性，中文"首要考量"可以很好地涵盖这两方面的意思，但为了强调英文语词中对儿童最大利益原则地位逐步提升的意义，这里将前者译为"首要考量"，后者译为"至上考量"以示区分。

每位儿童均享有合理水准生活的权利，第25条规定国家对儿童的安置必须定期审查，第35条规定禁止任何对儿童的诱拐、买卖或贩运。这些规定在收养程序和收养司法裁决中都有直接的体现。

经国际公约及规范性文件、国际组织如欧洲人权法院的不懈推动与深化，儿童最大利益原则从一个宽泛的价值取向逐渐发展为丰富细致的理论体系和行动指引，获得全面的推崇和适用。在收养领域，对儿童最大利益的尊崇最终克服私法体系中意思自治和利益均衡的一般原则，促成"宣告体系"（以及形成宣告的国家干预机制）成为收养法中与"合同体系"鼎足而立的制度规范，[①]不仅对收养制度的既有规则造成很大冲击——主要是同意权规范——也给整个收养制度带来结构性的调整。

## 二 儿童最大利益原则对收养私法框架的变造

有论者提出，民法现代化的核心理念与理论模式是私法社会化[②]，私法社会化之显著于此可见一斑。现代收养法律制度的进阶正表现在：在以儿童最大利益原则为旗帜的儿童保护理念的推动下，讲求利益均衡、逻辑缜密的收养私法体系被进一步变造为更加"社会化"的框架：价值理念尊崇儿童最大利益，制度体系开放灵活、因应时势，规范路径丰富多元、跨越公私法域。

其一，价值取舍方面，儿童最大利益原则主张打破成年人主导的利益均衡，要求在儿童利益与其他主体利益产生冲突的情境下，以实现儿童最大利益为准则作出行政裁量和司法裁判。自20世纪90年代以来，很多国家通过收养法律改革和收养司法判例对此加以明确。英国1976年《收养法》规定："作有关儿童收养的任何决定时，法院或收养机构应当考虑所有情况，首先考虑保护和提高整个童年期间儿童幸福的必要性。"这里儿童的幸福是"首先"但并非"最重要"的考虑因素，可能会让步于儿

---

① Dieter Schwab, *Familienrecht* (28 Auflage) (München: Verlag C.H.Beck oHG, 2020), p.439.

② 李石山、彭欢燕：《法哲学视野中的民法现代化理论模式》，《现代法学》2004年第2期，第38页。

童生身父母及其家庭的利益，但 1989 年《儿童权利法案》和 1996 年修改《收养法》时都调整为法院和收养机构必须对儿童在童年及成年的成长给予"最重要的"而非"首先的"考虑。[①]受英国 1989 年《儿童权利法案》的影响，印度于 2006 年对《少年裁判法》进行修改，允许所有宗教背景的人收养儿童，这之前只有印度教徒可依法收养，而非印度教徒仅可取得监护权，而印度法官用来统一规范各种宗教收养、世俗收养的标尺即儿童最大利益原则，立法者、司法者和普罗大众在保护儿童最大利益方面立场高度一致。[②]美国亦在收养判例中明确："儿童最大利益是收养程序中最重要的考量……当孩子的利益与成人利益冲突时，争议的解决必须有利于孩子。"[③]

其二，制度体系方面，儿童最大利益原则要求从多方面和多角度考量和实现儿童权益诉求，由此带来法律规范的诸多突破。①扩大潜在收养人范围、确保收养资源充足的立场与平等、非歧视思潮相结合，促使收养人范围从已婚夫妇（默认核心家庭范式）普遍扩及至单身人士及其他具有收养资格的主体。②支持儿童个体认知、身份认同（right to identity）的需求，推动收养模式逐渐从秘密收养、匿名送养走向收养信息适度开放的新阶段，即原来予以保密的送养信息在一定条件下可应被收养人的申请向其披露。③综合运用社会学、心理学、医学等多方面的专业判断，以最负盛名的附属理论（Theory of Attachment）[④]为基础，主张保全儿童与昔日成长环境中对其产生重大影响的主体之间的联结关系，从而推动收养效力从绝对收养、排他收养调整为相对开放的收养。即，收养在确立被收养人

---

① 〔英〕凯特·斯丹德利:《家庭法》，屈广清译，中国政法大学出版社 2004 年版，第 417、418 页。

② Lavanya Regunathan Fischer, Werner Menski, "'Baby Pigeons'and the Best Interests of Adopted Children from India", *Journal of Immigration, Asylum and Nationality Law*, 27(3) (2013): 237.

③ Sonet v. Unknown Father, Court of Appeals of Tennessee, 1990, 797 S.W.2d 1.

④ "附属理论"是 20 世纪下半叶至 21 世纪初对收养制度产生深刻影响的专业研究成果，该理论认为儿童心理及人格的发展往往取决于其幼年关键时期与某位成年照料者之间的亲密关系，当儿童辗转于短期照料安排而错过此种成长机会，其心理发展会陷入停滞或遭遇危机。参见 Kerry O'Halloran,*The Politics of Adoption: International Perspectives on Law, Policy and Practice* (Dordrecht: Springer. Science+Business Media, 2015), p.49。

与收养人之拟制亲子关系的同时，并不完全切断被收养人与原生家庭的关系，而是允许向被收养人披露其原生家庭信息，或者收养家庭与原生家庭之间通过第三方甚至直接保持一定的联系。①

其三，规范路径方面，儿童最大利益原则的尊奉与适用使传统私法领域的收养规范加入越来越多的国家干预（行政或司法）和社会参与（支持和服务），"改造"后的收养制度呈现公私领域跨界的典型特点。对特定案件背景下特定儿童的利益权衡取决于法律适用中对具体情境的把握，这就需要在收养程序中设定诸多调查辅导、监督服务环节：收养前的安置——某种意义上起着试收养的效用——及贯穿其中的辅导咨询及监督；收养过程中当事人参加听证程序，表达知情同意，有权机关签署收养令，明示其效力；收养后为被收养人及其家庭提供后续支持服务，开放收养体系下为被收养人提供信息披露服务、追踪与重聚服务等。现代收养制度的程序环节设置和参与主体等都力图实现私领域与公领域资源的整合，表现出公私法域跨界融合的鲜明特点：具体环节包括咨询辅导、协商合议、临时安置、听证决议、支持服务，参与机构囊括司法机关、行政机构、社会组织、商业机构、专家志愿者等。

综上，二战以后，儿童保护理念对现代收养法产生深刻影响，逐步在其价值理念、制度内容和规范路径方面引入新的开放性、融合性、社会性元素，形成溢出私法框架的第二次变造轨迹。从有关国际公约和西方主要发达国家的制度框架来看，现代收养法在制度价值层面趋向于强调儿童为本、回应多方需求，在立法技术层面则注重整合社会资源，不囿于私法框架。在大陆法系阵营，德国民法学界将现代收养法律制度的发展趋势归结为两点：其一，越来越多的国家采用完全收养和宣告体系；其二，减少对收养的阻碍，并通过国家的收养介绍来促进收养。②"宣告收养"和

---

① Christine Jones, "Openness in Adoption: Challenging the Narrative of Historical Progress", *Child & Family Social Work* 21(1) (2013):86.

② Dieter Schwab, *Familienrecht* (28 Auflage) (München: Verlag C.H.Beck oHG, 2020), p.439.

"促进收养"的基本立场都主张国家以实现儿童最大利益为目标对收养事务进行积极干预。在《德国民法典》"收养"一节中，"子女最佳利益"标准多次作为不同情境下的决定性考量因素而予以明确规定。从民法典内外体系的视角来看，现代收养法律制度的内在价值体系凸显实现儿童最大利益、发挥收养制度效用的核心目标，外部规范体系则通过在私法框架中大量加入国家干预机制来表彰其内在体系，体现价值评价的融贯性。

# 第三章 中国收养法的主体框架

## 第一节 新中国收养法的发展历程

新中国成立后，《婚姻法》及相关司法解释一度构成收养法律制度的主体内容，直到《收养法》于 20 世纪 90 年代初出台。《婚姻法》本身聚焦于收养关系的法律效力，亦即养父母子女关系的拟制效果：1950 年《婚姻法》第 13 条第 2 款规定："养父母与养子女相互间的关系，适用前项规定。"这里的"前项规定"即指本条第 1 款，其内容为："父母对于子女有抚养教育的义务；子女对于父母有赡养扶助的义务；双方均不得虐待或遗弃。"从理念上说，这个法条已初步确立养父母子女关系比照适用父母子女关系有关法律规范的制度模式，但是从规范分析的角度来说，"前项规定"仅指向第 1 款关于父母子女间抚养教育、赡养扶助的内容，不能辐射到其他关于父母子女关系的规定，比如第 14 条规定的"父母子女有互相继承遗产的权利"。立法的不周延可能会带来法律适用方面的困扰。经过调整，1980 年《婚姻法》第 20 条即分两款对养父母子女法律关系进行了全面的概括。第 1 款规定："国家保护合法的收养关系。养父母和养子女间的权利和义务，适用本法对父母子女关系的有关规定。"第 2 款规定："养子女和生父母间的权利和义务，因收养关系的成立而消除。"2001 年修订《婚姻法》时对上述内容作了原封不动的保留。

由于《婚姻法》仅规定养父母子女关系与父母子女关系相同，缺乏对收养的条件、程序和效力的具体规定，较长时期内最高人民法院通过针对个案的批复文件处理司法实践中遇到的一些具体问题。1972 年最高人民法院公布《关于贯彻执行民事政策法律的意见》系统规定了收养的条件和程序。1984 年最高人民法院公布《关于贯彻执行民事政策法律若干问题的意见》，增加了事实收养的规定，补充规定了解除收养的条件及其法律后果。1991 年颁布、1992 年 4 月 1 日正式实施的《收养法》是新中国首部集中、系统调整收养关系的实体法，标志着我国收养立法趋于完善。自此以后，《收养法》承担着调整收养法律关系的主要使命，1998 年 11 月，第九届全国人大常委会第五次会议通过了《关于修改〈中华人民共和国收养法〉的决定》，修正后的《收养法》放宽了收养条件、完善了收养程序，自 1999 年 4 月 1 日起沿用至 2021 年 1 月 1 日《民法典》生效。

作为前民法典时代收养领域的基础法和主干法，《收养法》以六章 34 条的精短内容在规范收养行为、保护合法收养关系、维护各方当事人合法权益方面发挥了重要作用。但是于今而言，上次修正已逾二十载，昔日的社会形势、政策考量都已发生巨大变化，近年来先后发生的汶川大地震收养热潮、兰考袁厉害收留孤儿意外火灾、打拐解救儿童难以安置等新闻事件引起社会各界对现行收养法律制度之利弊得失的强烈关注和深刻反思。与此同时，在 2015 年党的十八届五中全会提出全面实施一对夫妇可生育两个孩子政策的新形势下，深入贯彻独生子女计划生育指导思想的《收养法》在很多方面已落后于实践需求、落后于时代思潮，亟须重新进行顶层设计，改革完善具体制度。

## 第二节 《收养法》的私法框架及其效用危机

从法律文本的起点来看，《收养法》是脱胎于《婚姻法》及相关司法解释有关收养制度规范的一部单行法，具有纯粹私法的性质与功能。① 其

---

① 新中国成立后，《婚姻法》及相关司法解释一度构成收养法律制度的主体内容，直到《收养法》于 20 世纪 90 年代初出台：1950 年颁布的《婚姻法》直接规定养父母子女关系与父母（转下页）

逻辑起点、基本原则、规范重心、制度供给都鲜明地体现出私法属性，与当前收养制度比较视域下力主儿童本位和社会服务的国际思潮显有隔膜。

## 一 《收养法》的内在私法逻辑

《收养法》的逻辑起点是收养行为与收养关系，两者之间的关联在于：通过法律行为形成、改变或终止法律关系。在文本结构上，《收养法》表现为"法律关系"本位：第二章到第四章的主体内容，章名分别冠以"收养关系的成立""收养的效力""收养关系的解除"。在规范内容上，《收养法》凸显"法律行为"逻辑：在收养关系的成立和协议解除方面，依照法律规定的条件和程序，适格的当事人通过合意获致其所期待的法律效果；主体不适格、意思表示不真实、违反法律或社会公共利益会导致收养行为无效。

传统私法理念的核心要义在于意思自治，在于不干预或少干预。《收养法》第2条表述的基本原则在兼顾收养规范特质——"收养应当有利于被收养的未成年人的抚养、成长"——之外全面、充分地体现出私法理念，规定"保障被收养人和收养人的合法权益，遵循平等自愿的原则，并不得违背社会公德"。强调"平等自愿"在收养制度设计中产生两方面的影响。其一，鉴于被收养人限于未成年人，行为能力不足，这里的"平等自愿"在法律规范中更多地体现为送养人和收养人之间的合意，如收养的成立、协议解除等。法律确有规定，年满10周岁的未成年被收养人需就有关合意表达"同意"，但存在适用范围受限、程序保障不足的问题。其二，对当事人合意的强调意味着限制或排除第三方（包括国家）对收养事

（接上页）子女关系相同，但是缺乏对收养的条件、程序和效力的具体规定。最高人民法院通过针对个案的批复文件处理司法实践中遇到的一些具体问题。1972年最高人民法院公布《关于贯彻执行民事政策法律的意见》系统规定了收养的条件和程序。1980年出台的《婚姻法》对收养关系的法律效力予以明确。1984年最高人民法院公布《关于贯彻执行民事政策法律若干问题的意见》，增加了事实收养的规定，补充规定了解除收养的条件及其法律后果。以此为基础，1991年颁布、1992年4月1日正式实施的《收养法》确立了我国收养法律制度主体框架，经修正后自1999年4月1日生效起沿用至2021年1月1日《民法典》生效。

务的干预。《收养法》第12、13、18条规定缺乏生父母的合意或抚养主体的同意，监护人不得送养未成年人，这固然能够体现对父母及其他家庭成员权益的尊重，但客观上也断绝了国家在父母因失职或滥权而被剥夺监护权的情形下通过收养安置未成年人的可能性，或者因顾全有关主体的抚养权益而使未成年人丧失通过收养重新融入家庭的可能性。

鉴于收养是涉及未成年人福利的法律事件，《收养法》在意思自治的大框架下通过严格限定当事人资格条件的方式——分主体、分情形细致规定收养的具体条件——来确保未成年人的成长权益。在文本上，多达10余条、占比1/3的篇幅用来设定主体资格、收养条件，使得《收养法》表现出明显的倚重门槛、忽视审查的特点。在效果上，这种严格限定造成收养通道相对狭窄，两端的送养与收养资源都受到抑制。

收养制度适用范围受限的另一个原因是计划生育政策的捆绑。《收养法》的制定有着深深的时代烙印，其中一个重要表现就是从原则到规则全面贯彻执行独生子女计划生育政策。如《收养法》第3条明确规定，收养不得违背计划生育的法律、法规。在具体规则方面，《收养法》第6条、第8条和第19条规定：一般情况下，收养人必须年满30周岁、无子女，且只能收养一名子女，除非法律另有规定；送养人不得以送养子女为理由违反计划生育的规定再生育子女。独生子女计划生育政策对我国收养制度和实践产生了深刻影响：一方面，有些家庭在重男轻女的思想作祟下遗弃女婴；另一方面，完整核心家庭（实际是潜在的良好收养资源）被屏蔽在收养机制之外。

从制度供给来看，《收养法》采用单一的完全收养机制，奉行养子女完全融入收养家庭、断绝与生父母法律关系的立场：其第23条规定，收养成立后，养子女与养父母及其近亲属间形成相应的亲属关系，其与生父母及其他近亲属间的亲属关系消除。养父母具有与生父母完全相同且排除生父母而专享的法律地位和法律权利，具有广泛的适用范围。实践中，江苏省民政厅曾于2009年向民政部发函咨询：收养人可否基于其父母身份再次将被收养人送养？民政部办公厅的复函给出的答复是可以。[①]其背后的法理基础即在于：在完全收养机制下，生父母的权利义务完全、彻底、不作任何保留地转移至养父母，这正是传统私法权利让与的典型范式。

总体而言，《收养法》的规范与适用偏倚条件、注重文书，门槛高、审查松，规制多、服务少，缺乏以个体儿童权益为导向的情境性、实质性审查，利于"亲"之运用而疏于"子"之保护，折射出我国素来重"亲"轻"子"的法文化遗迹：在漫长的古代史上，以宗祧继承为旨要的"立嗣"、"兼祧"和"继绝"构成收养制度主体，单纯旨在救助孤儿的"乞养"反处于边缘地位。[②]近现代以来，现代私法架构取代封建法制，力图实现从"为家（族）之收养"至"为亲之收养"而后至"为子女之收养"的转变[③]，但"亲"之主导地位与"子女"之附随地位仍清晰可辨。须警醒的是，收养事件中真实存在"亲""子"权益冲突，现代收养法必须基于儿童之公民身份保护其主体地位和正当权益，始得真正实现儿童最大利益、发挥收养最大效用。这就要求在价值理念上，从"为子女之收养"走向"为儿童之收养"。

## 二 《收养法》的外部比较评价

综合有关国际公约和西方主要发达国家的制度框架，现代收养法的发展趋势表现为，强调儿童为本，回应多方需求，跨越公私法域，整合社会资源等。从比较视域来看，我国《收养法》存在价值理念杂糅、制度体系保守、支持服务匮乏等不足。

如同任何一部法律一样，收养制度必须在众多价值理念之间找到平衡点，正因如此，《收养法》在总则中确立了多项原则：有利于被收养的

---

① 参见《民政部办公厅关于收养人因生活困难不能继续抚养被收养人有关问题的复函》（民办函〔2009〕177 号）。

② 〔日〕滋贺秀三：《中国家族法原理》，张建国、李力译，法律出版社 2003 年版，第 463 页。

③ 史尚宽：《亲属法论》，中国政法大学出版社 2000 年版，第 585 页。

未成年人成长原则；保障被收养人和收养人合法权益原则；不得违背社会公德原则；不得违背计划生育法律、法规原则。这种混合价值观是我国行政及司法当局在涉及儿童事务如收养、抚养权分配中的典型立场——对儿童权益的考量往往同婚姻当事人或其他利害关系人的利益考量相缠绕——加之程序上并无未成年人独立代理人的安排，常常导致未成年人权益被削弱或忽视。典型如离婚案件中，对于两周岁以上未成年子女直接抚养方的确定，最高人民法院在司法解释[①]中明确规定，父母一方已做绝育手术或因其他原因丧失生育能力、父母一方无其他子女而另一方有其他子女的，可优先考虑子女随该方生活。《收养法》承袭了混合价值观，将父母及其他抚养主体的同意作为监护人送养的前提条件，不利于国家在父母滥权或失职的极端情形或其他抚养主体怠于养护的特定情形下从未成年人最佳利益出发安排收养事宜。

相较于国际收养实践中收养适用范围的不断拓展、收养指令内容的不断充实、收养当事人诉求的不断纳入，我国《收养法》严格限制各方主体资格、严格奉行完全收养立场、严密保守收养信息，表现出明显的抑制和保守倾向，诸多现实需求无法获得有效回应：父母滥权或失职被剥夺监护权的未成年人不能通过收养通道重新融入家庭环境；有收养意愿和收养能力的潜在收养人仅因核心家庭外观而被屏蔽在收养门槛之外；被收养人与生父母即便存在重要情感联结亦无由保持联系；被收养人无法突破秘密收养原则追溯自己的血统、建构身份认同；等等。

现代收养法从实现儿童最大利益出发，不仅设定收养条件、确立收养门槛防止收养机制被滥用，更注重通过安置考察、听证质询等法律程序和咨询辅导、医疗救助等社会服务辨明儿童最大利益所在，支持和服务于儿童利益。这就带来收养案件核准机制的改变：制度重心偏倚条件适格，则核准机制必偏重于形式上的文书确认，行政职能足可胜任；制度重心推

---

① 最高人民法院 1993 年 11 月 3 日发布的《关于人民法院审理离婚案件处理子女抚养问题的若干具体意见》（法发〔1993〕30 号）第 3 条。

崇适格与考察并重，则核准机制必包含实质意义的个体性、情境性判断，司法裁决更相适宜。我国《收养法》采取行政登记的模式确立和确认收养法律关系，条件多、程序少，规制多、服务少，缺乏事前对当事人各方的辅导、事中对被收养人安置的评估、事后对被收养人和收养家庭的帮助与支持。

### 三 《收养法》的效用危机

遵循私法逻辑的《收养法》在孤立的私法框架内运行是可以达到自洽的，司法领域收养关系纠纷少量存在、收养法律规范的阐释与发展甚少深入可资例证。然而，纷繁复杂的社会生活是超越私领域的，《收养法》的纯粹私法逻辑不能因应社会变迁，存在内在体系立场保守、外在体系规制严苛以致适用失范、效用不足的严重危机。

内在体系上，囿于 20 世纪 90 年代初社会形势的要求，《收养法》的制度功能隐含着防范和抵制不法行为的特定目标[①]，故其立场偏于保守、倾向抑制，收养机制的适用范围大大受限，导致法律收养冷寂，私自收养壅塞[②]。前者表现在全国孤儿收养比常年徘徊于 6% 左右，且收养登记数量

---

[①] 时任司法部副部长金鉴于 1991 年 6 月 21 日在第七届全国人民代表大会常务委员会第二十次会议上作《关于〈中华人民共和国收养法（草案）〉的说明》（北大法宝引证码：CLI.DL.705）概括当时的突出问题包括：1. 引发一些真实或虚假的遗弃婴儿事件，相关行为人意图达到规避抚养义务或计划生育政策的目的；2. 因收养而产生的子女上学、就业、迁移户口、继承财产等许多涉及相关主体重要权益的现实问题得不到解决；3. 不法分子利用部分社会成员急于收养子女的心理进行拐卖人口、买卖儿童等犯罪活动。

[②] 私自收养是指未办理收养登记、自行建立亲子关系／类亲子关系的祖孙关系的收养，多用于政策文件，如《民政部、公安部、司法部、卫生部、人口计生委关于解决国内公民私自收养子女有关问题的通知》、杭州市《关于解决我市公民私自收养子女有关问题的实施意见》等。亦有政策性文件将其称为事实收养，如北京市《关于解决我市公民事实收养有关问题的意见》、上海市《处理公民事实收养问题的意见》。但在司法领域，事实收养特指未办理收养手续，亲友、群众公认或有关组织证明确以养父母与养子女关系或养祖父母与养孙子女关系长期共同生活，根据《最高人民法院关于贯彻执行民事政策法律若干问题的意见》（〔1984〕法办字第 112 号）等司法解释文件肯定其收养效力的私自收养。学界亦认为事实收养的法律效力应予肯定，但又增加"符合法律规定的实质要件"的界定，参见蒋月、何丽新编著《婚姻家庭与继承法》，厦门大学出版社 2007 年版，第 192 页。笔者下文所言"有条件地肯认"私自收养，即指对事实收养法律效力的肯认。

总体呈下降趋势：根据民政部历年发布的《民政事业发展统计公报》，自2017年至2021年的五年间，全国收养登记案件数与全国孤儿总人数分别为1.9万件/41.0万人、1.6万件/30.5万人、1.3万件/23.3万人、1.1万件/19.3万人、1.2万件/17.3万人，推算下来比例依次为4.6%、5.2%、5.6%、5.7%和6.9%。[①] 后者表现在私自收养大量存在，脱离国家有效监督：自20世纪80年代始，我国法律政策层面对私自收养的立场经历了有条件地肯认—否认—有条件地肯认并多方疏导的发展路径；此后，虽然《收养法》明确规定收养应当登记，鉴于私自收养大量存在的执法司法压力，国家有关部委和地方有关部门仍致力于放宽程序要求、予以清理和疏导。[②] 法律收养冷寂和私自收养壅塞是一体两面，从不同角度折射出《收养法》在实现匹配收养供需的功能方面成效不佳。其成因主要在于，《收养法》关于收养实质要件的规定过于严格，不利于收养关系的成立。[③]

　　由内在价值体系传导至外在规范体系，《收养法》条文表现为严格限制收养条件、严格奉行完全收养立场等，导致制度逻辑不顺、法律适用失范，面对现实问题只能作政策层面的变通或学理解释的变异。兹列举二三实例释之。

---

① 参见2017~2021年《民政事业发展统计公报》，民政部官网https://www.mca.gov.cn/article/sj/tjgb/，最后访问日期：2023年5月22日。

② 对于私自收养，《最高人民法院关于贯彻执行民事政策法律若干问题的意见》（〔1984〕法办字第112号）第28条曾肯认其中事实收养的法律效力，"亲友、群众公认，或有关组织证明确以养父母与养子女关系长期共同生活的，虽未办理合法手续，也应按收养关系对待"。但是1992年《收养法》第15条第1款规定："收养查找不到生父母的弃婴和儿童以及社会福利机构抚养的孤儿的，应当向民政部门登记。"1998年修订后的《收养法》第15条第1款进一步明确："收养应当向县级以上人民政府民政部门登记。收养关系自登记之日起成立。"从法律规定来说，确立收养关系应符合法律规定的条件，并办理收养登记手续，否则不具有法律效力。

但长期以来，仍存在大量的私自收养未办理收养登记的情形。鉴于收养执法司法方面的压力，《民政部、公安部、司法部、卫生部、人口计生委关于解决国内公民私自收养子女有关问题的通知》（民发〔2008〕132号），认可了1999年4月1日《收养法》修改决定施行前的事实收养关系，并对1999年4月1日以后的私自收养关系进行疏导，区分不同情况，提供政策依据，通过补齐文件办理收养登记、签订助养协议等多种方式对私自收养予以规范。地方层面如北京、上海、江苏等地都循此路径发出通知对本辖区内私自收养问题进行清理和疏导。

③ 雷春红：《欠缺法定要件收养关系的法律规制——以浙江省为样本》，《西部法学评论》2014年第1期，第87页。

其一，由于无法证明打拐解救儿童属于《收养法》规定的"弃婴或儿童"，这个群体中约 90% 的儿童即使找不到生父母也无法通过收养程序融入收养家庭，只得长期滞留在社会福利机构和救助保护机构。[①]后借助于相关部委建立联合机制构造出特殊送养通道，才实现打拐解救儿童的妥善安置。[②]

其二，再婚夫妇一方已有成年子女，两人可否收养子女？由于《收养法》要求双方收养且要求收养人无子女，此再婚夫妇难以符合收养人的条件。但于情理而言，此再婚夫妇本可获得计划生育指标而由于能力或意愿方面的原因予以放弃，转而助力解决社会儿童孤苦问题，法律层面难道不应支持和鼓励？然而在《收养法》框架下要实现鼓励收养、鼓励以社会资源解决社会问题，就须在学理上解释出"再婚夫妇一方之成年子女不是其子女"的逻辑悖论。[③]

其三，继父母收养继子女后，继亲家庭中生父母一方死亡，继父母不愿再与继子女共同生活，继子女可否回到仍然生存的生父母监护之下？按照《收养法》单一完全收养逻辑，如生父母一方不同意解除收养关系，则继子女的处境非常被动，只能作为不受欢迎的养子女留在继父母身边，显然不利于其健康成长。作为规则对照，最高人民法院在离婚案件审理指引中规定："生父与继母或生母与继父离婚时，对曾受其抚养教育的继子女，继父或继母不同意继续抚养的，仍应由生父母抚养。"[④]这一规则对于已形成抚养教育关系、视同亲生父母子女关系的继父母子女同样适用，其情境

---

① 数据来自陈丽平《全国人大代表提出修改收养法给被解救儿童合法的家》（2013 年 4 月 12 日），http://www.locallaw.gov.cn/dflfw/Desktop.aspx?PATH=dflfw/sy/xxll&Gid=562aa 014-86d9-4f33-acf3-45f7ff7d8d96&Tid=Cms_Info，最后访问日期：2023 年 5 月 22 日。

② 2015 年 8 月，民政部、公安部联合印发《关于开展查找不到生父母的打拐解救儿童收养工作的通知》（民发〔2015〕61 号），建立起公安机关出具查找不到生父母或其他监护人的证明、社会福利机构送养的机制才解决这一现实问题。

③ 黄忠：《有继子女的夫妻可否收养社会弃婴？——关于〈收养法〉第 6 条"无子女"含义的理解》，《社会福利》2009 年第 1 期，第 49 页。

④ 《最高人民法院关于人民法院审理离婚案件处理子女抚养问题的若干具体意见》（法发〔1993〕30 号）第 13 条。

与收养继子女的继父母具有同质性，但司法思维存在重大差异，不符合体系融贯的要求。

## 第三节　《民法典》"收养章"的"大承小改"及其释放的社会化信号

2014年10月23日，中国共产党第十八届中央委员会第四次全体会议通过的《中共中央关于全面推进依法治国若干重大问题的决定》将编纂民法典作为实现法治中国宏伟目标的战略部署之一。收养制度体系化地回归民法典中的婚姻家庭法，在体例上可以有多种选择和安排。自学理而言，依照自然事实与法律事实的区分，父母子女关系可分为两种：①基于出生事实和自然血缘而产生的自然血亲父母子女关系，包括婚生父母子女关系和非婚生父母子女关系；②基于收养、结婚等法律行为和抚养事实而产生的拟制血亲父母子女关系，包括养父母子女关系和形成抚养关系的继父母子女关系。这样来说，最合乎逻辑体系的体例安排应是将收养制度、继亲制度作为建立拟制亲子关系的法律机制，与自然血亲父母子女关系处于并列地位，共同构建起亲子关系框架。但现实情况是，多年来以单行法行世的收养法律制度内容丰富、条文众多、自成体系，与之相比，继亲法律制度显得单薄而贫乏、尚无成熟体系，两者并立或致篇章失衡。所以较为务实的选择是在亲子关系一章中将自然血亲及拟制血亲中的继亲法律问题一并摄入，其后将收养法律制度单列一章，既体现两者在逻辑上的关联性，也兼顾篇章内容的均衡。这种体例安排在法学界是有一定共识的[①]，并最终体现在2020年5月正式通过的《民法典》文本中。

在全球收养法比较视域下，我国收养法是纯粹私法框架的代表：1991年制定、1998年修改的《收养法》以未成年人收养、完全收养为主线，遵

---

① 夏吟兰：《民法典体系下婚姻家庭法之基本架构与逻辑体例》，《政法论坛》2014年第5期，第143页。

循私法逻辑构建起我国现代收养法律制度；2020 年 5 月通过的《民法典》"收养"章承袭了《收养法》的整体框架和主体制度，仍自限于纯粹私法架构：体例上，除因应入典所需改"章"为"节"并删除"总则""法律责任""附则"相应内容外，完全以收养关系为线索构建的框架结构并没有改变；制度上亦主要着眼于对《收养法》现有的规范进行修改和完善。但新的立法文本在法律条文的位序、用语方面确有多处改动，于此之中释放出社会化转向的信号。

## 一 重述收养原则

《民法典》对收养法基本原则重新进行表述：①删去《收养法》第 3 条之规定，取消计划生育目标在收养法律体系中的原则性地位；②收养原则顺位提前，置于"婚姻家庭"编"一般规定"章第 1044 条，不再强调"平等自愿"，规定"收养应当遵循最有利于被收养人的原则，保障被收养人和收养人的合法权益"。

值得关注的是，起草机构此前就《民法典婚姻家庭编（草案）》（三审稿）提请立法机关审议时特别指出，此条表述是落实"联合国《儿童权利公约》中关于儿童利益最大化的原则"[①]。在概念上来说，《儿童权利公约》之"儿童"与我国法律文件中使用的"未成年人"均指 18 周岁以下的自然人，二者在内涵及外延上并无二致。有鉴于此，"最有利于被收养人的原则"可视为《公约》"儿童利益最大化的原则"（同"儿童最大利益原则"）的中国法表达。

## 二 放宽一般收养条件

对比《收养法》，《民法典》"收养"章在三个方面放宽了收养门槛：一是被收养人年龄从不满 14 周岁扩展到不满 18 周岁；二是被收养人条

---

[①] 参见《全国人民代表大会宪法和法律委员会关于〈民法典婚姻家庭编（草案）〉修改情况的汇报（2019 年 10 月 21 日）》（北大法宝引证码：CLI.DL.13375）第二点。

件设定中"弃婴"用语被摒弃；三是规定无子女的收养人可以收养两名子女，有一名子女的收养人可以收养一名子女，此规则虽从独生子女政策中解放出来，却仍未跳脱人口政策的不当影响。

### 三　充实特殊收养规范

在特殊收养方面，《民法典》"收养"章的主要改革在于：一是以性别平等视角规范无配偶者单方收养问题，体现在第1102条规定年龄差异要求同等适用于"无配偶者收养异性子女"的情形，而非仅限于《收养法》规定的"无配偶的男性收养女性"的情形；二是规定某些特殊收养情形不适用上文所述一般收养条件中收养人子女数量的限制性规定，包括《民法典》第1100条规定的收养孤儿、残疾未成年人或者儿童福利机构抚养的查找不到生父母的未成年人，以及第1103条规定的继父母收养继子女。

### 四　改革收养法律程序

2020年5月，《民法典》在正式出台前的最后审议程序中迈出收养法社会化改革最为关键的一步，于第1105条增设第5款关于收养评估的规定。此条款虽行文简约却内涵丰富：收养评估是由收养登记机关借助专业资源针对收养个案作出具体研判，增设该程序将使我国收养法律机制融入更加显著的社会化元素：明确实质审查、引入专业资源、加强国家干预。

概括而言，《民法典》"收养"章规定"最有利于被收养人的原则"，并释明其与《公约》"儿童利益最大化的原则"之渊源，同时放宽被收养人范围、放松不必要管制、纳入性别平等视角、改革收养法律程序等，越来越明确地释放出社会化转向的信号。但由于具体制度改革受限，收养资源的拓展、收养需求的释放、收养程序的完善和收养服务的供给仍未获充分考量，从而构成后民法典时代收养法进一步社会化的现实驱动。

中 篇

# 体 系

# 第四章　收养条件

　　收养的成立必须符合法律规定的各种条件和程序。由宽而窄，收养成立的条件可指向三重意义：一者，在最宽广意义上，指向区别于收养程序要求的各项收养关系必须具备的实质有效条件，包括被收养人、送养人、收养人的条件和收养合意四个方面的要素；二者，排除收养合意，指向被收养人、送养人、收养人各项条件要求，包括普通收养关系成立的条件和特殊收养关系成立的条件；三者，进而排除特殊收养关系成立的条件，仅指向普通收养关系中被收养人、送养人、收养人各项条件要求。

　　收养主体适格发展为条文繁多的收养条件系统是收养法上特有的现象。一般来说，法律并不限制法律行为的当事人为何人或人数的多少，但对于收养当事人则设有特别限制。收养关系的当事人须为法律所特别规定的主体：收养人、送养人和被收养人三方都必须符合法律规定的资格和条件，否则不得收养子女、送养子女或被他人收养。收养人和被收养人只能是自然人，社会组织不得充当收养人。收养只能发生在非直系血亲关系的人之间，直系血亲之间的收养和被收养既无必要也无意义。

　　《民法典》第1093条、第1094条和第1098条分别规定普通收养关系中被收养人、送养人和收养人应具备的条件，第1095条实则增设一种特殊的送养人，第1099条、第1100条第2款、第1102条、第1103条是关于特殊收养的规定，综合所有这些法律规范可建构起我国收养法上具一定逻辑性、独立性和体系性的收养条件规范系统，包括普通收养关系和特殊收养关系，亦即前述第二重意义上的收养条件。本章前三节分别以适格被收养人、适格送养人、适格收养人将普通收养关系中各方主体的条件一概收于其中，第四节则对特殊收养中的条件豁免与条件增进加以阐释，以在上文援引的诸多法条中形成具有内在逻辑的学理体系。

# 第一节　适格被收养人

## 一　被收养人范围的立法变迁

新中国成立后，由于收养法律制度长期缺位，《婚姻法》及相关司法解释一度成为调整收养关系的主体规范，但其内容相当粗略，缺乏对收养条件、收养程序和收养效力的具体规定。

20世纪90年代初，《收养法》起草中首次划定被收养人的范围，当时有关机构在立法说明中解释道："过去一些部门的规定只许收养七周岁以下儿童，特殊情况可以收养成年子女。但对于能否收养八岁到十三岁的未成年人没有作出规定，而在实际生活中，由于各种原因要求收养八岁至十三岁的人是很多的。许多国家对被收养人年龄都作了限制性规定。根据我国国情，《草案》规定，被收养人限于不满十四周岁的未成年人，这一年龄界限是较合适的。"[1]在这一背景下，1991年12月29日通过、1992年4月1日实施的首部《收养法》第4条规定："下列不满十四周岁的未成年人可以被收养：（一）丧失父母的孤儿；（二）查找不到生父母的弃婴和儿童；（三）生父母有特殊困难无力抚养的子女。"1998年11月4日修正、1999年4月1日实施的《收养法》第4条完全沿袭了这一规定。

但是在法律具体实施中，被收养人范围仍显得过于狭窄从而带来适法困扰：突发性地震、洪水泛滥等天灾造成的大量孤儿或打拐活动中被解

---

[1]　参见《司法部关于〈中华人民共和国收养法（草案）〉的说明》（北大法宝引证码：CLI.DL.705）。

救却未被家人认领的儿童都可能会因为年龄限制或无从证明系属"弃婴和儿童"而失去重新融入家庭的机会。有鉴于此，中国社会科学院法学研究所提交的《民法典分则》立法建议稿第五编第六章第103条建议将《收养法》第4条修改为："下列不满十八周岁的未成年人可以被收养：（一）丧失父母的孤儿；（二）查找不到生父母的儿童；（三）生父母有特殊困难无力抚养的子女。"① 前文已述，在国际公约体系下习用的"儿童"与我国立法中惯用的"未成年人"外延一致，均指向18周岁以下的社会成员。

2018年8月《民法典各分编（草案）》——以下简称《各分编（草案）》——首次提请全国人大常委会审议，并于同年9月5日公开征求意见，该草案《婚姻家庭编》第872条将被收养人的范围修改为："下列未成年人，可以被收养：（一）丧失父母的孤儿；（二）查找不到生父母的婴儿和儿童；（三）生父母有特殊困难无力抚养的子女。"

2019年7月5日公布的《民法典婚姻家庭编（草案）》（二次审议稿）——以下简称《婚姻家庭编（草案）》（二审稿）——第872条在一审稿的基础上作了微调，将本条第2项"婴儿和儿童"合称为"未成年人"，具体内容为："下列未成年人，可以被收养：（一）丧失父母的孤儿；（二）查找不到生父母的未成年人；（三）生父母有特殊困难无力抚养的子女。"

2019年10月31日公布的《民法典婚姻家庭编（草案）》（三次审议稿）——以下简称《婚姻家庭编（草案）》（三审稿）——第872条保留了二审稿的条文，未作改动，后被吸收为2019年12月审议的《民法典（草案）》第1093条，此后在2020年5月22日第十三届全国人民代表大会第三次会议上审议的《中华人民共和国民法典（草案）》——以下简称《民法典（草案）》（2020）——中亦全部保留，最终形成《民法典》第1093条的内容："下列未成年人，可以被收养：（一）丧失父母的孤儿；（二）查找不到生父母的未成年人；（三）生父母有特殊困难无力抚养的子女。"

---

① 陈甦主编《中国社会科学院民法典分则草案建议稿》，法律出版社2019年版，第373页。

## 二　被收养人之需求为现代收养制度之逻辑起点

虽然学界关于收养主体的观点存在颇多歧论，被收养人是收养法律关系的当事人却是共识。[①] 这一共识体现了被收养人本位的价值理念。在历史上，战争孤儿、未婚先育的婴童、亲族间特殊的抚养和继承安排所涉儿童，甚至依照政府指令由本土送往殖民地的大批儿童等，都曾经是收养的对象即被收养人。随着市民社会及其内生的平等、自由理念的确立，为族（家族/民族）之收养、为亲（尊亲）之收养逐渐发展至为子（儿童）之收养[②]，以儿童的需要和利益为导向的现代收养制度理念得以确立。从这一理念出发，收养仅在符合儿童的需要时方得适用，仅在符合儿童的利益时方得成立，这一导向赋予被收养人范围的法律标准以更加丰富的内涵。

由为子（儿童）之收养的理念出发，始得以被收养人之需求为逻辑起点建构现代收养法律制度。亦即，存在被收养的需求，才有收养之必要。于此而言，划定被收养人的范围，实则是划定收养制度的适用空间。收养是自然人依照法律规定的条件和程序领养他人子女为自己子女的民事法律行为，其适用前提是法律主体有亲子关系之需求却无自然亲子关系之现实，制度功能在于拟制收养人和被收养人之间的亲子关系。由此出发，被收养人应是需要却缺乏父母之抚养、教育、保护和监护的主体，如此又可析分为两个标准：一者，被收养人主要系未成年人，因为成年人通常被视为能够自立的完全民事行为能力主体；二者，被收养人处于脱离父母之抚养、教育、保护和监护的现实或风险之中。

## 三　适格被收养人的认定

《民法典》第 1093 条以儿童的需要和利益为导向，从前述两个理论

---

[①] 关于收养所涉主体，学者论见不同却又未尝深入，尚有待细绎。大体来说，婚姻家庭法学界通常认为，收养关系的主体以三方论，即送养人、被收养人和收养人。民法学界则认为，收养关系的主体仅为两方，即被收养人和收养人，送养人仅以被收养人之监护人或法定代理人身份介入收养关系。详见本书第五章第一节有关论述。

[②] 史尚宽：《亲属法论》，中国政法大学出版社 2000 年版，第 585 页。

标准出发划定被收养人范围：一是不满 18 周岁的未成年人；二是父母不能为之提供监护和照护的未成年人。两方面条件兼具，方可成为被收养人。在本条规定中，前一条件精炼表述为"未成年人"，后一条件又分列为三种情形：（一）丧失父母的孤儿；（二）查找不到生父母的未成年人；（三）生父母有特殊困难无力抚养的子女。

首先，关于"未成年人"的界定，《民法典》"总则"编第二章"自然人"第 17 条规定："十八周岁以上的自然人为成年人，不满十八周岁的自然人为未成年人。"这里，"自然人"的概念涉及民事主体资格，亦即民事权利能力，由此再援引至第 13 条之规定："自然人从出生时起到死亡时止，具有民事权利能力，依法享有民事权利，承担民事义务。"至此明确，第 1093 条规定之"未成年人"系指已出生但不满 18 周岁的自然人。释明这一点，有助于回应法律适用中可能出现的两个疑问：第一，未出生的胎儿可否成为被收养人，亦即是否允许收养胎儿？根据本条和"总则"编前述相关条文，在我国，未出生的胎儿不是适格的被收养人；第二，是否要求被收养人具有中国国籍？本条未作要求；经查询法律法规、行政规章和司法判例，尚未见有涉及在中国境内收养外国未成年人的规定或判例。

然后讨论分项列示的具体情形。第一种情形，"丧失父母的孤儿"。法律并未对"孤儿"进行专门的界定，为准确适用法律有必要从语义和实践两个层面进行考察。在中文语境中，孤儿既可指父亲死亡的儿童（如"孤儿寡母"），亦可指父母双亡的儿童（如"孤儿院"）。但须注意的是，仅父亲死亡而被视为孤儿，是古代封建社会尊奉父权和男权的产物，因其社会结构决定父亲行使优先的、主要的家长权，一旦失去父亲，儿童即面临失去佑护和管教的处境。在现代社会，母亲与父亲对儿童享有同等的监护权，承担同等的教育保护责任，如果父亲死亡，则由母亲行使全部的监护权和承担全部的抚育责任，无论法律抑或文化，都不能再将此种情形下的儿童归为"孤儿"之地位。所以在现代语义上，孤儿是指父母双亡的儿童。鉴于现代民法为稳定和终结长期失踪主体所涉民事法律关系而创设宣告死亡制度，收养法上的死亡也包括自然死亡和宣告死亡两种情形，父母双方均自然死亡或被宣告死亡或一方自然死亡而另一方被宣告死亡都会使得未成年子女被认定为孤儿。民政部 1992 年发出《关于在办理收养登记中严格区分孤儿与查找不到生父母的弃婴的通知》，即将《收养法》中所称"孤儿"解释为"其父母死亡或人民法院宣告其父母死亡"的未成年人。

第二种情形，"查找不到生父母的未成年人"。这是《民法典》采用的新表述，其渊源为《收养法》第 4 条关于"查找不到生父母的弃婴和儿童"的规定，但是将"弃婴和儿童"修改为"未成年人"，以摒除前一表述给法律适用带来的不必要困扰。此困扰主要来自两个方面：其一，证明被收养人被遗弃的困难；其二，被遗弃的标签给被收养人带来的伤害和负面影响。具体详述如下。

为便于法律适用，民政部 1999 年发布实施的《中国公民收养子女登记办法》第 6 条第 2 款将《收养法》第 4 条规定的"查找不到生父母的弃婴和儿童"析分为两个渠道的婴童，一是被遗弃后进入社会福利机构的婴童，二是被遗弃后又被捡拾并向公安机关报案的婴童，当然二者也可能有重合，比如捡拾被弃婴童者向公安机关报案，其后婴童转入社会福利机构。这里，"查找不到生父母"是客观事实，可予以证明，或在依法发布公告未果后予以推定，但是婴童是否被弃并不一定能够得到有效证明，尤其是在婴童生父母无任何意思表示的情形下。因为他们本身处于查找不到的状态，其是否具有遗弃的主观意图也就无从认定。2019 年 3 月 2 日，中华人民共和国国务院令第 709 号《国务院关于修改部分行政法规的决定》对 1999 年发布的《中国公民收养子女登记办法》进行了少量修改（以下未作特别说明者，所引皆为修改后的现行法规），但上述条款未作改动。

强求查找不到生父母的婴童须在被遗弃的前提下方可作为被收养人，还带来实践中一个非常棘手的问题：如前所述，打拐解救儿童显然不属于被遗弃婴童，但是由于生父母寻找到子女存在窗口期，这个群体中约九成的儿童在被解救后找不到生父母、回不去原生家庭，却又不符合《收养法》所规定的被收养人条件，无法通过合法收养程序融入收养家庭，只得长期滞留在社会福利机构和救助保护机构。2015 年 8 月，民政部、公安部联合印发《关于开展查找不到生父母的打拐解救儿童收养工作的通知》（民发〔2015〕159 号），建立起公安机关出具查找不到生父母或其他监护人的证明、社会福利机构送养的机制，以妥善安置打拐解救儿童。这种变通固然具有正当性，但也凸显《收养法》第 4 条关于"查找不到生父母的弃婴和儿童"之表述在一定程度上已无法回应收养实践的需求。同时，"弃婴"一词明显带有歧视性，不利于被收养人的心理健康和自我认同，其在入典过程中被摒弃乃是势所必然。但应强调的是，收养查找不到生父母的未成年人时应切实履行公告公示程序，以保障生父母权益，避免收养机制被滥用，《民法典》第 1105 条第 2 款对此有明确规定。

第三种情形，"生父母有特殊困难无力抚养的子女"。这是一种概括的表述，鲜有法律文件对其进行准确的界定。但是 1992 年我国首次公布的《收养法》实施之际，民政部婚姻司发布的解释性文件认为，"有特殊困难无力抚养的子女，是指有生父母或生父母一方死亡，但其生父母或生父、生母有特殊困难不能抚养教育的未满 14 周岁的子女。如生父母重病、重残，无力抚养教育的子女或由于自然灾害等原因造成其生父母无力抚养的子女，以及非婚生子女等"①。其后，在对收养实践不断进行总结和规范的过程中，《民政部关于规范生父母有特殊困难无力抚养的子女和社会散居孤儿收养工作的意见》（民法〔2014〕206 号）列示了四种"生父母有特殊困难无力抚养"的具体情形：①生父母有重特大疾病；②生父母有重度残疾；③生父母被判处有期徒刑或无期徒刑、死刑；④生父母存在其他客观原因无力抚养子女，经乡镇人民政府、街道办事处证明的。这里

---

① 参见《民政部婚姻司对〈收养法〉的解答》（1992 年 4 月 1 日）（北大法宝引证码：CLI.4.17903）第 5 条。

还有一个问题要考量，有特殊困难无力抚养子女的是否必限于生父母，亦即，养父母、继父母有特殊困难无力抚养的子女，可否被送养？有观点认为，"在此情形下，出于保护未成年人考虑，也应当认定其符合被收养的条件"①。但是从现有法律文件来看，目前仅有民政部批复文件支持养父母有特殊困难无力抚养的可将养子女送养②，亦即，养父母有特殊困难无力抚养的养子女可以作为被收养人。但在继父母有特殊困难无力抚养的情形下，须考量继父母是否有法定抚养义务，如无，则应追索至有抚养义务的生父母，如有，则可在继父母与生父母之间协商、调解或裁判分担抚养义务③，一般不必要也不适宜通过收养机制解决。

关于第 1093 条本项法律规定的适用，还应从体系化的视角把握其例外情形：根据《民法典》第 1099 条和第 1103 条的规定，收养三代以内同辈旁系血亲的子女、继父或继母收养继子女的情形不受本条本项规定之"生父母有特殊困难无力抚养的子女"的限制，亦即，生父母有抚养能力的子女也可以被三代以内同辈旁系血亲或继父母收养。这是因为，同辈旁系血亲收养有其特定的宗族共续意义，继父母收养有其特定的家庭建构意义，为实现支持宗族和家庭的价值功能，收养条件予以适当放宽。

## 第二节　适格送养人

### 一　送养人范围的立法变迁

1. 一般送养人

我国首部《收养法》第 5 条首次明确规定送养人的范围："下列公民、

---

① 雷明光主编《中华人民共和国收养法评注》，厦门大学出版社 2016 年版，第 74 页。
② 参见《民政部办公厅关于收养人因生活困难不能继续抚养被收养人有关问题的复函》（民办函〔2009〕177 号）。
③ 关于继父母抚养义务问题，我国司法实践一般倾向于由生父母替补履行抚养义务的立场。《最高人民法院关于人民法院审理离婚案件处理子女抚养问题的若干具体意见》第 13 条即典型例证。江苏省高级人民法院 2019 年 7 月 18 日发布的《家事纠纷案件审理指南（婚姻家庭部分）》亦持此立场。

组织可以作送养人：（一）孤儿的监护人；（二）社会福利机构；（三）有特殊困难无力抚养子女的生父母。"1998 年修正的《收养法》第 5 条完全沿袭这一规定。

在民法典编纂中，《各分编（草案）》第 873 条将上条所表述的"公民"调整为"个人"，较之以前更加能够体现民法典框架下收养法律制度的私法属性，其完整表述为："下列个人、组织可以作送养人：（一）孤儿的监护人；（二）社会福利机构；（三）有特殊困难无力抚养子女的生父母。"自此之后，历经二审、三审，本条内容均得以完全保留，未作改动，先后被纳入《民法典（草案）》、《民法典（草案）》（2020），最终形成正式出台的《民法典》第 1094 条。

2. 特殊送养人

我国首部《收养法》第 12 条规定："未成年人的父母均不具备完全民事行为能力的，该未成年人的监护人不得将其送养，但父母对该未成年人有严重危害可能的除外。"1998 年修正的《收养法》第 12 条完全沿袭这一规定。

在民法典编纂历程中，《各分编（草案）》第 874 条、《婚姻家庭编（草案）》（二审稿）第 874 条皆沿用《收养法》第 12 条的表述。至《婚姻家庭编（草案）》（三审稿），第 874 条将原来的但书规定一改而为"未成年人的父母均不具备完全民事行为能力且可能严重危害该未成年人的，该未成年人的监护人可以将其送养"。此次审议中，立法机关未就上述修改作特别说明，将其归于"其他一些完善和文字修改"[①]。修改后的条文先后被《民法典（草案）》、《民法典（草案）》（2020）吸收，随后成为正式出台的《民法典》第 1095 条的内容。

二　送养人主体地位问题的提出

送养人在收养机制中的法律地位，是当前学界在收养主体问题上的

---

① 参见 2019 年 10 月 20 日《全国人大宪法和法律委员会关于〈民法典婚姻家庭编（草案）〉修改情况的汇报》。

最大争点。有观点认为，送养人、被收养人和收养人都是收养行为的主体和收养法律关系的当事人。[①]另有观点认为，被收养人和收养人是收养关系的当事人，送养人系以被收养人的法定代理人的身份进入收养关系。[②]要厘清这个问题需要准确界定收养行为、收养关系等基础概念，分析收养行为的法律性质，但无可置疑的两大基础认知在于：其一，人是且只能是主体；其二，收养是转移亲子权利义务的法律行为。此两点基础认知须关联起来方可释明收养当事人的范围。诚然，自法理学与法技术的区分而言，"收养人、送养人和被收养人的主体性并不意味着三方都必须是收养行为的主体"[③]，但收养之本质旨在转移亲子权利义务决定了送养人 – 被收养人这对现时亲子关系的主体与收养人 – 被收养人这对未来亲子关系的主体必须尽皆纳入收养行为当事人范畴。抹杀任何一方主体的当事人地位都与现代亲子关系之双向度平等的性质和立场相悖。可资佐证被收养人为收养当事人的是，在我国收养实践中，收养登记机关提供的"解除收养登记协议书"样式中明确要求：被收养人年满 8 周岁、未满 18 周岁的，协议人为收养人、被收养人和送养人。[④]这说明，收养登记机关明确肯认具有限制民事行为能力的被收养人是解除收养协议的当事人。就送养人而言，其不仅在收养事件中具有主体的地位和独立的利益，同时也确承担着被收养人的监护人和法定代理人之责。实际上，虽然自制度构建而言，被收养人之利益需求是现代收养法的逻辑起点，但在收养实务中，收养程序的启动者往往是送养人。笔者认为，《民法典》第 1104 条关于收养同意的规定隐含对收养主体的基本判断，对此下文第五章第一节展开详论。

---

① 陈苇主编《婚姻家庭继承法学》（第三版），中国政法大学出版社 2018 年版，第 168 页。

② 余延满：《亲属法原论》，法律出版社 2007 年版，第 406 页；杨大文主编《亲属法与继承法》，法律出版社 2013 年版，第 197 页；房绍坤、范李瑛、张洪波编著《婚姻家庭与继承法》（第五版），中国人民大学出版社 2018 年版，第 126 页。

③ 李永军、张兰兰：《"亲子合同承担"：收养行为之教义学重构》，《学海》2022 年第 3 期，第 161 页。

④ 参见《民政部关于印发〈收养登记工作规范〉的通知》（民发〔2008〕118 号）"附件 5"，《民政部关于修改部分规范性文件的公告》（民政部公告第 490 号）。

### 三　送养人与被收养人之间的对应关系

《民法典》第1094条规定送养人的范围，与第1093条规定的被收养人的范围，具有逻辑上的对应关系，进一步周延地划定收养机制的适用范围。《民法典》第1095条则规定特定情形下的监护人送养，具体而言，是在未成年人父母不具备监护能力情形下规范监护人送养行为。此情形下须权衡未成年人父母的权益、未成年人的被收养利益以及监护人的监护权利之间的冲突与协调。准确把握第1095条在收养法体系中的地位，首先要识别其与第1093条、第1094条之间的关联与区别。

民法上设立监护制度是为了补足被监护人——完全或部分丧失理智的成年人和理智尚未成熟的未成年人——民事行为能力的不足，协助其通过民事法律行为实现自身权益。设立监护人有多重途径，诸如法定监护人、遗嘱指定监护人、协议监护人、有权机构指定监护人、意定监护人等。监护人的范围及其与被监护人的关系也很广泛，包括被监护人的父母、其他近亲属、非近亲属但有意愿且经有权机构同意承担监护职责的个人或者组织、国家监护机构等。前述第1093条、第1094条规定的孤儿监护人送养、有特殊困难无力抚养子女的生父母送养都属于监护人送养的范畴，依照法律规定作为送养人参与收养关系的社会福利机构则并不具有监护人资格，其所送养的未成年人往往是由民政部门代表国家予以监护。

第1095条规范的情形同属监护人送养，但其与第1093条、第1094条规定的监护人送养之根本不同在于：第1095条规范的情形存在未成年人父母权益的制约；第1093条和第1094条规定的监护人送养则不存在这个问题，因为送养孤儿正是由于孤儿已失去父母，送养查找不到生父母的未成年人正是由于该未成年人的生父母无法查明无法联系，有特殊困难无力抚养子女的生父母则是主动放弃父母责任。第1095条独特的制度功能正在于：在未成年人父母没有能力履行父母责任但并未主动放弃父母责任的情形下，以符合法律规定的条件为前提允许监护人送养处于不利处境的未成年人。

## 四 适格送养人的认定

1.与被收养人适格情形具有一定对应关系的送养人

第1094条列举了三类可以作送养人的个人和组织。这里的"个人"可视为民法上常用之"自然人"的别称，唯应注意的是，自送养人在收养中的地位与作用，以及下文列举项的内容来看，作送养人的个人应为有完全民事行为能力的自然人，具体指孤儿的（自然人）监护人和有特殊困难无力抚养子女的生父母。这里的"组织"系民法上统括法人和非法人组织的概称，从下文列举项内容来看，具体即指孤儿的（组织）监护人和儿童福利机构。

精准理解第1094条列举项的内容，还须考量其与前条被收养人范围分项列举内容是否具有对应关系，亦即两者是否协同确立起如下规则：丧失父母的孤儿被收养，送养人为孤儿的监护人；查找不到生父母的未成年人被收养，送养人为儿童福利机构；生父母有特殊困难无力抚养的子女被收养，送养人为有特殊困难无力抚养子女的生父母。这就需要对第1094条所涉概念和表达以及实务操作规范进行深入细致的分析。

（1）孤儿的监护人

关于"孤儿"所指，前文已述，系指父母死亡或被宣告死亡的未成年人。于这一群体，《民法典》第27条第2款规定："未成年人的父母已经死亡或者没有监护能力的，由下列有监护能力的人按顺序担任监护人：（一）祖父母、外祖父母；（二）兄、姐；（三）其他愿意担任监护人的个人或者组织，但是须经未成年人住所地的居民委员会、村民委员会或者民政部门同意。"该条虽对顺位有规定，然依据第30、31条，上述主体亦可尊重被监护人真实意愿、通过协议确定监护人，或者在产生争议时由有关组织或行政、司法主体尊重被监护人真实意愿、按照最有利于被监护人的原则指定监护人。在上述条款列举的范围之外，被监护人父母亦可借由遗嘱指定监护人（第 29 条），或在没有依法具有监护资格的主体时，由民政部门或具备履行监护职责条件的被监护人住所地的居民委员会、村民委员会担任监护人。

（2）儿童福利机构

根据民政部 2018 年 10 月 30 日公布、2019 年 1 月 1 日施行的《儿童福利机构管理办法》（简称《办法》）第 2 条，儿童福利机构是指民政部门设立的，主要收留抚养由民政部门担任监护人的未满 18 周岁儿童的机构，包括按照事业单位法人登记的儿童福利院、设有儿童部的社会福利院等。《办法》第 9 条规定，儿童福利机构应当收留抚养的儿童（服务对象）包括 5 类：无法查明父母或者其他监护人的儿童；父母死亡或者宣告失踪且没有其他依法具有监护资格的人的儿童；父母没有监护能力且没有其他依法具有监护资格的人的儿童；人民法院指定由民政部门担任监护人的儿童；法律规定应当由民政部门担任监护人的其他儿童。第 26 条规定，对于符合条件、适合送养的儿童，儿童福利机构依法安排送养。将儿童福利机构收留抚养的 5 类儿童与《民法典》第 1093 条关于被收养人的范围两相比照，可知儿童福利机构收留抚养的服务对象既包括丧失父母的孤儿，也包括查找不到生父母的未成年人，甚至也有可能出现生父母有特殊困难无力抚养（父母没有监护能力）的未成年人，当这些未成年人符合条件、适合送养时，儿童福利机构可能就会作为送养人启动收养程序。

（3）有特殊困难无力抚养子女的生父母

前文已述，对于"生父母有特殊困难无力抚养子女"的情形缺乏明确的法律解释，但在收养实务中，可参照《民政部关于规范生父母有特殊困难无力抚养的子女和社会散居孤儿收养工作的意见》（民法〔2014〕206 号）列示的四种"生父母有特殊困难无力抚养"情形加以判定：①生父母有重特大疾病；②生父母有重度残疾；③生父母被判处有期徒刑或无期徒刑、死刑；④生父母存在其他客观原因无力抚养子女，经乡镇人民政府、街道办事处证明的。

前文亦述，有特殊困难无力抚养子女的养父母可以作为送养人已由民政部批复文件允准，有特殊困难无力抚养继子女的继父母则不宜被允准作为送养人启动收养机制，而应通过与生父母厘清或协商抚养义务妥善安置继子女，相关内容不再赘述。唯于此详引《民政部办公厅关于收养人因生活困难不能继续抚养被收养人有关问题的复函》（民办函〔2009〕177号）示其义理。该复函曰："《中华人民共和国收养法》第二十三条规定：'自收养关系成立之日起，养父母与养子女间的权利义务关系，适用法律关于父母子女关系的规定'，因此，已经建立了收养关系的养父母具有和被收养人原生父母同等的权利义务。《中华人民共和国收养法》第五条规定，有特殊困难无力抚养子女的生父母可以作为送养人，故有特殊困难无力抚养子女的养父母也可以作为送养人送养其子女。养父母送养子女应当严格按照生父母送养的登记程序办理。"据此，其遵循的法理逻辑为养父母完全具有与生父母同样的法律地位和法律权利，因此在符合法律相关规定的情形下也可以作为送养人送养其养子女。

此外，根据《民法典》第 1099 条和第 1103 条的规定，收养三代以内同辈旁系血亲的子女、继父或继母收养继子女的情形不受第 1093 条第 3 项"有特殊困难无力抚养子女的生父母"方可作送养人的限制，亦即，这两种情形下不要求作为送养人的生父母必系"有特殊困难无力抚养子女"。

2. 特定情形下的监护人送养

第 1095 条规定的监护人送养须在符合以下条件时适用。

其一，第 1095 条隐含的前提为未成年人的一方或双方父母在世。具体可作三个层次的理解。①未成年人须有父母生存在世。生存，与法律上的死亡概念相对。因法律上的死亡包括自然死亡和宣告死亡，因此生存在世不仅排除自然死亡情形，亦排除宣告死亡情形。②未成年人的父母不仅生存在世，而且与未成年人的亲子关系明确存在，排除查找不到的情形。③未成年人父母在世既包括一方父母在世的情形，也包括双方父母在世的情形。

其二，未成年人的父母不具备完全民事行为能力。具体可作两个层次的理解。①不具备完全民事行为能力，既包括限制民事行为能力的情形，也包括无民事行为能力的情形。根据《民法典》第17~22条的规定，划分民事行为能力的标准有两个，一为年龄，二为辨认自己行为的能力。综合而言：18周岁以上、能够完全辨认自己行为的成年人为完全民事行为能力人，16周岁以上、能够完全辨认自己行为且以自己的劳动收入为主要生活来源的未成年人视为完全民事行为能力人；8周岁以上的未成年人和不能完全辨认自己行为的成年人为限制民事行为能力人；不满8周岁的未成年人和不能辨认自己行为的自然人（包括成年人和8周岁以上的未成年人）为无民事行为能力人。因此，未成年人的父母年龄不满18周岁，或者虽年满18周岁却不能完全辨认自己行为甚至完全不能辨认自己行为，都会导致其不具备完全民事行为能力。②未成年人的父母不具备完全民事行为能力，系指未成年人的一方父母生存在世但不具备完全民事行为能力，或未成年人的双方父母均生存在世但又均不具备完全民事行为能力。

其三，未成年人的父母可能严重危害该未成年人。这一要点须从两个角度进行理解。①何谓父母严重危害未成年人？法律文件未见针对第1095条就父母严重危害未成年人作具体界定和详细解释。但是，父母本应是未成年子女的第一顺位监护人，因此对父母严重危害未成年人的情形可比照监护人严重危害被监护人的情形予以认定。《民法典》第36条通过列举条款和兜底条款的并用，明确了监护人严重危害被监护人的三类情形，其中与监护职责履行及委托有关的内容对于本条不具有监护能力和监护资格的未成年人父母不适用，比照另外两种情形可将父母严重危害未成年人的情形概括为：实施严重损害未成年人身心健康的行为和实施严重侵害未成年人合法权益的其他行为。在具体行为样态上，可根据最高人民法院、最高人民检察院、公安部、民政部于2014年12月18日联合印发的《关于依法处理监护人侵害未成年人权益行为若干问题的意见》第1条的界定，比照监护侵害行为认定父母严重侵害未成年人的行为样态包括性侵害、出卖、遗弃、虐待、暴力伤害未成年人，教唆、利用未成年人实施违法犯罪行为，胁迫、诱骗、利用未成年人乞讨等行为。②第1095条的适用并不要求此种严重危害成为现实，有现实的严重危害或有严重危害之虞均符合这一条件。

其四，在前述条件下，未成年人的监护人可以将其送养。对这一要点的精准理解和适用，须从以下两个方面入手。①此未成年人的监护人是指父母之外其他担任监护人的主体。根据《民法典》第27条第2款、第29条、第30条和第31条的规定，这类监护主体包括：有监护能力且根据法律顺位或协议或有权机构指定承担监护责任的祖父母、外祖父母，兄、姐，或其他愿意担任监护人且经未成年人住所地的居民委员会、村民委员会或者民政部门同意的个人或者组织等，亦可是被监护人父母在具备监护资格时经由遗嘱确定的监护人，或在没有依法具有监护资格的主体时，担任监护职责的民政部门或被监护人住所地的居民委员会、村民委员会。②此法律后果为未成年人的监护人"可以"——区别于"必须"或者"应当"——将其送养。对于困境未成年人的安置，应根据该未成年人的具体处境，本着最有利于该未成年人的原则予以考量。对于父母不具备完全民事行为能力且可能严重危害未成年人的，可由未成年人的监护人一并承担抚养照护责任，也可依照法律规定或经协商确定由其他亲属承担抚养照护责任，或在充分保障未成年人合法权益的前提下通过家庭寄养或机构寄养等方式为未成年人提供有利的生活和成长环境，如监护人依照第1095条规定送养该未成年人，亦应符合最有利于未成年人的原则。

## 第三节　适格收养人

收养是自然人依照法律规定的条件和程序领养他人的子女为自己的子女，从而使收养人和被收养人之间形成法律拟制的亲子关系的民事法律行为。收养制度的首要社会功能就是解决未成年社会成员脱离家庭或失去供养的社会问题，保障未成年人健康成长，而收养人是否具备良好的抚养教育条件和能力是实现被收养未成年人最佳利益的重要指标和前提条件。

我国收养法律制度历来重视对收养人条件的规范。自1991年首次公布新中国《收养法》以来，每一次修法、立法活动都对收养人条件不断进行修正和增补，从最初的3项条件发展到《民法典》的5项条件，规定积极条件的同时也增加消极条件，从年龄、子女数量、抚养教育能力方面的要求扩展到健康、品行等更多的标准，目的就在于尽可能为被收养人争取安全充足的成长环境。

## 一　收养人条件的立法变迁

### （一）收养人条件的总体变迁

1991年对我国首部《收养法》进行审议时，起草机关在解释性文件中强调：收养人应具备的条件，按收养人有无配偶分别规定。对于有配偶的人，一般要求：①夫妻双方必须共同收养；②无子女；③收养人要有抚育被收养人的能力；④养父母与养子女的年龄差距。[①]最终，这些立法意旨体现为这部法律的第6条，规定："收养人应当同时具备下列条件：（一）无子女；（二）有抚养教育被收养人的能力；（三）年满三十五周岁。"

在这部《收养法》的实施中，收养条件过严带来了一些突出的社会问题，1998年修正《收养法》时从降低收养人年龄标准着手，容纳更多潜在的收养人，同时基于保障被收养人利益的考量，增加规定收养人应"未患有在医学上认为不应当收养子女的疾病"。修正后的第6条规定："收养人应当同时具备下列条件：（一）无子女；（二）有抚养教育被收养人的能力；（三）未患有在医学上认为不应当收养子女的疾病；（四）年满三十周岁。"

关于降低收养人年龄要求，起草机关着重作了解释和说明："《收养法》

---

① 参见时任司法部副部长金鉴于1991年6月21日在第七届全国人民代表大会常务委员会第二十次会议上所作《关于〈中华人民共和国收养法（草案）〉的说明》（北大法宝引证码：CLI.DL.705）。

规定收养人必须年满 35 周岁，这在世界各国规定的收养人年龄中是比较高的。按照我国婚姻法规定的婚龄，未生育子女的夫妻要在婚后 10 多年才有可能收养子女，这不符合人们的一般养育心理，也是造成事实收养大量存在的重要原因之一。据北京市 1997 年对公民事实收养情况的调查，收养人夫妻双方或者一方不满 35 周岁的，占收养总数的 62%。据上海市对 1982 年到 1994 年公民事实收养情况的调查，收养人夫妻双方或者一方不满 35 周岁的，占收养总数的 56%。修订草案从实际出发，将收养人年龄下限降到 30 周岁；同时规定，婚后经确诊无生育能力的，不受年满 30 周岁的限制。"① 但是，"婚后经确诊无生育能力的，不受年满 30 周岁的限制"这一更加宽松的例外规定，最终并未体现在修订后的《收养法》条文中。

在民法典编纂历程中，《各分编（草案）》第 877 条在《收养法》第 6 条的基础上，将要求收养人"无子女"修改为收养人应"无子女或者只有一名子女"，将收养人的一般性条件表述为："收养人应当同时具备下列条件：（一）无子女或者只有一名子女；（二）有抚养、教育和保护被收养人的能力；（三）未患有在医学上认为不应当收养子女的疾病；（四）年满三十周岁。"放松对收养人子女数量的限制，其背景是我国人口计划生育政策发生重大转变：自 1982 年将计划生育确定为基本国策后，历经近二十年的发展，我国人口低生育水平稳中有降，劳动年龄人口总量开始减少，劳动力平均年龄不断提高，人口老龄化速度加快，高龄化趋势明显。② 2001 年 12 月 29 日，第九届全国人大常委会第二十五次会议通过《中华人民共和国人口与计划生育法》，自 2002 年 9 月 1 日起施行。各地根据该法制定"双独二孩"政策。2013 年 11 月，中共十八届三中全会审议通过《中共中央关于全面深化改革若干重大问题的决定》，启动实施

---

① 参见时任民政部部长多吉才让 1998 年 8 月 24 日在第九届全国人民代表大会常务委员会第四次会议上所作《关于〈中华人民共和国收养法（修订草案）〉的说明》（北大法宝引证码：CLI. DL.157）。

② 参见中共中央、国务院 2013 年 12 月 30 日印发的《关于调整完善生育政策的意见》（北大法宝引证码：CLI.16.215469）。

"一方是独生子女的夫妇可生育两个孩子的政策",即"单独二孩"政策。2015 年 10 月,中共十八届五中全会提出"全面实施一对夫妇可生育两个孩子政策",即"全面放开二孩"政策。

至《婚姻家庭编(草案)》(二审稿)阶段,有全国人大常委会组成人员、地方、部门和社会公众提出,为保障被收养人的健康成长,建议增加规定收养人无不利于被收养人健康成长的违法犯罪记录这一条件。① 全国人大宪法和法律委员会经研究,建议采纳这一意见,于是第 877 条将收养人的一般性条件完整表述为:"收养人应当同时具备下列条件:(一)无子女或者只有一名子女;(二)有抚养、教育和保护被收养人的能力;(三)未患有在医学上认为不应当收养子女的疾病;(四)无不利于被收养人健康成长的违法犯罪记录;(五)年满三十周岁。"这一条文被《婚姻家庭编(草案)》(三审稿)第 877 条延续下来,先后被《民法典(草案)》、《民法典(草案)》(2020)完整吸纳,最终成为《民法典》第 1098 条的内容。

(二)与收养人已有子女数量相关联的收养子女数量限制变迁

在我国收养法律体系中,收养子女的数量限制与收养人已有子女的数量相关联。针对收养子女的数量,我国首次公布的《收养法》第 8 条第 1 款规定:"收养人只能收养一名子女。"由此确立收养子女数量受限的法律传统。就当时的规则而言,一般情形下,适格的收养人(即无子女、有抚养教育被收养人的能力和年满 35 周岁)只能收养一名子女。

在民法典编纂中,《各分编(草案)》(征求意见稿)第 879 条第 1 款规定:"无子女的收养人可以收养两名子女;有一名子女的收养人只能收养一名子女。"这是与第 877 条第 1 项呼应,规定不同情形下收养子女数量的限制。这里将收养子女的数量限制修改为:一般而言,收养人如无子女,最多可收养两名子女;收养人如有一名子女,则只能收养一名子女。上述《各分编(草案)》(征求意见稿)第 879 条几乎被《婚姻家庭编

---

① 参见 2019 年 6 月 25 日全国人民代表大会宪法和法律委员会向全国人民代表大会常务委员会所作《关于〈民法典婚姻家庭编(草案)〉修改情况的汇报》(北大法宝引证码:CLI.DL.14297)。

（草案）》（二审稿）第 879 条全部保留，唯将"儿童"改为"未成年人"，意在与草案全文统一使用的概念保持一致。经此修改，《婚姻家庭编（草案）》（二审稿）第 879 条完整纳入《婚姻家庭编（草案）》（三审稿）第 879 条，后又转化为《民法典（草案）》《民法典（草案）》（2020）第 1100 条的内容，最终成为《民法典》的正式条文。

无论是文义解读还是制度功能，《民法典》第 1098 条第 1 项规定的收养人已有子女数量限制均应与第 1100 条第 1 款规定的收养子女数量限制关联起来理解和适用。自文义解读而言，第 1098 条第 1 项规定收养人已有子女数量，要求收养人应无子女或者只有一名子女。针对第 1098 条第 1 项规定的两种情形，第 1100 条第 1 款分别规定收养子女数量限制，亦即，无子女的收养人可以收养两名子女，有一名子女的收养人只能收养一名子女。自制度功能而言，第 1100 条第 1 项规定与第 1098 条第 1 项规定相结合，以编纂其时全面二胎计划生育政策下的自然血缘关系家庭为范式共同再造最多有两名子女的收养家庭，从限制子女数量的角度确保被收养人得以享有较为充足的生活资源和较为良好的成长环境。有原则即有例外，关于收养子女数量限制的适用豁免，下节详述。

## 二　适格收养人的认定

《民法典》第 1098 条要求收养人需同时具备五个方面的条件，以下详述之。

### 1. 无子女或者只有一名子女

在我国立法史上，最早 1991 年出台的《收养法》第 6 条规定收养人须无子女，起草机关明确指出"无子女是收养子女的一项重要条件"，并一度在《中华人民共和国收养法（草案）》（简称《草案》）中规定夫妻一方无生育能力或婚后五年以上无子女者才允许收养子女。[①]《草案》中的

---

① 参见时任司法部副部长金鉴于 1991 年 6 月 21 日在第七届全国人民代表大会常务委员会第二十次会议上所作《关于〈中华人民共和国收养法（草案）〉的说明》（北大法宝引证码：CLI.DL.705）。

具体规定并未成为具有法律效力的条文，但其后在《收养法》的理解适用中，"无子女"被进一步解释为"主要是指夫妇一方或双方已无生育能力和无配偶者无子女"[1]。结合当时法律规定"收养人只能收养一名子女"来看，收养法的制度设计系以独生子女政策下的自然亲子家庭为参照构造相仿的收养家庭。实际上，收养登记机关针对《收养法》的解答性文件将其归因为两大因素的考量，认为"实行收养，不能违背'一对夫妇只能生育一个孩子'的计划生育原则。另外，收养人只收养一名子女，也有利于被收养人的健康成长"[2]。在民法典编纂过程中，我国社会形势和人口政策已经发生很大的变化，计划生育政策调整为每个家庭可以生育两名子女。《民法典》仍以此家庭模型为参照构造收养家庭，要求收养人"无子女或者只有一名子女"，同时在第1100条对两种情形下的收养子女数量分别规定为两名和一名。这说明，虽然法律条文和法律规范发生了改变，但是立法思路并没有改变。要求收养人无子女或者只有一名子女，仍是基于对计划生育政策下家庭模型的参照，同时也是为了确保收养人有足够的资源照护被收养人。

法律要求收养人无子女或者只有一名子女，那么"子女"的内涵和外延就须精准把握。在亲子法上，子女包括：具有自然血缘关系的婚生子女、非婚生子女，和具有拟制亲子关系的养子女、形成抚养教育关系的继子女。这些子女的数量达到两名或两名以上，自是不符合收养人的条件。然在上述类型的子女之外，尚有未形成抚养教育关系、仅具姻亲关系的继子女，这类子女是否应计入本条所规定的子女数量呢？实践中恰恰存在这样的个案：因《收养法》规定收养人须无子女，再婚夫妇因一方已有成年子女而无法收养孤儿，为促成收养作出"成年子女不是子女"的解释悖

---

[1] 参见《民政部婚姻司对〈收养法〉的解答》（1992年4月1日）（北大法宝引证码：CLI.4.17903）第6条。

[2] 参见《民政部婚姻司对〈收养法〉的解答》（1992年4月1日）（北大法宝引证码：CLI.4.17903）第9条。

论。① 当然，《民法典》将此条件修改为"无子女或者只有一名子女"之后，上述个案本身已不存在障碍，但同类实务困扰还会出现，法学理论问题仍然存在，即收养条件中所要求的子女数量是否计入成年子女以及虽未成年但不具抚养教育关系的继子女。笔者认为，收养条件的设定旨在保障收养人有足够的资源抚育被收养人，因此不占用、不影响抚育资源的形式要件宜从宽解，方符合收养法之促进收养、保障未成年人收养权益的制度目标。

2. 有抚养、教育和保护被收养人的能力

自 1991 年《收养法》规定收养人应具备此项条件以来，历次修法、立法活动均完整保留了这一要求及其具体的法律表述。根据《收养法》最初的起草机关即收养登记机关的解释，有抚养教育被收养人的能力主要指收养人有抚养和教育被收养人的经济条件、健康条件和教育能力等。经济条件是指有足够而稳定的经济来源；健康条件是指不能有影响被收养人成长的精神疾病或其他严重疾病；教育能力是指收养人有引导教育被收养人健康成长的能力。此外，还强调收养人应当有正确的收养目的和良好的道德品质。②

抚养、教育和保护被收养人的能力是较概括、综合的条件，需要在具体收养个案中评估和判断。2012 年以来，民政部在新的时代背景下提出，抚养教育被收养人的能力涉及收养人的婚姻家庭状况、性格心理，以及与被收养人的相适度等诸多方面，对其进行科学判断需要运用相关专业知识和方法，进而在上海、江苏等多地开展收养评估试点工作。此后，在总结多地试点经验的基础上，民政部发布《收养能力评估工作指引》（民发〔2015〕168 号），对评估主体、评估方式、评估标准和评估流程均予明确。2020 年，继《民法典》正式在法律层面确立收养评估制度之后，

① 黄忠：《有继子女的夫妻可否收养社会弃婴？——关于〈收养法〉第 6 条"无子女"含义的理解》，《社会福利》2009 年第 1 期，第 49 页。
② 参见《民政部婚姻司对〈收养法〉的解答》（1992 年 4 月 1 日）（北大法宝引证码：CLI.4.17903）第 7 条。

民政部随即发布《收养评估办法（试行）》（民发〔2020〕144 号），同时废止《收养能力评估工作指引》，对收养评估专业服务行为予以规范，其主要评估内容即为收养申请人的抚养教育能力，具体包括收养动机、道德品行、受教育程度、健康状况、经济及住房条件、婚姻家庭关系、共同生活家庭成员意见、抚育计划、邻里关系、社区环境、与被收养人融合情况等方面。亦即，关于收养人是否具有抚养、教育和保护被收养人的能力，当前主要由专业人员通过以上评估指标体系予以核验。[①]

### 3.未患有在医学上认为不应当收养子女的疾病

这一规定属于消极条件，即存在某些情形会使得收养人不适格。本条要求，收养人不能患有在医学上认为不应当收养子女的疾病，这实际上是把判断和认定权交由专业的医学部门来实施。理论界一般认为，医学上认为不应当收养子女的疾病主要包括精神疾病和传染性疾病。[②]前者是指精神分裂症、分裂情感性障碍、偏执性精神病、双相（情感）障碍、癫痫所致精神障碍、精神发育迟滞伴发精神障碍等疾病。[③]收养人患有此类疾病可能会损害其行为能力和照护能力甚至危及未成年人的身心健康。后者是指我国《传染病防治法》规定的甲类、乙类和丙类传染病，主要包括鼠疫、霍乱、传染性非典型肺炎、艾滋病、病毒性肝炎、脊髓灰质炎、人感染高致病性禽流感、麻疹、流行性出血热、狂犬病、流行性乙型脑炎、登革热等多达三十余种疾病。[④]收养人患有此类疾病亦会不利于其照护未成

---

① 参见《民政部关于开展收养评估试点工作的通知》（民函〔2012〕189 号）。

② 雷明光主编《中华人民共和国收养法评注》，厦门大学出版社 2016 年版，第 105 页。

③ 参见国家卫生健康委员会 2018 年 5 月 28 日印发的《严重精神障碍管理治疗工作规范（2018 年版）》。

④ 根据我国《传染病防治法》第 3 条的规定：甲类传染病具体指鼠疫、霍乱；乙类传染病具体指传染性非典型肺炎、艾滋病、病毒性肝炎、脊髓灰质炎、人感染高致病性禽流感、麻疹、流行性出血热、狂犬病、流行性乙型脑炎、登革热、炭疽、细菌性和阿米巴性痢疾、肺结核、伤寒和副伤寒、流行性脑脊髓膜炎、百日咳、白喉、新生儿破伤风、猩红热、布鲁氏菌病、淋病、梅毒、钩端螺旋体病、血吸虫病、疟疾；丙类传染病具体指流行性感冒、流行性腮腺炎、风疹、急性出血性结膜炎、麻风病、流行性和地方性斑疹伤寒、黑热病、包虫病、丝虫病，除霍乱、细菌性和阿米巴性痢疾、伤寒和副伤寒以外的感染性腹泻病。国务院卫生行政部门根据传染病暴发、流行情况和危害程度，可以决定增加、减少或者调整乙类、丙类传染病病种并予以公布。

年人的生活，保障未成年人的健康。实务中采用一些制式的《收养人医学检查表》或《收养人健康检查证明》等，对收养人进行精神检查和传染病检查，有的还询问并记录被检查人是否患有肿瘤、心脏病、遗传病或者有无酗酒、吸毒等病史，最终由医生提交结论性意见：该收养申请人在身体、精神或心理上是否有影响其抚养孩子的不利因素；该收养申请人的身体状况是否适合抚养收养的孩子。总的来说，收养人是否患有在医学上认为不应当收养子女的疾病主要是由医学专业人士予以判定。

**4. 无不利于被收养人健康成长的违法犯罪记录**

这一规定同属消极条件，收养人不得有不利于被收养人健康成长的违法犯罪记录。这是在民法典编纂中增补的条件，具体该如何认定"不利于被收养人健康成长的违法犯罪记录"尚有待权威解释。这里根据有关立法和司法动态探讨实施本条的具体要求和支持体系：《未成年人保护法》第 22 条、第 54 条和第 62 条的规定可资参照。其第 22 条列举了以下禁止作为被委托人代为照护未成年人的情形，包括：①曾实施过性侵害、虐待、遗弃、拐卖、暴力伤害等违法犯罪行为；②有吸毒、酗酒、赌博等恶习；③曾拒不履行或者长期怠于履行监护、照护职责；④其他不适宜担任被委托人的情形。其第 54 条规定，禁止拐卖、绑架、虐待、非法收养未成年人，禁止对未成年人实施性侵害、性骚扰；禁止胁迫、引诱、教唆未成年人参加黑社会性质组织或者从事违法犯罪活动；禁止胁迫、诱骗、利用未成年人乞讨。其第 62 条规定，密切接触未成年人的单位不得录用有性侵害、虐待、拐卖、暴力伤害等违法犯罪记录的人员。

以上三方面的禁止范围有宽有窄，宽则更有弹性，窄则更易操作，具体实施中很容易倾向于执行较明确的准则，但本书主张收养人违法犯罪记录审查宜参照确立较严格较全面的高标准，理由在于：对未成年人承担更高责任和义务的主体，应具有更高的法治素养和道德水准。显然，从行业服务人员到受托监护主体再到即将承担监护职责的收养人，责任和义务呈递进态势，对主体的要求也就应当不断提升。

综上，收养人不应具有的违法犯罪记录应包括：①实施性侵害、虐待、遗弃、拐卖、暴力伤害等严重侵害未成年人或其他禁止从事密切接触未成年人行业的违法犯罪行为；②有严重忽视未成年人照管需求、拒不履行照管责任的失职违法行为；③有吸毒、酗酒、赌博等严重不良习性或者多次违法行为，尚未戒止改正；④有其他不利于未成年人健康成长的违法犯罪情形。

5. 年满 30 周岁

对收养人年龄设定下限是各国收养法的通行规定，但是具体规则设定存在较大差异，这种差异不仅体现在年龄限制本身，还体现在是否与其他要求相结合，或者是否区分不同情形予以差别对待。《瑞士民法典》第264 条 a、第 264 条 b、第 265 条规定，夫妻双方已婚五年以上，或已年满 35 周岁可以收养子女，未婚者年满 35 周岁后可单独收养子女，无论双方收养还是单方收养，养子女的年龄至少应比养父母小 16 岁。《意大利民法典》第 291 条规定，收养人须达到 35 岁（特殊情形下达到 30 岁）且较拟收养子女年长 18 岁。《法国民法典》第 343、343-1、343-2、344 条规定，年满 28 周岁的人可收养子女，但已婚且未别居的收养人必须征得配偶同意，结婚超过 2 年且未别居的夫妻或者双方均满 28 周岁的夫妻可（共同）收养子女，收养人的年龄应当比拟收养子女的年龄大 15 周岁以上，收养配偶的子女对收养人年龄不作要求，但应较被收养子女的年龄相差 10 周岁以上，有正当理由经法院宣告可突破前述两项年龄差异要求。《德国民法典》第 1741 条第 2 款、第 1743 条规定，收养人应年满 25 周岁，在夫妻共同收养情形下收养人应一方年满 25 周岁、另一方年满 21 周岁，在收养配偶子女的情形下收养人应年满 21 周岁。《日本民法典》第 792 条规定，达到成年即可收养子女，但是对于特别收养（旨在与亲生方的血亲终止亲属关系的收养关系，亦即完全收养），第 817 条之4 规定，未满 25 周岁的人，不得作为养父母，但是夫妻收养时一方未满25 周岁但已满 20 周岁是可以的。日本的收养年龄要求比较宽松，与其历史上长期将收养视为成年人之间缔结的互利虚拟亲属关系协议的特殊文化有关。①

第1098条规定收养人须年满30周岁，是从年满35周岁的旧规（1991年公布的《收养法》第6条）调整而来的。前文已述，当时的主要考虑是对收养人年龄要求过高，不符合社会需求，甚至导致事实收养大量存在。1998年《收养法》修正后将收养人年龄要求调低至目前的年满30周岁标准，基本是符合我国国情的，尤其是在越来越多的适婚群体推迟婚育年龄的背景下。但在本条的理解和适用中必须明确，对收养人的年龄要求并非孤立的、单一的，而要考虑有无特殊情形，比如继亲收养会更宽松，并不要求收养人年满30周岁，而无配偶者收养异性子女会更严格，在年满30周岁之外还要求收养人与被收养人年龄应当相差40周岁以上。

最后应强调的是，第1098条所规定的五项条件必须同时具备，亦即积极条件必须有，消极条件不可有，方为适格的收养人。

### 三 对收养人条件的制度省思

《民法典》第1098条全面规定收养人应当具备的各项条件，旨在确保收养人能够为被收养人提供安全的、良好的成长环境。故而在制度逻辑上，亦应坚持以是否有利于被收养人成长为准则审视各项条件的合理性。

其中尤其值得关注的是，对收养人已有子女数量予以限制，是否系实践最有利于被收养人原则之合理必要的制度选择？诚然，在《各分编（草案）》阶段，起草机关指出："现行婚姻法、收养法中都有关于计划生育的条款。为适应我国人口形势新变化，草案不再规定有关计划生育的内容。"② 但从当前来看，《民法典》中删去的内容仅限于直接援引、表述计划

---

① 〔美〕泰米·L. 布里安原：《日本的收养制度与观念》，范忠信摘译，《苏州大学学报》（哲学社会科学版）1997年第2期，第49页。

② 参见《关于〈民法典各分编（草案）〉的说明》第四部分"关于婚姻家庭编草案"第5点说明。

生育政策的条文，第 1098 条属于受计划生育政策思维影响的条文，其与第 1100 条第 1 款相结合，仍致力于再造与计划生育政策新规下相仿的家庭结构。《关于〈中华人民共和国民法典（草案）〉的说明》明确了这一立场："与国家计划生育政策的调整相协调，将收养人须无子女的要求修改为收养人无子女或者只有一名子女（草案第一千零九十八条第一项）"。[①] 鉴于《民法典》依据新的计划生育政策作了修正，此前《收养法》要求收养人无子女导致拥有成年子女的再婚夫妇难以收养社会弃婴的个案难题已有所纾解，但根本性的底层逻辑仍不容回避：收养是协调社会资源解决社会问题的法律机制，以支持和鼓励社会爱心人士助力孤苦儿童成长为其价值目标，缘何以计划生育政策为瞻，自限其疆界，自敛其效用？

## 第四节 特殊收养中的条件豁免与条件增进

### 一 收养三代以内同辈旁系血亲子女的条件豁免

（一）立法变迁

我国首次公布的《收养法》第 7 条第 1 款规定："年满三十五周岁的无子女的公民收养三代以内同辈旁系血亲的子女，可以不受本法第四条第三项、第五条第三项、第九条和被收养人不满十四周岁的限制。"第 2 款规定："华侨收养三代以内同辈旁系血亲的子女，还可以不受收养人无子女的限制。"援引至相关条文具体内容，其所确立的规则可简要表述为：①收养三代以内同辈旁系血亲的子女，非限定于生父母有特殊困难无力抚养子女的情形，且无配偶男性收养女性不适用年龄差异限制，被收养人不限于 14 周岁以下（但仍应是未成年人）；②华侨收养三代以内同辈旁系血亲的子女，在以上宽限基础上，亦不受当时施行的收养人应

---

① 参见 2020 年 5 月 22 日全国人民代表大会常务委员会副委员长王晨在第十届全国人民代表大会第三次会议上所作《关于〈中华人民共和国民法典（草案）〉的说明》第四部分第（五）项第 5 点内容。

无子女的限制。

1998 年修正的《收养法》第 7 条对上述两项规则未进行实质修改，但条文表述更加简明，具体为，第 1 款规定："收养三代以内同辈旁系血亲的子女，可以不受本法第四条第三项、第五条第三项、第九条和被收养人不满十四周岁的限制。"第 2 款规定："华侨收养三代以内同辈旁系血亲的子女，还可以不受收养人无子女的限制。"

在民法典编纂中，《各分编（草案）》第 878 条在新的体系下对此两项收养限制的例外规定如下：第 1 款："收养三代以内同辈旁系血亲的子女，可以不受本法第八百七十二条第三项、第八百七十三条第三项和第八百八十条规定的限制。"第 2 款："华侨收养三代以内同辈旁系血亲的子女，还可以不受本法第八百七十七条第一项规定的限制。"援引至《各分编（草案）》相关条文具体内容，可将其确立的规则梳理如下：①收养三代以内同辈旁系血亲的子女，非限定于生父母有特殊困难无力抚养子女的情形，且无配偶男性收养女性不适用年龄差异限制；② 华侨收养三代以内同辈旁系血亲的子女，在以上宽限基础上，亦不受同时施行的收养人应无子女或者只有一名子女的限制。与《收养法》第 7 条所确立的规则相比较可知，两者在立场和幅度上并无实质性差异，所不同者仅在于两点体系内的联动变化：其一，当被收养人年龄整体放宽至未成年，特殊收养就此而言不再特殊，自无必要赘述；其二，当法律本身对收养人子女数量的限制发生改变，特殊收养对此项限制的排除适用亦必随之变化。

《婚姻家庭编（草案）》（二审稿）第 878 条延续了《各分编（草案）》第 878 条的规定，唯一细微的区别在于：由于条文编排的调整，后者所援引的"第八百八十条"变成前者的"第八百八十一条之一"，于是相关表述亦随之调整。此调整纯属立法技术层面的操作，经《婚姻家庭编（草案）》（三审稿）第 878 条保持后，在随后的立法草案中继续应时而变，直至立法进程进入《民法典》（草案）阶段，所涉援引条文的序号全部重新调整，最终形成当前《民法典》第 1099 条的内容。

（二）亲族收养的历史传承

《民法典》第1099条规定亲族收养的条件豁免，包括国内公民的亲族收养和华侨的亲族收养。在我国，亲族收养有着悠久的历史传统，延续家族门户、利于宗祧继承是古代收养制度的主要目标。立嗣是收养的主要形态，唐、宋、金、元、明清时代的律令均明文规定立嗣须"同宗昭穆相当"，要求嗣父与嗣子属于同一宗族且为上下世代关系。[①]立嗣关系一经成立，嗣子取得继承宗祧和家庭财产的权利，同时也要承担服从亲权和教令的义务。特殊情形下还以"兼祧"和"继绝"确保家族传承。[②]单纯旨在救助孤儿的"乞养"在当时的制度体系中处于边缘地位。在漫长的古代收养史上，立嗣属于法律上的收养，而乞养则更近于事实上的收养。[③]第1099条尊重民族传统，从亲族收养的制度需求出发，放宽收养条件，尽可能促成亲族收养，积极发挥收养在宗族融合方面的制度功能。

不过，亲族收养以及此类豁免在现代收养制度中殊为少见，《德国民法典》《法国民法典》《意大利民法典》《瑞士民法典》均未有痕迹，《日本民法典》中仅第798条涉及，规定收养自己或者配偶的直系卑亲属作为养子女时无需经法院许可。

（三）条款释明

第1099条为排除适用的特殊引用型法条，具体内容分为两款：第一款规定国内公民实施亲族收养的豁免条件；第二款在前者的基础上进一步放宽华侨实施亲族收养的条件。以下综合详述第1099条的规范内容。

1.第1099条适用于亲族收养，即收养人收养其三代以内同辈旁系血亲的子女

该规则的核心要点在于准确把握三代以内同辈旁系血亲的概念。首先，旁系血亲是亲系范畴下的概念。所谓亲系，是指亲属之间的联络系

---

① 〔日〕滋贺秀三：《中国家族法原理》，张建国、李力译，法律出版社2003年版，第255~257页。
② 薛宁兰、金玉珍主编：《亲属与继承法》，社会科学文献出版社2009年版，第223页。
③ 〔日〕滋贺秀三：《中国家族法原理》，张建国、李力译，法律出版社2003年版，第463页。

统，或者亲属之间的血缘联系。近现代以后，人类社会普遍从人格附属的身份社会转向人格独立的契约社会，家庭规模缩小以适应工业化发展的需要，以血缘联系划定亲属关系成为更加通行的亲系标准。以血缘联系为标准，亲系可划分为直系血亲和旁系血亲。直系血亲是指彼此之间有直接血缘传承的血亲，即生育自己和自己所生育的上下各代亲属关系。如以己身为原点，则往上的尊亲属依次为父母、（外）祖父母、（外）曾祖父母、（外）高祖父母……往下的卑亲属依次为子女、（外）孙子女、（外）曾孙子女、（外）玄孙子女……直系血亲各代之间存在生育和繁衍的链条。旁系血亲是指与自己有着共同血缘，但彼此之间没有直接生育关系的血亲。如以己身为原点，则兄弟姐妹、堂兄弟姐妹或表兄弟姐妹、舅姨姑伯叔、侄子女、外甥子女……皆为旁系血亲。旁系血亲可共同溯源至同一祖先。

　　"三代"是对世代的表述，世代是我国现行法律采用的亲等概念。所谓亲等，即亲属的等级，是表示亲属关系亲疏远近的单位。关于亲等的立法例，可以分为阶级亲等制和世数亲等制。古代等级社会多采用阶级亲等制，按照身份关系的亲疏远近计算亲属关系，我国封建社会采用的丧服制即典型的阶级亲等制，其划分亲属等级的标准并非单纯地反映血缘关系，而是更靠近宗法伦理关系。至近现代，大清民律草案始摒弃阶级亲等法，转向世数亲等法，即依照血缘关系的世数划分亲等。世数亲等法又可分为罗马法亲等计算法和寺院法亲等计算法以及我国采用的世代计算法，三者同中有异，对其予以评价和取舍应兼具科学和文化视角。即如我国的世代计算法，从科学性来说有利有弊，但是自文化而言已成传承，所以历次立法皆未变动。这里的"代"是指世辈，从己身算起（己身计入其内），一辈为一代。直系血亲的计算，循血脉传承计数至待确定亲等的直系亲属即可。旁系血亲的计算，须分别以己身和待确定亲等的旁系亲属为原点，各自循血脉传承计数至共同祖先，然后比较两个计数，如等值则取该值，如不等值则取其中较大者。

依照上述概念解析，第 1099 条所言"收养三代以内同辈旁系血亲的子女"，系指收养家族内的下一代，且该被收养人的生父母与收养人之间为三代以内同辈旁系血亲关系即兄弟姐妹关系、表兄弟姐妹关系或堂兄弟姐妹关系。当收养人与被收养人的亲系亲等关系如图 4-1 所示，则可适用本条规定的亲族收养豁免。

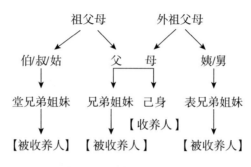

**图 4-1　收养人与被收养人的亲系亲等关系示意**

2. 收养三代以内同辈旁系血亲的子女，不限于生父母有特殊困难无力抚养子女的情形，不适用无配偶者收养异性子女年龄应相差 40 周岁以上的要求

第 1099 条第 1 款一般性地排除了第 1093 条第 3 项、第 1094 条第 3 项和第 1102 条在亲族收养中的适用。其中，第 1093 条第 3 项和第 1094 条第 3 项分别从被收养人和收养人的角度规定，孤儿和查找不到生父母的未成年人之外，须存在生父母有特殊困难无力抚养子女情事才可允许通过收养机制转移亲子权利义务。第 1099 条排除这两项的适用，意味着在亲族关系中收养机制的适用范围更为广泛，即使生父母没有抚养子女的困难也可以将子女送养给三代以内同辈旁系血亲。第 1102 条规定的是，无配偶者收养异性子女年龄应相差 40 周岁以上，其制度功能在于防止异性的收养人和被收养人因年龄相近而出现乱伦或性欺凌等违反伦理或法律的行为。对于亲族收养而言，伦理身份更加明确，道德制约更加有力，故法律放松第 1102 条规定的年龄差异要求，以尽可能尊重亲属意愿，促成亲族

收养，增进亲族融合。

3. 华侨收养三代以内同辈旁系血亲的子女，除享有前一要点所述各项豁免外，还可以不受收养人子女数量的限制

第 1099 条第 2 款规定，收养人为华侨，被收养人为其三代以内同辈旁系血亲的子女时，还可以不受第 1098 条第 1 项规定的限制。关于"华侨"的概念，民政部婚姻司在 1992 年论及华侨收养子女的条件和登记程序时界定道："海外华侨是指已定居在国外的华人。"①《归侨侨眷权益保护法》（2009 年修正）第 1 条在法律层面将"华侨"界定为定居在国外的中国公民。根据《国务院侨务办公室关于印发〈关于界定华侨外籍华人归侨侨眷身份的规定〉的通知》（国侨发〔2009〕5 号）的规定，华侨是指定居在国外的中国公民。具体界定如下：①"定居"是指中国公民已取得住在国长期或者永久居留权，并已在住在国连续居留两年，两年内累计居留不少于 18 个月；②中国公民虽未取得住在国长期或者永久居留权，但已取得住在国连续 5 年以上（含 5 年）合法居留资格，5 年内在住在国累计居留不少于 30 个月，视为华侨；③中国公民出国留学（包括公派和自费）在外学习期间，或因公务出国（包括外派劳务人员）在外工作期间，均不视为华侨。

这里所援引的第 1098 条第 1 项规定的是收养人应当无子女或者只有一名子女。本书前文已阐明，关于收养人子女数量的限制为我国立法所特有，其立法考量和制度目标主要有两个方面，一是因应计划生育政策的内在逻辑，二是确保收养人具有足够的资源抚育被收养人。第 1099 条在华侨收养三代以内同辈旁系血亲子女的情形下，放弃此项要求，支持此立法决策的理由或在于：新中国成立以来，旅居国外的华侨在国内遇到大灾难如唐山大地震等非常事件时期积极向国内的亲族及社会施以援手，纾困解难，其中不乏一些亲族收养的案例，客观上保障了亲族后代的成长抚育，

---

① 参见《民政部婚姻司谈港澳同胞、台湾居民及华侨收养子女的条件和登记程序》（1992 年 4 月 1 日）（北大法宝引证码：CLI.4.17905）"前言"内容。

产生良好的社会效应。从尊重历史传统和支持华侨收养的角度，本条对于华侨实施亲族收养，特别豁免了收养人子女数量的要求。

准确理解第 1099 条本项规则，特别要注意；本条第 2 款表述中"还可以"的用语，意在指明该项豁免系在第 1 款豁免基础上的累加。质言之，本条第 2 款中规定的各项豁免，华侨收养三代以内同辈旁系血亲的子女时均可适用。

（四）具体适用

适用第 1099 条第 1 款，须证明收养人与被收养人之间的亲族关系，即被收养人系收养人三代以内同辈旁系血亲的子女。《收养子女登记办法》第 6 条第 4 款规定，证明子女由三代以内同辈旁系血亲收养的，应当提交公安机关出具的或者经过公证的与收养人有亲属关系的证明。

适用第 1099 条第 2 款，除根据前述要求证明被收养人系申请收养之华侨三代以内同辈旁系血亲的子女外，还须根据民政部关于华侨办理收养登记的有关规定提交收养申请书和以下有关证件、证明材料：居住在已与中国建立外交关系国家的华侨申请办理成立收养关系的登记时，应当提交收养人居住国有权机构出具的收养人的年龄、婚姻、有无子女、职业、财产、健康、有无受过刑事处罚等状况的证明材料，该证明材料应当经其居住国外交机关或者外交机关授权的机构认证，并经中国驻该国使领馆认证；居住在未与中国建立外交关系国家的华侨申请办理成立收养关系的登记时，应当提交收养人居住国有权机构出具的收养人的年龄、婚姻、有无子女、职业、财产、健康、有无受过刑事处罚等状况的证明材料，该证明材料应当经其居住国外交机关或者外交机关授权的机构认证，并经已与中国建立外交关系的国家驻该国使领馆认证。[①]

---

① 参见民政部 1999 年 5 月 25 日发布的《华侨以及居住在香港、澳门、台湾地区的中国公民办理收养登记的管辖以及所需要出具的证件和证明材料的规定》（民政部令〔第 16 号〕）第 3 条、第 4 条。

## 二 收养特定类型被收养人的条件豁免

（一）立法变迁

我国首次公布的《收养法》第 8 条第 2 款规定："收养孤儿或者残疾儿童可以不受收养人无子女和年满三十五周岁以及收养一名的限制。"1998 年修正后的《收养法》第 8 条第 2 款进行了修改，将其表述为："收养孤儿、残疾儿童或者社会福利机构抚养的查找不到生父母的弃婴和儿童，可以不受收养人无子女和收养一名的限制。"此中更改涉及两处。其一，增加"社会福利机构抚养的查找不到生父母的弃婴和儿童"内容，将其一同纳入特殊类型被收养人的范围。对此，起草机关解释为，从收养的实际情况考虑并有利于减轻社会福利机构的压力，放宽收养社会福利机构抚养的查找不到生父母的儿童的条件。① 其二，取消之前因特殊类型被收养人而不限收养人年龄的规定。作为收养子女数量限制的例外情形，该条款的规则可完整表述为：收养人年满 35 周岁并具备抚养教育被收养人的能力，可收养一名或多名孤儿、残疾儿童或者社会福利机构抚养的查找不到生父母的弃婴和儿童。

在民法典编纂中，《各分编（草案）》第 879 条第 1 款规定，"无子女的收养人可以收养两名子女；有一名子女的收养人只能收养一名子女"。而第 2 款规定前款和第 877 条第 1 项限制性规定的豁免情形，"收养孤儿、残疾儿童或者儿童福利机构抚养的查找不到生父母的儿童，可以不受前款和本法第八百七十七条第一项规定的限制"。该规则可转换表述为：无论是否拥有子女以及拥有几名子女，收养人只要符合第 877 条其他各项条件，即可收养一名或多名孤儿、残疾儿童或者儿童福利机构抚养的查找不到生父母的儿童。《婚姻家庭编（草案）》（二审稿）阶段，将该条中表述的"儿童"改为"未成年人"，其后的立法程序中该条款未再

① 参见时任民政部部长多吉才让 1998 年 8 月 24 日在第九届全国人民代表大会常务委员会第四次会议上所作《关于〈中华人民共和国收养法（修订草案）〉的说明》（北大法宝引证码：CLI. DL.157）。

作改动，一直保留至《民法典》第 1100 条第 2 款。

（二）具体规则

根据《民法典》第 1100 条第 2 款，收养人如符合第 1098 条第 2~5 项条件，可收养一名或多名孤儿、残疾未成年人或者儿童福利机构抚养的查找不到生父母的未成年人，其是否拥有子女以及拥有几名子女在所不论。

该项豁免的适用条件与被收养人类型有关，即被收养人为孤儿、残疾未成年人或者儿童福利机构抚养的查找不到生父母的未成年人时可适用此项豁免。兹结合第 1093 条规定，根据有关法律法规和行政指引，对第 1100 条所涉特殊类型被收养人所指进一步明确：孤儿，系指其父母死亡或人民法院宣告其父母死亡的未成年人；[1]残疾未成年人，是指在心理、生理、人体结构上，某种组织、功能丧失或者不正常，全部或者部分丧失以正常方式从事某种活动能力的未成年人，包括视力残疾、听力残疾、言语残疾、肢体残疾、智力残疾、精神残疾、多重残疾和其他残疾的未成年人；[2]查找不到生父母的未成年人，包括被生父母遗弃的未成年人和被拐卖后解救出来却无法在一定时期内查找到生父母的未成年人。理论上，这两类儿童均应由儿童福利机构抚养或送养，但是实践中会存在捡拾弃婴后私自抚养和送养的现象[3]，因此就存在儿童福利机构抚养的查找不到生父母的未成年人和非儿童福利机构抚养的查找不到生父母的未成年人的区分。对于打拐解救出来却未查找到生父母的未成年人，系通过部门合作构建儿童福利机构抚养或送养通道[4]。

根据这一条款，收养孤儿、残疾未成年人或者儿童福利机构抚养的查找不到生父母的未成年人，排除第 1100 条第 1 款和第 1098 条第 1 款

---

[1]　参见民政部 1992 年发布的《关于在办理收养登记中严格区分孤儿与查找不到生父母的弃婴的通知》。

[2]　参见《中华人民共和国残疾人保障法》（2018 年修正）第 2 条。

[3]　参见《民政部、公安部、司法部、卫生部、人口计生委关于解决国内公民私自收养子女有关问题的通知》（民发〔2008〕132 号）。

[4]　参见《民政部 公安部关于开展查找不到生父母的打拐解救儿童收养工作的通知》（民发〔2015〕159 号）。

的限制。这里所援引的第 1100 条第 1 款是关于收养子女数量的限制性规定，第 1098 条第 1 款则是关于收养人已有子女数量的限制性制度。两者的适用是一体的，故而豁免适用也是一体的。此种豁免由来已久，民政部婚姻司在宣传 1991 年《收养法》时即就收养孤儿和残疾儿童的条件放宽回应道："这是因为考虑到孤儿和残疾儿童的特殊情况，如孤儿可能有兄弟姐妹，并且愿意在一起生活；残疾儿童难于找到收养人等。所以，适当放宽收养人的条件，既可为国家减轻负担，也有利于孤儿和残疾儿童的生活和成长。"①1998 年《收养法》修正时将收养社会福利机构抚养的查找不到生父母的儿童的条件也予放宽，起草机关的解释是"从收养的实际情况考虑并有利于减轻社会福利机构的压力"②。自此，针对孤儿、残疾未成年人和儿童福利机构抚养的查找不到生父母的未成年人这三类被收养人放宽收养条件即成为传统，一直承继下来。

（三）实务要求

适用《民法典》第 1100 条第 2 款所规定的豁免，收养人应出具子女情况声明，登记机关对此可以进行调查核实。③对于被收养人系孤儿的，应提交孤儿的生父母死亡或者宣告死亡的证明；对于被收养人系残疾未成年人的，应提交县级以上医疗机构出具的该儿童的残疾证明；对于被收养人系儿童福利机构抚养的查找不到生父母的未成年人，由社会福利机构作为送养人提交弃婴、儿童进入社会福利机构的原始记录，公安机关出具的捡拾弃婴、儿童报案的证明或者为打拐解救儿童出具的查找不到生父母或其他监护人的证明。④

---

① 参见《民政部婚姻司对〈收养法〉的解答》（1992 年 4 月 1 日）（北大法宝引证码：CLI.4.17903）第 8 条。

② 参见时任民政部部长多吉才让 1998 年 8 月 24 日在第九届全国人民代表大会常务委员会第四次会议上所作《关于〈中华人民共和国收养法（修订草案）〉的说明》（北大法宝引证码：CLI.DL.157）。

③ 参见《中国公民收养子女登记办法》第 5 条第 2 款第 2 项和第 4 款。

④ 参见《中国公民收养子女登记办法》第 6 条第 2 款和第 5 款、《民政部 公安部关于开展查找不到生父母的打拐解救儿童收养工作的通知》（民发〔2015〕159 号）。

### 三 继父母收养继子女的条件豁免

（一）立法变迁

我国首次公布的《收养法》第 14 条规定："继父或者继母经继子女的生父母同意，可以收养继子女，并可以不受本法第四条第三项、第五条第三项、第六条和被收养人不满十四周岁的限制。"援引至相关条文具体内容，其所确立的规则可简要表述为：继父或继母经继子女的生父母同意，可以收养继子女，并不限定于生父母有特殊困难无力抚养子女的情形，亦不适用法律关于收养人一般条件的规定，且被收养人年龄未达成年即可（不限于 14 周岁以下）。1998 年修正的《收养法》第 14 条不仅继续保留上述宽限规定，还进一步突破"收养一名的限制"，具体表述为："继父或者继母经继子女的生父母同意，可以收养继子女，并可以不受本法第四条第三项、第五条第三项、第六条和被收养人不满十四周岁以及收养一名的限制。"如此，在法律适用中继父母收养继子女几乎突破了《收养法》所规定的各项条件或限制性规定，其规则极尽宽松：继父或继母只要经继子女的生父母同意，即可收养一名或多名未成年继子女。

在民法典编纂中，《各分编（草案）》第 882 条在新的体系下将继父母收养继子女的规定表述为："继父或者继母经继子女的生父母同意，可以收养继子女，并可以不受本法第八百七十二条第三项、第八百七十三条第三项、第八百七十七条和第八百七十九条第一款规定的限制。"鉴于这里所援引并被排除适用的限制性规定分别涉及"生父母有特殊困难无力抚养子女"情形、收养人应当具备的条件以及收养子女数量的限制，这一条文所确立的规则与《收养法》第 14 条无异。

其后，虽历经《婚姻家庭编（草案）》（二审稿）、《婚姻家庭编（草案）》（三审稿），第 882 条关于继父母收养继子女的规定与上引《各分编（草案）》第 882 条完全一致。直至立法进程进入《民法典（草案）》阶段，除将援引条文的序号全部重新调整外，其他内容、语句一概保留，经《民法典（草案）》（2020）的肯认，最终形成《民法典》第1103条的内容。

（二）鼓励继亲收养的立场

《民法典》第1103条属于豁免性规定，且豁免幅度很大，其制度功能显然在于促成、鼓励继父母收养继子女。20世纪90年代初，我国《收养法》出台之际，起草机关详细阐释了规定继亲收养的立法考量。首先援引当时的《婚姻法》第21条第2款规定，肯认"继父或继母和受其抚养教育的继子女间的权利和义务，适用本法对父母子女关系的有关规定"。继而指出，"实践中，生父（母）再婚后，如生父（母）先于继母（父）死亡，往往发生继母（父）或继子女不尽义务等纠纷"。然后解释道，"为减少纠纷的发生，避免因双重权利义务而互相推诿，《草案》作了可以由继父或继母单方收养继子女的规定。当事人可以根据双方意愿和家庭的实际情况，将继子女收养为养子女。收养后养子女与其生父或生母的权利和义务即行消除。这一规定是对婚姻法的补充，有利于家庭关系的和睦、稳定"。

可见，肯认和鼓励继父母收养继子女，具有两方面的重大意义：其一，保障未成年子女在父母再婚的家庭中获得完整而充分的亲职抚养和亲情照护，同时也保障再婚家庭中的姻亲家长获得完整而充分的教养权威和监护职责，有利于明确双方的权利义务关系；其二，减少再婚家庭中的利益冲突和情感隔阂，促进再婚家庭成员间的情感融合，助力再婚家庭充分发挥其在经济、教育、伦理、社会等方面的功能。

该条关于继子女的生父母的同意，应与第1097条关于生父母送养子女的要求关联起来进行理解和适用。

（三）规则要求

第1103条关于继父母收养继子女的规定，既有积极的规范要求，也有消极的豁免许可，其间还有大量的援引条文，须细细甄别方可准确把握其规则。

首先，在基础概念上，应明确继父母和继子女的概念，其中继父母是第 1103 条所言"继父或者继母"的概称。继父母和继子女关系，是由于生父母一方死亡或者父母离婚而形成的。所谓继父或者继母，是指子女对母亲或父亲的后婚配偶的亲属称谓；所谓继子或者继女，是指配偶一方对他方与前配偶所生子女的亲属称谓。[①]两者是一组对称，即两方主体之间互为继父（母）和继子（女）。

然后，根据第 1103 条的表述，可将其确立的规则具体析分为：①继父或者继母可以收养继子女；②继父或者继母收养继子女，应经继子女的生父母同意；③继父或者继母收养继子女，不限于生父母有特殊困难无力抚养的情形；④继父或者继母收养继子女，不适用第 1098 条关于收养人条件的规定；⑤继父或者继母收养继子女，不适用第 1100 条第 1 款关于被收养人人数的限制，亦即，继父母可收养一名或多名继子女。以上五项规则可归纳为两个重要命题：其一，继父或者继母可否收养继子女；其二，继父或者继母收养继子女，应满足哪些条件。 以下分别围绕这两个核心命题阐释对本条规定的理解和适用。

其一，我国立法无疑对继父母收养继子女持肯定和鼓励的立场。继亲收养历来是收养的一个重要类型，各国立法例都肯认和支持继亲收养。《德国民法典》第 1741 条第 2 款明确规定："夫妻一方可以单独收养其配偶的子女。"第 1754 条规定，夫妻一方收养夫妻另一方的子女，则子女获得夫妻双方的共同子女的法律地位，父母照顾权由夫妻双方共同享有。《法国民法典》第 345-1 条规定三种情形下准许完全收养配偶的子女："1.孩子仅对其生父母中一方确立亲子关系，收养人与该方结婚，得收养成为其配偶的该方的子女；2.孩子的生父母中有一方被完全撤销亲权，收养人与其父母中另一方结婚，得收养成为其配偶的该另一方的子女；3.孩子的生父母中有一人已死亡且没有第一亲等的直系尊血亲或者

---

[①]　薛宁兰、金玉珍主编《亲属与继承法》，社会科学文献出版社 2009 年版，第 219、220 页。

这些直系尊血亲对孩子不闻不问，收养人与孩子生父母的另一方结婚，得收养成为其配偶的该另一方的子女。"《意大利民法典》没有特别规定继亲收养，但它总体上采个体主义收养模式（第291条），以一人收养为原则、夫妻收养为例外（第294条第2款），因此符合法律要求的继亲收养是没有障碍的。《瑞士民法典》第264条a第3款规定，"如夫妻一方和另一方结婚满五年，可以收养对方之子女。"《日本民法典》第795条肯认，有配偶的人得收养配偶的婚生子女，第817条之3第2款肯认特别养子女体系下，夫妻一方亦得收养另一方婚生子女（依特别养子女收养以外之方式收养之养子女除外）。

其二，依据第1103条规定，继父母收养继子女的核心条件为"经继子女的生父母同意"，且可收养多名继子女。本条规定，继父母收养继子女享有多项豁免：不必限于生父母有特殊困难无力抚养的情形；不要求满足收养人的一般性条件；不受被收养人人数的限制。这些豁免基本去除了收养体系中的各种限制性要求，转化为最简洁的肯定性表述，即继父母经继子女的生父母同意，可收养多名继子女。

上述肯定性表述与各国民法典对继亲收养的规定高度一致：各国均规定收养子女应当经子女的生父母同意，各国亦少有限制被收养人数量。关于被收养人数量，可参见本书第四章第三节和第四节的内容。关于收养子女应当经子女的生父母同意，简要列举德法两国立法例阐明生父母之同意立法模式。《德国民法典》第1747条规定，收养子女必须经子女的生父母同意；上述同意只可在子女出生满8周之后作出；如父母没有结婚，且未作出共同行使亲权的声明，生父可以在子女出生之前作出同意，如生父依法申请改定亲权，则须在此申请经法院裁定后始得收养，生父得以经公证之意思表示放弃移转亲权的申请；如果父母一方长期不能为同意之意思表示或其居所长期不明，则不必经其同意。其第1748条以较长篇幅详细规定"父母一方同意之替代"，亦即为被收养人利益在规定情形下由家事法院取代父母一方的同意。《法国民法典》第347条第1

款规定，除国家收养或经宣告属于被抛弃的儿童外，只有父与母或亲属会议已经有效同意送养的儿童方可以收养。其第 348 条项下用 1 个原条文和 6 个增补（修改）条文规定了生父母的同意及豁免情形。可见，被收养人生父母同意是收养成立的重要条件，但是在收养法上，明确在一定情形下豁免或取代父母一方的同意而由国家监护代表机构或裁判机构宣告收养也是非常重要的内容，是确保解救困境儿童、实现儿童最大利益的重要法律机制。

实际上，关于继亲收养，他国立法例一般仅对有配偶者单方收养的情形予以特别规定，或于此之外在收养人年龄方面予以宽限，其他条件多与一般收养类型无异，但各国具体规定有所不同。《德国民法典》第 1741 条第 1 款规定的总括性的"收养子女应符合子女之利益，并能期待收养之人与子女建立亲子关系"要求同样适用于继亲收养，但是在继亲收养中略略放宽了收养人年龄的要求，收养人一般须年满 25 周岁，但继亲收养人年满 21 周岁即可（第 1743 条）。法国法对继亲收养人的年龄不作要求，《法国民法典》第 343-2 条规定，在收养配偶的子女的情况下，第 343-1 条规定的年龄条件不予要求。《瑞士民法典》则除在第 264 条 a 第 3 款允许夫妻一方和另一方结婚满 5 年可收养对方之子女外，未就继亲收养作任何条件的豁免，包括第 264 条规定的未成年人收养的一般条件："预期的收养人对养子女至少已照顾、教育满一年，并且有理由认为亲子关系的建立有利于养子女，又不致损害养父母其他子女的利益，才可以收养。"

最后关于第 1103 条的适用，特别值得警醒的是，虽然继亲收养享有种种限制性规定的适用豁免，但仍应适用收养法律制度的基本原则，亦即第 1044 条的规定：第 1 款，"收养应当遵循最有利于被收养人的原则，保障被收养人和收养人的合法权益"；第 2 款，"禁止借收养名义买卖未成年人"。

（四）衍生问题及制度省思

第 1103 条的适用会产生一个衍生性的问题：再婚当事人（继父或者

继母）可否收养配偶另一方的养子女？在法理上，这个问题涉及两方面的考量：一是，此种情形下，养子女可否如生子女一样对待；二是，是否允许再收养，即针对同一被收养人的多次收养。

依照《民法典》第1111条的规定，收养关系成立后，养父母与养子女间的权利义务关系适用《民法典》关于父母子女关系的规定，因此养子女与生子女具有同等法律地位，在法律上应作同等对待。我国收养实务抱持此基本判断，允许养子女的继亲收养，也允许再收养，两者在逻辑上是一致的。在养子女的继亲收养问题上，民政部门印发的《收养登记工作规范》第15条第13项将"单身收养后，收养人结婚，其配偶要求收养继子女"纳入继父母收养继子女的情形。在再收养的问题上，目前亦有民政部批复文件支持养父母有特殊困难无力抚养的可将子女送养①，可见收养实务是认同的。

外国立法例也有类似规定。《德国民法典》第1742条规定，收养关系存续中，被收养的子女在收养人生存期间只能被其配偶收养。这正是对养子女的继亲收养的肯认。《法国民法典》第346条第2款规定，收养人或者两收养人死亡之后，或者两收养人之一死亡之后，健在一方的新配偶如提出请求，得宣告再次收养。这一规定既肯认了养子女的继亲收养，也肯认了其他情形下的养子女的再收养。

此外，第1103条亦有值得深刻反省的问题：对于继亲收养，是否豁免太多。笔者认为，我国收养法应坚守那些有助于实现"最有利于被收养人"的实质标准，如第1098条第2~4项的规定：收养人应当具有抚养、教育和保护被收养人的能力，未患有在医学上认为不应当收养子女的疾病，无不利于被收养人健康成长的违法犯罪记录。但本条针对继亲收养规定"可以不受……第一千零九十八条……的限制"，亦即放弃整个第1098条对收养人条件的要求，包括上述第2~4项的实质性要求，会否在实际

---

① 参见《民政部办公厅关于收养人因生活困难不能继续抚养被收养人有关问题的复函》（民办函〔2009〕177号）。

操作层面构成对"最有利于被收养人"原则的背离或放弃？

### 四　无配偶者收养异性子女的条件增进

（一）立法变迁

关于养父母（包括夫妻双方收养和无配偶者单方收养）与养子女的年龄差距，我国收养立法资料反映出数番讨论的轨迹。首先是在1991年制定首部《收养法》时，起草机关认为："收养是建立拟制血亲的父母子女关系，因此养父母子女间应有合理的年龄差距。我国婚姻法规定的最低结婚年龄为男二十二周岁、女二十周岁。《草案》规定收养人夫妻双方均与被收养人相差二十三周岁以上，比最低婚龄高一岁至三岁，符合晚婚晚育的要求。许多国家的收养法规，对收养人与被收养人的年龄差距的规定，一般与法定婚龄相接近。"① 同一份文件中概括性地肯认了无配偶者收养子女的需求，认为维护他们的切身利益有助于帮助他们实现"老有所养"，但没有涉及具体的年龄差异条款内容。在实际通过的《收养法》中，前述《草案》关于"收养人夫妻双方均与被收养人相差二十三周岁以上"的提议并未完全被吸纳，因为按照当时收养人应年满35周岁、被收养人应不满14周岁的规定来看，收养人与被收养人的最小年龄差距可推算为21周岁。关于无配偶者收养子女，《收养法》中未就无配偶的女性收养子女作特别规定，但是针对无配偶的男性收养女性子女的情形规定了大幅的年龄差距。具体体现为首部《收养法》第9条，该条规定："无配偶的男性收养女性的，收养人与被收养人的年龄应当相差四十周岁以上。"

1998年修正《收养法》之际，除了将收养人年龄下限从35周岁降至30周岁以外，修订草案起草机关考虑到，"随着经济的发展和独生子女占人口比重越来越大的老龄化社会的逐步到来，有必要从收养角度为解决老

---

① 参见时任司法部副部长金鉴于1991年6月21日在第七届全国人民代表大会常务委员会第二十次会议上所作《关于〈中华人民共和国收养法（草案）〉的说明》（北大法宝引证码：CLI.DL.705）。

有所养及老年人心里孤单的问题创造一些条件”，试图将突破被收养人不满14周岁与调整收养人与被收养人年龄差距结合起来，在修订草案中增加规定：“无配偶的人年满55周岁无子女或者夫妻双方均年满55周岁无子女的，可以收养1名14周岁以上的子女；但是，被收养人与收养人年龄应当相差25周岁以上。”①但实际上，最终通过的《收养法》修正案对被收养人的年龄和无配偶男性收养女性这两个条款未作任何改动。

在民法典编纂历程中，《各分编（草案）》（征求意见稿）第880条将《收养法》第9条的适用条件由“无配偶的男性收养女性”的情形扩展至所有“无配偶者收养异性子女”的情形，具体表述为：“无配偶者收养异性子女的，收养人与被收养人的年龄应当相差四十周岁以上。”关于这一修改，起草机关未作具体解释，但其显然是“性别平等”理念逐步深化的结果：虽当前该理念多用于呼吁为女性赋权，但其实质乃是同等情境同等对待、不因性别而作歧视性区分，这一改革突破《收养法》仅于“无配偶的男性收养女性”情形适用年龄差异的要求，规定“无配偶者收养异性子女”均须符合法律规定的年龄差异条件，是一种反向的性别平等视角，是性别平等的进一步深化。

《婚姻家庭编（草案）》（二审稿）第881条第1款进一步将年龄差值规定的适用条件扩展至“有配偶者单方收养异性子女”的情形，将其表述为：“无配偶者收养异性子女或者有配偶者依据前条规定单方收养异性子女的，收养人与被收养人的年龄应当相差四十周岁以上。”这是因为，该草案第881条第2款中包含有配偶者在另一方为无民事行为能力人或者被宣告失踪的可单方收养子女的内容，起草机关吸纳了专家学者的意见，认为“有配偶者单方收养异性子女，应当与无配偶者收养异性子女的要求一致，

---

① 参见时任民政部部长多吉才让1998年8月24日在第九届全国人民代表大会常务委员会第四次会议上所作《关于〈中华人民共和国收养法（修订草案）〉的说明》（北大法宝引证码：CLI.DL.157）。

年龄也应当相差四十周岁以上，以利于保护被收养人的合法权益"①。

至《婚姻家庭编（草案）》（三审稿），随着第 881 条删去有配偶者特定情形下单方收养的条款，第 881 条第 1 款也随即删去"有配偶者依据前条规定单方收养异性子女"的内容，条文内容回复到民法典编纂之初《各分编（草案）》（征求意见稿）第 880 条的状态，呈现为《民法典（草案）》第 1102 条的内容，简明规定："无配偶者收养异性子女的，收养人与被收养人的年龄应当相差四十周岁以上。"此后这一规定被《民法典（草案）》（2020）原样保留，最终成为《民法典》正式条文。

（二）规范意旨

《民法典》第 1102 条规定无配偶者收养异性子女的年龄差距。首先，在制度功能上，这种年龄差距的要求在一定程度上有助于规避伦理风险，尽可能防范无配偶的收养人对被收养人实施性欺凌、性剥削或其他性犯罪行为，从而在制度上保护被收养人。其次，这种年龄差距的要求也体现出立法回应老年人收养子女以实现"老有所养"之现实需求的初衷，前述首部《收养法》出台之际的立法资料对此有明确表述。从性别视角来看，民法典编纂中将年龄差距的适用情形从"无配偶的男性收养女性"扩展至所有"无配偶者收养异性子女"，深刻体现了性别平等观的深入发展。

从比较法的视野来考察，其他国家在年龄差距的规定方面要更加宽松一些。根据《德国民法典》第 1741 条第 2 款和第 1743 条的规定，在法律效果类似完全收养的未成年人收养类型中，未结婚者只能单独收养子女，收养人必须年满 25 周岁，而被收养人为未成年人，可见单身收养人和被收养人的年龄差距要求并不高。德国法对成年人收养的规定较简略，在无例外规定时得依其意义适用关于收养未成年人的规定（第 1767 条第 2 款），收养人年龄及其与被收养人年龄差距正属于此类无例外规定的事项。《法国民法典》第 343-1 条和第 344 条规定，完全收养体系下，年满

---

① 参见 2019 年 6 月 25 日全国人民代表大会宪法和法律委员会向全国人民代表大会常务委员会所作《关于〈民法典婚姻家庭编（草案）〉修改情况的汇报》。

28 周岁的任何人（包括无配偶者）可请求收养子女，收养人的年龄应当比其打算收养的子女的年龄大 15 周岁以上，但是如有正当理由，法院得在收养人与被收养人的年龄相差不到前款规定的岁数时宣告收养。法国法对简单收养没有作年龄方面的要求。《瑞士民法典》第 264 条 b 第 1 款和第 265 条第 1 款规定，未婚者在年满 35 周岁后可单独收养子女，养子女的年龄至少应比养父母小 16 周岁。《意大利民法典》第 291 条规定，无婚生或准正的卑亲属且年满 35 周岁的收养人，年长其欲收养的养子女 18 周岁，始得准许；例外情形下，养父母的年龄可放宽至 30 周岁以上，但年龄差距仍需满足。但《意大利民法典》前述规定实际上是适用不完全收养机制，而在类似完全收养机制的"特别收养"体系中，只允许符合条件的夫妻收养，无配偶者不是适格的收养人。《日本民法典》在一般收养制度中没有规定收养人与被收养人年龄差距问题，但是在施行完全收养的"特别收养"体系下，由第 817 条之 3、第 817 条之 4、第 817 条之 5 规定，无配偶者不得成为特别收养的收养人，有配偶者一般应共同收养（除非系一方配偶收养另一方配偶的婚生子女），年满 25 周岁（或一方年满 25 周岁，另一方年满 20 周岁），养子女一般不满 6 周岁，或不满 8 周岁而在 6 周岁之前一直受收养人的监护。

（三）无配偶者收养子女的法律规则

理解和适用第 1102 条，应着重从如下要点予以把握。

1. 无配偶者可以且只能单方收养子女

根据我国《收养法》最早的起草机关解释，"无配偶者是指因未婚、离婚或丧偶而无配偶的人"[1]。第 1102 条首先确立的规则是，肯认无配偶者单方收养子女的权利。这一表述蕴含着两个命题：其一，无配偶者可以收养子女；其二，无配偶者收养子女只能为单方收养。

在前一问题上，各国收养法的立场不尽相同。但须注意，由于我国

---

[1] 参见时任司法部副部长金鉴于 1991 年 6 月 21 日在第七届全国人民代表大会常务委员会第二十次会议上所作《关于〈中华人民共和国收养法（草案）〉的说明》（北大法宝引证码：CLI.DL.705）。

施行单一的完全收养机制，有的国家则施行简单收养与完全收养双轨制，比如法国、意大利和日本等，比较研究应尽可能在相仿的体系下进行。参前引诸国民法典条文可知：①德国、法国、瑞士均允许无配偶者单独收养子女，尽管其对收养人年龄及其与被收养人之间年龄差距的具体要求各有差异；②意大利和日本，在其特别收养（近于完全收养）体系下，无配偶者不是适格的收养主体。

在无配偶者只能单方收养的问题上，各国立场高度一致。《德国民法典》第1741条第2款明确规定："未婚之人仅得单独收养子女。"《法国民法典》第346条第1款规定："除收养人为夫妻二人之情形外，任何人均不得由数人收养。"其第2款则为但书条款，规定："收养人或者两收养人死亡之后，或者两收养人之一死亡之后，健在一方的新配偶如提出请求，得宣告再次收养。"《意大利民法典》第294条先是在第1款规定被收养人的数量不受限制，具体为："即使以相继的行为而为场合，亦准许以数人为养子女。"然后在其第2款规定收养人的数量以一人为原则，具体为："无论何人，不得由二人以上的人收养为养子女。但二人的养父母为夫妻场合，不在此限。"《瑞士民法典》第264条a第1款规定，"共同收养子女，只能由夫妻双方进行；不是夫妻关系，不得共同收养子女"。综合言之，一般不允许以同一被收养人为对象同时存在两个以上的收养关系，体现在收养人数量上即一人单独收养，或夫妻共同收养。此外，关于是否允许以同一被收养人为对象的相继收养问题，如法国法规定收养人或者两收养人死亡之后的再次收养，因与本条非直接相关，暂不展开论述。

2. 无配偶者收养异性子女的，双方年龄差距应达40周岁以上

关于收养人与被收养人的年龄差距，有的国家不作直接规定，而是通过规定收养人和被收养人各自的年龄要求加以体现，如德国法和日本法，但日本法规定无配偶者不得实施特别收养行为。更多的国家明确规定收养人和被收养人的年龄应当具有一定的差距。如法国法规定，完全收养体系下，这一差距应达15周岁以上，如有正当理由可经法院审查予

111

以突破；瑞士法规定，这一差距应达 16 周岁以上；意大利法规定，这一差距应达 18 周岁以上，但无配偶者不能实施特别收养。总体而言，明确规定收养人与被收养人之间的年龄差距的立法例，其底限大都在 15 岁至 18 周岁，未明确规定年龄差距的推算起来大概最小可仅达 7 周岁（德国法），共通的是，以上所引外国立法例在这一问题上并不刻意区分夫妻双方收养抑或无配偶者单方收养，亦不区分无配偶者收养同性子女抑或异性子女。

我国收养法上的年龄规定分两个层面。其一是一般性规定，其立法模式类似于德国法和日本法，即仅规定各方年龄要求，并不直接规定年龄差距要求。依照《民法典》第 1093 条和第 1098 条的规定，被收养人为未成年人，收养人应年满 30 周岁，推算下来双方年龄差距最小大概在 12 周岁左右，在各国立法例中处于居中状态。其二是特别规定，即本条规定的无配偶者收养异性子女，双方年龄差距应达 40 周岁以上。这里，无配偶者收养异性子女，是指男性无配偶者收养女性，或者女性无配偶者收养男性。这是我国特有的立法模式，与其他各国差异甚大：一是将无配偶者收养异性子女单独列为特别情形，在适用一般规定的前提下附加适用特别规定；二是将此种特定情形下双方之间的年龄差距规定为 40 周岁以上，比较严格。

鉴于我国采用一般规定与特别规定相结合的方式规范收养人与被收养人的年龄及其年龄差异，在作比较法判断及研究时不能机械比较，比如拿某些立法例中的 15 周岁、16 周岁、18 周岁与本条规定中的 40 周岁相比，而要区分情形、限定情形之后作相应的比较方为准确、可信。

严格要求无配偶者收养异性的年龄差距，是基于保护被收养人的立法考量。2018 年 5 月，最高人民检察院通报 2017 年以来检察机关依法惩治侵害未成年人犯罪、加强未成年人司法保护的情况，指出"在侵害未成年人犯罪案件中，尤其是性侵案件中，熟人作案的比例高于陌生人，有些地方甚至有 70% 到 80% 的案件的犯罪嫌疑人和被害人是邻居、亲戚、朋友、师生等关系"。[1]现实中，养父性侵养女的案件屡有发生：2019年，全国妇联发布"依法维护妇女儿童权益十大案例"，位居其首者即郑某金强奸养女案。[2]从保护养子女利益考量，坚持收养年龄差距还是有一定防范意义的，但同时也要警醒：仅仅依靠条件筛查是远远不够的，还要建立起有效的个案评估和监督保护机制。

3. 无配偶者收养同性子女的，不适用本条关于年龄差距的限制

无配偶者单方收养子女，被收养人可以是同性，也可以是异性。如是异性收养，即男性无配偶者收养女性，或女性无配偶者收养男性，应适用上一规则，亦即在满足《民法典》关于收养人、被收养人一般年龄要求的基础上，还应满足本条规定的收养人与被收养人的年龄差距。如系同性收养，即男性无配偶者收养男性，或女性无配偶者收养女性，则仅适用《民法典》关于收养人、被收养人的一般年龄要求即可，不适用第1102条关于年龄差距的要求。

---

① 《最高检：侵害未成年人犯罪性侵案占比大 多为熟人作案》，新华网，http://www.xinhuanet.com/legal/2018-05/29/c_129882494.htm，最后访问日期：2020年4月15日。
② 《依法维护妇女儿童权益十大案例》，《中国妇女报》2019年11月29日，第1版。

# 第五章　收养同意

收养在其最本质的意义上，是消除被收养人与其生父母之间的亲子法律关系，同时创设被收养人与收养人之间的拟制亲子关系，对各方当事人的身份权益和身份关系都产生重大影响，需要各方当事人同意方可为之。同时，法律关于各方主体同意之规范，亦可在回答关于收养当事人的经典论题方面有所启示。

《民法典》第1104条总括规定收养应征得各方主体的同意，第1097条前段、第1101条规定共同送养和共同收养的同意，第1096条和第1108条分别规定孤儿抚养义务人的同意和失去子女的（外）祖父母享有的优先抚养权，第1107条则是厘清亲朋抚养与收养法律关系的本质不同，在法理上可进一步引申，排除助养亲朋在收养事项上的同意权。为充分保护儿童权益，现代收养体系在合意收养之外又建立起宣告收养体系，该体系主要是通过对当事人同意的豁免或替代来鼓励和促成收养，从而实现儿童最大利益。在我国，仅《民法典》第1097条后段规定了两种情形下的同意豁免，未考虑实践中更多的现实需求，包括国家监护下的儿童进入收养的通道，尚有充实和完善之空间。

## 第一节　收养主体的同意

### 一　立法变迁

在我国，收养须经各方主体同意的规则可追溯至1979年发布的《最高人民法院关于贯彻执行民事政策法律的意见》(简称《意见》),该《意见》规定:"收养子女,必须经过生父母或监护人和养父母的同意,子女有识别能力的,须取得子女同意。"1984年发布的《最高人民法院关于贯彻执行民事政策法律若干问题的意见》第27条第1款进一步明确:"经生父母、养父母同意,有识别能力的被收养人也同意,又办理了合法手续的收养关系,应依法保护。"1992年首次实施的《收养法》第11条进一步将其臻于规范化:"收养人收养与送养人送养,须双方自愿。收养年满十周岁以上未成年人的,应当征得被收养人的同意。"1998年修正的《收养法》第11条完全沿袭这一规定。

在民法典编纂进程中,《各分编(草案)》第883条对这一条文作了两点修改:其一,将"须"字改为"应当"二字,使文字表达更加清楚晓畅;其二,将"十周岁"改为"八周岁",呼应《民法总则》(后被纳入《民法典》,成为"总则编")对限制民事行为能力人年龄基准的修改。如此,整个条文重新表述为:"收养人收养与送养人送养,应当双方自愿。收养八周岁以上未成年人的,应当征得被收养人的同意。"此后,本条内容未作任何改动,历经二审、三审,先后呈现为《婚姻家庭编(草案)》(二审稿)第883条、《婚姻家庭编(草案)》(三审稿)第883条,直至被《民法典(草案)》、《民法典(草案)》(2020)完整保留,最终呈现为《民法典》第1104条的内容:"收养人收养与送养人送养,应当双方自愿。收养八周岁以上未成年人的,应当征得被收养人的同意。"

## 二　体系意义

《民法典》第1104条不仅规定收养人、送养人和被收养人各方对收养事项的同意,而且亦在体系上确立三方主体地位。关于收养当事人究为哪些主体,我国学界一直存在较大的分歧。史尚宽先生明确将收养界定为收养人与被收养人之间,以发生亲子关系为目的之要式的法律行为。[1]进

---

[1]　史尚宽:《亲属法论》,中国政法大学出版社2000年版,第584页。

而在收养意思要件上提出，满一定年龄之被收养人，须有当事人收养之合意。被收养人未满一定年龄时，须经被收养人的法定代理人之同意。[①] 史尚宽先生之观点在民法学界广为传承，当前民法学界代表性论见皆认为，收养人和被收养人是收养关系的当事人，送养人仅以被收养人的法定代理人身份进入收养关系，并非收养关系的一方主体，"因为收养关系是一种拟制血亲的亲子关系，因而送养人不可能为收养关系的当事人"[②]。在婚姻法学界，较早期的学者提出收养行为的当事人是收养人、被收养人和送养人的观点，但仍然认为送养人"在法理上可以解释为是作为未成年被收养人的法定代理人而参与收养行为的"[③]。后继学者倾向于将收养人、被收养人和送养人各自作为独立的主体看待，强调被收养人是收养行为的主体，而不是收养行为的标的。[④] 另有学者对收养行为的当事人与其后形成的收养关系中的当事人进行区分，认为收养行为的当事人为三方，即被收养人、送养人和收养人，收养关系的当事人为收养人和被收养人，前者为养父、养母，后者为养子、养女。[⑤] 第1104条隐含着以收养人与送养人之间转移亲子权利义务的意思表示为收养前提的立法认知，通过规定收养须经各方同意，肯认收养人、送养人和被收养人均为收养法律关系的当事人。

## 三 立法认知及法律规则

第1104条所确立的核心规则为，收养须经各方当事人同意，具体包括收养人、送养人和8周岁以上的未成年被收养人。深刻理解和准确适用第1104条的规定，须在本条表述的文义之下厘清如下几个法律问题：①收养人、送养人和被收养人在收养中的法律地位如何？②收养人、送养人

---

① 史尚宽：《亲属法论》，中国政法大学出版社2000年版，第592、593页。

② 余延满、房绍坤、朱庆育等诸位学者均持此见，引文见余延满书。余延满：《亲属法原论》，法律出版社2007年版，第406页；房绍坤、范李瑛、张洪波编著：《婚姻家庭与继承法》（第五版），中国人民大学出版社2018年版，第126页。

③ 杨大文主编《亲属法与继承法》，法律出版社2013年版，第197页。

④ 陈苇主编《婚姻家庭继承法学》（第三版），中国政法大学出版社2018年版，第168页。

⑤ 马忆南：《婚姻家庭继承法学》（第三版），北京大学出版社2014年版，第163页。

和被收养人的意思表示是否要求合致？③不同年龄的被收养人，对收养事项的知情权、参与权和同意权有何不同？

针对以上问题，第1104条规定蕴含的立法认知及其确立的法律规则可析分详述如下。

1. 收养人、送养人和被收养人在收养中各自具有独立主体地位，就收养事项独立表达意愿

关于前述收养当事人之学术争点，笔者认为，将旨在建立拟制亲子关系的收养行为与其后有效成立的拟制亲子关系进行概念上的区分是厘清收养当事人的第一步，为免于混淆，可将后者称为养父母子女关系，而将形成养父母子女关系这一过程中的法律行为和法律关系称为"收养"。如此，收养行为是当事人各方所为民事法律行为，收养关系则是当事人各方在收养过程中形成的权利义务关系。在此意义上，收养行为与收养关系的当事人应当是同一的。回到论争中心，收养当事人究竟包括哪几方主体，其各自地位如何？现代民法的基本理念是，人必为主体，而绝不能也不容沦为客体。所以首先应明确，成年的收养人和送养人，未成年的被收养人，均为法律上的主体。那么，他们是否都属于收养当事人？笔者认为，收养与三方主体的亲子权益均直接、密切相关，收养的成立将使三方的亲子权益都发生实质性的、重大的改变，他们都是收养当事人。然则，他们是否都具有独立的主体地位，以其自身的名义参与收养、影响收养、决定收养？笔者认为，收养法对收养人、送养人、被收养人各方的条件和权利义务均有明确规定，任何一方不符合条件或不积极履行权利义务都可能导致收养归于无效，他们显然都具有独立的主体地位。其中特别要厘清的是，被收养人并不因为其未成年而丧失或减损其主体地位，送养人也不会因为其同时承担被收养人法定代理人的职责而湮灭或减损其自身的独立主体地位。

不同国家的立法例在规定三方主体的同意时，表述确有不同侧重：一种是倾向于以收养人与被收养人之间建立拟制亲子关系的意思表示为

基础，如《德国民法典》第 1746 条第 1 款规定，"收养应经被收养子女之同意。无行为能力或未满十四岁之子女，仅得由其法定代理人代为同意之意思表示。其他情形，子女应自行为之；于此情形，应经其法定代理人之同意"。这一规定强调子女自身作出的同意以及子女法定代理人（以子女名义）作出的同意。史尚宽先生认为收养当事人仅为收养人与被收养人，或是受当时德国、日本民法的影响，其论著中关于被收养人同意的内容先后引注当时日本民法第 797 条、德国民法第 1751 条第 2 项的规定，阐释被收养人达一定年龄（日本为 15 周岁，德国为 14 周岁）且有意思能力的，可自己订立收养契约。但时至今日，《德国民法典》较之以往显然加强了对送养人（往往为被收养人的父母）之意愿和意思的保护。该法典第 1747 条第 1 款规定，"收养子女应经其生父母同意"。与前述其第 1746 条相比照可知，即使子女的父母同时作为子女的法定代理人参与收养，法律亦要求其基于父母（送养人）的主体地位就收养事项作出独立的意思表示。现行《日本民法典》在一般性规定中仅提及，被收养人未满 15 周岁时，其法定代理人可以代其承诺收养，于此在第 797 条第 1 项要求被收养人（或其法定代理人）就收养作出承诺，但在"特别收养"章节中，于第 817 条之 6 专门就父母的同意及其在法定情形下的豁免作出明确规定。可见，与我国完全收养体系可资类比的现代德国法上的未成年人收养和日本法上的特别收养体系，都已明确规定，被收养人的父母（其法律地位相当于我国的送养人）应就收养作出同意的意思表示。有鉴于以上种种，笔者认为，否认送养人在被收养人法定代理人之外具有主体地位不符合当前收养立法普遍共识。

另一种立法模式倾向于以收养人与送养人之间转移亲子权利义务的意思表示为基础，从而肯认收养人、送养人和被收养人均为收养法律关系的当事人。我国立法即鲜明地体现这一认知，具体表现在，第 1104 条首先规定收养人自愿收养、送养人自愿送养，然后规定应征得 8 周岁以上未成年被收养人的同意。

2. 在协议收养模式下，收养人、送养人和被收养人的意思表示应当达成合意

传统民法理论认为，收养因以发生养亲子关系为目的之意思表示而生效力，故为法律行为，该法律行为以当事人之合意成立为原则。[①] 在此理论之下，民法学者认为，收养是收养人与被收养人之间的法律行为，父母或其他送养人仅作为被收养人的法定代理人参与收养法律行为。但是"收养人＋被收养人"两方主体理论向来无法解释送养人和收养人可经协议解除收养法律关系的立法通例，更无法解释当前多国民法典（典型如上引《德国民法典》第1746条第1款和第1747条第1款）统一以"同意"指称被收养人和被收养人之生父母（作为送养人）各自就收养事项所作意思表示。当代民法典立法文本透露出一个讯息，即被收养人和送养人就收养事项所作意思表示应为同一性质。这从细微处揭示，被收养人和送养人的当事人地位都是不容否认的。

但是立法上使用"同意"，是否寓意此种意思表示与收养人之积极意思表示（提出收养请求）有所不同？在民事法律行为理论中，关于同意法律制度的研究认为，同意本身是独立的法律行为，属于单方、须受领的表示，只有须经同意行为的当事人能够成为受领人，但同意同时构成须经同意法律行为的辅助法律行为，其法律效果除影响须经同意法律行为的效力之外别无其他。[②] 根据同意对须经同意法律行为的效力所产生的具体影响，亦即同意的法律效果的不同，可将同意区分为作为法律行为附加条件的同意和构成义务内容的同意，前者是法律行为的生效条件，会影响到法律行为是否生效，后者则不会影响到法律行为的生效，在法律行为未经同意实施时，仅产生义务违反的法律效果，特别是在特定情形中产生损害

---

① 史尚宽：《亲属法论》，中国政法大学出版社2000年版，第584页。
② 〔德〕维尔纳·弗卢梅：《法律行为论》，迟颖译，米健校，法律出版社2013年版，第1064、1065页。

赔偿义务。[①] 收养中的同意直接影响到收养能否成立和生效，那么，《德国民法典》所规定的被收养人的同意、被收养人父母（作为送养人）的同意，以及我国《民法典》第1104条规定的被收养人的同意应被定性为作为法律行为附加条件的同意吗？设若如此定性，会在法律逻辑上产生种种纰漏：一则，如在我国法律体系下，将被收养人的同意视为作为法律行为附加条件的同意，则意味着收养人与送养人可通过合意处分被收养人的亲子权益，无论是契约理论还是身份理论，对此都不可接受；二则，如在德国法体系下，将被收养人的同意和被收养人父母（作为送养人）的同意均视为作为法律行为附加条件的同意，则收养人提出收养之积极意思表示的相对人为何？如无相对人，则收养法律行为又非单方法律行为，如何得以成立乃至生效？如此推演下去，仅据立法文本中"同意"用语而否定有关主体的当事人地位或否认其意思表示构成收养法律行为之主体意思表示，是有违体系自洽的。

实际上，对于收养法律行为来说，肯认收养人、被收养人、送养人三方各自具有独立主体地位（即使被收养人或需法定代理人辅助，亦不影响其独立主体地位），肯认三方主体各自就收养事项所作意思表示（无论其为提议收养的主动意思表示，还是同意收养的被动意思表示）汇于一处，形成互为呼应的连环性的转移亲子权益意思表示，是最符合当前收养法之价值理念与制度设计的解释方法。

但须注意的是，上述合意之解释方法仅适用于协议收养情形。除协议收养外，现代收养法上还有一种重要的收养类型，即宣告收养。宣告收养是国家有权机关依照法律规定的条件和程序，遵循儿童最大利益原则，宣告成立的收养。[②] 宣告收养程序中，因法定情形的存在，生父母一方或双方的同意不复必要。此法定情形往往可归于主体不存、下落不明、抚养

---

① 〔德〕维尔纳·弗卢梅：《法律行为论》，迟颖译，米健校，法律出版社2013年版，第1062、1063页。

② Dieter Schwab, *Familienrecht* (28 Auflage) (München: Verlag C.H.Beck oHG, 2020), p.439.

意愿缺失或怠于履行监护职责、实施监护侵害行为严重损害子女利益等若干情形。《法国民法典》第348-6条第1款和《德国民法典》第1748条都属于此类条款。

3. 未成年被收养人的意思表示由其法定代理人补足，达到8周岁以上的未成年人，自主享有对收养事项的同意权

未成年被收养人因不具备完全民事行为能力，其关于收养事项的意思表示由其法定代理人（生父母，或由其他主体担任的监护人）予以补足。在此意义上，生父母或由其他主体担任的监护人在收养事项中的角色是双重的，一方面是送养人，另一方面是被收养人的法定代理人。但是当未成年被收养人达到一定年龄，具有限制行为能力，能够对收养的意义和后果有一定认识和判断，即应允许其就收养事项自主表达意愿，如其不同意收养，则收养不得成立。我国收养法在划定此年龄界点时，与自然人限制行为能力的年龄界点保持一致并随其变动，当前根据《民法典》"总则"编第19条的规定调整为8周岁。

其他国家也有类似规定，如《德国民法典》详细规定了被收养人同意的年龄条件、同意的应允和批准、同意的撤销等;《法国民法典》第345条第3款规定，如被收养人年满13周岁，完全收养应当征得其本人同意;《瑞士民法典》第265条规定，如养子女有判断能力，收养必须征得其同意，如被收养人处于被监护之状态，即使其具有判断能力，也必须在征得未成年人保护机构的同意后，才可以收养;《意大利民法典》第296条规定，收养应有养父母及欲为养子女的人的合意，该主体未达成年的，合意由其法定代理人付与，该主体达12周岁的，应征求本人自己的意见;《日本民法典》第797条规定，将成为养子女的人未满15周岁时，其法定代理人得代其作出收养承诺，法定代理人作出前款之承诺时，成为养子女者之父母中，另有监护者时，应得其同意，成为养子女者之父母有被停止亲权者时，亦同。

理解和适用第1104条规定，还需注意：若被收养人不足8周岁，亦

应尽量探明未成年人的意愿，从而作出最有利于被收养人的裁断。近年来，我国法律逐渐深化对未成年人参与权的保障，例如2020年10月修订的《未成年人保护法》多条规定"听取有表达意愿能力未成年人的意见"。自未成年人保护理念而言，凡涉及未成年人的安置，均应充分尊重未成年人的参与权和表达权，征询、探明未成年人的意愿，在个案中作出最有利于未成年人的裁断。当然，法律在设定此种征询义务时，应虑及各种现实差异作适度之要求：未成年人表达意愿、表达能力的差异；不同主体与未成年人之间关系及联系的差异；等等。

四　意思表示的呈现

在收养登记程序中，收养各方主体的意思表示主要通过回答收养登记员的询问调查及其后的签名、按指纹加以确认。民政部于2008年发布并于2020年最新修订的《收养登记工作规范》第16条规定：①收养登记员要分别询问或者调查收养人、送养人、年满8周岁以上的被收养人和其他应当询问或者调查的人；②询问或者调查的重点是被询问人或者被调查人的姓名、年龄、健康状况、经济和教育能力，收养人、送养人和被收养人之间的关系，收养的意愿和目的，特别是对年满8周岁以上的被收养人应当询问是否同意被收养和有关协议内容；③询问或者调查结束后，要将笔录给被询问人或者被调查人阅读，被询问人或者被调查人要写明"已阅读询问（或者调查）笔录，与本人所表示的意思一致（或者调查情况属实）"，并签名，被询问人或者被调查人没有书写能力的，可由收养登记员向被询问人或者被调查人宣读所记录的内容，并注明"由收养登记员记录，并向当事人宣读，被询问人（被调查人）在确认所记录内容正确无误后按指纹"，然后请被询问人或者被调查人在注明处按指纹。

同时，该规范第15条第14项规定:《收养登记申请书》中收养人、被收养人和送养人（送养人是社会福利机构的经办人）的签名必须由当事人在收养登记员处当面完成；当事人没有书写能力的，由当事人口述，收养登记员代为填写。收养登记员代当事人填写完毕后，应当宣读，当事人认为填写内容无误，在当事人签名处按指纹。当事人签名一栏不得空白，也不得由他人代为填写、代按指纹。

## 第二节　共同的同意

### 一　共同送养及其例外

（一）立法变迁

夫妻共同送养是我国司法实务较早确立的规则。远在《收养法》出台之前，1979年发布的《最高人民法院关于贯彻执行民事政策法律的意见》即详细规定："凡是没有征得生父母一致（包括已离婚的父母）同意，生父母要求领回的，原则上应认为收养关系无效，准其领回。养父母所花用的抚养费，可由生父母酌情付给。"当时的立场是：收养子女应经生父母一致同意，否则无效。1984年发布的《最高人民法院关于贯彻执行民事政策法律若干问题的意见》将其转化为更加简约但更具丰富内涵的表达，即其第27条第2款："生父母中有一方不同意的，收养关系不能成立。生父或生母送养时，另一方明知而不表示反对的，应视为同意。"随着《民法通则》《收养法》等正式法律文件陆续出台，上述司法解释文件现已失效，但其基本立场仍得以延续。我国首部《收养法》第10条第1款规定："生父母送养子女，须双方共同送养。生父母一方不明或者查找不到的可以单方送养。"1998年修正的《收养法》第10条第1款完全沿袭这一规定。

在民法典编纂中，《各分编（草案）》第876条将《收养法》上述条文第一句中"须"字改为"应当"二字，第二句改为在"的"后断句，使得语言表述更加清晰晓畅，具体表述为："生父母送养子女，应当双方共同送养。生父母一方不明或者查找不到的，可以单方送养。"《婚姻家庭编（草案）》（二审稿）第876条在此基础上，又在第二句中加入"身份"

二字，意在明确原条文中"生父母一方不明"究属何意，从而形成新的条文："生父母送养子女，应当双方共同送养。生父母一方身份不明或者查找不到的，可以单方送养。"但是，当立法进行到《婚姻家庭编（草案）》（三审稿）阶段，第876条中刚刚添加的"身份"二字又被删除，条文的内容恢复到《各分编（草案）》中的状态，再次表述为："生父母送养子女，应当双方共同送养。生父母一方不明或者查找不到的，可以单方送养。"至此，经过数番斟酌之后，本条内容确定下来，先后被《民法典（草案）》、《民法典（草案）》（2020）所吸纳，最终成为正式出台的《民法典》第1097条："生父母送养子女，应当双方共同送养。生父母一方不明或者查找不到的，可以单方送养。"

（二）以生父母共同送养为原则，单方送养为例外

《民法典》第1097条规定生父母送养子女以共同送养为原则、单方送养为例外，折射出送养行为的实质是对送养意愿亦即放弃和转移亲子权利义务意愿的表达和确认。本条与第1093条第3项、1094条第3项同为专门针对生父母送养子女情形的法律规范，生父母送养子女必须一并符合这些法律条文的要求。

外国立法例亦普遍遵循共同送养为原则、单方送养为例外的准则。《法国民法典》第348条第1款规定双方送养："在儿童已对父母双方确立亲子关系的情况下，送养应经父母双方同意。"其第348条第2款和第348-1条规定送养由一方表示同意即单方送养的情形，包括：父母一方去世或者不能表示自己的意思，或者丧失亲权，或者儿童仅对生父母中一方确立亲子关系。《德国民法典》第1747条第1款规定："收养子女应经其生父母同意。"该条第3款规定，未婚父母未共同进行父母照顾的情形下父亲可在子女出生前即表示允许或者在申请委托照顾权后作出允许；第4款规定单方允许即可送养的情形，即，"父母一方长期不能作出表示或其居所长期不明的，其允许是不必要的"。

在共同收养的问题上，规范重心往往是在例外情形，即哪些情形下

可以单方送养。《法国民法典》和《德国民法典》上引条文可资佐证。另有《瑞士民法典》的规定也颇为典型，其第 265 条 a 款规定："收养子女，必须征得其生父母之同意。"该法典第 265 条 c 款则详细规定例外情形："下述情况，父或母的同意可以不予考虑：1. 生父母中另一方不明确的；较长时间不知道其下落的；或其长期无判断能力的；2. 生父母中另一方严重不关心子女的。"法律规定特定情形下可突破双方送养原则，旨在以实现被收养人最佳利益为目标促进收养的达成。

（三）规范释明

第 1097 条以相当简明的表述确立起关于生父母送养同意的两项规则，两者之间是原则与例外的关系，必须关联起来理解和实施，因而在条文中前后表述紧密接续，并不分款。明确这一认知，方不致曲解下文的分述模式。

其一，生父母送养子女，一般应当双方共同送养。

父母是未成年子女的天然照护者，通常亦是最佳照护者。无论是我国法律还是国际公约，都明确肯认父母享有最为优先和优越的子女照护地位。《民法典》第 26 条第 1 款规定："父母对未成年子女负有抚养、教育和保护的义务。"其第 27 条第 1 款规定："父母是未成年子女的监护人。"联合国《儿童权利公约》第 18 条规定："父母或视具体情况而定的法定监护人对儿童的养育和发展负有首要责任。儿童的最大利益将是他们主要关心的事。"

父母的照护责任和监护权是共同的，亦是平等的。《儿童权利公约》第 18 条亦明确指出，"缔约国应尽其最大努力，确保父母双方对儿童的养育和发展负有共同责任的原则得到确认"。我国《民法典》第 1041 条规定男女平等是婚姻家庭法的基本原则；第 1058 条规定："夫妻双方平等享有对未成年子女抚养、教育和保护的权利，共同承担对未成年子女抚养、教育和保护的义务。"没有婚姻关系的父母，亦应根据男女平等的宪法和婚姻家庭法原则平等享有子女监护权、承担子女照护责任。

送养子女是在法律规定的情形下转移父母监护和照护责任的法律行为，父母双方应当共同实施送养行为，这不仅是权利义务流转须有来处之法律逻辑的要求，亦是对父母身份、地位和权利的保障。共同实施收养行为，要求父母双方就送养子女事项协商一致、达成合意，并依照法律规定作为送养人参与收养程序，这种参与行为本质上是对送养意愿的表达和确认。收养登记程序中，收养登记员见证当事人包括送养人在《收养登记申请书》上签名①，即确认各方真实意思表示。对于 1992 年 4 月 1 日《收养法》实施以前收养关系的认定，根据 1984 年 8 月 30 日发布并施行的《最高人民法院关于贯彻执行民事政策法律若干问题的意见》第 27 条第 2 款，生父母中有一方不同意的，收养关系不能成立；生父或生母送养时，另一方明知而不表示反对的，应视为同意。

但是在某些情形下，陷于困境中的未成年人亟待通过收养机制争取更好的生活成长环境，却出于客观或主观的原因难以取得父母一方的同意甚至难以向其传达送养讯息，此际过度保障父母（有时是存在过错的父母）的利益就会牺牲子女的最佳利益。因此，在确立生父母双方送养的一般原则之外，还应规定例外情形，以尽可能促成收养，实现未成年人最佳利益。

其二，生父母一方不明或者查找不到的，另一方可以单方送养。

在这一规则中，作为法律用语的"不明""查找不到"应当指向客观上无法知晓、无法联络生父母一方进而无法获悉其对收养的知情同意，但操作层面不可避免地存在一些模糊性和不确定性，甚至会有知而不告以致不明的道德风险。首先，查找过程的广度和深度可能存在差异，但自法律技术而言"查找不到"最终可由公告机制予以确认，所以这一点尚可把握。但"不明"这一语词本身即蕴含着主观认知和判断，例如是身份不明还是下落不明，是生父母另一方不明还是收养登记机关不明等，存在诸多

---

① 参见民政部 2008 年 8 月 25 日印发的《收养登记工作规范》第 14 条第 3 项。

解释的可能，民法典编纂程序中"身份"一词增补之后复又删去，正表明其间的分寸颇费思量。《收养子女登记办法》和《民政部关于规范生父母有特殊困难无力抚养的子女和社会散居孤儿收养工作的意见》（民发〔2014〕206号）都将法律中的"不明"转化为"下落不明"，虽便于通过宣告失踪等法律机制予以确认，却是对法律条文的限缩解释，从而使单方送养的适用空间被不当压缩。

自文义而言，生父母一方主体不明确、下落不明确或查找不到，有特殊困难无力抚养子女的另一方父母都可依据《民法典》第1097条和第1093、1094条的规定为实现最有利于未成年人而送养子女。理由有二：其一，不明或查找不到的父母一方事实上已无意愿或无能力照料监护子女，其父母权益与子女权益相比，后者利益更值得保护；其二，既是一方主体不明或查找不到，则父母双方的合意自无可能实现，法律不应苛求送养子女的父母一方完成事实不能之行为。

（四）具体实施

生父母依据《民法典》第1097条送养子女，也要同时符合其第1093条第3项、1094条第3项的规定，亦即必须是在有特殊困难无力抚养子女的情形下送养子女。因此在举证责任上，送养子女的生父母须证明三项基本事实：其一，送养人与被收养人具有自然血缘的父母子女关系；其二，送养人有特殊困难无力抚养被收养人；其三，送养人双方共同送养或符合本条规定的情形单方送养。

根据《收养子女登记办法》第6条的规定，生父母为送养人的，应当向收养登记机关提交下列证件和证明材料：①生父母的居民户口簿和居民身份证；②生父母与当地计划生育部门签订的不违反计划生育规定的协议；③生父母有特殊困难的声明；④生父母因一方下落不明单方送养的，应提交另一方下落不明的证明。这里要注意的是，生父母双方共同送养的意愿呈现为双方共同提交有关证件和证明材料的共同送养行为。

《民政部关于规范生父母有特殊困难无力抚养的子女和社会散居孤儿

收养工作的意见》（简称《意见》）进一步将生父母有特殊困难无力抚养的证明具体化为生父母所在单位或者村（居）委会根据下列证件、证明材料之一出具的相关证明：①县级以上医疗机构出具的重特大疾病证明；②县级残疾人联合会出具的重度残疾证明；③人民法院判处有期徒刑或无期徒刑、死刑的判决书。该《意见》还规定，生父母确因其他客观原因无力抚养子女的，乡镇人民政府、街道办事处出具的有关证明可以作为生父母有特殊困难无力抚养的证明使用。针对生父母依据本条单方送养的情形，该《意见》要求送养人提交公安机关或者其他有关机关出具的下落不明的证明，以及下落不明一方的父母不行使优先抚养权的制式书面声明。

从以上具体要求中，可察知目前我国收养登记实践无形之中将第1097条所规定之"生父母一方不明或者查找不到"限缩解释为"生父母一方下落不明"。

（五）制度省思

第1097条规定的表述不够周延，需以体系化的视角理解适用并予充实完善，以充分体现规范意旨和实现制度功能。自体系内而言，第1097条与第1108条密切相关却缺乏整合。第1097条规定"生父母送养子女，应当双方共同送养。生父母一方不明或者查找不到的，可以单方送养"。第1108条规定："配偶一方死亡，另一方送养未成年子女的，死亡一方的父母有优先抚养的权利。"可见，第1097条采用原则＋例外的规范结构，却未能将第1108条同为单方送养的情形一并概括在内。此疏漏虽可在法律解释论上作些许补救——如阐明生父母一方死亡，其主体资格已不存在，自无须特别规定另一方可单方送养——却难以校正另一项有违同等情形同等处理原则的适法问题：第1108条规定，配偶一方死亡，其父母有优先抚养孙子女、外孙子女的权利；然而第1097条并未针对生父母一方（下落）不明或者查找不到的情形，赋予该方父母优先抚养孙子女、外孙子女的权利。

如果不限于实证法规范而从制度功能考察，第1097条规定更是存在明显不足。正如前文所述的，生父母送养子女，以双方收养为原则，单方收养为例外，规范重心应落在例外情形。自法理而言，无法获取生父母之知情同意的情形大致可归于主体不存、主体不明、能力不足、意愿不具若干大类，包括：①生父母一方死亡或被宣告死亡、宣告失踪；②生父母一方不明；③生父母一方无民事行为能力；④未缔结婚姻关系的生父母一方未与子女建立抚养关系且拒绝承担抚养义务的。这些情形下，处于困境中的被收养人较之具有以上情形的生父母一方的亲子权益更值得保护，因此应当以最有利于被收养人的原则允许其另外一方生父母单方送养，促成收养实现。德国、法国等收养制度较成熟的国家都有细致明确的单方收养规范。我国面临疏导私自收养、规范未婚先育子女的收养等现实需要，完善单方收养规范不失为一个有效的制度路径。

## 二　共同收养

### （一）立法沿革

我国首次公布的《收养法》第 10 条包含两款内容。第 1 款是关于共同送养和特定情形下单方送养的规定。第 2 款规定："有配偶者收养子女，须夫妻共同收养。"起草机关强调，"对于有配偶的人，一般要求：1. 夫妻双方必须共同收养，一方不同意或未作同意的意思表示，另一方不得单独收养子女。"1998 年修正的《收养法》第 10 条完全沿袭旧有规定，包括上述第 2 款的内容。

在民法典编纂历程中，自《各分编（草案）》始，《收养法》第 10 条原有内容分拆为两条，其中关于共同送养及特定情形下单方送养的内容几经演变最终转化为《民法典》第 1097 条，本书前文已述，这里主要考察有配偶者共同收养条款。在《各分编（草案）》中，这一条款主要体现为第 881 条第 1 款的内容："有配偶者收养子女，应当夫妻共同收养。"显然，这里只是把《收养法》第 10 条第 2 款表述中的"须"字改为"应当"二字，属于字词的改动，且仍属强制性规范的表达，并未改变规则本身。但值得注意的是，第881条还有第2款内容，其规定："配偶一方为无民事行为能力人或者被宣告失踪的，可以单方收养。"

《婚姻家庭编（草案）》（二审稿）第881条完全保留了上述两款内容。但是至《婚姻家庭编（草案）》（三审稿），第881条删去特定情形单方收养的规定，仅规定："有配偶者收养子女，应当夫妻共同收养。"《民法典（草案）》第1101条将这一改动保留下来，后经《民法典（草案）》（2020）承袭，最终成为《民法典》第1101条非常简短的规定："有配偶者收养子女，应当夫妻共同收养。"

（二）有配偶者共同收养原则的比较法考察

《民法典》第1101条规定有配偶者应夫妻共同收养。其另一面的问题是：有配偶者可否单方收养。本条将夫妻共同收养作为有配偶者收养子女的强制性条件，从而否定了有配偶者单方收养的正当性和可能性。要理解第1101条要求夫妻共同收养的立法考量，须回归收养的法律意义和制度功能。收养是拟制亲子关系的法律行为和法律事件，其制度功能在于为被收养人提供更加有利于其生活和成长的家庭环境。所谓家庭，是家庭成员的共同生活单位，不仅包括被收养人和有意愿收养的成年个体，还包括该成年个体其他的家庭成员。通过收养机制再造家庭需要被收养人融入收养人原有的家庭结构，同时也需要收养人及其他家庭成员接纳被收养人。这是一个多向度的家庭生态重构，需要每一位家庭成员的认同和努力。社会学将这种重构家庭关系的路径描述为："每个家庭成员都要遵循被规定的角色模式，从而保证家庭生活的规范化，做到有规可遵，有章可循，实现家庭的整合。"[①]法律规定夫妻共同收养有助于在重构家庭的进程中理顺家庭关系，便于养父母更加积极和谐地对养子女承担抚育照护职责。

但各国立法例在此问题上的立场不尽一致。《德国民法典》第1741条第2款规定，夫妻只能共同收养子女，但夫妻一方可以单独收养其配

---

[①] 邓伟志、徐榕：《家庭社会学》，中国社会科学出版社2001年版，第105页。

偶的子女，夫妻一方在另一方因无行为能力或未满 21 周岁而不能收养子女的情形也可以单独收养子女。《法国民法典》第 343 条和第 343-1 条规定，符合条件的夫妻得请求收养子女，如收养人已婚且没有别居，收养子女必须征得配偶的同意，但如配偶一方处于不能表达意思的状态，不在此限。《瑞士民法典》第 264 条 a 规定，共同收养子女只能由夫妻双方进行，夫妻双方须满足法律规定的条件，夫妻一方和另一方结婚满五年可以收养对方的子女；年满 35 周岁的已婚者，如因其配偶长期失去判断能力，或下落不明两年以上的，或因判决分居三年以上，导致不能共同收养子女的，可以单独收养子女。《意大利民法典》第 294 条、第 297 条规定，其允许夫妻共同收养，有配偶而未合法分居者欲收养子女时，须获其配偶同意，如法院征询配偶意见，配偶无能力或其所在不明无法取得同意，或者存在配偶拒绝不当等情形，法院得宣告收养。但前述规则适用于类似不完全收养机制的收养，而在类似完全收养机制的"特别养子女收养"体系中，第 314 条之 2 规定收养人应为年龄及各方面状况符合法律规定的结婚五年以上的夫妻，质言之，无配偶者不可实施特别收养行为。《日本民法典》第 795 条和第 796 条分别规定有配偶者夫妻一同收养和有配偶者单方收养，在前一情形下，收养配偶的婚生子女或者配偶不能表示其意思时不在此限，后一情形下，与配偶一同收养或者配偶不能表示其意思时不在此限。但在其"特别收养"（类似完全收养）体系下，第 817 条之 3 规定养父母须是有配偶的人且与配偶共同承担养父母责任，除非系夫妻一方收养另一方婚生子女的情形。

（三）具体规则

《民法典》第 1101 条关于夫妻共同收养的规定可析分为三个方面的规则，以下详述之。

其一，有配偶者收养子女，应当夫妻双方共同实施收养行为。

配偶即夫妻，是男女结婚形成的亲属关系。有配偶者，即指依据我国婚姻法律制度已缔结婚姻关系的主体。根据《民法典》第 1049 条的规定，完成结婚登记，即确立婚姻关系。因此判断有收养意愿的主体有无配偶，形式上应审查其是否完成结婚登记且其婚姻关系存续至实施收养的时点。此外，依据《民法典》第1051~1054条，婚姻效力还有可能因具有法律规定的情形而归于无效或可撤销，无效或被撤销的婚姻自始没有法律效力，当事人不具有夫妻的权利和义务。就本条适用而言，应把握：无效的婚姻自始不具有法律效力，有关主体应认定为无配偶者；可撤销的婚姻在当事人提出撤销之前具有法律效力，有关主体应认定为有配偶者。但是目前，《民法典》缺乏关于婚姻无效宣告主体的规定，依照《最高人民法院关于适用〈中华人民共和国民法典〉婚姻家庭编的解释（一）》（以下简称《婚姻家庭编解释（一）》）第9条和第20条，无效婚姻经依法被宣告无效，才确定该婚姻自始不受法律保护，且申请宣告婚姻无效的主体亦区分不同情形作不同规定。由此来看，收养审查机关发现申请收养的主体已登记的婚姻关系具有第1051条规定的婚姻无效情形，应依照法律程序确认其婚姻效力之后再行审查收养事宜，但收养审查机关本身是否为申请宣告婚姻无效的适格主体又不明确，故实务中收养审查机关要对无效婚姻中的主体作有无配偶的判定存在操作层面的困难，由此可能导致《民法典》第1101条在实施中存在不够严谨周密的情形。

夫妻共同收养，要求夫妻双方就收养子女事项协商一致、达成合意，并依照法律规定作为收养人参与收养程序，这种参与行为本质上是对收养意愿的表达和确认。《收养子女登记办法》第4条第2款要求，"夫妻共同收养子女的，应当共同到收养登记机关办理登记手续；一方因故不能亲自前往的，应当书面委托另一方办理登记手续，委托书应当经过村民委员会或者居民委员会证明或者经过公证"。收养登记程序中，收养登记员要复印收养人夫妻双方的结婚证，见证收养人夫妻双方在《收养登记申请书》上签名[①]，即确认各方真实意思表示。

---

① 参见民政部2008年8月25日印发的《收养登记工作规范》第14条第3、5项。

其二，夫妻双方共同实施收养行为，共同享有收养人的主体地位，并在其后成立的收养关系中共同承担养父母的权利义务。

夫妻双方共同实施收养行为，意味着夫妻双方一同进入收养程序和收养关系。具体而言，夫妻双方均为收养关系的当事人，均应符合收养人的条件，均以收养人的身份参与收养程序；收养关系成立后，夫妻双方均具有养父母的身份和责任，均与养子女之间存在拟制亲子权利义务。

第1101条确立的有配偶者应当共同收养规则是较为单纯、统一的立法路径。参前引各国不同立法例可知，对于有配偶者收养子女，各国规范路径都存在细微的差异：①《德国民法典》亦采共同收养模式，但是规定有例外情形；《瑞士民法典》的表述虽为赋权角度，但实则亦是共同收养模式，同时规定例外情形；②《法国民法典》是征询配偶同意模式，此模式下亦有例外情形；③《意大利民法典》确立了共同收养和征询配偶同意两种模式，但在类似完全收养的特别收养体系下，只承认夫妻共同收养一种模式；《日本民法典》规定双轨模式，有配偶者可共同收养或征询另一方配偶同意后单方收养，但其特别收养体系下只支持有配偶者双方收养，除非系一方收养另一方配偶婚生子女的情形。

特别要注意的是，以上各种模式的法律效果不尽一致。夫妻共同收养的法律意义是明确的，即夫妻同为收养人，同为养父母；夫妻应当共同收养，但由于法律规定的原因而获豁免则成立单方收养。有配偶者征询另一方配偶同意而为收养行为，其法律后果存在不明朗之处：收养人和养父母究为提出收养一方，抑或提出收养一方及其配偶。自逻辑而言，有配偶者应当征询另一方配偶同意却因法律规定的原因而获豁免的情形下，其法律后果应为单方收养。对此，《意大利民法典》没有更加细致的规定；《日本民法典》相对明确，即征询另一方同意后成立的是单方收养；《德国民法典》最为详尽，该法典第1754条规定，夫妻收养子女或者夫妻一方收养另一方的子女，则养子女获得夫妻共同子女的法律地位，由夫妻共同行使亲权，在其他情形下，养子女获得收养人子女的法律地位，由收养人行使亲权。

其三，有配偶者，不可单方收养子女；但继父或继母依《民法典》第1103条收养继子女除外。

首先应当明确，第1101条将夫妻共同收养作为有配偶者收养子女的强制性规范，且未作任何例外规定，这就在实质上否定了有配偶者单方收养子女的合法性、正当性和可能性。在这一点上，我国法律规范与德国、法国、瑞士、意大利、日本各国民法典的规定殊为不同。以此五国的民法典规范来看，有配偶者收养子女一般应与配偶共同收养或至少取得配偶另一方的同意，但存在无须对方同意而可单方收养子女的两类例外情形：其一，另一方配偶无意思能力或无法表达意思或滥用同意权而经法院宣告允许收养；其二，有配偶者收养另一方配偶的子女。前一情形系不可能取得另一方配偶同意，后一情形系不必要取得另一方配偶同意（法律径行推定其同意）。相较之下，我国立法划定的准则非常明确，即有配偶者禁止单方收养子女。但法律规则不仅涉及立场的选择，亦当在内在逻辑上达致周延，第1101条规定恰恰遗漏了这样一个逻辑上的问题：在禁止有配偶者单方收养的同时，如何解释第1103条关于继父或继母收养继子女的问题。此种情形下，继父或继母显属有配偶者单方实施收养行为。从体系化的视角来看，第1101条在理解和适用上应与第1103条相结合，在重述规则时补充例外情形方可使整个收养法律制度达致逻辑自洽。

（四）历史遗留问题的处理

关于1992年4月1日《收养法》实施以前收养关系的认定，根据1984年8月30日发布并施行的《最高人民法院关于贯彻执行民事政策法律若干问题的意见》第27条第3款，养父母中有一方在收养时虽未明确表示同意，但在收养后的长期共同生活中，已形成了事实上收养关系的，应予承认；夫或妻一方收养的子女，另一方始终不同意的，只承认与收养一方的收养关系有效。由此规则可知，对事实收养中夫妻双方共同收养意愿可根据当事人的意愿及有关事实推定或否定，推定之后成立共同收养，否定之后成立单方收养。这一处理方案显然较之第1101条规定要更为宽松和灵活。

## 第三节　抚养人的同意

### 一　孤儿抚养义务人的同意

（一）立法变迁

我国首部《收养法》第13条规定："监护人送养未成年孤儿的，须征得有抚养义务的人同意。有抚养义务的人不同意送养、监护人不愿意继续履行监护职责的，应当依照《中华人民共和国民法通则》的规定变更监护人。"1998年修正的《收养法》第13条完全沿袭这一规定。

在民法典编纂过程中，《各分编（草案）》第875条规定："监护人送养孤儿的，应当征得有抚养义务的人同意。有抚养义务的人不同意送养、监护人不愿意继续履行监护职责的，应当依照总则编的规定变更监护人。"这里，《收养法》第13条中所述"依照《中华人民共和国民法通则》的规定"修改为"依照总则编的规定"，主要是当时出于立法技术的考虑：一方面，作为《民法典》"总则"编立法成果的《民法总则》已率先以单行法的形式先行公布并实施，另一方面，多年来以单行法实施的《收养法》要通过纳入"婚姻家庭"编实现入典，而一旦《民法典》正式面世，《民法总则》和《收养法》都将废止，因此本条所规范的"变更监护人"自应依照届时《民法典》"总则"编的具体规定来进行。

《婚姻家庭编（草案）》（二审稿）第875条以上述修改为基础，又将条文中的"变更监护人"修改为"另行确定监护人"，力求在语言表达上更加精准，整个条文表述为："监护人送养孤儿的，应当征得有抚养义务的人同意。有抚养义务的人不同意送养、监护人不愿意继续履行监护职责的，应当依照本法总则编的规定另行确定监护人。"此番修改在《婚姻家庭编（草案）》（三审稿）、《民法典（草案）》第875条中皆得以完整保留。2020 年 5 月 22 日审议的《民法典（草案）》又将这一条中使用的"总则编"明确为"第一编"，最终形成《民法典》第 1096 条的内容："监护人送养孤儿的，应当征得有抚养义务的人同意。有抚养义务的人不同意送养、监护人不愿意继续履行监护职责的，应当依照本法第一编的规定另行确定监护人。"

（二）孤儿送养规范体系的构成

《民法典》第 1096 条规定监护人送养孤儿应征得孤儿抚养义务人的同意，系在监护主体与抚养义务主体不同或不尽相同的情形下，综合各方意愿与制度机制，协调保障孤儿的监护、抚养与收养权益。《民法典》中，该条和第 1093 条第 1 项、1094 条第 1 项同属专门的孤儿送养规范，在此之外亦有相当的条文适用于孤儿送养，如第 1094 条第 2 项适用于社会福利机构送养孤儿的情形。

未成年人的成长需要物质层面的生活保障，也需要制度层面的安全保障，前者主要通过抚养制度实现，后者主要通过监护制度实现。一般情况下，父母既是未成年人的抚养义务人，也是未成年人的监护人。但是父母死亡或被宣告死亡的未成年人亦即孤儿，其抚养义务主体和监护主体可能是统一的，也可能是分离的。在孤儿抚养义务人与监护人同一的情形下，监护人可依照法律规定的条件和程序决定送养事项；在孤儿抚养义务人与监护人分为不同主体，或者在范围上不尽重合的情形下，监护人送养孤儿应当征求抚养义务人的意见。因为抚养义务人往往是孤儿的近亲属，享有与孤儿的亲属权益，包括双方依法承担的相互扶养责任和亲属之间联络关照的情感利益。而收养尤其是我国实行的完全收养机制，其法律效果是在收养人与被收养人之间建立拟制的亲子关系，同时消除被收养人与原家庭成员包括之前承担抚养义务的近亲属之间的法律关系。一旦收养关系成立，则被收养人与原近亲属之间即免除法律所规定的相互扶养责任，同时被收养人成长环境的变化亦将不可避免地影响到其与原近亲属之间的交往与情感。

鉴于收养对各方主体来说都是利益攸关的决定和改变，法律须尽可能协调各方意愿，实现最有利于未成年人的安排。第1096条规定的逻辑在于：抚养义务主体不同意送养往往意味着其愿意继续承担抚养义务，由此孤儿的物质生活可望获得保障，在此情形下，如监护人不愿继续履行监护职责，通过另行确定监护人即可解决争议，不必大幅改变未成年人已经熟悉和适应的成长环境。

（三）孤儿送养的程序和要点

第1096条针对孤儿送养情形，规定监护人与抚养义务人之间的权利协调以及冲突解决机制，可简明概括为送养孤儿前的征询程序。其确立的具体规则可析分为如下程序和要点：①在孤儿的监护与抚养义务主体不同或不尽相同的情形下，监护人送养孤儿，应当征得抚养义务人的同意；②抚养义务人同意的，监护人可以送养孤儿；③未征询抚养义务人意见，或者经征询抚养义务人不同意的，监护人不能送养孤儿；④抚养义务人不同意送养，监护人又不愿意继续履行监护职责的，应依法另行确定监护人。

具体适用中，除明确以上征询程序和冲突解决机制外，还应精准理解各主体所指。首先，第1096条适用于送养孤儿的情形，即被送养的主体为父母双亡或被宣告死亡的未成年人。其次，送养孤儿和征询抚养义务人意见的主体为孤儿的监护人。自概念而言，本条规定的孤儿监护人应同于前述第1094条第1项规定的作为送养人的孤儿监护人，系指根据《民法典》第27条第2款以及第29~31条的规定，担任孤儿监护人的祖父母、外祖父母、兄、姐，其他愿意担任监护人且经有权机构同意的个人或者组织，或者经孤儿父母遗嘱指定确定的监护人，以及在没有依法具有监护资格的主体时依法承担监护职责的民政部门或孤儿住所地的居民委员会、村民委员会。但应注意的是，本条隐含的适用前提是孤儿的监护人与抚养义务人不同或不尽相同，亦即，对孤儿的监护与抚养义务分属不同主体，或者除孤儿的监护人承担抚养义务外，尚有其他主体承担抚养义务。因此在具体个案中，本条所指孤儿的监护人系未承担抚养义务或未全部承担抚养义务的孤儿监护人。

如此则需进一步澄清第1096条所言有抚养义务的人究属哪些主体。依照《民法典》第1074、1075条的规定，在孤儿的父母死亡后，有负担能力的祖父母、外祖父母或者兄、姐对孤儿承担抚（扶）养义务。因此，第1096条所规定的送养前征询，系由孤儿的监护人——该监护人可能承担部分抚养义务也可能不承担抚养义务——向依法对孤儿承担抚养义务的其他主体征询其是否同意送养孤儿。

根据第1096条规定，未经有抚养义务人的同意，监护人不得送养孤儿。此时孤儿监护人的立场可能是放弃送养，继续监护孤儿，也可能是不愿继续履行监护职责。前一情形下，孤儿的监护和抚养状态都不发生改变。后一情形下，监护人缺乏监护意愿显然不利于保障孤儿合法权益，因此法律规定依照《民法典》"总则"编的规定另行确定监护人，具体而言，另行确定监护人的法律途径包括：第27条规定的法定监护，第29条规定的遗嘱指定监护，第30条规定的协议确定监护，第31条规定的有权机构指定监护，第32条规定的民政部门或基层自治组织监护。

（四）同意的征询与证明

适用第1096条规定，一般应由孤儿的监护人证明其已征询有抚养义务人的意见并获同意从而主张送养孤儿，或者证明有抚养义务人不同意送养，同时表达其自身不愿继续履行监护职责的意向，从而主张依照法律有关规定另行确定监护人。

抚养义务人同意送养的情形下，送养人应根据《收养子女登记办法》和《民政部关于规范生父母有特殊困难无力抚养的子女和社会散居孤儿收养工作的意见》（民发〔2014〕206号）向收养登记机关提交下列证件和证明材料：①送养人的居民户口簿和居民身份证（组织作监护人的，提交其负责人的身份证件）；②孤儿的父母死亡或者宣告死亡的证明；③送养人所在单位或村（居）委会出具的送养人实际承担监护责任的证明；④其他有抚养义务的人（祖父母、外祖父母、成年兄姐）出具的经公证的同意送养的书面意见。

在抚养义务人不同意送养的情形下，送养人可参照上述证明要求举证其与孤儿的监护关系以及抚养义务人不同意送养的事实，并向居民委员会、村民委员会、民政部门或人民法院表达不愿继续履行监护职责、请求另行确定监护人的意愿和主张。

（五）制度省思

第1096条适用尚存争议的问题在于，对孤儿承担抚养义务的人并未实际履行抚养义务的，是否仍享有对送养孤儿的否决权。如采严格的文义解释，本条表述为"有抚养义务的人"，与抚养能力和抚养事实无涉，则仅需从应然的角度依据法律规范亦即前文所引《民法典》第1074、1075条的规定直接划定抚养义务人范围，保障抚养义务人在孤儿收养事项上的同意权。但是，如果抚养义务人并未实际履行义务却依然享有否决送养提议的权利，虽然监护人或可从监护职责中解脱出来，却很可能会使生活陷入困境的孤儿失去通过收养机制争取更好的生活境遇和成长环境的机会。此种情形显然与最有利于被收养人的原则相悖，同时亦无法实现鼓励收养、促进收养的制度功能，笔者认为是不可取的。

## 二　阻却单方送养的优先抚养权

（一）立法变迁

我国首部《收养法》第17条规定："配偶一方死亡，另一方送养未成年子女的，死亡一方的父母有优先抚养的权利。"1998年修正的《收养法》第18条完全沿袭这一规定。

在民法典编纂历程中，《各分编（草案）》第887条、《婚姻家庭编（草案）》（二审稿）第887条、《婚姻家庭编（草案）》（三审稿）第887条直至《民法典（草案）》、《民法典（草案）》（2020）、《民法典》第1108条均完整保留了这一条文，规定："配偶一方死亡，另一方送养未成年子女的，死亡一方的父母有优先抚养的权利。"

### （二）抚养法律制度与抚养人同意制度的交汇

第 1108 条规定特定情形下（外）祖父母的优先抚养权。此特定情形是指夫妻一方死亡，生存在世的一方欲送养未成年子女。享有优先抚养权的是死亡一方的父母，即未成年子女的祖父母或外祖父母。确立（外）祖父母的优先抚养权，是基于我国注重血脉传承的传统文化，在客观上也有助于维护宗亲家庭结构。

第 1108 条在民法典体系中的地位和功能，可从两个角度予以观照。其一，第 1108 条与第 1074、1075 条共同构成扶养法律制度。扶养法律制度还可以依据两个标准进行细分，一是把扶养分为长辈对晚辈的抚养、平辈之间的扶养和晚辈对长辈的赡养三个层面，二是把扶养分为权利型和义务型两个类别。值得注意的是，法理上一般认为扶养既是权利也是义务，但是鉴于《民法典》不同条文出现了"抚养的义务""抚养的权利"之对称，或可暂依此表述作初步的划分。由此两个标准出发，可以更加准确地对第 1108 条的功能进行定位，亦即，第 1108 条与第 1074 条第 1款、第 1075 条第 1 款共同构成抚养法律制度，这里所援引的两个条款均是关于法定抚养义务的规定，而第 1108 条则是关于优先抚养权利的规定。其二，第 1108 条与第 1096 条共同构成收养体系中的抚养主体同意制度。第 1096 条规定的是送养孤儿应征得法定抚养义务人同意，第 1108 条规定的是送养单亲子女应征得优先抚养权利人同意。要求送养未成年人须征得抚养主体同意，有助于在收养制度与抚养制度之间建立起衔接机制，确定收养与抚养之间的优先顺位。根据第 1096 条和第 1108 条规范内容来看，我国《民法典》秉持抚养优先的立场，更加注重维护宗亲结构。

### （三）条件、主体及效力

《民法典》第 1108 条所规定的优先抚养权利，须从适用情形、权利主体和权利效力三个方面进行细致的理解和分析。

1.适用情形：配偶一方死亡，另一方欲送养未成年子女

首先，未成年子女的父母须具有合法配偶关系。配偶即夫妻，是男

女结婚形成的亲属关系。根据《民法典》第1049条的规定，符合法律规定的结婚条件，完成结婚登记，即确立婚姻关系。但第1051~1054条还规定，婚姻效力可能因具有法律规定的情形而归于无效或可撤销，无效或被撤销的婚姻自始没有法律效力，当事人不具有夫妻的权利和义务。因此，合法配偶关系应指当事人完成结婚登记且不具有无效情形，亦未有当事人依法撤销情事。

未成年子女与其父母之间的亲子关系，可以是自然亲子关系，也可以是拟制亲子关系。拟制亲子关系是指基于收养、结婚等法律行为和抚养事实而产生的法律拟制血亲父母子女关系，包括养父母子女关系和形成抚养关系的继父母子女关系。

父母一方死亡，是指父母一方自然死亡或被宣告死亡。自然死亡是指自然人失去生命体征，医学上宣告其死亡。根据《民法典》第15条的规定，自然人的死亡时间，以死亡证明记载的时间为准；没有死亡证明的，以户籍登记或其他有效身份登记记载的时间为准；有其他证据足以推翻以上记载时间的，以该证据证明的时间为准。被宣告死亡是指自然人失踪达到一定期限，经利害关系人申请依照法律规定宣告其死亡。根据《民法典》第46条的规定，自然人下落不明满四年或因意外事件下落不明满两年的，利害关系人可以向人民法院申请宣告该自然人死亡；因意外事件下落不明，经有关机关证明该自然人不可能生存的，申请宣告死亡不受两年时间的限制。

父母一方自然死亡或被宣告死亡，其主体资格即不存，子女监护权由生存在世的另一方父母行使。单亲父母抚养未成年子女，由于财力、人力、物力较之双亲父母会更加有限，可能会面临更多的困难，影响到未成年子女的健康成长，此情形下可以通过收养机制将未成年子女安置于新的家庭环境中。故《民法典》第1093条第3项和第1094条第3项规定，有特殊困难无力抚养子女的生父母可送养未成年子女。但在亲属体系中，除生存在世的父母一方外，尚有其他直系血亲与未成年子女存在直接的血脉关联、利益关联和情感关联，第1108条即在父母一方死亡、生存父母欲送养未成年子女的情形下规定隔代直系血亲的权益边界。

2. 权利主体：死亡一方的父母

依据第1108条，夫妻一方死亡，生存一方有特殊困难无力抚养未成年子女时，可依法送养子女，但应首先保障死亡一方的父母的权利。

死亡一方的父母，是指夫妻中自然死亡或被宣告死亡一方的父母。法律上的父母，包括自然血亲的父母和拟制血亲的父母，后者又分为养父母和存在抚养教育关系的继父母。死亡一方的父母与欲送养子女的生存夫妻一方系姻亲关系，或者是公婆与儿媳的关系，或者是岳父母与女婿的关系。姻亲关系本身不具有特别的法律内容，除非法律另有规定，例如《民法典》第1129条规定丧偶儿媳或丧偶女婿尽主要赡养义务之后享有第一顺序继承人的权益。第1108条特别规定死亡一方的父母可以优先抚养的权利对抗夫妻生存一方送养未成年子女的意愿，更多是基于前者与拟被送养的未成年人之间的亲属关系和亲属利益。

对于拟被送养的未成年人而言，已故父母的父母为其祖父母或外祖父母，彼此之间存在天然的直系血亲关系和基于血脉传承和照护交往形成的亲情关系。我国法律注重维护亲缘关系，将有负担能力的祖父母、外祖父母设定为未成年人父母去世或无力抚养情形下的抚养义务人，同时亦规定祖孙之间彼此享有继承权益。关于抚养义务，下文结合第1108条规定的优先抚养权利一并研讨，这里援引继承法规定释明祖孙之间的利益关联受到法律的明确保护。如《民法典》"继承"编第1127条将（外）祖父母列为第二顺序的法定继承人，第1128条还规定在父亲先于祖父母死亡或母亲先于外祖父母死亡的情形下，其子女对（外）祖父母的遗产享有代位继承权。因此，（外）祖父母与（外）孙子女之间的隔代亲属权益是受到法律明确肯认和保护的。

第1108条规定，父母一方死亡，生存一方欲送养子女的，死亡一方的父母可主张优先抚养的权利，将权利主体限定于死亡一方的父母，而非双方的父母。其间的缘由在于，收养系转移亲子权益的法律行为，而亲子权益主要存在于父母子女之间，仅在父母死亡或能力不足时方部分转移至隔代直系血亲。正因为如此，法律在规定（外）祖父母的抚养义务和（外）孙子女的代位继承权益时均设有前提条件。对于生存父母而言，其所享有的亲子权益无由向上转移，只有死亡一方父母的亲子权益才有必要在法律规定的情形下向上转移至死亡一方的父母，且此权益对于生存一方亲子权益而言显然处于辅助地位。因此，第1108条规定须在生存夫妻一方欲送养未成年子女即放弃其自身亲子权益的情形下，死亡一方的父母才可享有优先抚养的权利。

3. 权利内容：优先抚养

第1108条规定，生存父母一方欲送养未成年子女时，死亡一方的父母享有优先抚养的权利。此优先抚养的权利与《民法典》第1074条规定的法定抚养义务实则是一体的。第1074条第1款规定，有负担能力的祖父母、外祖父母，对于父母已经死亡或者父母无力抚养的未成年孙子女、外孙子女，有抚养的义务。在第1108条规定的情形下，未成年人的父母一方已经死亡，另一方生存的父母依法送养必须符合第1093条和1094条规定的有特殊困难无力抚养子女的条件，此情形下业已符合有负担能力的祖父母、外祖父母依照第1074条第1款承担抚养义务的前提条件。可见，第1108条规定生存父母一方欲送养未成年子女，死亡一方的父母享有优先抚养的权利，其实质乃是建基于死亡一方的父母在此种情形下应当承担的抚养义务。且从性质上来说，抚养既是权利也是义务，现代亲子法实则更加倾向于从义务和责任的角度来界定抚养。[①]

虽抚养本身兼具权利与义务的性质，且父母死亡或抚养能力不足时（外）祖父母本应承担能力范围内的抚养义务，第1108条却采用"优先抚养的权利"之表述，意在强调此抚养权利较之生存父母送养权利的优先

---

① 刘征峰：《我国抚养权执行的困境、成因和出路》，《江汉学术》第4期，第38页。

性，亦即，死亡一方的父母主张优先抚养的权利，应可阻断生存父母一方送养未成年子女的动议。

（四）司法实践的不确定性

值得注意的是，在当前司法实践中，此优先抚养权利的效力尚存在不确定性。即如一则案例中，父亲一方死亡，母亲单独抚养两幼子女，因无力抚养而将子女送养他人并办理收养登记，祖父母获悉后提起诉讼，认为收养人不符合法律规定的条件（未年满30周岁），且送养未经征询其意见，主张认定收养无效，由己方行使优先抚养权利。一审法院支持，二审法院驳回，终审法院认为，祖父母抚养能力不及收养人，其优先抚养权利不具有强制性，收养登记虽有瑕疵，但有利于被收养人成长权益，故维持收养登记效力。[①] 此案中值得斟酌的地方很多，而其核心问题则是，祖父母依据法律规定主张的优先抚养权利在价值位阶上究竟处于何种地位，收养应有利于未成年人的原则适用边界何在。对于第1108条的适用而言，此案透露出的信息是，祖父母的优先抚养权利在实践中效力不高，容易受到诸多考量因素的影响。今后立法和司法如何在未成年子女、送养父母、死亡一方父母的父母的权益冲突之间进行权衡和抉择，还值得进一步研讨。

## 三 亲朋助养排除收养法的适用

（一）条款沿袭

我国首部《收养法》第16条对抚养关系进行规范：第1款规定，"孤儿或者生父母无力抚养的子女，可以由生父母的亲属、朋友抚养"；第2款排除收养法律规范在抚养关系中的适用，具体表述为，"抚养人与被抚养人的关系不适用收养关系"。1998年修正《收养法》时，起草机关专门提及"实践中不少人往往将一些抚养、寄养关系与收养关系相混

---

① 段某某、林某某不服被告某某自治州民政局收养登记一案行政判决书〔（2013）西行终字第8号〕。

淆"①，认为草案应对收养进行界定以进一步明晰其内涵和外延，该建议最终没有被采纳，但是修正后的《收养法》第 17 条完全保留了上引关于抚养关系的旧有规定，力图引导民众对抚养与收养加以区分。

在民法典编纂过程中，《各分编（草案）》第 886 条亦沿袭修正后的《收养法》第 17 条的内容。至《婚姻家庭编（草案）》（二审稿）阶段，第 886 条将两款合为一款，间以分号相隔，并将"不适用收养关系"修改为更加严谨科学的"不适用本章规定"，从而在行文上更加紧凑、在表述上更加精准。修改后的条文完整表述为："孤儿或者生父母无力抚养的子女，可以由生父母的亲属、朋友抚养；抚养人与被抚养人的关系不适用本章规定。"自此，《婚姻家庭编（草案）》（三审稿）第 886 条、《民法典（草案）》和《民法典（草案）》（2020）第 1107 条均未对此条文再作任何修改，最终形成《民法典》正式条文，规定："孤儿或者生父母无力抚养的子女，可以由生父母的亲属、朋友抚养；抚养人与被抚养人的关系不适用本章规定。"

（二）规范原理

抚养本身是一种事实行为，既可以是具有特定亲属关系的主体履行法律规定的抚养义务，也可以是非义务主体受委托或自发进行的照护行为。收养则是创设拟制亲子关系的法律行为，满足法律规定的条件和程序即可在收养人与被收养人之间产生与亲生父母子女之间同等的权利和义务，包括养父母对未成年养子女的抚养义务，也包括成年养子女对生活困难养父母的赡养义务。作为事实行为的抚养与作为法律行为的收养在法律性质、法律后果及法律约束力等方面存在本质的不同。《民法典》第 1107 条基于以上法理明确区分由生父母的亲属、朋友予以抚养和由收养人予以收养两种不同的法律关系，一则避免在法律关系的认定上出现混淆，二则避免在社会生活中苛责于热心助养的主体。

---

① 参见时任民政部部长多吉才让 1998 年 8 月 24 日在第九届全国人民代表大会常务委员会第四次会议上所作《关于〈中华人民共和国收养法（修订草案）〉的说明》（北大法宝引证码：CLI. DL.157 ）。

（三）抚养非收养的法律论断

第 1107 条围绕"抚养非收养"之法律论断确立如下规则。

1. 孤儿或者生父母无力抚养的未成年人，可由生父母的亲属、朋友予以抚养

对于失恃失怙的孤儿或生父母无力抚养的未成年人，由其生父母的亲属或朋友予以抚养不仅是社会生活中民众基于家族互助、济贫济困等优良传统而自发实施的义举，亦是我国儿童救助制度所倡导的助养模式。

国务院办公厅 2010 年发布的《关于加强孤儿保障工作的意见》（国办发〔2010〕54 号）提出四种安置孤儿的模式：亲属抚养、机构养育、家庭寄养和依法收养。除机构养育和依法收养外，亲属抚养和家庭寄养模式下均可由生父母的亲属、朋友对孤儿进行抚养。该文件参照民事监护制度界定亲属抚养，规定：孤儿的祖父母、外祖父母、兄、姐要依法承担抚养义务、履行监护职责；鼓励关系密切的其他亲属、朋友担任孤儿的监护人；没有前述监护人的，未成年人的父、母的所在单位或者未成年人住所地的居民委员会、村民委员会或者民政部门担任监护人。家庭寄养则是指由孤儿父母生前所在单位或者孤儿住所地的村（居）民委员会或者民政部门担任监护人的，可由监护人对有抚养意愿和抚养能力的家庭进行评估，选择抚育条件较好的家庭开展委托监护或者家庭寄养，并给予养育费用补贴，当地政府可酌情给予劳务补贴。该文件秉持鼓励收养孤儿的立场，规定：对寄养的孤儿，寄养家庭有收养意愿的，应优先为其办理收养手续。

对于生父母无力抚养的未成年人，应依据《民法典》规定的监护制度、《国务院关于加强困境儿童保障工作的意见》（国发〔2016〕36 号）和民政部、最高院、最高检等共计十二个国家机关、群团组织联合发布的《关于进一步加强事实无人抚养儿童保障工作的意见》（民发〔2019〕62 号）等，区分未成年人的具体困难处境予以救助和保障。针对生父母因经济能力不足无力抚养的情形，为其提供特困人员救助供养、最低生活保障和基本医疗保险资助等；针对生父母因监护能力不足无力抚养的情形，应

落实监护责任，加强监护监督，必要时可依法撤销生父母监护资格另行确定监护人，监护人一般应亲身抚养被监护人，但也可在保障未成年人合法权益的前提下委托其他主体抚养，尤其是其他亲属和朋友。后一文件还特别规定，对有能力履行抚养义务而拒不抚养的父母，民政部门可依法追索抚养费，因此起诉到人民法院的，人民法院应当支持。

2. 抚养人和被抚养人之间形成抚养关系

《民法典》共规定了六种抚养关系：其一，第26条、第1058条规定，父母平等享有对未成年子女的抚养义务；其二，第1067条隐含着，父母对不能独立生活的成年子女负有抚养义务；其三，第1067条还同时规定，继父母对继子女的抚养教育在法律上产生的效力；其四，第1074条规定，有负担能力的祖父母、外祖父母对于父母已经死亡或者父母无力抚养的未成年孙子女、外孙子女，有抚养的义务；第1108条补充规定，配偶一方死亡，另一方送养未成年子女的，死亡一方的父母有优先抚养的权利；其五，有负担能力的兄、姐对父母已经死亡或者父母无力抚养的未成年弟、妹，有抚养的义务；其六，第1107条规定的由生父母的亲属、朋友抚养孤儿或生父母无力抚养的未成年人。

上述六种抚养关系中，其一、其二、其四、其五皆为法定抚养义务，其三和其六则非法定抚养义务，但在法律上会产生一定的法律后果。继父母抚养教育继子女，满足一定条件会在彼此之间产生如同亲生父母子女的权利义务关系。第1107条规定的生父母之亲属、朋友抚养孤儿或生父母无力抚养的未成年人，也会在法律上产生一定的后果。但该法律后果并非如收养法律行为一般产生《民法典》第1111条规定的拟制亲子关系的法律后果，而是基于抚养事实形成债权债务关系，或者基于抚养事实中的侵权行为产生损害赔偿责任等。

3. 抚养人与被抚养人的关系不适用收养法律规范，有关争议依照其他民事法律规范予以裁判

认定抚养关系的主要依据是抚养事实，当事人的意思表示系出于抚

养意愿抑或收养意愿在所不论：当事人明确表达区别于收养的抚养意愿，并在事实上抚养孤儿或生父母无力抚养的未成年人，自当成立抚养关系；当事人出于收养意愿而抚养孤儿或生父母无力抚养的未成年人，但在法律上收养关系并未有效成立，应认定为抚养关系。

抚养关系而非收养关系的认定，意味着当事人之间不具有法律拟制的亲子关系，从而不具有与自然亲子关系相同的权利义务关系。但当事人之间仍有可能基于抚养关系而产生其他法律后果，例如抚养人向有经济能力的被抚养人或者被抚养人的法定抚养义务人追索抚养成本从而形成给付之债，又如被抚养人要求抚养人赔偿其因后者欠缺必要的注意义务而遭受的损害从而形成侵权之债。在一则典型案例中，原告夫妻将 7 岁的侄女抚养至 23 岁，供其上学并助其就业和购房，付出大量时间、精力和金钱，此后双方关系不睦遂签订《脱离收养关系协议》，约定解除收养关系并由被告支付一笔款项给原告补偿其抚养支出。嗣后，被告不履行协议，原告诉至法院。法院认为，双方之间不具有有效成立的收养关系，而应认定为抚养关系；双方之间的协议系完全民事行为能力主体的真实意思表示，合法有效，故依据合同法的规定判决被告履行协议所规定的财产给付义务。[1]

（四）规范延展

第 1107 条后段仅规定"抚养人与被抚养人的关系不适用本章规定"，在法律效果上局限于抚养的内部关系，忽略了抚养的外部关系调整。质言之，代为抚养亲属、朋友的子女的情形下，由法律事实、主体意愿、类型法定化规则所决定，抚养主体与被抚养主体不仅不产生收养的拟制血亲关系，抚养主体在被抚养主体的收养事项上亦不具有第 1096 条规定的抚养义务人的同意权和第 1109 条规定的能够阻却单方送养的优先抚养权。明确这一点，对于在概念和规范体系上完整、周延地区分助养人与法定抚养义务人、优先抚养权利人具有显明的意义。

---

[1] 高某丽与高某长、郭某某收养关系纠纷二审民事判决书〔（2019）甘 04 民终 120 号〕。

## 第四节　特殊情形下同意的免除或替代

特殊情形下同意的免除或替代，是指在亲子权利义务关系的转让中本应由有关主体作出意思表示，但由于存在法律规定的情形，该主体的同意被免除或替代，以使收养得以继续推进和实现。这里的"有关主体"通常指向被收养人（在被收养时）的父母，有时也指向其他主体，如共同收养人之一方，或者被收养人的配偶[①]，又或者本应代表被收养人作出意思表示的被收养人法定代理人，这时要特别注意被收养人与其父母的同意是相互独立的，只是在被收养人的父母与被收养人的法定代理人重合的情形下对其基于两方立场的同意事项作一体化认定，详见下文关于德国法的阐释。这里的"免除"是指直接规定无须相关主体的同意，"替代"则是规定相关主体的同意由其他机制取代。

在协议收养机制下，同意的免除或替代较少适用，但在宣告收养理念下，为实现未成年被收养人之最大利益，同意的免除或替代运用较多，其实质是国家基于履行儿童保护责任的立场对特定情形下的收养事件予以较强势的干预。目前，我国收养法律制度主体框架仍具有较为浓厚的私法属性，虽国家干预有逐步加强趋势，但协议收养机制仍居于主导地位，因此收养同意的免除或替代仅有少量适用，且严格说来只是具有类似的法律效果，其外在规范体系实则表现为送养人主体地位的认定。

### 一　比较法视野下的同意免除或替代

（一）父母同意的机理

收养须经被收养人之父母同意，系各国收养法的通例。其间的机理

---

[①] 《德国民法典》将收养区分为"未成年人之收养"和"成年人之收养"，分别予以规范。在被收养人配偶同意方面，"未成年人之收养"部分第1749条第2款规定，"收养已婚之人者，应经其配偶之同意"。其制度背景为，第1303条虽然规定未成年人不得结婚，但也另作豁免：申请人已满16周岁，且其未来的配偶已成年的，家庭法院可以根据申请，免除成年要求的适用。

有多重层次：首先，在收养法的逻辑层次上，民法视收养为转移亲子权利义务的民事法律行为，被收养人之父母是亲权之出处，须此端放手，方有后续之彼端接手，故收养须得被收养人之父母同意；其次，在亲子法的逻辑层次上，父母是未成年子女的天然保护者、照料者和法律上的监护人，是子女权益的法定代理人，收养将导致子女重新被安置并创设新的身份关系，无疑是影响子女重大权益的重要事项，如果没有其他的独立代理机制，父母基于其既有的法定代理人地位和责任必须为子女之权益审度决策并作出相应的意思表示；最后，在人权法的逻辑层次上，收养因引致家庭关系的变动而影响到当事人各方的家庭权亦即建构家庭的权利，作为基本人权，家庭权是收养各方当事人享有收养权益乃至收养制度合理存在之基石，被收养人之父母亦因此权利的存在而对收养事项有不可置疑之自主权。

在规范层面，《德国民法典》第 1747 条、《法国民法典》第 348 条至第 348-2 条、《意大利民法典》第 297 条、《瑞士民法典》第 265 条 a 和第 265 条 b、《日本民法典》第 817 条之 6 均要求收养须经被收养人之生父母同意。除了这一基本立场之外，有些国家还规定此种同意应向特定机构作出表示，且应遵循法律规定的期间和规则。简明而典型者如《瑞士民法典》：该法典第 265 条 a 第 2 款和第 3 款规定，此种同意必须向生父母或子女的住所地或居住地的未成年人保护机构声明，并且记录在案，此种同意即使没有提及收养或者尚未确定收养人仍为有效；该法典第 265 条 b 则规定，此种同意在子女出生后的 6 周内不得作出，可在其作出后的 6 周内取消，如在取消同意后再次表示同意的，则为最终之同意。《法国民法典》第 348-3 条、《德国民法典》第 1750 条则就此作出详细的规定，主要涉及同意当以何种形式向何种机构作出，可否由代理人作出，可否附条件或期限，可否撤回，有效期间如何，等等。

（二）父母同意的免除

在被收养人之父母由于某些客观或主观的原因不能就收养作出同意，

或者作出的意思表示不符合未成年被收养人的利益和需求，法律可以通过特别规定免除此种同意，以继续推进收养程序，实现被收养人最大利益。即如《瑞士民法典》第 265 条 c 规定下列情形父或母的同意可以不予考虑：①生父母中另一方不明确的，较长时间不知道其下落的，或其长期无判断能力的；②生父母中另一方严重不关心子女的。该法典第 265 条 d 继续规定父母同意免除的具体程序要求：①如对未成年人的安置是为了未来的收养，且该收养缺少生父母另一方之同意，经安置机构或收养人申请，一般在对子女安置前，未成年人住所地的未成年人保护机构应决定该收养是否可以对生父母中另一方之同意不予考虑；②其他情形，上述决定应当在收养时作出；③收养，如因生父母一方严重不关心子女而无须征得其同意的，子女保护机构应将该决定向其作出书面通知。

《德国民法典》第 1747 条第 4 款规定，父母一方长期不能作出同意的意思表示或其居所长期不明的，收养无须征得其同意。该条款在其后的修订中还进一步申明，依《怀孕冲突法》第 25 条第 1 款规定秘密出生的子女，在其生母向家事法院作子女出生登记必要记载前，生母的居所视为长期不明。《法国民法典》第 348 条第 2 款规定，（在儿童已对父母双方确立亲子关系的情况下）如父母一方去世或者不能表示自己的意思，或者如其丧失亲权，另一方同意送养即可。该法典第 348-1 条规定，在儿童仅对生父母中一方确立亲子关系时，送养由该一方表示同意。《日本民法典》第 817 条之 6 规定，特别养子女收养之成立，应由成为养子女者之父母同意，但父母不能表示其意思之情形，或有受父母虐待、恶意遗弃及显著有害成为养子女者利益之事由之情形，不在此限。

（三）父母同意的替代

前文述及瑞士、德国、法国和日本收养制度中有关父母同意免除的规则，独独却没有提及意大利，这是因为它在父母同意规则之外一律通过宣告送养的机制处理，本质上属于父母同意的替代。《意大利民法典》第 297 条第 2 款规定，（于没有欲为养子女者之父母同意时）法院基于欲为养父母的人请求，听取利害关系人的意见，认为其拒绝不当或与欲为养子女的人利益相反的场合，得与有其同意相同而宣告其养子女收养；同样，法院为征询同意，因被呼出的人无能力或其所在不明而无法取得同意时，亦得宣告其养子女收养。《日本民法典》也采用宣告收养的机制，但是较之意大利要更简明一些，因其另有父母同意的免除规则，故仅在该法典第817条之7规定，父母对成为养子女者之监护乃显著困难或不适当及有特别情事之情形，为子女之利益而认为有特别必要时，特别养子女收养，使之成立之。

与意大利和日本规定的直接宣告送养规则略有不同，德国、法国详细规定了父母同意之替代，瑞士则将有关情形都纳入父母同意免除规则，并未从中分出父母同意替代的情形。《德国民法典》第1748条规定了四种情形下父母同意由家庭法院替代给予允许，其限定条件及法律后果（"必须"抑或"可以"）可谓周详，以下综述之。①父或母长期违反对子女之重大义务，或其行为显示对子女漠不关心，且未予收养将对子女非常不利，家事法院得依子女之申请，取代该父母一方同意；父母一方违反对子女之义务，虽不具长期性，但情事特别重大，可预见无法信赖由该父母一方长期照顾子女的情形下，该方父母的同意亦可由家事法院取代之。②父母一方虽对子女漠不关心，但尚未达到长期严重违反对子女之义务的情形下，青少年福利局未告知其同意可能被取代并依有关法律规定提供咨询之前，以及告知后未满3个月，该父母方的同意不得由家事法院取代；如父母一方更改居所但未留新址，青少年福利局在3个月内经适当调查仍无法查明，则不负告知义务，此期间自告知或咨询或采取调查居所行为时起算，最早于子女出生后5个月届满。③父母一方因有特别严重的心理疾病、精神疾病或心理障碍，而长期无能力照顾和教养子女，且子女如不送养，则无法在家庭中成长，并会对其身心发展产生严重危害，该父母方的同意亦可被替代。④援引其第1626条之1第3款规定，如子女出生时父母无婚姻关系，由母亲行使亲权，则在子女不送养将产生重大不利的情形下，家事法院得取代生父同意。

《法国民法典》规定的父母同意之替代形式有两种：一种是由亲属会议依法替代同意；另一种是由法院宣告送养，亲属会议滥权拒绝送养时，亦由法院宣告送养。根据该法典第348-2条、第348-4条和第349条的规定，如下情形由亲属会议依法替代父母同意：①如儿童的父母均已死亡，或处于不能表达自己意思的状态，或父母双方均丧失亲权，或儿童没有确立亲子关系，由亲属会议听取实际照管儿童的人的意见之后对送养表示同意；②如父与母或者亲属会议同意送养儿童并将其交给"社会援助儿童机构"或经批准的收养事务机构，由监护人选择收养人，但应经国家收容的弃儿的亲属会议同意，或者应经批准的收养事务机构提议安排的监护的亲属会议同意；③由国家收容的弃儿，在其父母并未同意送养时，得由该弃儿家庭的亲属会议同意送养。关于法院宣告送养，集中规定于该法典第348-6条，主要适用于父母或亲属会议滥权拒绝送养的情形：①在父母完全不照管子女，危害到子女的身心健康的情况下，父母双方或者其中一方仍拒绝将子女交他人收养时，如法院认为此种拒绝完全是一种滥权行为，得宣告送养；②亲属会议滥权拒绝送养时，亦同。

（四）其他主体同意之免除或替代

收养程序常由拟收养者发起，故该方主体之肯定的意思表示自无疑问，其他各方主体除上文讨论的被收养人之父母外，还需要有被收养人的同意，可能还需要收养人之配偶或被收养人之配偶的同意。其他利害相关方如收养人之子女或被收养人之子女的意愿和利益，虽在考量之内却并未赋予其同意权。[①]

被收养人之同意，本章第一节已作相关论述。总体而言，从保护儿童利益的理念出发，有意思能力之被收养人的同意不仅为收养所必需，而且可能通过其他机制的叠加予以特别的保障。如《瑞士民法典》第265条第

---

① 如《德国民法典》第1745条规定，收养与收养人之子女或被收养人之利益有重大抵触，或被收养人之利益将遭受收养人之子女危害之虞的，不得收养。

2 款和第 3 款规定：如养子女有判断能力，收养必须征得其同意。如被收养人处于被监护之状态，即使其具有判断能力，也必须在征得未成年人保护机构的同意后，才可以收养。再如《德国民法典》第 1746 条围绕子女的同意设定了多项规则，简述如下。①收养应经被收养子女同意。无行为能力或未满 14 岁的子女，仅得由其法定代理人代为同意，其他情形由子女经其法定代理人同意自行作出意思表示。如收养人与被收养子女国籍不同，其同意须经家事法院许可，适用德国法的除外。②子女满 14 岁且非无行为能力人的，得于收养生效前以公证形式向家事法院撤回其同意，此撤回行为无须其法定代理人同意。③监护人或襄佐人无充分理由拒绝允许或同意收养的情形下，家事法院可替代其同意；如此类主体依照法律规定以不得撤回的方式同意收养，或其同意依法由家事法院取代，则被收养子女为同意之意思表示无须其父母同意。这一系列规则实际上使得子女的同意具有相当强势的效力，因其同意即使被法定代理人拒绝亦可复由家庭法院代为允许，而其同意的撤回则根本无须法定代理人同意，且有较为宽松的期限。在这一体系下，父母的同意或其同意之替代一并适用于其作为子女法定代理人的身份，表现为两种身份之下同一主体的同一意思表示。《瑞士民法典》的处理则有所不同，主要通过独立于父母的未成年人保护机构来保障被收养人的意志和利益。

收养人之配偶的同意，与共同收养抑或单方收养的问题相关。共同收养情形下，自然需要收养人及其配偶的共同同意，然则即使一国法域允许夫妻一方单方收养，通常也需要经夫妻另一方同意，这时会出现同意的免除或替代情形。被收养人之配偶的同意，更是少见的情形，但在允许未成年人成婚的法域中有可能出现，如德国。《德国民法典》第 1749 条针对这两种情形下同意之免除与替代作了明确的规定。①夫妻一方单独收养子女，应经他方同意。经收养人申请，家事法院得取代该同意。有违反他方配偶及收养人家庭利益的，其同意不得由家事法院取代。②收养已婚之人，应经其配偶同意。③配偶长期不能作出同意的意思表示，或者其居所长期不明，则无须其同意。《法国民法典》仅规定了收养人配偶之同意的免除，该法典第343-1条第2款明确，如收养人已婚且没有别居，收养子女必须征得配偶的同意，但如配偶一方处于不能表达意思的状态，不在此限。《意大利民法典》第297条第2款也规定，如配偶无能力或其所在不明而无法取得同意时，得宣告收养。《日本民法典》第817条之3针对特别养子女规定养父母应为有配偶者，且须共同收养，除非养子女为另一方婚生子女或已为另一方依特别养子女收养以外之方式收养。该法典第795条就有配偶者以未成年人为养子女之收养规定配偶不能表示意思的情形下免除其同意。《瑞士民法典》第264条b第2款通过单独收养机制解决年满35岁已婚者因其配偶长期失去判断能力，或下落不明两年以上，或因判决分居三年以上，导致不能共同收养子女的问题。

综合言之，同意之免除主要适用于有关主体基于自身行为能力不足无法有效表达同意，或因其下落不明、分居、不履行父母责任或家庭义务等情形导致征得其同意之程序过苛或失去意义，为避免收养事宜被不当延宕甚或阻挠从而损害到未成年被收养人之成长权益，由法律规定免除其同意；同意之替代则主要适用于有关主体滥用权利导致其失去亲子权益或监护资格，或其拒绝同意事项本身为滥权行为，损害到未成年人子女的成长权益，由法律规定由其他主体替代其就收养事项表示同意，或直接由有权机关进行相关审查后适用宣告收养，达到替代其同意、促成收养实现的法律效果。

## 二　我国现行规则及制度需求

### （一）《民法典》确立的父母同意免除规则

我国《民法典》没有规定收养同意的替代机制，但是在两个条文，即第1095条和第1097条中运用了同意的免除机制。前者是在未成年人的父母均不具备完全民事行为能力且可能严重危害该未成年人的情形下对其父母双方同意的免除。后者是在未成年人的生父母一方不明或者查找不到的情形下，对该生父母一方同意的免除。值得注意的是，第 1095 条所用称谓为"父母"，第 1097 条则称"生父母"，考虑到我国允许养父母送养养子女，这两个语词之间的差异可能会导致法律适用上的区别对待，亦即养父母的同意在第 1095 条规定的情形下可予免除，但在第 1097 条规定的情形下不能免除。然而如此区别对待显然又与将养父母地位等同于生父母故而允许养父母送养的逻辑相悖，导致法律适用的割裂。

实际上，追溯我国收养立法史可知，《民法典》第 1095 条渊源于《收养法》第 12 条（仅表述略有差异），《民法典》第 1097 条渊源于《收养法》第 10 条第 1 款，而《收养法》的这两个条文早在 1991 年初次出台时即已定型，其后 1998 年修订时未有改动。《收养法》在这两个条文中为何适用了不同的称谓不得而知，1991 年的立法资料中并未提及。但值得注意的是，养父母可以送养养子女的论断虽是由《民政部办公厅关于收养人因生活困难不能继续抚养被收养人有关问题的复函》（民办函〔2009〕177 号）加以明确，但早在 1991 年立法资料中便已申明："养父母确因特殊困难无力抚育养子女时，为有利于儿童的健康成长，《草案》规定也可以送养。"①可知当时该规则一度写入《草案》，只是最终没有出现在生效法律文件中，却在多年后通过内部文件传递的方式明确了这一倾向。如此波折似可说明，《收养法》的两个条文使用不同的措辞是有所考虑的，这种区分和差异一直保留下来，直到被《民法典》沿袭。

（二）两院两部文件确立的父母同意替代规则

在《民法典》第 1095 条和第 1097 条之外，还存在一种无须被收养人父母同意的机制，即父母监护权被撤销之后的子女送养。随着近年来对个人权利与家国关系的反思向纵深推进，我国私域法治的理念和制度不断发展，国家防治家庭暴力、保护未成年人履责的力度不断加大，对未成年子女的权益受到父母损害和侵害的现象的关注也越来越多。针对未成年人

---

① 参见时任司法部副部长金鉴于 1991 年 6 月 21 日在第七届全国人民代表大会常务委员会第二十次会议上所作《关于〈中华人民共和国收养法（草案）〉的说明》（北大法宝引证码：CLI.DL.705）。

权益遭受监护人侵害的情形，最高院、最高检、公安部和民政部联合发布《关于依法处理监护人侵害未成年人权益行为若干问题的意见》〔法发（2014）24 号〕（简称《意见》），要求处理监护侵害行为，应遵循未成年人最大利益原则，充分考虑未成年人身心特点和人格尊严，给予未成年人特殊、优先保护。所谓监护侵害行为，是指父母或者其他监护人性侵害、出卖、遗弃、虐待、暴力伤害未成年人，教唆、利用未成年人实施违法犯罪行为，胁迫、诱骗、利用未成年人乞讨，以及不履行监护职责严重危害未成年身心健康等行为。[①] 严重或极端的监护侵害行为，可能导致父母被撤销监护人资格。根据该《意见》第 36 条第 3 款和第 44 条（以及援引至该《意见》第 40 条第 2 款）的规定，判决撤销监护人资格，没有合适人员和其他单位担任监护人的，人民法院应当指定民政部门担任监护人，交由儿童福利机构收留抚养；民政部门担任监护人的，承担抚养职责的儿童福利机构可以送养未成年人，送养未成年人应当在人民法院作出撤销监护人资格判决一年后进行，侵害人虐待、遗弃未成年人六个月以上、多次遗弃未成年人，并且造成重伤以上严重后果的，不受一年后送养的限制。所以，在监护人由于侵害未成年人权益而被撤销监护人资格、未成年人由儿童福利机构收留抚养达到一定期限的情形下，儿童福利机构送养未成年人无需未成年人的原监护人作出意思表示或同意。原监护人通常是未成年人的父母，此时其已被撤销监护人资格，自然无由置喙于未成年人收养事项。这在效果上类似于对父母同意的替代，由国家有权机关替代未成年人的父母就收养事项作出决定。

（三）未来制度需求

严格来说，我国《民法典》第 1095 条和第 1097 条以及上引两院两部联合发布的《意见》的有关规定并非典型的免除或替代收养同意规则，因为我国收养同意的规则是按照送养人、收养人和被收养人三方主体设立

---

① 参见最高人民法院、最高人民检察院、公安部和民政部联合发布的《关于依法处理监护人侵害未成年人权益行为若干问题的意见》〔法发（2014）24 号〕第 1 条和第 2 条。

的，这就使得不具三方当事人资格的主体根本无从参与到收养法律关系中，一旦确定送养人系父母之外的主体或父母一方主体，不具送养人资格的父母一方或双方是否同意、同意是否被免除或替代也就在所不论了。从中亦可看出，我国收养法的规范模式表现出倚重资格与条件审查、遵循协议收养路径的特点。

在亲子关系单纯平易的社会背景下，这一制度模式具有简明高效的特点，明确的规则便于掌握，简明的程序节约成本。但随着近年来亲子关系领域问题频发、儿童保护理念日益彰显，固有的制度优势不再明显，反而出现诸多掣肘：一是未婚生子现象增多，未婚母亲因难以证明第1095条规定的"生父母一方不明或者查找不到"而难以实施单方送养，导致私自送养屡禁不绝；二是父母侵害子女权益现象曝光，监护监督与国家监护制度虽有补足，但父母被撤销监护权后并无法律上的送养通道，第1097条因适用范围相当狭窄难以适用，目前只能依循两院两部的政策文件行事，缺乏坚实的法律保障。以上两种困境只是目前所见，未来要从源头上解决私自送养可能需要考虑建构统一的宣告收养制度，则各方主体对收养事项的同意将不再直接形成合意，而须分别向国家有权机构作出，届时同意的内容与形式、同意可否被代理、同意可否被撤回、同意的有效期间、何种情形下免除及何种情形下由何种机制替代等法律问题皆要有章可循，绝非当前粗疏规则所能应对。此外，随着离婚率上升、结婚率下降，单身人士或同居人士的收养需求也会出现，实有必要就建立综合性的同意及其免除与替代规范体系预作考量。

# 第六章　收养程序

收养是要式法律行为，须依照法律规定的程序而为方可实现当事人所期待的法律效果。我国收养程序经历了从收养登记、收养协议与收养公证并行发展至统一收养登记的过程。《民法典》第1105条构建起的收养程序以收养登记为核心，以收养评估为辅助，兼及特定情形下的收养公告，并规定当事人可自主签订收养协议、办理收养公证。

自20世纪后半叶在世界范围内兴起的收养法社会化改革，以儿童最大利益原则为指引，加强国家干预，引入社会资源，增进支持服务，对收养法律程序进行了大幅革新。以此为观照，我国收养法律程序向来偏于管制和形式审查，不利于实现特定个案中特定儿童的最佳利益。《民法典》第1105条末款增设收养评估机制迈出收养程序社会化发展的关键步履，但相应的试收养、收养监督机制仍有待补充完善。

## 第一节　核心程序

收养应当向县级以上人民政府民政部门登记，收养关系自登记之日起成立。广义的收养登记还包括解除收养关系登记，鉴于解除收养关系的登记程序中诸项证明内容与解除收养关系的条件密切相关，本书置于后文详论。

## 一　制度功能与立法变迁

### （一）制度功能

收养是人身法律行为，直接引起未成年人亲子关系的变动，对当事人影响深远，同时也涉及伦理秩序和公共利益，有必要规范其形式要件。我国收养程序经历了从收养登记、收养协议与收养公证并行发展至统一收养登记的过程。《民法典》构建起的收养程序以收养登记为核心，以收养评估为辅助，兼及特定情形下的收养公告，并规定当事人可自主签订收养协议、办理收养公证。

大多数国家规定，由法院作出准予或不准收养的决定。《德国民法典》第 1752 条规定，经收养人申请，由家事法院宣告收养，申请应经公证，且不得附条件或期限或由代理人提出。《法国民法典》第 353 条规定，收养由大审法院应收养人的申请作出宣告，宣告收养的判决无须说明理由。《日本民法典》第 794 条、第 798 条和第 817 条之 2 分别规定监护人收养被监护人、收养未成年人、特别收养的程序，都要求经法院许可。《意大利民法典》第 312 条、第 313 条和第 314 条之 24 分别规定了一般收养经法院确认、宣告，特殊养子女收养经少年法院作出裁定。也有少数一些国家规定由行政机关裁决是否准予收养，如《瑞士民法典》第 268 条规定，收养由养父母住所地的州政府主管部门作出决定。我国规定的收养登记程序由民政机关实施，亦属行政机关主导，但在法律性质和国家干预强度上或有不同。

### （二）立法变迁

我国制定首部《收养法》时，起草机关指出，"收养子女是一种变更人身权利义务关系的比较重大的民事行为，收养关系的设立应履行一定的法律程序。经与有关部门协商，根据我国国情和多年来的实践，应当把公证证明作为收养关系设立的必要条件，以有利于维护公民的权利，预防纠纷、减少诉讼"[①]。但是在法律真正出台时，并未完全倚重收养公证，而是

---

[①] 参见时任司法部副部长金鉴于 1991 年 6 月 21 日在第七届全国人民代表大会常务委员会第二十次会议上所作《关于〈中华人民共和国收养法（草案）〉的说明》（北大法宝引证码：CLI.DL.705）。

区分被收养人类型、结合当事人意愿同时引入收养登记、收养协议和收养公证三种机制，具体表现在这部法律第 15 条关于收养形式要件的规定：第 1 款规定，"收养查找不到生父母的弃婴和儿童以及社会福利机构抚养的孤儿的，应当向民政部门登记"；第 2 款规定，"除前款规定外，收养应当由收养人、送养人依照本法规定的收养、送养条件订立书面协议，并可以办理收养公证；收养人或者送养人要求办理收养公证的，应当办理收养公证"。

1998 年修正《收养法》的过程中，起草机关指出"由于收养程序不统一，在实践中带来了一些问题，公民之间协议成立收养关系，随意性比较大，容易造成收养关系不稳定"，重申"收养是一种重要的民事法律行为，成立收养关系将导致收养人、被收养人的人身和财产关系的变化"，认为"在法律上，收养属于婚姻家庭范畴。婚姻法已经规定对结婚、离婚实行统一登记制度。收养法对收养这种事关收养双方人身、财产关系变化的重要法律行为，也以实行统一的登记制度为宜"。[1] 由此，修改后的《收养法》第 15 条全面要求履行收养登记程序，同时肯认当事人可自主签订收养协议或办理收养公证，此外还针对查找不到生父母的被收养人设置收养公告机制，如此充实之后，我国收养程序更加臻于严谨和完善。修改后的完整条文分为 4 款。第 1 款规定："收养应当向县级以上人民政府民政部门登记。收养关系自登记之日起成立。"第 2 款规定："收养查找不到生父母的弃婴和儿童的，办理登记的民政部门应当在登记前予以公告。"第 3 款规定："收养关系当事人愿意订立收养协议的，可以订立收养协议。"第 4 款规定："收养关系当事人各方或者一方要求办理收养公证的，应当办理收养公证。"

在民法典编纂过程中，《各分编（草案）》第 884 条基本保留了《收

---

[1]　参见时任民政部部长多吉才让 1998 年 8 月 24 日在第九届全国人民代表大会常务委员会第四次会议上所作《关于〈中华人民共和国收养法（修订草案）〉的说明》（北大法宝引证码：CLI.DL.157 ）。

养法》第 15 条的内容，唯在第 1 款收养登记的规定后面进一步要求"未办理收养登记的，应当补办登记"，并将第 2 款"弃婴和儿童"一并改为"儿童"。修改后的条文仍分 4 款对收养形式要件进行规范。第 1 款规定："收养应当向县级以上人民政府民政部门登记。收养关系自登记之日起成立。未办理收养登记的，应当补办登记。"第 2 款规定："收养查找不到生父母的儿童的，办理登记的民政部门应当在登记前予以公告。"第 3 款规定："收养关系当事人愿意订立收养协议的，可以订立收养协议。"第 4 款规定："收养关系当事人各方或者一方要求办理收养公证的，应当办理收养公证。"

《婚姻家庭编（草案）》（二审稿）第 884 条基本承袭了《各分编（草案）》第 884 条的内容，但是又作了一处文字上的修改，即将第 2 款的"儿童"改为"未成年人"。经此改动之后的条文被 2019 年 10 月 31 日公布的《婚姻家庭编（草案）》（三审稿）第 884 条完全吸纳。但是在草案审议中，有委员认为规定"补办登记"反而有损收养登记的强制性，带来法律适用的困扰，于是《民法典（草案）》又删去"未办理收养登记的，应当补办登记"之表述。至《民法典（草案）》（2020）阶段，将本条第 3 款两处"订立"用语一并修改为"签订"，并增加规定本条第 5 款内容："县级以上人民政府民政部门应当依法进行收养评估"，最终形成《民法典》第 1105 条的正式条文。

第 1105 条规定确立了多项收养程序，包括收养登记、收养公告、收养协议、收养公证和收养评估。其中最为核心、最为重要的是收养登记。收养公告针对查找不到生父母的未成年被收养人，由收养登记部门实施。收养协议和收养公证则由当事人依其意愿或合意签订或办理。收养评估虽置于最后一款，实则是收养登记的辅助程序。

二　收养登记的性质

如同结婚登记、离婚登记等人身关系的缔结、解除程序，收养登记的性质也存在诸多争议：究属法律行为抑或行政行为？是收养的成立要件还是生效要件？在法律行为理论体系中，法律行为与行政行为是泾渭分明的，前者是私主体依意思自治之私法原则而为之行为，后者是公共机构或代表公共机构的主体依合法行政原则而为之行为。[①]但某些情形下，法律行为与行政行为的关系并不分明：许多法律行为由一个或者多个意思表示和行政行为所构成，亦即官方机构以直接参与私法自治设权行为的方式参与法律行为，此时法律行为被认为具有双重构成要件，即所涉行政行为被视为法律行为的构成要件，结婚登记即属此种情形。但也可能出现法律行为要求一个与私法自治设权行为相分离的官方行为的情形，在此情形下，官方机构所为之行政行为被视为独立于私法自治行为的法律行为生效要件，例如土地出让的批准程序。[②]由收养登记机关实施的登记行为显然属于行政行为。然对于此行政行为究为收养的成立要件抑或生效要件，学界向无共识。在我国现行收养规范体系下，收养登记行为与收养关系的成立具有不可分割的密切关联：依照第1105条规定，登记则收养关系成立，不登记则收养关系不成立。据此，视收养登记为收养行为的成立要件似更契合立法本意。此外，尚有两个方面的理由可加强此论证。一者，前文援引《收养登记工作规范》阐明，在收养登记程序中，收养各方主体通过回答收养登记员的询问调查及其后的签名、按指纹为意思表示，表达和确认其对收养事项的同意。这说明收养登记内含当事人的意思表示，两者不可分离。二者，收养事项关乎未成年被收养人的监护和保护，国家关注和干预力度高于结婚行为、离婚行为，收养登记机关在收养事件中的参与度和权威度也理应更高，收养登记与收养行为的结合也更加紧密，除法律明确规定承认事实收养之外，几乎不能设想在收养登记之外存在合法收养关系。因此，收养登记虽系行政行为，但依照第1105条规定，其直接决定收养关系是否成立，构成收养行为的成立要件。

---

① 〔德〕维尔纳·弗卢梅：《法律行为论》，迟颖译，米健校，法律出版社2013年版，第48页。
② 〔德〕维尔纳·弗卢梅：《法律行为论》，迟颖译，米健校，法律出版社2013年版，第30、31页。

### 三　收养条件的审查与收养登记的程序

（一）收养条件的审查

在收养登记程序中，各方当事人均须提交证明其适格的证明材料。

1. 被收养人适格由送养人举证

鉴于被收养人均系未满 18 周岁的未成年人，被收养人之适格条件往往由送养人举证证明。根据《收养子女登记办法》第 6 条的规定，送养人通过向收养登记机关提交下列证件和证明材料来证明被收养人适格。①就被收养人系"丧失父母的孤儿"提交孤儿的生父母死亡或者宣告死亡的证明。民政部于 1992 年下发通知进一步明确此项证明文件具体指孤儿父母死亡证明书（正常死亡证明书由医疗卫生单位出具，非正常死亡证明书由县以上公安部门出具）或人民法院宣告死亡的判决书。[①]②就被收养人系"查找不到生父母的未成年人"提交弃婴、儿童进入社会福利机构的原始记录，公安机关出具的捡拾弃婴、儿童报案的证明，这里的"弃婴"用语乃是《收养法》第 4 条的"遗迹"。③就被收养人系"生父母有特殊困难无力抚养的子女"提交生父母所在单位或者村（居）委会出具的能够确定生父母有特殊困难无力抚养的相关证明，该证明应依据县级以上医疗机构出具的重特大疾病证明、县级残疾人联合会出具的重度残疾证明或者人民法院判处有期徒刑或无期徒刑、死刑的判决书作出。生父母因其他客观原因无力抚养子女的，须提交乡镇人民政府、接待办事处出具的有关证明。对送养人有特殊困难的声明，登记机关可以进行调查核实。

针对打拐解救儿童这个特殊的群体，《民政部、公安部关于开展查找不到生父母的打拐解救儿童收养工作的通知》（民发〔2015〕159 号）规定：公安机关在解救儿童后经采集血样、DNA 信息比对，经查找 1 个月内未找到儿童生父母或其他监护人的，出具暂时未查找到生父母或其他监

---

① 参见《民政部关于在办理收养登记中严格区分孤儿与查找不到生父母的弃婴的通知》（民婚函〔1992〕263 号）。

护人的证明，其后社会福利机构或救助保护机构接收打拐解救儿童并发布儿童寻亲公告，公告满 30 日后未认领的，被救儿童正式落户社会福利机构，自此日起满 12 个月，公安机关查找未果的，向社会福利机构出具查找不到生父母或其他监护人的证明。

此外，自证明链条的形成而言，关于被收养人的其他相关信息亦应提交相应的证据：如被收养人年龄不足 18 周岁，应当提交有效身份证件或者户籍信息予以证明；再如被收养人是残疾儿童的，应当提交县级以上医疗机构出具的该儿童的残疾证明；又如被收养人由生父母三代以内同辈旁系血亲收养的，还应当提交公安机关出具的或者经过公证的与收养人有亲属关系的证明。

2. 送养人基于多重法律地位的证明责任

在收养法律行为中，送养人可能具有多重的法律地位：其一，独立的送养人主体地位；其二，孤儿的监护人和有特殊困难无力抚养子女的生父母显然亦是被收养人的监护人和法定代理人，儿童福利机构可能具有监护人或法定代理人资格，也可能受具有监护人或法定代理人资格的民政部门委托代行某些监护或代理职责。基于这两重角色，送养人在收养事项中往往不仅需要就其自身的送养资格进行举证，亦须就被收养人的资格承担举证责任。上文仅就与被收养人相关的内容列示若干举证责任，这里依据《收养子女登记办法》第 6 条对送养人的全面举证责任作以下归纳。

（1）首先，送养人应当向收养登记机关提交下列基本的证件和证明材料：①送养人的居民户口簿和居民身份证（组织作监护人的，提交其负责人的身份证件）；②收养法规定送养时应当征得其他有抚养义务的人同意的，并提交其他有抚养义务的人同意送养的书面意见。

（2）按照主体分类，送养人应进一步提交如下证明材料：①监护人为送养人的，并应当提交实际承担监护责任的证明，孤儿的父母死亡或者宣告死亡的证明，或者被收养人生父母无完全民事行为能力并对被收养人有严重危害的证明；证明被收养人生父母均不具备完全民事行为能力，如被收养人父母尚未成年，提交其年龄证明即可；如被收养人父母已年满18周岁，根据《民政部关于规范生父母有特殊困难无力抚养的子女和社会散居孤儿收养工作的意见》（民发〔2014〕206号），民政机关要求以人民法院出具的文书证明生父母双方均不具备完全民事行为能力，同时要求送养人提交生父母所在单位、村（居）委会、医疗机构、司法鉴定机构或者其他有权机关出具的生父母对被收养人有严重危害可能的证明。②社会福利机构为送养人的，并应当提交弃婴、儿童进入社会福利机构的原始记录，公安机关出具的捡拾弃婴、儿童报案的证明，或者孤儿的生父母死亡或者宣告死亡的证明。③生父母为送养人的，并应当提交与当地计划生育部门签订的不违反计划生育规定的协议；有特殊困难无力抚养子女的，还应当提交送养人有特殊困难的声明；其中，因丧偶或者一方下落不明由单方送养的，还应当提交配偶死亡或者下落不明的证明；对送养人有特殊困难的声明，登记机关可以进行调查核实；子女由三代以内同辈旁系血亲收养的，还应当提交公安机关出具的或者经过公证的与收养人有亲属关系的证明。

（3）送养人还应根据个案具体情形提交相应的证明材料。如被收养人是残疾儿童的，并应当提交县级以上医疗机构出具的该儿童的残疾证明。

3. 收养人适格的证明

根据《收养子女登记办法》第5条第1款和第4款，收养人应当向收养登记机关提交收养申请书和下列证件、证明材料：①收养人的居民户口簿和居民身份证；②由收养人所在单位或者村民委员会、居民委员会出具的本人婚姻状况和抚养教育被收养人的能力等情况的证明，以及收养人出具的子女情况声明；③县级以上医疗机构出具的未患有在医学上认为不应当收养子女的疾病的身体健康检查证明。对收养人出具的子女情况声明，登记机关可以进行调查核实。

还应注意的是，收养法律制度的功能在于保障被收养人合法权益，遵循最有利于被收养人的原则，因此在举证责任上不应一味拘泥于"谁主张，谁举证"的规则，必要时应依法行使调查职权或者引入专业资源，查明是否存在本条规定的情形，从而判定监护人可否送养未成年人。

（二）收养登记的程序

《收养子女登记办法》第2~4条详细规定了收养登记的管辖和要求，第7条规定了收养登记机关的审查时限和结果。依照该文件，中国公民在中国境内收养子女应当在县级人民政府民政部门办理收养登记，依不同情形确定属地管辖：收养社会福利机构抚养的查找不到生父母的弃婴、儿童和孤儿的，在社会福利机构所在地的收养登记机关办理登记；收养非社会福利机构抚养的查找不到生父母的弃婴和儿童的，在弃婴和儿童发现地的收养登记机关办理登记；收养生父母有特殊困难无力抚养的子女或者由监护人监护的孤儿的，在被收养人生父母或者监护人常住户口所在地（组织作监护人的，在该组织所在地）的收养登记机关办理登记；收养三代以内同辈旁系血亲的子女，以及继父或者继母收养继子女的，在被收养人生父或者生母常住户口所在地的收养登记机关办理登记。

收养登记应由当事人亲往办理。夫妻共同收养子女的，应当共同到收养登记机关办理登记手续；一方因故不能亲自前往的，应当书面委托另一方办理登记手续，委托书应当经过村民委员会或者居民委员会证明或者经过公证。收养登记机关收到收养登记申请书及有关材料后，应当自次日起30日内进行审查。对符合收养法规定条件的，为当事人办理收养登记，发给收养登记证，收养关系自登记之日起成立；对不符合收养法规定条件的，不予登记，并对当事人说明理由。

依据《收养登记工作规范》第21~23条的规定，收养登记证要求规范填写，载明收养登记字号、姓名、性别、国籍、出生日期、身份证件号、住址、被收养人身份、更改的姓名、登记日期等，相关信息应与《收养登记申请书》和《收养登记审查处理表》中相应项目一致。颁发收养登记证，应当在当事人在场时按照规定的核实、释明、见证步骤逐项进行，最后将收养登记证颁发给收养人，并向当事人宣布：取得收养登记证，确立收养关系。对不符合收养登记条件的，收养登记机关不予受理，向当事人出具制式《不予办理收养登记通知书》(《收养登记工作规范》附件4），并将当事人提交的证件和证明材料全部退还当事人。对于虚假证明材料，收养登记机关予以没收。

# 第二节　辅助程序与自主程序

收养评估和收养公告同为收养辅助程序，但二者适用范围有所不同：收养评估适用于所有的收养申请，收养公告则仅适用于收养查找不到生父母的未成年人情形。收养当事人可依其意愿签订书面收养协议。有当事人要求办理收养公证的，应当办理收养公证。因基于当事人意愿和要求，收养协议和收养公证可称为收养自主程序。

## 一　辅助程序

（一）收养评估

《民法典》在最后审议阶段增设收养评估的规定。这是民政部门已推行数年的探索机制，地方层面也陆续尝试。2015年9月，民政部在总结28个省份156个地区试点经验的基础上发布《收养能力评估工作指引》（简称《指引》)，要求优先以政府购买专业服务的形式，引入社会工作师、律师、医生、心理咨询师、婚姻家庭咨询师等专业人员进行收养评估，具体的评估方式、标准和流程均已明确。

安徽、北京等地在《指引》的基础上又有不同程度的创新。安徽省的施行办法采用公开信息、择优许可的思路：一旦接到收养申请，所涉儿童的信息通过专门平台公示三个月，接受潜在收养人提出的申请；最终通过收养能力综合评估确定收养主体。北京的实施办法创设了"融合期"和"回访评估"机制：收养意向评估合格后，经各方同意，被收养人与收养家庭共同生活90日以期融合，然后进行综合评估；收养登记满6个月、18个月，评估机构进行回访并出具报告。收养评估有助于以收养登记为中心融合实质审查、个案审查与专业服务，尽可能避免或减少不良收养关系的产生，实现被收养人最佳利益。但目前《民典法》第 1105 条关于收养评估的规定较为粗疏，仅明确了两个要点：①收养评估的主体为县级以上人民政府民政部门；②收养评估应当依法进行。其尚有以下问题暂未明确：①具体依据什么法律法规进行评估；②收养能力评估是否应结合试收养实施。自逻辑而言，只有经过试收养，才能作出较为科学且符合事实的收养评估，而试收养本身延迟了收养程序的期限，系影响收养主体权益的重大行政事项，应在法律中予以明确公开方为妥当。

　　《民法典》颁布之后，民政部发布《收养评估办法（试行）》（民发〔2020〕144 号），同时废止《收养能力评估工作指引》，对收养评估的适用范围、基本原则、评估内容、评估机制、评估时限以及评估效力等予以详细规定，极大地推动了收养评估制度的有效实施。根据《收养评估办法（试行）》的规定，收养评估是指民政部门自行或委托第三方对收养申请人是否具备抚养、教育和保护被收养人的能力进行调查、评估，并出具评估报告的专业服务行为。其主要规则可概括为如下六点。①在适用范围上，规定除收养继子女外，中国内地居民在中国境内收养子女均须经过收养评估程序。②在基本原则上，规定收养评估应当遵循最有利于被收养人的原则，独立、客观、公正地对收养申请人进行评估，依法保护个人信息和隐私。③在评估内容上，规定收养评估内容包括收养申请人的以下情况：收养动机、道德品行、受教育程度、健康状况、经济及住房条件、婚姻家庭关系、共同生活家庭成员意见、抚育计划、邻里关系、社区环境、与被收养人融合情况等。收养评估期间，评估主体发现收养申请人及其共同生活家庭成员有《收养评估办法（试行）》第 11 条规定的违法犯罪行为的，应当履行报告义务。④在评估机制上，规定收养评估流程包括书面告知、评估准备、实施评估、出具评估报告。评估人员、受委托的第三方机构与收养申请人、送养人有利害关系的，应当回避。⑤在评估时限上，规定收养申请人与被收养人融合的时间不少于 30 日，收养评估报告应当在收养申请人确认同意进行收养评估之日起 60 日内作出。收养评估期间不计入收养登记办理期限。⑥在评估效力上，规定收养评估报告应当作为民政部门办理收养登记的参考依据。未来尚须进一步探索如何在制度层面将收养能力评估、试收养、收养回访监督等有益的实践经验与收养登记程序有机嵌合，形成充分体现未成年人保护理念的、体系化的现代收养登记程序。

（二）收养公告

收养查找不到生父母的未成年人的，应由受理收养登记的民政部门在登记前予以公告。查找不到生父母的未成年人主要包括脱离生父母监护、被捡拾的未成年人和遭拐卖后被解救却在窗口期内查找不到生父母的未成年人。收养这两种类型的未成年人，有收养登记管辖权的民政部门在受理收养申请后，应当对其查找不到生父母的状态予以确认。

根据《收养子女登记办法》第7条第2款，收养查找不到生父母的弃婴、儿童的，收养登记机关应当在登记前公告查找其生父母；自公告之日起满60日，弃婴、儿童的生父母或者其他监护人未认领的，视为查找不到生父母的弃婴、儿童。公告期间不计算在登记办理期限内。《收养登记工作规范》第17条进一步规定，对于查找不到生父母的弃婴、儿童，收养登记机关应在登记前刊登制式公告（《收养登记工作规范》附件2）查找被收养人的生父母。公告应当刊登在收养登记机关所在地设区的市（地区）级以上地方报纸上。公告要有查找不到生父母的弃婴、弃儿的照片。办理公告时收养登记员要保存捡拾证明和捡拾地派出所出具的报案证明。派出所出具的报案证明应当有出具该证明的警员签名和警号。当然，鉴于《民法典》第1093条和第1105条均已将"查找不到生父母的弃婴、儿童"修改为"查找不到生父母的未成年人"，上述收养登记办法及工作规范中相关用语亦当作相应的修改。

二 自主程序

（一）收养协议

收养登记是决定收养关系成立的核心程序，但收养登记本身属于收养登记机关的行政行为，依循相关业务规范进行，可能不足以覆盖收养当事人就收养事项进行充分协商和约定的意思表示。此种情形下，收养当事人可依其相互之间的合意自主订立收养协议，就各方所关切的种种细节进行协商和约定。《民法典》出台前关于收养制度的最后一次修改中，将过往立法所使用的"订立收养协议"修改为"签订收养协议"，明确昭示收养协议应具书面形式这一要求。将当事人关于收养事项的约定诉诸文字，固化为明确的具有法律约束力的权利和义务，有助于依法保障各方权益，尤其是保护未成年被收养人的成长权益。

（二）收养公证

收养当事人有意愿要求办理收养公证的，应当办理收养公证。在1998 年修改《收养法》之前，我国法律未统一要求全面适用收养登记程序，收养公证因其所具有的公信力在确认、证明收养关系方面起到重要作用。1998 年修改《收养法》后，收养登记成为统一的收养法律程序，收养关系自登记之日起生效，当事人有需求、有意愿时仍可办理收养公证。根据现行《公证法》第 2 条、第 11 条、第 21 条和第 36 条的规定，公证是公证机构根据自然人、法人或者其他组织的申请，依照法定程序对民事法律行为、有法律意义的事实和文书的真实性、合法性予以证明的活动；经公证的民事法律行为、有法律意义的事实和文书，应当作为认定事实的根据，但有相反证据足以推翻该项公证的除外；根据自然人、法人或者其他组织的申请，公证机构可就收养关系办理公证，该公证事项需由当事人亲往办理，不能委托他人办理。

（三）收养协议与收养公证的效力

作为收养中的自主程序，收养协议与收养公证并不能代替收养登记成为拟制亲子关系的权源。仅存在收养协议或收养公证的当事人之间除非因符合有关规范性文件的要求被认定为事实收养，否则不具有收养的法律效力。当前司法实践在这一点上高度一致，以下试举两例释之。

案例一：仅签订收养协议不成立有效的收养关系

李男与刘女系夫妻，二人与某县儿童福利院签订协议收养了1999 年 4 月 18 日出生的龚某，并将其更名为李某，但并未办理收养登记手续。2002 年李男与刘女离婚，离婚协议约定李某由刘女单独抚养至初中毕业，待其读高中和大学时由李男与刘女各自承担一半费用。双方如约履行，此后李男与蔡女结婚，刘女与朱男结婚，李某又更名为朱某，随二人共同生活，很少与李男联系。2015 年，李男去世，留下分别在其和现配偶蔡女名下的数百万元存款和共计9 套房产，皆为婚内所得财产。李男的父亲已先于其去世，母亲仍在世，在与刘某结婚之前曾与第一任妻子生育 3 个子女，与刘某离婚之后又与现配偶蔡女生育 2 个子女。2016 年 2 月，李男的众亲属就其遗产分配事在法院达成调解协议。

2016 年，朱某向法院提起诉讼，要求作为养女参与继承李某的遗产。2017 年 7 月，朱某的起诉被裁定驳回，遂又提起上诉。2017年 10 月，二审法院裁定撤销一审法院民事裁定书并指令该法院予以审理。法院审理后认为，李男和刘女虽签订收养协议抱养朱某（当时用名龚某），但未至民政部门办理收养登记手续，故收养关系未合法成立，朱某无由以养女的身份继承李男的遗产。但鉴于李男与刘女在离婚协议中约定李男承担抚养朱某的部分费用，因此朱某可被认定为《继承法》第 14 条规定的"继承人以外的依靠被继承人扶养的缺乏劳动能力又没有生活来源的人"，可分给其适当的遗产。据此，法院于 2019 年 3 月酌情判定遗产的主要领受人蔡某和李男的两个儿子共计向朱某支付 40 万元。[①]

本案的争点在于，朱某能否以养女的身份参与继承李男的遗产。其案件背景涉及较为复杂的家庭关系和遗产继承问题：李男前后迎娶三位妻子，

---

① 参见福建省龙岩市中级人民法院行政判决书〔（2019）闽 08 行终 139 号〕；福建省高级人民法院行政裁定书〔（2020）闽行申 16 号〕。

共生育子女 5 个，又兼抱养朱某，同时李男的遗产也较为丰厚，因此导致财产继承出现纷争。对于朱某而言，是否具有养女的法律地位是决定其在继承法律关系中地位与权利的关键。如果养女身份成立，则朱某应作为李男的第一顺位法定继承人参与其遗产分割，如果养女身份不成立，则其无由作为法定继承人要求分割遗产，其间的利害关系甚大。而养父母子女关系的成立在我国有两种途径：其一，主要途径是通过收养登记确立；其二，少量未登记但符合有关规定的可能被认定为事实收养，具体而言，1992 年 4 月 1 日《收养法》生效之前符合司法解释文件要求的可被认定为事实收养，或者 1992 年 4 月 1 日至 1999 年 4 月 1 日之间符合司法部有关规定的可办理事实收养公证。本案中，朱某（曾用名李某、龚某）出生于 1999 年 4 月 18 日，所以对她的抱养不可能被认定为事实收养，而李男和刘女与儿童福利院签订收养协议抱养朱某后，并未办理收养登记，因而其与朱某之间并未形成法律拟制的养父母子女关系，由此，朱某要求以养女的身份参与分割李男的遗产是没有法律依据的。

但鉴于李男和刘女在双方婚姻关系存续期间抱养了朱某，在两人共同生活中抚养教育朱某，其后两人虽然解除了婚姻关系，但在离婚协议中约定朱某随刘女生活，其后进入高中阶段直至就读大学，李男分担其教育抚养费用，因此刘女和李男系按照约定共同承担对朱某的养育责任。现李男虽已去世，其遗留下的财产仍可资承担其对朱某的养育费用，在法律上也肯认由扶养依赖而产生对遗产的权利：本案中适用的《继承法》第 14 条规定，"对继承人以外的依靠被继承人扶养的缺乏劳动能力又没有生活来源的人，或者继承人以外的对被继承人扶养较多的人，可以分给他们适当的遗产"。该条经过调整现已演变为《民法典》"继承"章第 1131 条，"对继承人以外的依靠被继承人扶养的人，或者继承人以外的对被继承人扶养角度的人，可以分给适当的遗产"。在继承法上，这种权利被称为酌分请求权。综合言之，本案中朱某与李男之间并不存在具有法律效力的养父母子女关系，因此朱某无由以养女的身份作为第一顺位法定继承人参与分割李男去世后留下的遗产，但是基于李男对朱某自愿承担一定的抚养教育责任，朱某可作为酌分请求权人取得适当的遗产以供其生活安置。法院的判决总体上是符合上述法律逻辑的，同时又运用调解等审判职能使朱某与李男的各方继承人之间的权益达到相对平衡，使案件争议得以妥善处理。

案例二：收养协议、收养公证与事实收养认定

> 魏某与邱某系夫妻，二人未生育子女。婚后不久，魏某即移居美国，并在美国另行组建家庭。1989 年 5 月，邱某因其年老无子，将魏某兄弟之子魏某 1 收为养子，收养人、送养人、被收养人一起签订《收养子女协议书》，随后经邱某申请，由当地公证处作出《收养证明书》，载明邱某为魏某 1 之养母。后魏某曾回国探亲一次，在国内居住一周左右。魏某去世后，魏某 1 于 2018 年 11 月向当地区级外事侨务办公室提出侨眷身份认定的申请。区级外事侨务办公室很快作出《不予许可（审批）决定书》，魏某 1 不服，申请行政复议，市级侨务办公室作出维持的行政复议决定。魏某 1 仍不服，向法院提起行政诉讼，历经两审均败诉，后又申请再审，终被驳回。①

本案的争点在于，魏某 1 应否被认定为魏某的侨眷。我国《归侨侨眷权益保护法》第 2 条规定，侨眷包括：华侨、归侨的配偶，父母，子女及其配偶，兄弟姐妹，祖父母、外祖父母，孙子女、外孙子女，以及同华侨、归侨有长期扶养关系的其他亲属。其他行政法规和地方性法规均以此为基准，规定华侨、归侨的近亲属及女婿或儿媳，或与其有长期扶养关系的其他亲属可被认定为侨眷。由此，结合本案案情，魏某 1 应否被认定为魏某的侨眷，转化为两方面的问题：魏某 1 是否魏某的近亲属；如果不是，魏某 1 是否与魏某存在长期扶养关系的其他亲属。

---

① 参见广西壮族自治区平南县人民法院民事判决书〔2018〕桂 0821 民初 840 号。

案中魏某1与魏某不存在自然血亲关系，亦非魏某的直系姻亲，但与魏某的妻子邱某签订了收养协议并由公证机关出具证明，那么可否由此认定魏某1是魏某的养子呢？案中各方当事人签订收养协议、办理收养公证是在1989年，当时我国《收养法》尚未出台，收养自登记时生效、夫妻应共同收养等法律规范尚未确立，审判实践中认定收养关系适用1984年最高人民法院《关于贯彻执行民事政策法律若干问题的意见》（简称《意见》）的有关规定。该《意见》第27条规定："经生父母、养父母同意，有识别能力的被收养人也同意，又办理了合法手续的收养关系，应依法保护。"因此，收养协议和收养公证足以证明邱某与魏某1之间存在养母子关系。魏某虽是邱某的丈夫，却长期居住在美国，无论是收养协议还是收养公证均未反映魏某的意思表示，因此魏某1与魏某之间显然不存在"合法手续的收养关系"。那么两者之间是否形成事实收养关系呢？前述《意见》第27条第3款规定："养父母中有一方在收养时虽未明确表示同意，但在收养后的长期共同生活中，已形成了事实上收养关系的，应予承认。夫或妻一方收养的子女，另一方始终不同意的，只承认与收养一方的收养关系有效。"另有第28条规定："亲友、群众公认，或有关组织证明确以养父母与养子女关系长期共同生活的，虽未办理合法手续，也应按收养关系对待。"结合这两条规定来看，当时是肯认夫妻一方单方收养的，而对事实收养关系的认定主要是以"长期共同生活"为标准。可是本案中魏某身在异国，唯一一次回国探亲也仅停留了一周左右，与邱某和魏某1并不存在长期共同生活，因此无法认定两者之间存在事实收养关系，亦即魏某1不能被认定为魏某的养子。同时，在不存在长期共同生活的前提下，魏某生前在世时也未有长期扶养魏某1的意思表示及行为举动，故虽然魏某具有华侨的身份，魏某1却不符合认定为侨眷的法定条件，本案中区级外事侨务办公室作出不予确认其为侨眷的决定，市级侨务办公室复议维持该决定，一审判决驳回申请人的诉讼请求，二审判决予以维持，再审法院裁定驳回再审申请，是合乎法律规定的。

## 第三节　收养事项的保密与开放

### 一　一以贯之的秘密收养立场

我国首部《收养法》第 21 条规定："收养人、送养人要求保守收养秘密的，其他人应当尊重其意愿，不得泄露。"此后，历经 1998 年《收养法》的修正、《各分编（草案）》、《婚姻家庭编（草案）》（二审稿）、《婚姻家庭编（草案）》（三审稿）、《民法典（草案）》、《民法典（草案）》（2020），本条内容均原封不动地保留下来，最终呈现为《民法典》第 1110 条的内容："收养人、送养人要求保守收养秘密的，其他人应当尊重其意愿，不得泄露。"

### 二　保守收养秘密与个人信息保护

第 1110 条是关于保守收养秘密的规定。根据《民法典》第 1111 条关于收养效力的规定，我国实行单一的完全收养制度，旨在在收养人与被收养人之间创设如同自然亲子关系一般的拟制亲子关系，将子女的抚养教育责任从其生父母处完全转移至养父母的法律制度。从当前亲属文化、社会观念出发，为实现完全收养目标，保守收养秘密是必要的，尤其是在收养人、送养人要求保守收养秘密的情形下。保守收养秘密有助于被收养人更好地融入收养家庭，亦有助于收养家庭更好地融入社区环境，避免来自外界的不必要影响和困扰。

在民法典体系下，保守收养秘密应遵循个人信息保护规则，即《民法典》"隐私权和个人信息保护"章的相关规定：收养人、送养人要求保守收养秘密的，应视收养信息为第 1032 条规定的自然人不愿为他人知晓的私密信息即隐私；除权利人明确同意外，任何组织或者个人不得实施第 1033 条禁止的行为，包括收集他人的收养秘密、侵害他人隐私；国家机关及其工作人员应当依照第 1039 条的规定，保守收养秘密。

### 三 关于收养秘密的法律分析

《民法典》第 1110 条关于保守收养秘密的规定，可结合隐私权保护制度，从如下三个方面理解。

1. 收养秘密属于隐私范畴

《民法典》"人格权"编"隐私权和个人信息保护"章第 1032 条规定，隐私是自然人的私人生活安宁和不愿为他人知晓的私密空间、私密活动、私密信息；自然人享有隐私权，任何组织或者个人不得以刺探、侵扰、泄露、公开等方式侵害他人的隐私权。收养涉及家庭成员身份的变化、家庭结构的重组，属于家庭私密领域的事件，关系到个体和家庭生活的安宁，其性质属于隐私。收养人、被收养人和送养人各方收养主体均享有以收养秘密为内容的隐私权，其他个人和组织负有尊重收养主体隐私权的义务，不得以刺探、泄露、公开等方式侵害收养主体所享有的以保守收养秘密为内容的隐私权。

2. 收养人、送养人有权以自身名义或代理被收养人要求保守收养秘密

收养秘密属于收养主体的隐私，具有绝对权的性质，社会民众普遍负有尊重、不刺探、不侵扰的一般性义务，而知情主体则须另外承担不泄露的义务。收养主体亦可以积极的方式行使此种隐私权，即向有关主体或在一定场合明确要求保守收养秘密。保守收养秘密的内容应包括两个层面：其一，被收养人被收养这一法律事实应当予以保密；其二，收养家庭、原生家庭的相关信息应当予以保密。[①]

第 1110 条规定收养人、送养人有权要求保守收养秘密，未提及被收养人意愿和意思表示，亦未澄清收养人、送养人提出要求系以自身名义抑或兼具被收养人法定代理人身份。自法理而言，收养涉及收养人、被收养人、送养人三方主体，构成各方主体的隐私信息，从而各方主体均享有以收养秘密为内容的隐私权，被收养人对于隐私权的主张应与收养人、送养

---

① 雷明光主编《中华人民共和国收养法评注》，厦门大学出版社 2016 年版，第 187 页。

人一样受到肯认和保护。从法律解释的角度，应基于送养人和收养人分别在收养关系成立前后所具有的被收养人监护人的地位，将其提出的保守收养秘密的要求视为其自身以及代表被收养人作出的意愿表达，经被收养人要求保守收养秘密的权利一并纳入本条规范和保护范围。

3.其他个人和组织应当尊重收养主体意愿，保守收养秘密，泄露收养秘密的，应当承担相应的法律责任

第1110条后段规定，"其他人应当尊重其意愿，不得泄露"。法律上的人，应作主体解，即如《民法典》第2条所规定的，包括自然人、法人和非法人组织。所有民事主体均负有尊重收养主体之隐私的义务，不得从事第1033条所述各种行为，侵扰收养主体之生活安宁，收集、处理收养秘密信息等。对收养知情的主体，应当尊重收养主体的意愿，严格保守收养秘密，不得泄露有关信息。《民法典》第1039条特别规定，国家机关及其工作人员对于履行职责过程中知悉的自然人的隐私和个人信息，应当予以保密，不得泄露或者向他人非法提供。收养登记机关、收养服务主体都应遵照第1110条和第1039条的规定保守收养秘密。

泄露收养秘密的，应当承担相应的民事法律责任、行政法律责任等。其中，民事法律责任依照《民法典》"侵权责任"编具体规定承担。该编第1165条、第1166条规定，行为人因过错，或推定过错而无反证，或依照法律规定有无过错在所不论，侵害他人民事权益造成损害的，应当承担侵权责任。该编"损害赔偿"章详细规定侵害他人造成人身损害、死亡、财产损失、严重精神损害等，均应依法承担损害赔偿责任。

国家机关及其工作人员泄露收养秘密的，还应承担相应的行政法律责任。除《行政法》《行政诉讼法》针对违法行政行为规定的法律责任外，《收养登记工作规范》第48条第7项专门规定，收养登记机关及其收养登记员泄露当事人收养秘密并造成严重后果的，对直接负责的主管人员和其他直接责任人员依法给予行政处分。

### 四　国际范围内秘密收养立场的松动

实行秘密收养是多国民法典共同的立场，但具体着眼点有所不同。《德国民法典》第 1758 条规定，未经收养人及养子女之同意，不得公开或调查已披露的收养内容及情况，但有特殊理由为维持公共利益所必要者不在此限。这一立场同我国民法典的规定相似，但"未经收养人及养子女之同意，不得……"的前提设定较之第 1110 条"收养人、送养人要求保守收养秘密的，……"之表述更加严格和周延。《法国民法典》《意大利民法典》则从身份证明隐匿相关信息的角度体现秘密收养的特点。《法国民法典》第 354 条规定宣告完全收养的判决应登录于被收养人的户籍（身份）登记簿，此即相当于被收养人的出生证书，登录事项不包括有关儿童实际亲子关系的任何说明。《意大利民法典》第 314 条之 28 规定，除依法律要求将出生证书的全文抄录场合外，关于养子女的任何身份证明书都只附新的家名，并将关于该子女的父母所有一切的表示及第 314 条之 25 第 2 项所规定的附记删除而进行交付。《瑞士民法典》注重对养父母身份信息的保密，于第 268 条 b 规定，非经养父母同意，州政府主管部门不得将养父母的身份透露给被收养人的生父母。

但近年来，秘密收养模式有所松动，世界范围内开始出现支持收养信息披露和收养后接触与交往的新潮流。一方面因为新的儿童研究成果表明，儿童心理及人格的发展往往取决于其幼年关键时期与某位成年照料者之间的亲密关系，因此主张保全儿童与昔日成长环境中对其产生重大影响的主体之间的联结关系，故而推动收养效力从排他收养、封闭收养转向支持收养后接触与交往。[1] 其具体表现在收养效力中尝试通过收养令＋探视令或收养令＋当事人协议的形式保障被收养人与原生家庭成员（包括生

---

[1] Greenhow, Sarah , et al., "The Maintenance of Traditional and Technological Forms of Post-Adoption Contact", *Child Abuse Review*, 2016,25 (5):373-385.

身父母）保持某种形式的联系。[①]另一方面，基于对被收养人自我认知和身份建构需求的支持，逐渐允许应被收养人的申请向其披露送养信息。但如果生身父母明确要求保密，则可能发生不同主体权利的冲突，此际如何抉择尚未形成通例。有些国家如法国规定，生父母明确要求保密构成对被收养人知情权的限制，但是儿童权利委员会在2004年针对法国的报告中对此表示关切，认为这一规则不符合《公约》第7条对儿童身份权的保护。[②]另外一些国家则试图在两者之间寻求平衡。《瑞士民法典》第268条 c 第1款规定，被收养人年满18周岁，可以获得关于生父母的身份信息；在其主张合法利益时，可在18周岁前获得上述信息。但其第2款规定，持有上述信息的机构或部门，在将该信息告知被收养人前，应尽可能通知生父母；若生父母拒绝会见被收养人，应将拒绝会见的情况告知被收养人，并提醒被收养人这是生父母的个人权利。另第3款还规定各州应当指定合适的部门为被收养人的申请提供咨询。

我国目前尚未见被收养人主张知情权和信息披露的公开案例。但是《民法典》明确规定保护个人信息知情权，在第1036条中规定自然人可以向信息控制者依法查阅、抄录或者复制其个人信息。收养信息属于个人信息中的私密信息，对于被收养人的自我认知和身份建构有着重要意义，应允许被收养人成年后依据此条规定主张对收养信息的知情权。

## 第四节　涉外收养法律程序

《民法典》第1109条是关于外国人在中国收养子女这一主要涉外收养类型的概括性规定，蕴含我国涉外收养制度的价值理念，奠定我国涉外收养制度的框架结构，在我国涉外收养制度体系构建中有着基础性的重

---

① Kerry O'Halloran, *The Politics of Adoption: International Perspectives on Law, Policy and Practice* (Dordrecht: Springer. Science+Business Media , 2015),p.49.

② Kerry O'Halloran,*The Politics of Adoption: International Perspectives on Law, Policy and Practice* (Dordrecht: Springer. Science+Business Media , 2015),p.563.

要地位和意义。除该条外，涉外收养相关法律规范还可援引至《民法典》"收养"章有关收养条件、收养程序和收养效力的各项规范，《中华人民共和国涉外民事关系法律适用法》的相关规定，《外国人在华收养子女登记办法》的程序性规定，同时也要符合我国 2005 年批准加入的《跨国收养方面保护儿童及合作公约》及其他相关公约的要求。

## 一　涉外收养的界定

所谓涉外收养是指具有涉外因素的收养关系，即在收养关系的各要素中，有一种或数种要素超出一国或一定地区的范围，与其他国家或地区有一定联系的收养关系。[①]外国人在我国收养子女是涉外收养的主要类型。除此之外，广义的涉外收养还包括中国人（华侨）在外国收养中国籍儿童、中国人（华侨）在外国收养外国籍儿童等。目前我国法律尚未对外国人在我国收养子女之外的涉外收养予以明确规范。

涉外收养的产生缘于"结构性供应"（structural supply）和"结构性需求"（structural demand）的结合。在世界范围内，涉外收养在第二次世界大战之后获得广泛发展，其中美国公民收养欧洲儿童和亚洲儿童占比尤为突出。20 世纪 60 年代以后，欧洲范围内的儿童收养逐渐增多，催生 1964 年《收养的管辖权、法律适用和判决承认公约》和 1967 年《关于儿童收养的欧洲公约》等。此后美国、加拿大、澳大利亚以及欧洲的许多国家从东南亚收养了大量儿童，全球性的收养公约开始形成，如《跨国收养方面保护儿童及合作海牙公约》等。我国涉外收养主要是随着 1978 年改革开放发展起来的，由于人口基数较大，主要是作为儿童来源国参与其中，目前已有十余个国家的人员在我国进行过收养。[②]涉外收养的发展态势与各国的生育率、人口政策、经济社会发展状况以及彼此之间互动关系形成的国际局势等都有一定的相关性，具有较为显著的政治性和政策性特点。

---

① 蒋新苗：《收养法比较研究》，北京大学出版社 2005 年版，第 131 页。
② 蒋新苗：《收养法比较研究》，北京大学出版社 2005 年版，第 132~134 页。

在法律层面，涉外收养非常复杂，不仅要遵从国内法的规范，也要遵循国际私法及有关国际公约的规则。我国涉外收养法律体系目前还较粗疏。国内法的规定主要包括：《民法典》第 1109 条、《中华人民共和国涉外民事关系法律适用法》相关规定，和《外国人在中华人民共和国收养子女登记办法》（简称《外国人在华收养子女登记办法》）。国际法层面，我国于 2005 年经第十届全国人民代表大会常务委员会第十五次会议决定：批准于 1993 年 5 月 29 日经海牙国际私法会议第 17 次外交大会通过的、2000 年 11 月 30 日由中华人民共和国政府代表签署的《跨国收养方面保护儿童及合作公约》，同时作出若干声明。在价值范畴上，涉外收养直接关系到被收养未成年人的成长权益，有关法律规定和国家干预是国家人权保护、儿童权益保护责任的具象，也是国家履行国际公约责任的表征。

## 二 涉外收养制度变迁

我国首部《收养法》的起草机关考虑到"实践中，一些外国人提出收养中国儿童的申请"，曾有设想："为维护我国儿童的利益，《草案》用专章对涉外收养作出了规定。这一章规定了涉外收养关系成立的实质要件，适用被收养人住所地法律，同时不得违背收养人住所地法律。涉外收养关系成立的形式要件，适用收养时的行为地法律。涉外收养的效力适用收养人住所地法律。并规定了被收养人的国籍等问题。"[①] 但最终这部法律主要调整国内公民收养子女的问题，仅在第 20 条分两款对涉外收养作概括、综合的规定：第 1 款从总体上规定"外国人依照本法可以在中华人民共和国收养子女"；第 2 款就证明材料及其认证、收养程序等具体规定"外国人在中华人民共和国收养子女，应当提供收养人的年龄、婚姻、职业、财产、健康、有无受过刑事处罚等状况的证明材料，该证明材料须经

---

① 参见时任司法部副部长金鉴于 1991 年 6 月 21 日在第七届全国人民代表大会常务委员会第二十次会议上所作《关于〈中华人民共和国收养法（草案）〉的说明》（北大法宝引证证码：CLI.DL.705）。

其所在国公证机构或者公证人公证，并经中华人民共和国驻该国使领馆认证。该收养人应当与送养人订立书面协议，亲自向民政部门登记，并到指定的公证处办理收养公证。收养关系自公证证明之日起成立"。

1998 年修正的《收养法》对外国收养人的条件作了更为严格的规定：外国人在我国收养儿童，应当"事先经其所在国主管机关依照其本国法律审查同意"，并且提供"身体健康、无犯罪记录等合法有效的证明材料"，"该证明材料须由收养人所在国有权机构出具"，在提交我国驻该国使领馆认证前，须经收养人所在国"外交机关或者外交机关授权的机构认证"。[①]同时，为了继续发挥公证机构在涉外收养方面的证明作用，修订草案对涉外收养有关登记、公证的规定作了适当修改、完善，特别强调了收养公证的意义："一是，国际上对跨国收养一般都管理较严，外国一般都要求被收养人所在国出具公证证明，对涉外收养公证作统一要求是符合实际情况的；二是，在民政部门以外再由公证机构把一道关，有利于更加有效地保护我国被外国人收养的儿童的安全和利益。"[②]修改后的《收养法》第 21条就涉外收养作三款规定。第 1 款依然是总体肯认："外国人依照本法可以在中华人民共和国收养子女。"第 2 款规定收养程序中的特别事项："外国人在中华人民共和国收养子女，应当经其所在国主管机关依照该国法律审查同意。收养人应当提供由其所在国有权机构出具的有关收养人的年龄、婚姻、职业、财产、健康、有无受过刑事处罚等状况的证明材料，该证明材料应当经其所在国外交机关或者外交机关授权的机构认证，并经中华人民共和国驻该国使领馆认证。该收养人应当与送养人订立书面协议，亲自向省级人民政府民政部门登记。"第 3 款规定收养公证："收养关系当

---

① 参见时任民政部部长多吉才让 1998 年 8 月 24 日在第九届全国人民代表大会常务委员会第四次会议上所作《关于〈中华人民共和国收养法（修订草案）〉的说明》（北大法宝引证码：CLI.DL.157）。

② 参见时任民政部部长多吉才让 1998 年 8 月 24 日在第九届全国人民代表大会常务委员会第四次会议上所作《关于〈中华人民共和国收养法（修订草案）〉的说明》（北大法宝引证码：CLI.DL.157）。

事人各方或者一方要求办理收养公证的，应当到国务院司法行政部门认定的具有办理涉外公证资格的公证机构办理收养公证。"

在民法典编纂中，这一条文经过了几番少量的文字修改。《各分编（草案）》第 888 条作了两点修改：一是将第 1 款中的"依照本法"修改为"依法"，以全面涵盖我国现行的以及未来修订、增补的调整涉外收养的法律法规等；二是删去《收养法》第 21 条第 3 款关于收养公证的规定。《婚姻家庭编（草案）》（二审稿）第 888 条在此基础上又将"有关收养人的年龄、婚姻……"更精简地表述为"有关其年龄、婚姻……"，其他别无改动。至《婚姻家庭编（草案）》（三审稿），第 888 条就涉外收养问题主要作了两方面的修改：其一，将登记机关的表述由"省级人民政府民政部门"改为更加细致精准的"省、自治区、直辖市人民政府民政部门"；其二，将证明材料的认证单列为第 3 款。由此，涉外收养条文完整表述为如下 3 款内容。第 1 款："外国人依法可以在中华人民共和国收养子女。"第 2 款："外国人在中华人民共和国收养子女，应当经其所在国主管机关依照该国法律审查同意。收养人应当提供由其所在国有权机构出具的有关其年龄、婚姻、职业、财产、健康、有无受过刑事处罚等状况的证明材料，并与送养人订立书面协议，亲自向省、自治区、直辖市人民政府民政部门登记。"第 3 款："前款规定的证明材料应当经收养人所在国外交机关或者外交机关授权的机构认证，并经中华人民共和国驻该国使领馆认证，国家另有规定的除外。"全国人大法工委参与民法典编纂专班工作的人士在对《民法典》"婚姻家庭"编进行释明时指出，本条末款之但书规定是为我国将来加入《海牙关于取消外国公文书认证的公约》预留空间。此后，这一条文被《民法典（草案）》、《民法典（草案）》（2020）、《民法典》分别以第 1109 条完全沿袭下来。

三 涉外收养的准据法

（一）外国人依法可以在华收养子女

《民法典》第 1109 条第 1 款明确肯认，外国人依法可以在华收养子女。外国人，就其本义而言，是指不具有中国国籍的他国公民，但通常也包括无国籍人，尤其是在私法领域。我国《民法典》采用"自然人"而非"公民"的表述，正是基于对民事主体之广泛性和民事权利之普适性的肯认。我国《涉外民事关系法律适用法》第19条特别对"国籍国"作了界定，规定"自然人无国籍或者国籍不明的，适用其经常居所地法律"。由此立场可推断，涉外收养法律规范中的"外国人"应从宽解读，包括非中国公民的外国公民和无国籍人士。

外国人在中国收养子女，此"子女"系相对于收养人的亲属称谓，国籍在所不论。虽则从第1109条文字表述和前文所论之私法宽解的立场而言，作此解读当无疑义，但从我国立法发展细节来看仍有必要予以澄清。因1993年司法部、民政部联合发布的《外国人在中华人民共和国收养子女实施办法》作为当时施行的《收养法》的实施办法，在其第2条规定外国人在华收养中国公民的子女适用本办法，由此将被收养人限于中国儿童。1999年民政部对这一法律文件进行修订，发布《外国人在华收养子女登记办法》，第2条删去"中国公民的"之语，将适用范围转换为外国人在华收养子女。有学者认为，这一修订使本为明确的操作性规范重新回复到《收养法》语焉不详的状态，回避了涉外收养具体分类的问题，譬如外国人在华收养中国儿童、外国人在华收养外国儿童是否在适用法律上有所区分。[①]这一分类思维相当精细，有利于丰富和细化涉外收养法律制度的理解与适用。但是从法律解释的角度来看，既要有历史的视角，也要有文义的视角，亦即，新的法律条文虽脱胎于旧的立法历史，现时当世却须从其自身的文字表达加以阐释。《外国人在华收养子女登记办法》第2条删去"中国公民的"之限定，恰是重新回归于《收养法》的本义，不限定被收养人国籍，而是采用"场所支配行为"的国际私法通行规则，对我国境内外国人实施收养行为作统一规范，"子女"究为中国公民的子女抑或外国公民、无国籍人的子女在所不论。

---

① 蒋新苗：《收养法比较研究》，北京大学出版社2005年版，第162页。

外国人在中国收养子女应依法进行。这里的"依法"一方面宽泛地指涉外收养应在合法限度内开展，另一方面特别指向涉外收养相关法律规范的适用，主要包括本章有关收养条件、收养程序和收养效力的各项规范，《中华人民共和国涉外民事关系法律适用法》相关规定，《外国人在华收养子女登记办法》的程序性规定，同时也要符合我国2005年批准加入的《跨国收养方面保护儿童及合作公约》及相关公约的要求。

（二）外国人在华收养子女的准据法

根据《民法典》第1109条第2款前句，外国人在华收养子女，应符合其所在国的法律并经其所在国主管机关审查同意。涉外收养涉及不同国籍、不同国界和不同法域：不同国籍的主体参与其中，收养行为地与收养家庭共同生活地可能处于不同国界，不同国家的法律体系、制度规范各不相同。针对涉外收养的准据法，我国《涉外民事关系法律适用法》第28条专门作出规定：收养的条件和程序，适用收养人和被收养人经常居所地法律；收养的效力，适用收养时收养人经常居所地法律；收养关系的解除，适用收养时被收养人经常居所地法律或者法院地法律。可见，收养的条件和程序、收养的效力都需考量收养人经常居所地的法律。

因此，在依据国家主权和"场所支配行为"的国际私法理论，以我国法律规范外国人在中国收养子女之外，亦须确保涉外收养事项符合收养人所在国的法律，使涉外收养的效力获得收养人所在国有权机关的认可，如此方可充分保障我国涉外被收养未成年人的合法权益。有鉴于此，第1109条原则性地规定，外国人在华收养子女，应当经其所在国主管机关依照该国法律审查同意。《外国人在华收养子女登记办法》第3条进一步明确，外国人在华收养子女，应当符合中国有关收养法律的规定，并应当符合收养人所在国有关收养法律的规定；因收养人所在国法律的规定与中国法律的规定不一致而产生的问题，由两国政府有关部门协商处理。在程序上，为确保外国人在华收养子女符合其所在国法律并经其所在国主管机关审查同意，《外国人在华收养子女登记办法》第4条要求，外国人在华收养子女，应当通过所在国政府或者政府委托的收养组织（以下简称"外国收养组织"）向中国政府委托的收养组织（以下简称"中国收养组织"）转交收养申请并提交收养人的家庭情况报告和证明。

### 四 涉外收养法律程序

（一）经外交认证的相关证明材料

《民法典》第1109条第2款后句和第3款规定外国人在华收养子女的相关程序。外国收养人应符合我国收养法规定的要件和要求，但其有关信息并不在我国管辖权之下，因此须提供经外交认证的相关材料予以证明。《外国人在华收养子女登记办法》第4条第2款将第1109条简要列举的相关材料详细载明，要求外国收养人提交由其所在国有权机构出具，经其所在国外交机关或者外交机关授权的机构认证，并经中华人民共和国驻该国使馆或者领馆认证的下列文件：①跨国收养申请书；②出生证明；③婚姻状况证明；④职业、经济收入和财产状况证明；⑤身体健康检查证明；⑥有无受过刑事处罚的证明；⑦收养人所在国主管机关同意其跨国收养子女的证明；⑧家庭情况报告，包括收养人的身份、收养的合格性和适当性、家庭状况和病史、收养动机以及适合于照顾儿童的特点等。对于在华工作或者学习连续居住一年以上的外国人在华收养子女，《外国人在华收养子女登记办法》第4条第3款规定，应提交前述除身体健康检查证明以外的文件，并补充提交在华所在单位或者有关部门出具的婚姻状况证明，职业、经济收入或者财产状况证明，有无受过刑事处罚证明以及县级以上医疗机构出具的身体健康检查证明。

（二）书面协议和涉外收养登记

《民法典》第1109条第2款还规定，外国人在华收养子女，应与送养人订立书面协议，亲自向省、自治区、直辖市人民政府民政部门登记，确立起书面协议＋收养登记的程序要件。在民法典编纂之前，《收养法》关于涉外收养的程序还规定有收养公证：1992年《收养法》首次施行，要求涉外收养应履行书面协议＋收养登记＋收养公证三重程序，且收养关系直至完成公证证明之日方为成立。可见，当时是非常倚重收养公证的。但实践中发现，三重程序过于烦琐，且没有凸显行政监管的法律意义，故而1998年修正《收养法》时将强制性的收养公证改为当事人自主的收养程序，即"收养关系当事人各方或者一方要求办理收养公证的，应当到国务院司法行政部门认定的具有办理涉外公证资格的公证机构办理收养公证"。随后，1999年修正出台的《外国人在华收养子女登记办法》第8条和第9条对收养协议和收养登记予以细化，规定：外国人来华收养子女，应当与送养人订立书面收养协议，协议一式三份，收养人、送养人各执一份，办理收养登记手续时收养登记机关收存一份；书面协议订立后，收养关系当事人应当共同到被收养人常住户口所在地的省、自治区、直辖市人民政府民政部门办理收养登记；外国收养人应亲自来华办理收养登记手续，夫妻共同收养的，应当共同来华办理收养手续，一方因故不能来华的，应当提供经所在国公证和认证的书面委托书。《外国人在华收养子女登记办法》没有对收养公证予以规定，收养当事人各方或一方要求办理收养公证的，应当依照当时施行的《收养法》和《公证暂行条例》的规定申请办理收养关系的公证业务。

（三）关于涉外收养公证

在民法典编纂过程中删去《收养法》关于涉外收养办理收养公证的规定，于第1109条明确书面协议＋收养登记的涉外收养程序，但并不构成对涉外收养程序的实质性修改。原因在于，第1109条规定外国人依法在华收养子女，包括依照《民法典》"收养"章各相关规定为收养法律行为，而"收养"章第1105条第4款规定由收养当事人自主办理收养公证，涉外收养的当事人亦可据此协商或要求办理收养公证。唯应注意的是，《公证暂行条例》现已失效，取而代之的是2005年通过并分别于2015年、2017年修订施行的《公证法》。《公证法》第11条规定，公证机构根据自然人、法人或者其他组织的申请办理收养关系公证事项。

# 第七章 收养效力

我国自 1950 年出台《婚姻法》以来，即着力建构单一完全收养法律机制，亦即收养法律行为的效力归于一宗，该收养法律行为的生效将完全断绝被收养人与其生父母之间的亲子关系，转而在被收养人与收养人之间拟制形成如同自然血亲亲子关系一般的父母子女权利义务关系。《民法典》第 1111 条继续承袭这一路线，明确规定了收养的拟制效力和解销效力。作为收养关系成立之后的附随效果，第 1112 条规范养子女的姓氏，但从体系化视角而言，该条应结合"人格权"编"姓名权和名称权"章相关规定一并理解和适用，明确养子女享有姓名权并依法行使姓名权。基于对养子女户籍权益的观照，《民法典》第 1106 条延续《婚姻法》的旧有规定，对被收养人户籍登记进行规范，虽于私法体系有碍，却有助于在现实生活中保障未成年人养子女的教育、就业、社会保障等权益。

如果收养行为存在实质条件或程序要件上的瑕疵，则构成无效收养，依照《民法典》第 1113 条产生区别于收养关系却归属于无效民事法律行为制度的法律效果。此外，我国还存在突出的私自收养问题，其中符合行政执法文件或司法裁判指引的私自收养可能被认定为事实收养，从而具有如同法律收养一般的效力。实务中，判定收养效力往往始于对私自收养、事实收养与法律收养的辨析，进而依据第 1113 条排除无效收养，始得适用第 1111 条确定当事人各方之权利义务关系。

## 第一节　私自收养、事实收养与法律收养

### 一　概念辨析

法律上的收养概念区别于社会生活中的收养语词，亦即法律视角下的收养已由生活事实转化为法律事实。在我国，收养生活事实与收养法律事实的区分主要体现为私自收养、事实收养和法律收养这三个概念各自不同的"涵义空间"[①]：私自收养是指未办理收养登记、自行建立亲子关系以及类亲子关系之祖孙关系的情形，多用于政策文件，如民政部、公安部、司法部等发布的《关于解决国内公民私自收养子女有关问题的通知》[②]，以及地方文件，如杭州市《关于解决我市公民私自收养子女有关问题的实施意见》[③]等。事实收养的概念应指收养效力受到法律肯认和保护的私自收养，是对私自收养事实进行价值判断之后的法律定性。行政执法文件一度径直用事实收养指称私自收养现象，但目前已对两者有所区分，当前文件所见皆以私自收养指称社会现实层面未经确认其法律效力的私自收留抚养问题。[④]

关于事实收养的认定，司法裁判和行政执法路径不同但标准同一。司法裁判中，对事实收养的认定主要以 1992 年 4 月 1 日《收养法》施行为分界，对此前发生的有关收养认定案件"审理时应适用当时的有关规定；当时没有规定的，可比照收养法处理"，经援引《婚姻法》和最高人民法院《关于贯彻执行民事政策法律若干问题的意见》第 28 条可知，

---

① 〔德〕齐佩利乌斯：《法学方法论》，金振豹译，法律出版社 2009 年版，第 30 页。

② 民政部、公安部、司法部、卫生部、人口计生委《关于解决国内公民私自收养子女有关问题的通知》（民发〔2008〕132 号）。

③ 杭州市民政局、公安局、司法局、卫生局、人口和计划生育委员会《关于解决我市公民私自收养子女有关问题的实施意见》（杭民发〔2009〕103 号）。

④ 例如，2003 年北京市民政局、公安局、计划生育委员会、司法局和财政局发布《关于解决我市公民事实收养有关问题的意见》（京民婚发〔2003〕205 号）；2010 年，北京市民政局、公安局、司法局、卫生局、人口和计划生育委员会发布《关于解决本市公民私自收养子女有关问题的通知》（京民婚发〔2010〕31 号）。

"亲友、群众公认，或有关组织证明确以养父母与养子女关系长期共同生活的，虽未办理合法手续，也应按收养关系对待"，是为事实收养[①]；1992年4月1日施行的《收养法》第15条规定，收养查找不到生父母的弃婴和儿童以及社会福利机构抚养的孤儿应当办理登记，其他则应当订立书面协议或办理收养公证[②]；1999年4月1日《收养法》修正案施行以后形成的收养事实，一概以收养登记作为收养关系成立的依据[③]。

行政执法层面，曾长期由司法部根据《收养法》的规定通过公证机制对事实收养予以认定[④]，后由民政部、公安部、司法部、卫生部、人口计生委各部门联合发文[⑤]，并最终上升为国家层面的政策文件[⑥]，为符合法

---

[①] 所涉文件及转承关系如下：1992年《最高人民法院关于学习、宣传、贯彻执行〈中华人民共和国收养法〉的通知》第2条规定："收养法施行前受理，施行时尚未审结的收养案件，或者收养法施行前发生的收养关系，收养法施行后当事人诉请确认收养关系的，审理时应适用当时的有关规定；当时没有规定的，可比照收养法处理。"鉴于1980年《婚姻法》中关于收养的规定非常笼统，在收养的成立及生效问题上仅宣示"国家保护合法的收养关系"，这里"当时的有关规定"应主要指向最高人民法院《关于贯彻执行民事政策法律若干问题的意见》〔（1984）法办字第112号〕第四部分"收养问题"的规定，该部分内容第28条明确规定："亲友、群众公认，或有关组织证明确以养父母与养子女关系长期共同生活的，虽未办理合法手续，也应按收养关系对待。"

[②] 1992年4月1日起施行的《收养法》第15条第1款规定："收养查找不到生父母的弃婴和儿童以及社会福利机构抚养的孤儿的，应当向民政部门登记。"第2款规定："除前款规定外，收养应当由收养人、送养人依照本法规定的收养、送养条件订立书面协议，并可以办理收养公证；收养人或者送养人要求办理收养公证的，应当办理收养公证。"该法于1998年修正，2021年1月1日《民法典》施行之日废止。

从司法裁判来看，审判机关对上述规范的认识尚不一致，但个案中更高层级的审判机关所持观点与本文看法相同：刘某显与刘某确认收养关系纠纷中，二审法院认为上述条文"要求收养应当向民政部门进行登记，但并未明确规定没有登记则收养关系不能成立"；再审法院则认为"收养弃婴，未到民政部门办理收养登记的行为违反法律规定，该收养行为应当被认定为无效"。参见刘某显与刘某确认收养关系纠纷再审民事判决书〔（2017）渝民再273号〕。

[③] 1998年11月修正、1999年4月1日起施行的《收养法》第15条第1款规定："收养应当向县级以上人民政府民政部门登记。收养关系自登记之日起成立。"自此，不论被收养人为何种类型，收养关系均自登记之日起成立。

[④] 司法部发布的有关事实收养的规范性文件主要是《司法部关于办理收养法实施前建立的事实收养关系公证的通知》（司发通〔1993〕125号）和《关于贯彻执行〈中华人民共和国收养法〉若干问题的意见》（司发通〔2000〕33号）。下文所言"司法部确立的办理事实收养公证的规则"即出自这两个文件的具体规定。

[⑤] 民政部、公安部、司法部、卫生部、人口计生委《关于解决国内公民私自收养子女有关问题的通知》（民发〔2008〕132号）。

[⑥] 2015年国务院办公厅《关于解决无户口人员登记户口问题的意见》（国办发〔2015〕96号）。下文所言"国家政策总体规则"即出自此文件。

律规定的私自收养办理收养登记，或通过公证将符合条件的私自收养认定为事实收养。具体而言，国家政策总体规则可概括为：1999 年 4 月 1 日《收养法》修正案施行前，国内公民私自收养子女未办理收养登记的，当事人可以按照规定向公证机构申请办理事实收养公证。而司法部确立的办理事实收养公证的规则为：《收养法》于 1992 年 4 月 1 日施行至 1999 年 4 月 1 日修正施行前建立的收养关系，符合原收养法规定的，公证机构可以给予公证；《收养法》于 1992 年 4 月 1 日施行前发生的事实收养，凡当事人能够证实双方确实共同生活多年，以父母子女相称，建立了事实上的父母子女关系，且被收养人与其生父母的权利义务关系确已消除的，可以为当事人办理收养公证，收养关系自当事人达成收养协议或因收养事实而共同生活时成立。经行政执法系统认定的收养关系有可能以"确认收养关系纠纷"的案由[①]进入司法裁判系统，司法裁判系统则通过前述司法逻辑对诉争收养关系予以检视，总体上倾向于确认收养关系[②]。

法律收养则是指符合法定条件的主体依照法律规定的程序实施的具有法律效力的收养。如果说私自收养与事实收养存在从属关系，即一部分符合条件的私自收养可被认定为事实收养，那么法律收养则分别在不同意义上成为私自收养与事实收养的对称：依照法律而为的收养是法律收养，非依法律而为的收留抚养是私自收养；办理收养登记具有法律效力的收养是

---

① "确认收养关系纠纷"是 2020 年修正的最高人民法院《民事案件案由规定》第四级案由，是指当事人对收养关系是否成立并有效，存有不同的认识，由此产生的纠纷。参见人民法院出版社编著《最高人民法院民事案件案由适用要点与请求权规范指引》（第二版）（上册），人民法院出版社 2020 年版，第 68 页。

② 如钱某香、钱某来确认收养关系纠纷〔（2020）皖 07 民终 29 号〕一案中，收养关系在 1999 年 4 月 1 日前已经过公证，当事人对收养人的民事行为能力提出质疑，主张收养关系无效，二审法院认为：本案应适用当时的有关法律规定，当事人符合送养、收养条件并办理了收养公证，收养关系即成立生效；收养人的民事行为能力问题应由当时办理公证的部门负责，当事人未提交充分的证据，亦未证明案涉公证书系虚假或不合法，驳回当事人否定收养行为效力的上诉请求。
又如王某安与秦某裔确认收养关系纠纷〔（2020）陕 01 民申 492 号〕一案中，再审法院认为，当事人虽不符合收养条件，但其单方主张收养关系不合法推脱责任有违诚信原则，鉴于事实抚养关系的存在，从最有利于未成年人健康成长考虑，原判决不支持当事人确认本案为非法收养关系的要求是妥当的。

法律收养，未办理登记但具有法律效力的收养是事实收养。所以，私自收养的性质实则是私自收留抚养的生活事实，这其中只有被认定为事实收养或者办理法律收养手续的才真正具有收养法律效力。

二　法律框架

如前所述，1992 年 4 月 1 日《收养法》施行前发生的私自收养和这之后直到 1999 年 4 月 1 日《收养法》修正施行前发生的私自收养，各自可依照不同的标准被认定为事实收养，从而具有收养法律效力；但 1999 年 4 月 1 日之后发生的私自收养绝无可能通过被认定为事实收养而具有收养法律效力，唯有依照《民法典》的现行法律规定转化为法律收养方可具有收养法律效力。由此，在我国现行法律体系下，除少数历时久远的私自收养个案有可能被依法认定为事实收养外，大多数个案的分析和疏导都必须将其置于法律收养的制度框架下，审视其是否符合收养条件各相关要求，从而确定能否将其疏导转化为法律收养。

法律收养是法律效力最为明确和稳定的收养样态。它是在国家干预收养这一前提下生成的概念，而国家干预收养是现代法治体系的普遍要求。作为影响力最为广泛和普及、缔约国几乎及于全球所有国家包括我国的国际文书，《儿童权利公约》第 21 条第 1 项明确规定：凡承认和（或）许可收养制度的国家应确保以儿童的最大利益为首要考虑并应确保只有经主管当局按照适用的法律和程序并根据所有有关可靠的资料，判定鉴于儿童有关父母、亲属和法定监护人方面的情况可允许收养，并且判定必要时有关人士已根据可能必要的辅导对收养表示知情的同意，方可批准儿童的收养。这一规定的两个核心要求即在于：①创设对收养体系负有最终责任的主管当局；②通过法律和采取程序，以确保收养可予允许，包括必要时获取相关人士根据可能必要的辅导表示知情同意的方式。[1]《儿童权

---

① John Tobin, "The UN Convention on the Rights of The Child: A Commentary", *Oxford Public International Law*, 2019, 782.

利公约》的上述规定和要求是以所有收养体系均应予以规范的共识为基础的，允许潜在养父母直接或通过其自行选择的中介机构安排收养（有些国家称之为"私人收养"或"独立收养"）被视为存在主管当局的"授权体系"。①而在跨国收养层面，虽然《跨国收养方面保护儿童及合作公约》（简称《海牙公约》）对独立收养的可能性持一定的开放立场——只要独立收养最终由中央机关批准，但《海牙公约》实施特别委员会在2010年即呼吁禁止"私人的独立收养"②，同样，海牙国际私法会议常设局提倡消除独立收养，认为"中央机关的作用不仅仅是检验而且是创设匹配关系"。③可见，在整个国际范围内，收养必须经过国家主管当局适用法律和程序予以批准是基本法律准则，其制度目标是确保收养以儿童的最大利益为首要考虑。与国际公约的要求相呼应，各国在收养程序上纷纷采用宣告体系，即国家有权机关依照法律规定的条件和程序，遵循儿童最大利益原则，宣告收养成立。④如，《德国民法典》"未成年人之收养"部分首条首款（第1741条）开宗明义规定，"收养子女应符合子女之利益，并能期待收养之人与子女建立亲子关系者，始许可收养"。又如，《法国民法典》第353条第1款规定，完全收养由大审法院应收养人的申请作出宣告，大审法院应审查是否具备法律规定的收养条件以及收养是否符合儿童的利益。

在我国，《民法典》第五编第五章对法律收养的条件、程序和效力有明确细致的规定。其关于法律收养成立的基本制度框架可分为收养条件（含一般收养条件和特殊收养条件）和收养程序两大要点，以下简述之。其一，收养条件。一是一般收养条件：①当事人适格，即被收养人、送养人和收养人各方应分别符合第1093条、第1094条和第1098条规定的条件，同时第1095条规定父母在世而由监护人送养的条件，实际上是增加

---

① John Tobin, "The UN Convention on the Rights of The Child: A Commentary", *Oxford Public International Law*, 2019, 783.

② Report on the Practical Operation of the Hague Convention 2010 (n 127), p.1.

③ *Hague Convention Guide to Good Practice No 1* (2008) (n 53)：626–627.

④ Dieter Schwab, *Familienrecht* (28 Auflage) (München: Verlag C.H.Beck oHG, 2020), p.439.

了一种类型的送养人，此外孤儿的监护人送养要符合第 1096 条的规定，而生父母送养则按照第 1097 条的规定以双方送养为原则、单方送养为例外，有配偶者收养按照第 1101 条的规定只能夫妻共同收养，收养人已有子女数量和收养子女数量应符合第 1098 条第 1 项和第 1100 条第 1 款的规定；②意思表示真实合致，即收养人和送养人双方自愿，且应征得八周岁以上被收养人的同意。二是特殊收养条件：收养三代以内同辈旁系血亲的子女按照第 1099 条的规定豁免某些条件，收养孤儿、残疾未成年人或者查找不到生父母的未成年人按照第 1100 条第 2 款的规定豁免某些条件，继父母收养继子女按照第 1103 条的规定豁免相关条件，而无配偶者收养异性子女则按照第 1102 条的规定增加年龄差距的限制。其二，收养程序。《民法典》第 1105 条构建起的收养程序以收养登记为核心，以收养评估为辅助，兼及特定情形下的收养公告，并规定当事人可自主签订收养协议、办理收养公证。依照第 1105 条规定，办理收养登记是实施法律收养的必经程序，登记则收养关系成立，不登记则收养关系不成立。

以上制度框架如图 7-1 所示。对于 1999 年 4 月 1 日之后发生的私自收养而言，该框架是将其转化为具有合法效力的收养关系的唯一通道，因而成为研判和疏导私自收养个案的重要参照。对于不符合该框架的私自收养，应本着最有利于未成年人的原则，依照现行法律法规尤其是《民法典》和《未成年人保护法》的规定妥善安排未成年人的抚养、监护、救助、保护等事宜。实务中，《关于解决国内公民私自收养子女有关问题的通知》（民发〔2008〕132 号）和《关于解决无户口人员登记户口问题的意见》（国办发〔2015〕96 号）已就此情形下的未成年人助养及安置等作出有益探索。这也意味着，私自收养的疏导并不必然通往法律收养，它本质上是未成年人保护的问题，核心目标在于确保特定情境下的未成年人享有并实现各项法律权利，包括生存权、发展权、受保护权、参与权等。①将私自

---

① 参见《中华人民共和国未成年人保护法》第 3 条。

收养依法纳入法律收养只是实现这一核心目标的选项之一，实践中也可以根据个案现实和具体需求通过社会救助和支持措施等尽可能为未成年人及其监护主体解决现实困难，从而保留和改善未成年人的原生家庭环境。

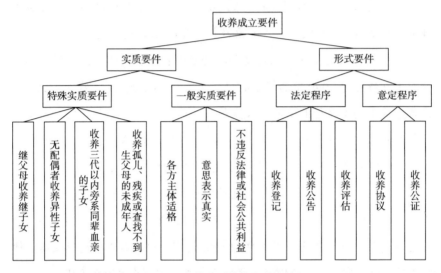

图 7-1　收养成立的基本制度框架

<h1 style="text-align:center">第二节　无效收养</h1>

### 一　立法沿革

我国首部《收养法》第 24 条分两款规定无效收养行为。第 1 款规定："违反《中华人民共和国民法通则》第五十五条和本法规定的收养行为无法律效力。"第 2 款规定："收养行为被人民法院确认无效的，从行为开始时起就没有法律效力。"1998 年修正的《收养法》第 25 条完全沿袭了这一规定。

编纂民法典之际，我国民事法治体系已有诸多新发展，作为《民法典》"总则"编立法阶段性成果的《民法总则》出台，《民法通则》虽暂未废止却将行之不远。在此背景下，《各分编（草案）》第 892 条将《收养法》上引条文中的第 1 款修改为："有总则编关于民事法律行为无效规定情形或者违反本法规定的收养行为无效。"第 2 款简约表述为："无效的收养行为自始没有法律约束力。"《婚姻家庭编（草案）》（二审稿）第 892 条基本保留前稿条文，同时继续优化文字表述，将"总则编"修改为"本法总则编"，将"本法"修改为"本编"，最终形成新的条文。第 1 款规定："有本法总则编关于民事法律行为无效规定情形或者违反本编规定的收养行为无效。"第 2 款规定："无效的收养行为自始没有法律约束力。"经此修改后的条文完全定型，先后呈现为《婚姻家庭编（草案）》（三审稿）第 892 条和《民法典（草案）》、《民法典（草案）》（2020）第 1113 条的内容，并最终成为《民法典》的正式条文。

## 二　基于法律行为理论的规范

收养是拟制亲子关系的法律行为，既是法律行为，便可能存在效力瑕疵，从而无法产生拟制亲子关系的法律效果。

从法律行为的一般性理论来讲，法律行为的无效意味着，由于某一无效原因的存在，本应按照该法律行为的内容亦即当事人所表达的意思表示产生的相应法律效果不发生。法律行为的无效原因可能存在于行为主体之行为能力方面，例如无行为能力人或限制行为能力人未获代理人之必要批准或追认而为法律行为，也可能存在于行为主体之意思表示方面，如意思表示不真实或明知的真意保留、虚伪通谋行为等，还可能存在于行为主体之行为内容方面，如存在违反禁止性规定或善良风俗情事，或者存在法律行为的形式瑕疵，如不符合法律规定的形式要件等。[①]法律行为效力理论贯穿于《民法典》的总则、物权、债权、婚姻家庭与继承规范等各分领域的内容。第 1113 条针对收养行为的效力规定，收养行为存在《民法典》"总则"编关于民事法律行为无效规定情形，或者违反"婚姻家庭"编规

---

① 〔德〕维尔纳·弗卢梅:《法律行为论》，迟颖译，米健校，法律出版社 2013 年版，第 653、656 页。

定的，归于无效。收养行为无效的法律后果是，该收养行为自始没有法律约束力。

三 法条勾连

第 1113 条属援引类条文，理解和把握收养行为无效情形，须援引《民法典》关于民事法律行为无效情形的一般规定，并比照"婚姻家庭"编的相关规定，具体规则析论如下。

1. 收养行为有"总则"编民事法律行为无效规定情形，或者违反"婚姻家庭"编规定的，均归于无效

第 1113 条第 1 款前段虽然直接援引至《民法典》"总则"编民事法律行为无效规定情形条款，但自体系而言，理解和适用民事法律行为无效的规范体系应始自民事法律行为生效要件，两者是一体两面的关系。《民法典》关于民事法律行为生效要件的规范体现于第一编第 143 条的内容。该条规定，具备下列条件的民事法律行为有效：①行为人具有相应的民事行为能力；②意思表示真实；③不违反法律、行政法规的强制性规定，不违背公序良俗。

与之相应，《民法典》第 144、146、153、154 条具体规定了五种民事法律行为无效的情形：①无民事行为能力人实施的民事法律行为；②行为人与相对人以虚假的意思表示实施的民事法律行为；③违反法律、行政法规的强制性规定的民事法律行为无效，但该强制性规定不导致该民事法律行为无效的除外；④违背公序良俗的民事法律行为无效；⑤行为人与相对人恶意串通，损害他人合法权益的民事法律行为无效。

除上述抽象、概括规定的民事法律行为无效情形外，《民法典》"婚姻家庭"编尤其是"收养"章规定了收养的具体条件和程序，构成对上述民事法律行为无效情形的一般性规定的补充。综合两方面的法律规范，可归纳出收养法律行为无效的情形大致分为如下五类。①收养主体不适格。如收养人、送养人、被收养人不符合法律规定的条件，或收养人、送养人

不具有适格的民事行为能力等。②收养主体以虚假的意思表示实施收养法律行为。如以收养之名行买卖儿童之实。③违反法律、行政法规包括"婚姻家庭"编强制性规定。如未依法办理收养登记，但在执法、司法中被认定为有效的收养法律行为除外。④违背公序良俗。如单身男子收养未成年少女作蓄妻之计。⑤收养主体恶意串通损害他人合法权益。如为侵夺婚姻财产或家庭财产而为收养。

依据上述法律规定，《收养子女登记办法》针对实践中的问题于第 12 条明确规定，收养关系当事人弄虚作假骗取收养登记的，收养关系无效，由收养登记机关撤销登记，收缴收养登记证。

2. 无效的收养行为自始没有法律约束力，但仍会产生其他一些法律后果

第 1113 条第 2 款规定，无效的收养行为自始没有法律约束力。这是《民法典》第 155 条关于无效的民事法律行为自始没有法律约束力的规则在收养领域的体现。

无效的民事法律行为自始、当然、绝对无效是民事法律行为理论的一般性认识。首先，无效是指该民事法律行为不发生当事人所期待的法律效果。其次，无效是法律对该民事法律行为效力的溯源、明确、绝对的否认：自始无效是指该民事法律行为从其成立时起即不具有法律约束力，当然无效是指该民事法律行为一旦被认定为无效即明确不具有法律约束力，绝对无效是指该民事法律行为的无效并不因补正行为而得挽回。对无效民事法律行为的效力不作任何通融，是民法史上自《学说汇纂》继受法谚"一开始就不生效力的行为不能因时间的经过而生效"以来便确立的传统，背后的法理在于：无效民事法律行为通常违反了民法的意思自治原则底线和具体的强制性规定，而且危害到公共秩序和公共利益，故而必须明确、绝对否认其效力。

我国民事法律体系遵循上述传统理论，对无效和被撤销的身份法律行为一律规定自始无效，但是学界历来呼吁主张对身份法律行为的撤销和

无效采用较柔和较谨慎的处理方式,例如要求撤销身份法律行为或认定其无效应经特定程序,主张对结婚行为的撤销不宜溯及既往,主张被认定无效的结婚行为如无效原因已经补正则应肯认其效力,等等。其理由在于,身份关系不同于财产关系,当事人之间已有的人身、财产紧密结合具有一定的不可逆性,无法似单纯的财产交易那般轻易分解乃至完全恢复原状,因此在撤销身份法律行为或认定其无效时更具建设性的处理方式是面向未来而非否定过去。不过在身份关系范畴中,婚姻法律行为与收养法律行为又有不同,前者是成年当事人完全自主决定婚姻事务的法律行为,后者是由成年收养人和送养人(以其自身名义和以被收养人代理人名义双重角色)主导却对未成年被收养人产生巨大影响的法律行为,涉及未成年被收养人的成长权益,因此对婚姻法律行为的效力尚保有意思自治的相当空间,而对收养法律行为的效力则更加强调国家公权力认定和干预。

表现在法律文本上,如《民法典》在第1051条规定婚姻无效情形之外,又于第1052、1053条规定婚姻可撤销情形,而本节除第1113条规定收养行为无效外,并无关于收养行为可撤销的规定。相对于法律文本的严格立场,司法解释和行政规章在一定程度上缓和了这种严格立场给身份关系带来的困扰和影响,如《婚姻法解释(一)》第8条规定,当事人依据《婚姻法》第10条规定向人民法院申请宣告婚姻无效的,申请时,法定的无效婚姻情形已经消失的,人民法院不予支持。在收养领域,民政部、公安部、司法部、卫生部、人口计生委发布的《关于解决国内公民私自收养子女有关问题的通知》(民发〔2008〕132号)针对私自收养的具体情况分类提出解决方案,力图将不具有法律效力的私自收养逐步纳入法律收养的范畴。

此外,还必须认识到,鉴于现代民法体系在保护权益、救济损害维度上的深入发展,民事法律行为的无效并非指此行为在法律上毫无意义,恰恰相反,它会因为处理民事法律行为归于无效之后的种种情事而产生相应的法律后果。《民法典》第156条、第157条对民事法律行为无效的具体法律后果进行了明确的规定。首先，民事法律行为部分无效，不影响其他部分效力的，其他部分仍然有效。然后，民事法律行为无效的，行为人因该行为取得的财产，应当予以返还；不能返还或者没有必要返还的，应当折价补偿。有过错的一方应当赔偿对方由此所受到的损失；各方都有过错的，应当各自承担相应的责任。法律另有规定的，依照其规定。司法实务中，确认收养行为无效、当事人之间收养关系不成立的案件，后续往往需要就当事人分割共有财产、补偿抚养成本等诉求作出裁判，以真正实现案结事了的司法目标。

### 四　确认收养无效的法律程序

《民法典》第 1113 条没有规定确认收养行为无效的具体程序，同时《民法典》"总则"编"民事法律行为"章亦未作概括性规定。但是我国《民事诉讼法》第 2 条明确规定人民法院行使"查明事实，分清是非，正确适用法律，及时审理民事案件，确认民事权利义务关系，制裁民事违法行为，保护当事人的合法权益"的职权，且最高人民法院审判委员会发布的《民事案件案由规定》第 21 项"收养关系纠纷"即包括"确认收养关系纠纷"，因此司法裁判是我国确认收养行为无效的重要途径。此外，前引《收养子女登记办法》第 12 条规定，当事人弄虚作假骗取收养登记的，收养关系无效，收养登记机关撤销登记，收缴收养登记证。以此为依据，民政部《收养登记工作规范》第四章"撤销收养登记"第 30~34 条细致规范具体程序，归纳起来大致包括如下要点：①此种情形由利害关系人、有关单位或者组织向原收养登记机关提出撤销收养登记的申请；②收养登记员受理撤销收养登记申请，应当按照一定程序查验申请人提交的证件和证明材料、见证申请人填写和宣读《撤销收养登记申请书》、调查涉案当事人的收养登记情况；③ 符合撤销条件的，收养登记机关拟写制式《关于撤销×××与×××收养登记决定书》，报民政厅（局）主要领导或者分管领导批准，并印发撤销决定；④收养登记机关应当将《关于撤销×××与

×××收养登记决定书》送达每位当事人，收缴收养登记证，并在收养登记机关的公告栏公告 30 日；⑤收养登记机关对不符合撤销收养条件的，应当告知当事人不予撤销的原因，并告知当事人可以向人民法院起诉。

## 第三节　单一完全收养机制

### 一　最为悠久的效力条款

关于收养效力的法律规定是我国收养法体系中历史最为悠久的法条。早在 1950 年，我国出台的首部法律文件《婚姻法》即在第四章第 13 条第 2 款规定："养父母与养子女相互间的关系，适用前项规定。"这里援引的"前项规定"，具体内容为："父母对于子女有抚养教育的义务；子女对于父母有赡养扶助的义务；双方均不得虐待或遗弃。"从理念上说，这个法条已初步确立养父母子女关系比照适用父母子女关系有关法律规范的制度模式，但是从规范分析的角度来说，"前项规定"仅指向第 13 条第 1 款关于父母子女间抚养教育、赡养扶助的内容，不能辐射到其他关于父母子女关系的规定，比如第 14 条规定的"父母子女有互相继承遗产的权利"。立法的不周延可能会带来法律适用方面的困扰。经过调整，1980 年出台的《婚姻法》第 20 条分两款对养父母子女法律关系进行了全面的概括。其第 1 款规定："国家保护合法的收养关系。养父母和养子女间的权利和义务，适用本法对父母子女关系的有关规定。"第 2 款规定："养子女和生父母间的权利和义务，因收养关系的成立而消除。"

1991 年我国出台《收养法》，吸收《婚姻法》上述规定，并扩展规范养子女与生父母、养父母之近亲属间的法律关系，于第 22 条第 1 款规定："自收养关系成立之日起，养父母与养子女间的权利义务关系，适用法律关于父母子女关系的规定；养子女与养父母的近亲属间的权利义务关系，适用法律关于子女与父母的近亲属关系的规定。"第 2 款规定："养子女与生父母及其他近亲属间的权利义务关系，因收养关系的成立而消除。"1998 年修正的《收养法》第 23 条完全沿袭这一规定。至 2001 年修改《婚姻法》时，在第 26 条原封不动地保留了 1980 年《婚姻法》第 20 条的内容。很长一段时期内，修正后的《婚姻法》第 26 条和修正后的《收养法》第 23 条 "大同小异" 地共存于我国婚姻家庭法律体系中。

在民法典编纂中，经体系化梳理，《各分编（草案）》"家庭关系" 章删去了《婚姻法》第 26 条关于收养效力的内容，而在 "收养" 章中原样保留了《收养法》第 23 条的规定，编为第 890 条。《婚姻家庭编（草案）》（二审稿）第 890 条大体沿用前稿的表述，唯将两处 "法律" 之用语修改为 "本法"，原因在于该编内容已将《婚姻法》中规范父母子女关系的内容一同纳入，故与收养法律规定同处于 "本法" 体系之中，无须再用 "法律" 之泛称。修改后的法条又经《婚姻家庭编（草案）》（三审稿）第 890 条和《民法典（草案）》、《民法典（草案）》（2020）第 1111 条的承袭，最终正式成为《民法典》第 1111 条的内容。

## 二 法理基础与规范意旨

收养是自然人依照法律规定的条件和程序创设拟制亲子关系的民事法律行为，法律拟制是通过制度赋权使异者趋同，赋予符合法律规定的、本无自然亲子关系的当事人以亲子法律地位及相关权利义务。

拟制亲子关系的制度机理在于两方面。首先，特定法律行为或法律事实创设拟制亲子关系。依照自然事实与法律事实的区分，父母子女关系可分为两种。①基于出生事实和自然血缘而产生的自然血亲父母子女关系，包括婚生父母子女关系和非婚生父母子女关系。这类父母子女关系始于子女出生、终于父母或子女死亡，由于其产生的依据是出生事实而非法律行为，此种血缘关系不能通过协议或单方声明而解除。②基于收养、结婚等法律行为和抚养事实而产生的拟制血亲父母子女关系，包括养父母子女关系和形成抚养关系的继父母子女关系。合法收养行为是依法创设拟制父母子女关系的法律行为，理应产生当事人所期待的法律效果，该法律效果的内容即使本无父母子女关系的收养人和被收养人之间产生与亲生父母子女关系同等的身份关系和财产关系。而生父母一方与继父母一方的再婚行为及继父母一方对继子女的抚养和教育事实则由于符合法律规定的条件而使继父母子女之间产生与亲生父母子女关系同等的身份关系和财产关系。拟制亲子关系产生的依据是法律行为和一定的法律事实，因此在符合法律规定的情形下是可以解除的。区分自然亲子关系和拟制亲子关系是基于自然事实与法律事实的分离和差异，但区分的目的应当有利于保护和调整特殊类型的亲子关系，即将拟制血亲的父母子女关系和自然血亲的父母子女关系在法律上作同等对待和同等处理。其次，拟制亲子关系具有与自然亲子关系同等的法律效果。法律拟制是法律规范社会生活、创设法律关系的一种路径，其核心要义在于通过法律的能动作为进行赋权。拟制亲子关系正是此种调整方式的典型表现，法律拟制亲子关系的功用在于实现与自然亲子关系同等的法律效果。自然亲子关系中，父母和子女基于其各自的法律地位享有相应的权利和义务，那么拟制亲子关系中，各方当事人亦应享有相应的法律地位和权利义务，这样拟制亲子家庭方得以具有与自然亲子家庭同样的功能和内容，实现家庭成员之间相互尊重相互照顾，共享亲情之暖与天伦之乐。因此，《民法典》第1111条第1款和第1072条第2款分别规定，养父母与养子女之间、形成抚养教育关系的继父母与继子女之间的权利和义务，适用本法对父母子女关系的有关规定。

肯认养父母子女关系具有与自然亲子关系同等的法律效力，有利于通过法律重构亲子关系，能够为未成年的家庭成员提供与原生家庭同样的权利保障，从而使其获得较好的抚养教育条件，实现未成年人的最佳利益，促进未成年人的福祉；有利于保护其他当事人的合法权益，法律赋予养父母和继父母以父母的权利与地位，保障其享有接受养子女或继子女赡养、扶助等合法权益；有利于重构完整家庭关系和促进代际伦理关系，将处于失孤失养状态、脱离家庭环境或家庭成员不足的个体重新凝聚在家庭单元中，使孤单的个体融入家庭、使残缺的家庭恢复完整，有利于整个社会的和谐与稳定。

### 三　拟制血亲的法律效力

《民法典》第 1111 条确立了我国的单一完全收养体制，即奉行养子女完全融入收养家庭、断绝与生父母法律关系的立场。其对称为不完全收养，又称为简单收养，是指收养关系建立后，养子女与生父母间仍保留一定的权利义务，并未完全丧失亲子关系。① 本条所确立的规则可详述如下。

1. 收养的效力始于收养关系成立之日

养父母与养子女的权利义务关系始于收养关系成立之日。《民法典》第 1105 条规定，收养关系自登记之日起成立。由此可导出，养父母子女之间的权利义务关系始于收养登记之日。

但是鉴于我国收养法律制度的变迁沿革，适用此规则尚须虑及收养关系建立的具体时点和法制背景：其一，1992 年 4 月 1 日《收养法》实施前，我国并无关于收养条件和收养程序的法律规定，根据最高人民法院《关于贯彻执行民事政策法律若干问题的意见》〔（1984）法办字第 112 号〕的规定，亲友、群众公认，或有关组织证明确以养父母与养子女关系长期共同生活的，虽未办理合法手续，也应按收养关系对待；其二，自《收养法》于 1992 年 4 月 1 日实施至 1999 年 4 月 1 日修正生效期间，被收养人系查找不到生父母的弃婴和儿童以及社会福利机构抚养的孤儿的，根据收养登记确定收养关系成立时间，被收养人系生父母有特殊困难无力抚养子女的，根据收养协议或收养公证确定收养关系成立时间；其三，1999 年 4 月 1 日以后建立的收养关系，根据收养登记确定收养关系成立时间。

除以上规则外，还应排除《民法典》第 1113 条规定的收养无效情形。亦即，有《民法典》"总则"编关于民事法律行为无效规定情形，或者违反"婚姻家庭"编规定的收养行为，为无效收养行为，自始没有法律约束力。当事人之间自不具有如同自然亲子关系一般的权利义务。

---

① 李志敏主编《比较家庭法》，北京大学出版社 1988 年版，第 255 页。

**2. 养父母与养子女间的权利义务关系，适用本法关于父母子女关系的规定**

第 1105 条对养父母子女关系进行了总括性的规定，其主旨在于通过法律拟制赋予养父母子女以与自然血亲父母子女关系相同的权利义务内容。就此而言，存在于宪法、法律、行政法规和地方性法规中有关父母子女权利义务及行为规范的法条都与拟制亲子关系法律问题具有一定的相关性，例如《中华人民共和国刑法》中关于虐待家庭成员犯罪行为的定罪量刑条款、《中华人民共和国未成人保护法》关于未成年家庭成员的权益保护条款等。

但是鉴于第 1105 条使用了"本法关于父母子女关系的规定"这一表述，蕴含着限缩适用的立法倾向，主要包括《民法典》"总则"编关于未成年人的父母为其法定监护人的相关规定，以及"婚姻家庭"编、"继承"编关于父母子女关系的规定。具体内容包括但不限于：①父母是未成年子女的监护人，承担相应监护责任；②父母对子女有抚养教育的义务，不得虐待和遗弃子女，当父母不履行抚养义务时，未成年或不能独立生活的子女有要求父母给付抚养费的权利，子女对父母有赡养扶助的义务，不得虐待和遗弃，当父母无劳动能力或生活困难时，有权要求已经成年并独立生活的子女给付赡养费；③父母有保护和教育未成年子女的权利和义务，在未成年子女对国家、集体或他人造成损害时，父母有承担民事责任的义务；④父母和子女有相互继承遗产的权利等。这些都完全适用于养父母子女关系。

养父母具有与生父母完全相同的法律地位和法律权利，在我国贯通适用于"再次送养"法律问题。关于收养人可否基于其父母身份再次将被收养人送养的问题，2009 年民政部办公厅复函允许，[①] 正是基于这一逻辑：既然养父母完全具有与生父母同样的法律地位和法律权利，因此在符合法

---

[①] 参见《民政部办公厅关于收养人因生活困难不能继续抚养被收养人有关问题的复函》（民办函〔2009〕177 号）。

律相关规定的情形下也可以作为送养人送养其养子女。

3.养子女与养父母的近亲属间的权利义务关系，适用本法关于子女与父母的近亲属关系的规定

拟制亲子关系也使得养子女与养父母的近亲属间形成相应的拟制血亲关系，他们之间的权利义务，适用法律关于子女与父母的近亲属关系的规定。养子女与养父母的父母之间形成拟制的祖孙关系，与养父母的其他各类有亲子关系的子女之间形成养兄弟姐妹关系。在法律规定的情形下，他们之间产生扶养、监护和继承等方面的权利义务。此外，养子女与养父母的兄弟姐妹之间也形成拟制的旁系血亲关系。

4.养子女与生父母及其他近亲属间的权利义务关系，因收养关系的成立而消除

我国立法奉行养子女完全融入收养家庭、断绝与生父母法律关系的立场。当收养关系成立后，养子女即脱离生父母的监护而成为养父母的子女，养子女与生父母之间的权利义务关系解除，相互间不再承担扶养等义务，也不再享有继承等权利。同时，养子女与生父母的近亲属间（包括养子女与生祖父母和生外祖父母之间以及与自然血亲的兄弟姐妹之间等）的权利义务关系亦因收养关系的成立而解除。

5.养子女与生父母及其他近亲属间仍适用有关血亲禁婚的法律规定

需注意的是，形成拟制亲子关系后，养子女与生父母及其他亲属间虽消除法律上的权利义务关系，却仍然存在自然血缘关系。故而，与以自然血缘为依据的法律规定，如直系血亲和三代以内旁系血亲禁止结婚等，仍应适用。

四　是否引入不完全收养机制

在收养制度的发展史上，大部分大陆法系国家最先选择的是不完全收养，如1804年《法国民法典》最初只规定了不完全收养，1889年《西班牙民法典》深受其影响也采用了这一立法模式，然后扩及拉丁美洲和非

洲许多国家。但是普通法系国家的发展路径正好相反。在美国，自马萨诸塞州 1851 年确立完全收养法律模式之后，许多州都以完全收养为主导模式。随后大部分普通法系国家也采用了这一模式。随着社会的发展，完全收养制度在创设和维护拟制亲子关系方面的优越性受到越来越多的认可和重视，1939 年法国将完全收养纳入立法，欧洲其他一些大陆法系国家也相继修正了立法。①从比较研究的视角来说，当今世界各国单纯采取完全收养的国家并不多，我国《婚姻法》和《收养法》的规定最为典型，此外还有日本、阿尔巴尼亚以及美国纽约州等。而仅仅采用不完全收养制度的国家也很少见，大部分国家同时设有完全收养与不完全收养两种制度，如法国、保加利亚、罗马尼亚、阿根廷等，其中又以法国最为典型。②

《法国民法典》分别对完全收养和简单收养进行了规定。对于完全收养的法律效果，《法国民法典》第 356 条规定："完全收养，赋予子女一种替代原始亲子关系的父母子女关系。被收养人不再属于与其有血缘关系的家庭，但保留执行第 161 条至第 164 条有关禁止结婚的规定。收养配偶的子女，对该配偶一方及其家庭仍然保留原始亲子关系；除此之外，此种收养产生由夫妻二人共同收养所具有的各项效果。"第 358 条规定："被收养人在收养人的家庭中享有与'按照本卷第七编之规定已确立亲子关系的'子女相同的权利，负相同的义务。"在法国，简单收养对被收养人的年龄没有限制性要求，《法国民法典》第 360 条规定："无论被收养人的年龄如何，均允许简单收养。如证明有重大理由，准许简单收养原已被完全收养的子女。如被收养人已年满 13 周岁，收养应当征得其本人的同意。"简单收养会在姓氏、禁婚亲属、未成年人财产管理、继承权等方面产生一系列后果，根据《法国民法典》第 365 条的规定，收养人对被收养人享有全部亲权性质的权利。但与此同时，《法国民法典》第 364 条规定："被收养人仍留在原家庭内并保留其全部权利，尤其是继承人的权利。被收养

① 蒋新苗：《收养法比较研究》，北京大学出版社 2005 年版，第 63 页。

② 蒋新苗：《收养法比较研究》，北京大学出版社 2005 年版，第 39、40 页。

人与其原始家庭之间，适用第 161 条至第 164 条有关禁止结婚的规定。"[①]

有学者指出，"现代国际社会的收养立法呈现出以完全收养为主的趋同化走势……最主要的原因在于许多国家认为，完全收养比简单收养能更好地保护儿童的最大利益，特别是在收养不可撤销时表现得更加突出。……但这并不意味着简单收养就消失了，只是表明了一种发展趋势，即完全收养从过去不存在或存在范围较小到渐趋普及和发展的壮大过程。我国的收养立法与司法实践顺应了国际收养法这一潮流，1991 年制定的收养法和 1998 年修订后的新收养法以及有关部门在处理涉外收养的实践过程中均在不断强化和夯实完全收养的法律地位"[②]。《民法典》第 1111 条继续延续单一完全收养机制。

但是多年来亦有学者建议在立法上确认不完全收养制度，作为对完全收养制度的补充。有观点认为不完全收养可适用于如下情形：被收养人为成年人、三代以内同辈旁系血亲的子女或已满 14 周岁不满 18 周岁的未成年人的情形；单身公民收养子女的情形等。[③]另有观点认为，继父母收养继子女实行不完全收养制度更为合理，建议立法应予确认，并对特殊收养行为（包括亲属间的收养、继父母收养继子女、隔代收养、单方送养与单方收养、转收养等问题）作出具体规定。[④]

笔者认为，承继《婚姻法》第 26 条、《收养法》第 23 条形成的《民法典》第 1111 条规定养子女与生父母之间的权利义务因收养关系的成立而解除，由此确立的完全收养法律效果固然有助于促进养父母子女间的感情融合和关系建构，也符合以完全收养为主导方向的制度趋势，但是对于继父母收养继子女等一些特殊情形来说，反而对保护未成年子女利益造成

① 此处所引法律条文参见《法国民法典》，罗结珍译，北京大学出版社 2010 年版，第 107~112 页。

② 蒋新苗、佘国华：《国际收养法走势的回顾与展望》，《中国法学》2001 年第 1 期，第 174 页。

③ 王歌雅：《关于我国收养立法的反思与重构》，《北方论丛》2000 年第 6 期，第 57 页。

④ 吴国平：《婚姻家庭立法问题研究》，吉林大学出版社 2008 年版，第 242~257 页；吴国平、吴锟：《孤残儿童救助及其收养立法完善研究》，《黑龙江省政法管理干部学院学报》2014 年第 2 期，第 7 页。

了逻辑障碍。

由于继父母与继子女之间收养关系的建立或多或少受到继父（母）与生母（父）之间婚姻关系的影响，这就使得继父母子女间的感情融合、关系认同存在相当大的不确定性和可变性。适用完全收养的法律效果会使得继子女一方失去未共同生活的生父母一方可能提供的抚养、教育和监护等，完全依赖共同生活的生（父）母和继父（母）。一旦生（父）母与继父（母）的婚姻关系解除，继子女虽然可以养子女的身份继续向继父（母）主张子女权益，却往往在现实层面遇到很多困扰和不便。如果在制度层面增设不完全收养机制，则可使继子女在成为继父母之养子女的同时仍保持其与未共同生活的生父母一方之间一定的感情联络和法律关系，避免其在共同生活的生（父）母去世或无能力抚养的情形下完全依赖继父（母），充分保障继子女的健康成长。同时，不完全收养制度对于将来突破被收养人年龄限制、拓宽收养制度适用范围等也具有制度协作的功用。甄别特殊收养类型，在一定限度内放开不完全收养机制，有助于更加灵活地回应现实收养需求，更好地保障被收养未成年人成长权益。

## 第四节　收养中的姓氏与户籍

### 一　养子女的姓氏

（一）立法沿革

我国首部《收养法》第23条规定："养子女可以随养父或者养母的姓，经当事人协商一致，也可以保留原姓。"1998年修正的《收养法》第24条完全沿袭这一规定。

在民法典编纂历程中，《各分编（草案）》第891条仍然保留了《收养法》的相关表述。至《婚姻家庭编（草案）》（二审稿），转化过来的第891条表述为："养子女可以随养父或者养母的姓氏，经当事人协商一致，也可以保留原姓氏。"这里，唯一的修改是将原条文中两处使用的"姓"

一并修改为"姓氏"，如此可将姓和名都涵盖进去，同时也使得法条表述更加庄重。此后，《婚姻家庭编（草案）》（三审稿）第891条和《民法典（草案）》、《民法典（草案）》（2020）第1112条均接纳了新的表述，最终成为《民法典》的正式条文："养子女可以随养父或者养母的姓氏，经当事人协商一致，也可以保留原姓氏。"

（二）养子女姓氏是谁的姓名权

养子女姓氏首先是自然人姓名权范畴的问题，养子女依照《民法典》"人格权"编"姓名权和名称权"章的具体规定享有和行使姓名权。同时养子女姓氏也关系到养子女融入收养家庭的现实问题，法律规定养子女和养父母之间具有如同自然亲子关系一般的权利义务关系，允许养子女采用养父母的姓氏以构建更加亲密和睦的家庭关系。

很多国家都非常重视养子女姓氏的规范。《德国民法典》第1757条就未成年被收养人的姓氏更改作了非常详细的规定：如养子女以收养人之家姓为其出生姓氏；夫妻共同收养或配偶之一方收养他方子女者，夫妻未约定婚姓时，养子女出生之姓氏应于收养成立宣告前，向家事法院为意思表示；如养子女满5岁，则其约定仅于宣告收养成立前向家事法院为意思表示始生效力；如配偶一方变更姓氏，则须在收养宣告前向家事法院以公证形式为意思表示，其变更始扩及养子女之姓氏；依收养人之申请及养子女之同意，家事法院于宣告收养成立时，可变更养子女之名，或在符合子女利益情形下给予其单一或多数新名，或在具重大理由基于子女利益考量而有必要的情形下将养子女的新家姓置于原家姓之前或之后。《法国民法典》第357条也针对完全收养中的养子女姓氏加以规范。《瑞士民法典》第267条第3款也规定，收养后可为养子女重新取名。《意大利民法典》第314条之26规定，特别养子女收养中，养子女取得作为养父母的婚生子女的身份，采用其家名，而且传其家名。《日本民法典》结合其婚姻风俗于第810条规定，养子女称养父母之姓氏；但因婚姻而改姓者，应称婚姻之际约定之姓氏期间，不在此限。

（三）关于养子女姓氏的法律规范

结合《民法典》关于自然人姓名权的有关规定，可将第 1112 条关于养子女姓氏的规范析分为如下规则。

1. 养子女依法享有姓名权

理解和适用第 1112 条，首先要明确，养子女自主享有姓名权。《民法典》第 1012 条规定，自然人享有姓名权，有权依法决定、使用、变更或者许可他人使用自己的姓名。养子女虽系未成年人，却是法律上的独立主体，依法享有独立的姓名权。对养子女的姓名权，养父母亦如其他主体一样负尊重义务，不得以第 1014 条禁止的各种方式尤其是干涉的方式侵害养子女的姓名权，不得强迫养子女变更自己的姓名。前引《德国民法典》第 1757 条严格区分养子女姓氏的更改和名的更改，多次提及对子女利益的考量。

2. 养子女可以随养父或者养母的姓氏，养父或养母处于同等地位

其次也要看到，"中国文化的传统特别讲究血缘关系和宗祖情结，而姓名中的姓的主要功能就是用来标记特定的血缘遗传关系的。姓名的血缘亲缘区分功能在时代的变迁中虽然有所弱化，但传统观念依旧根深蒂固"①。《民法典》充分尊重民族传统文化和社会生活习惯，在第 1015 条中规定，自然人的姓氏应当随父姓或者母姓，仅在法律规定的情形下有例外。可见，无论是在文化上还是在法律上，子女随父姓或母姓都是家庭关系的一般性表征。而养子女在被收养前的姓氏可能与养父或养母姓氏偶然重合，但更有可能不同，从而在外观上呈现不同于自然血亲家庭的特点，不利于保守收养秘密，进而不利于收养家庭的融合。因此，出于对传统姓氏文化的尊重，为实现拟制亲子关系的法律效果，第 1112 条规定养子女可以改随养父的姓氏或者养母的姓氏。

养子女如决定更改姓名，究竟随养父母何方姓氏，应以男女平等原则为基础协商确定。男女平等是我国《宪法》规定的基本理念，折射到婚

---

① 章志远：《姓名、公序良俗与政府规制——兼论行政法案例分析方法》，《华东政法大学学报》2010 年第 5 期，第 17 页。

姻关系即为《民法典》1055 条规定的夫妻地位平等，折射到亲子关系则为《民法典》第 1058 条规定的夫妻双方平等享有亲子权益。因此在养子女姓氏问题上，亦应在尊重养子女姓名自主权的基础上，依照养父与养母平等的原则予以商定。

民族文化在养子女更改姓氏问题上也有体现，如《德国民法典》第 1757 条通过家庭姓氏解决养父与养母姓氏的选择问题，如果养父母并无共用的婚姻姓氏，或虽有约定但鉴于养子女已满 5 岁，又或者养父母一方变更了姓氏，均须在宣告收养之前向家事法院作出意思表示方可据此确定养子女的姓氏。

3. 经当事人协商一致，养子女也可以保留原姓氏

如前所述，养子女系法律上之独立主体，依法享有姓名自主权，他人包括养父母不得以干涉等方式侵害其姓名权，不得强迫其因收养关系的成立而更改姓氏。如被收养人系孤儿或查找不到生父母的未成年人，养父母应与有判断表达能力的养子女商议讨论姓氏更改问题，一致决定保留原姓氏或者养子女明确要求保留原姓氏的，应当保留养子女的原姓氏。如被收养人系生父母有特殊困难无力抚养而被送养，则收养人、送养人和有判断表达能力的养子女可共同讨论养子女姓氏更改问题，如各方协商一致保留原姓氏，或养子女明确要求保留原姓氏，应当保留其原姓氏。协商之后，养子女对自己的姓名权提出新主张的，应在《民法典》关于姓名权的规范框架下行使权利。

民政部《收养登记工作规范》第 15 条规定，《收养登记申请书》上"被收养后改名为"一栏填写被收养人被收养后更改的姓名，未更改姓名的，此栏不填。其第 16 条规定，收养登记员要分别询问或者调查收养人、送养人、年满 8 周岁以上的被收养人和其他应当询问或者调查的人，特别是对年满 8 周岁以上的被收养人应当询问其是否同意被收养和有关协议内容，包括被收养后改名事项；询问或者调查结束后，要将笔录交被询问人或被调查人阅读或向其宣读，由其签名或按指纹确认。这些细致的工

作规范有助于充分保障各方权益。

## 二 养子女的户籍

（一）户籍管理与收养事项

户口系国家以"户"为单位建构的户籍管理制度在个体身份层面的反映，既反映个体的属地信息，也反映个体的家庭关系信息。正所谓，"户"以"家"为基础，"家"以"户"的形式在传统法律中呈现，其目的是实现行政管理和社会治理上的便利性。[①]

大陆法系的很多国家对收养事项一并实行户籍管理。《日本民法典》第 799 条通过援引第 738 条和第 739 条将婚姻申报制度准用于收养，要求收养应依户籍法之规定申报而生效，且此项申报要求以双方当事人及两名以上成年证人签名之书面，或此等人之口头而作出。但其判例已突破收养申报之严格形式要求，而依户籍法试行规则第 62 条肯认存在代书或委托盖章情形的收养申报为有效。[②]可见在日本，收养登记实则被纳入户籍管理体系。《法国民法典》第 354 条规定，宣告完全收养的判决自发生既判事由之确定之日起 15 日内，应检察官的要求，登录于被收养人出生地的户籍（身份）登记簿。如被收养人出生在国外，完全收养判决登录于外交部户籍身份中心的登记簿。该登录相当于为被收养人提供新的出生证书，原出生证书由户籍官员保管，在法律规定的情形下，依检察官的要求加盖"收养"字样后，视为无效。《意大利民法典》第 314 条之 25 和第 314 条之 28 规定特别收养中应依照法律的规定对出生证书适时进行附记并通告户籍官，关于养子女的户籍证明文件应符合法律规定的要求。

（二）我国立法沿革

我国首部《收养法》没有规定被收养人户口事项，因其本身属于单纯

---

① 李伟：《"家"、"户"之辨与传统法律表征》，《政法论丛》2015 年第 6 期，第 63 页。

② 最判昭和三十一年七月十九日民集 10 卷 7 号 908 页，转引自王融擎编译《日本民法条文与判例（下册）》，中国法制出版社 2018 年版，第 746、747 页。

的行政管理范畴，主要依据行政法律法规实施。但是鉴于现实生活中被收养人办理户口迁移遇到诸多困难，影响到被收养人和收养家庭各方面合法权益，1998年修正《收养法》时立法机关决定："增加一条，作为第十六条：'收养关系成立后，公安部门应当依照国家有关规定为被收养人办理户口登记。'"①由此，被收养人户口登记事项进入收养法律规范体系。

在民法典编纂中，《各分编（草案）》第885条、《婚姻家庭编（草案）》（二审稿）第885条一直保留着上引《收养法》第16条的内容。至《婚姻家庭编（草案）》（三审稿）阶段，第885条将"公安部门"修改为更加规范严谨的"公安机关"，整个条文表述为："收养关系成立后，公安机关应当依照国家有关规定为被收养人办理户口登记。"修改后的条文被《民法典（草案）》、《民法典（草案）》（2020）完整吸纳，最终成为《民法典》第1106条的内容："收养关系成立后，公安机关应当依照国家有关规定为被收养人办理户口登记。"

（三）简明规定与非简明实践

《民法典》第1106条以简明表述规范被收养人户口登记事项，设定相应的行政义务主体和行政行为条件，但本条的理解和适用并不如此"简明"。具体析论如下。

1. 因收养而办理户口登记既是公民的义务，也是公民的权利

依法登记户口既是公民的义务也是公民的权利。1958年全国人大常委会通过《户口登记条例》（简称《条例》），建立全国统一的户口登记法律制度，旨在"维持社会秩序，保护公民的权利和利益，服务于社会主义建设"，要求"中华人民共和国公民，都应当依照本条例的规定履行户口登记"（《条例》第1条、第2条）。该《条例》第7条规定，婴儿出生后一个月内，由户主、亲属、抚养人或者邻居向婴儿常住地户口登记机关申报出

---

① 参见中华人民共和国第九届全国人民代表大会常务委员会第五次会议于1998年11月4日通过，自1999年4月1日起施行的《全国人民代表大会常务委员会关于修改〈中华人民共和国收养法〉的决定》。

生登记；弃婴，由收养人或者育婴机关向户口登记机关申报出生登记。出生登记的申报载入户口登记系统。办理出生登记之后被收养的未成年人，需办理户口迁移手续，将户口迁入收养家庭所在户，形成新的户籍。

实践中，户口关系到公民诸多权益，入学、参军、就业、集体经济组织权益分配、购房、购车，等等。但是，"由于一些地方和部门还存在政策性障碍等因素，部分公民无户口的问题仍然比较突出，不利于保护公民合法权益，并直接影响国家新型户籍制度的建立完善"，国务院办公厅2015年发出《关于解决无户口人员登记户口问题的意见》，重申"依法登记户口是法律赋予公民的一项基本权利，事关社会公平正义，事关社会和谐稳定"，要求切实维护每个公民依法登记户口的合法权益，将解决无户口人员登记户口问题与健全完善计划生育、收养登记、流浪乞讨救助、国籍管理等相关领域政策统筹考虑、协同推进。《民法典》第1106条即在法律层面进一步明确被收养人的户籍权益，要求公安机关依照有关规定为已确立收养关系的被收养人办理户口登记。

2. 收养关系成立是被收养人申请办理户口登记的前提条件

户籍管理是以家庭为单位并具有属地性质的行政管理制度。收养关系成立，收养人和被收养人之间方确立拟制亲子关系，双方分别作为养父母和养子女组建收养家庭，并由此纳入户籍管理制度。因此，自法律逻辑而言，收养关系成立之后，才产生将被收养人的户口纳入收养人所在户的需要和必要。根据《户口登记条例》第19条的规定，公民因收养引起户口变动的时候，由户主或者本人向户口登记机关申报变更登记。鉴于被收养人为未成年人，经收养而处于收养人的监护之下，《收养子女登记办法》第8条规定，收养关系成立后，需要为被收养人办理户口登记或者迁移手续的，由收养人持收养登记证到户口登记机关按照国家有关规定办理。

对于没有办理收养登记的收养关系，需考察其是否属于行政机关或司法机关认定的具有法律效力的事实收养关系。司法部、民政部、国务院先后发布有关文件对此进行规范。司法部于2000年发布的《关于贯彻执

行〈中华人民共和国收养法〉若干问题的意见》（司发通〔2000〕33号）
按照两个时点来设定收养关系的认定标准。①《收养法》修正案于1999
年4月1日施行后，收养关系的成立和协议解除收养关系以登记为准。
②《收养法》于1992年4月1日施行至1999年4月1日修正施行前这
段期间建立的收养关系，符合原收养法规定的，公证机构可以给予公证；
不符合原收养法规定的，公证机构不得办理收养或解除收养关系公证，但
可对当事人之间抚养的事实进行公证。③《收养法》于1992年4月1日
施行前发生的事实收养，公证机构仍按《司法部关于办理收养法实施前建
立的事实收养关系公证的通知》（司发通〔1993〕125号）规定办理事实
收养公证，亦即，凡当事人能够证实双方确实共同生活多年，以父母子女
相称，建立了事实上的父母子女关系，且被收养人与其生父母的权利义务
关系确已消除的，可以为当事人办理收养公证。收养关系自当事人达成收
养协议或因收养事实而共同生活时成立。办理事实收养公证由收养人住所
地公证处受理。

2008年，《民政部、公安部、司法部、卫生部、人口计生委关于解决
国内公民私自收养子女有关问题的通知》（民发〔2008〕132号）在肯认
司法部前述两个文件的基础上，规定：1999年4月1日，《收养法》修改
决定施行前国内公民私自收养子女的，依据司法部前述两个规定和公安部
《关于国内公民收养弃婴等落户问题的通知》（公通字〔1997〕54号）的
有关规定办理；依据司法部2000年《关于贯彻执行〈中华人民共和国收
养法〉若干问题的意见》规定对当事人之间抚养的事实已办理公证的，抚
养人可持公证书、本人的合法有效身份证件及相关证明材料，向其常住户
口所在地的户口登记机关提出落户申请，经县、市公安机关审批同意后，
办理落户手续。

2015年国务院办公厅《关于解决无户口人员登记户口问题的意见》
（国办发〔2015〕96号）规定：未办理收养登记的事实收养无户口人员，
当事人可以向民政部门申请按照规定办理收养登记，凭申领的《收养登

记证》、收养人的居民户口簿，申请办理常住户口登记。1999 年 4 月 1 日《收养法》修正案施行前，国内公民私自收养子女未办理收养登记的，当事人可以按照规定向公证机构申请办理事实收养公证，经公安机关调查核实尚未办理户口登记的，可以凭事实收养公证书、收养人的居民户口簿，申请办理常住户口登记。可见，司法部关于事实收养认定的规则为民政部所吸纳，最终两部委确立的规则又在国务院办公厅层面获得肯认，由此行政系统对于事实收养的认定规则归于一致。

3. 公安机关应当依照国家有关规定办理收养户口登记

根据第 1112 条规定，收养关系成立是公安机关为被收养人办理户口登记的前提条件和必要条件。但是从行政执法和司法裁判实践来看，收养关系成立并非被收养人得以办理户口登记的充分条件，原因在于，本条规定的"依照国家有关规定"往往被具化为各种地方户籍管理规定，从而给被收养人办理户口登记带来一定的困难和障碍。例如，2010 年上海市曾有一则养母代养子提起的户籍登记行政诉讼，历经一审、二审，终归败诉。判决援引如下地方规定进行了说明。沪民婚发〔2009〕5 号通知第 5 条明确规定，"凡本市常住户口居民收养外省市的儿童，经审核符合《收养法》和《收养子女登记办法》规定，须在当地办理收养登记手续，领取《收养登记证》后，被收养人随收养人在本市共同居住生活 5 年以上且未成年的，收养当事人应当提供办理收养登记时的相关原始凭证，向其户口所在地公安派出所提出被收养人的户口落户申请"。《上海市公安局户口审批程序暂行规定》第 12 条第 2 款第 1 项第 6 目规定："明显不符合户口迁移相关规定的，应当当场或者在 5 日内作出不予受理的决定，并向申请人出具《不予受理决定书》。"法院认为，上述规定并未违反《中华人民共和国户口登记条例》及其他上位法的规定，被上诉人适用该条款作出行政决定并无不当，从而对原告（上诉人）的诉讼请求不予支持。[①]

---

① 杨某与上海市公安局嘉定分局徐行派出所户籍登记纠纷上诉案［上海市嘉定区人民法院（2010）嘉行初字第 1 号行政判决；上海市第二中级人民法院（2010）沪二中行终字第 95 号行政判决］。

几乎在同一时期，同在上海，另有一则养母代养子提起的户口登记行政诉讼可资比照。该案中，2003 年始，养母捡拾养子后遂抱回抚养，2007 年刊登寻亲认领，2008 年在民政部门办理领养证，然后为养子申报户籍。受理户籍申报的公安机关认为，根据有关证据可以查找到养子的亲生父母，故原告并非弃婴，不符合收养条件，拒绝为其办理户口登记。经一审、二审后，法院认为，户籍登记机关在没有充分、明确的证据证明原告不是弃婴，该收养关系明显不符合法律规定的情况下，不认可民政部门出具的有效收养登记证，缺乏依据。同时，考虑原告及其养母已共同生活多年，亦进入小学学习阶段的客观情况，从有利于未成年人接受教育、生活、成长等角度出发，户籍登记机关不批准被收养人户口迁入的申请有所失当。①

两相比照可知，司法裁判机关支持公安机关在户籍管理职权内，依照有关规定就被收养人户口登记申请作行政裁量，但并不支持其超越自身职权，替代审查收养登记本身的合法性和正当性。但值得思考和期待的是，2015 年国务院办公厅《关于解决无户口人员登记户口问题的意见》规定，当事人凭申领的《收养登记证》或事实收养公证书、收养人的居民户口簿申请办理常住户口登记，以及其提出的"进一步完善户口登记政策，禁止设立不符合户口登记规定的任何前置条件"的任务目标，会否有助于突破有关户籍管理的地方性规定或部门性规定所附加的条件，保障被收养人能够及时办理户口登记或户口迁移手续，尽快融入收养家庭，并实现其教育、社会保障等逐项合法权益，在养父母的监护和国家社会的关爱保护下健康成长。

---

① 张某不服上海市公安局虹口分局不予批准报入户口案［上海市虹口区人民法院（2010）虹行初字第 70 号行政判决书；上海市第二中级人民法院（2011）沪二中行终字第 32 号行政判决书］。

# 第八章 收养解除

现代收养法律制度的首要宗旨在于为失恃失怙或未得充足供养的未成年人提供新的家庭环境和监护资源，为稳定未成年被收养人的成长环境、保障其成长权益计，一般不允许在被收养人成年以前解除收养关系；一旦被收养人成年，能够独立生活，收养人作为养父母已履行自身的亲子责任，而可期待被收养人履行其赡养义务，此际亦不宜解除收养关系。但收养关系作为一种法律拟制的父母子女关系，既然可以依照一定的法律程序成立，也就可以依照一定的法律程序解除。《民法典》第1114条和第1115条分别规定养子女成年之前和养子女成年之后解除收养关系的条件，并将解除程序分为登记解除和诉讼解除。第1117条规定收养关系解除的解销效力，亦即，养子女与养父母之间的拟制亲子关系消灭，未成年养子女与其生父母之间的自然血亲亲子关系自行恢复，成年养子女的自然血亲权利义务则可与其生父母协商确定。收养关系的解除还可能发生养父母的补偿请求权，第1118条即关于此请求权的法律规范。

## 第一节 养子女成年前解除收养关系

### 一 立法沿革

1991年我国首次制定《收养法》时，起草机关针对收养关系解除的一般原则和立场指出，"收养子女是变更人身权利义务关系的严肃的法律行为，收养关系成立后一般不得解除。但由于收养关系是一种拟制血亲，可能因各种原因导致收养关系的恶化和事实上的解体，因此，《草案》规定可以解除收养关系，并对收养关系解除的几种情况和形式，以及解除收养后的效力作了规定"。[①]这一阶段的立法通过 5 个条文系统规定了收养关系解除的类型及法律效果，构建起收养关系解除的主要规范体系。作为这一体系中开首的法条，这部法律第 25 条包含两款内容。第 1 款规定："收养人在被收养人成年以前，不得解除收养关系，但收养人、送养人双方协议解除的除外，养子女年满十周岁以上的，应当征得本人同意。"第2 款规定："收养人不履行抚养义务，有虐待、遗弃等侵害未成年养子女合法权益行为的，送养人有权要求解除养父母与养子女间的收养关系。送养人、收养人不能达成解除收养关系协议的，可以向人民法院起诉。"1998年修正的《收养法》第 26 条完全沿袭这一规定。

在民法典编纂中，《各分编（草案）》第 893 条仅对《收养法》上引条文第 1 款作了三处修改：其一，将"但"字改为"但是"，表述更加工整庄重；其二，将"除外"之后的逗点改为句点；其三，将"十周岁"改为"八周岁"，既是呼应《民法总则》（后被纳入《民法典》，成为"总则"编）对限制民事行为能力人年龄基准的修改，亦是呼应这部草案第883 条关于收养应征得 8 周岁以上未成年被收养人同意的规定。

《婚姻家庭编（草案）》（二审稿）第 893 条继续优化上引收养关系解除的条文，将第 2 款中"起诉"修改为"提起诉讼"，整个条文表述为：第 1 款："收养人在被收养人成年以前，不得解除收养关系，但是收养人、送养人双方协议解除的除外。养子女八周岁以上的，应当征得本人同意。"第 2 款："收养人不履行抚养义务，有虐待、遗弃等侵害未成年养子女合法权益行为的，送养人有权要求解除养父母与养子女间的收养关系。送养人、收养人不能达成解除收养关系协议的，可以向人民法院提起诉讼。"

---

[①]　参见时任司法部副部长金鉴于 1991 年 6 月 21 日在第七届全国人民代表大会常务委员会第二十次会议上所作《关于〈中华人民共和国收养法（草案）的说明》（北大法宝引证码：CLI.DL.705）。

修改后的条文被《婚姻家庭编（草案）》（三审稿）第893条和《民法典（草案）》、《民法典（草案）》（2020）第1114条完全保留下来，最终成为《民法典》的正式条文："收养人在被收养人成年以前，不得解除收养关系，但是收养人、送养人双方协议解除的除外。养子女八周岁以上的，应当征得本人同意。收养人不履行抚养义务，有虐待、遗弃等侵害未成年养子女合法权益行为的，送养人有权要求解除养父母与养子女间的收养关系。送养人、收养人不能达成解除收养关系协议的，可以向人民法院提起诉讼。"

## 二　养子女未成年情形下解除收养的基本立场

《民法典》第1114条规定了养子女未成年时解除收养关系的情形。不同于自然血亲关系基于子女出生的法律事实和自然血缘关联而形成，养亲法律关系是由适格当事人依照法律规定通过收养法律行为创设形成，既是因法律拟制而缔结则亦可经法律程序而解除。但是，现代收养法律制度的首要宗旨在于为失恃失怙或未得充足供养的未成年人提供新的家庭环境和监护资源，为稳定未成年被收养人的成长环境、保障其成长权益计，一般不允许在被收养人成年以前解除收养关系。最严格者如《法国民法典》第359条径行规定，完全收养不得解除。

大多数国家规定，在特定情事下，解除收养关系于未成年被收养人权益无碍，甚或对其有利，可依照法律之特别规定予以解除。除1114条作为我国立法例证外，德国亦为典型。《德国民法典》第1759条援引第1760条、第1763条规定解除收养关系的两类情形：其中第1760条规定的是因收养欠缺某主体的同意或申请而向家事法院申请废止，但规定了诸多阻却事由如补正意思表示等；第1763条规定养子女未成年时，家事法院因重大理由基于维护子女利益的必要仅在两种情形下得依职权废止收养关系，其一为单方收养人之配偶或养子女之生父母一方准备承担照护及教养子女的责任且不违反子女利益，其二为收养废止后可使子女再度被收养。从中可见德国民法规范解除收养关系的主要着眼点在于保障未成年子女的成长权益。

### 三　养子女未成年情形下解除收养的具体规则

第 1114 条确立被收养人成年以前一般不得解除收养关系的基本准则，其后规定两种例外情形，具体规则析论如下。

1. 被收养人成年以前，一般不得解除收养关系

完整的家庭、温暖的亲情是未成年人的最好成长环境。收养制度的首要社会功能就是解决未成年社会成员脱离家庭或失去供养的社会问题，因此保障未成年人的健康成长，在经由收养重新组合的家庭中，通过法律重构亲子关系能够为未成年养子女提供与原生家庭同等的权利保障，从而使其获得较好的抚养教育条件，实现未成年人养子女的最佳利益。为实现收养的基本制度功能，被收养人成年以前，以不得解除收养关系为基本准则，仅在特定情事下，从有利于未成年人成长权益的角度出发方可作例外规定。根据《民法典》第 17 条的规定，18 周岁以上的自然人为成年人。《民法典》第 18 条规定，成年人为完全民事行为能力人，16 周岁以上的未成年人，以自己的劳动收入为主要生活来源的，视为完全民事行为能力人。但需要辨析的是，第 18 条是关于完全民事行为能力年龄界点的规定，不能取代第 17 条关于成年年龄界点的规定，而且前者所使用的表述"十六周岁以上的未成年人"亦表明此种情形下即使视其为完全民事行为能力人，亦不改变其为未成年人的法律事实。

2. 例外情形之一：各方主体协议解除收养关系，应征得 8 周岁以上养子女本人的同意

被收养人成年以前，可经各方主体协商一致，合意解除收养关系。此种情形下需收养人与送养人达成合意且征得 8 周岁以上被收养人同意，以与收养法律行为相同的方式解除收养法律关系，养子女复归于生父母或送养人监护之下，其成长权益仍得保障，故允许解除收养关系。

能够形成协议解除收养关系，通常意味着收养人和送养人达成有关

合意，此际最易被忽视的主体是未成年的养子女。但同时，未成年的养子女又恰是受解除收养关系影响最大的主体。创设收养关系使未成年被收养人从送养人监护之下转移至收养人监护，被收养人与收养人重新构建拟制亲子关系，双方形成可期待的亲子权益，包括抚养和赡养、彼此继承遗产等；解除收养关系使未成年养子女再度面临亲子关系和亲子权益的变动，对其影响甚巨。但是因为养子女本身未成年，不具有完全民事行为能力，也不具有参与民事法律行为的足够经验，加之我国家庭文化和社会观念尚未形成尊重儿童主体地位的行为规范，故未成年养子女的权益和意愿常处于易被忽视甚至忽略的弱势地位。有鉴于此，第1114条承继《收养法》既有规定，要求收养人、送养人在被收养人未成年时签订协议约定解除收养关系的，应当征得年满8周岁以上的养子女本人同意。

司法实践中，确曾出现过此类典型案例：收养人夫妻于1977年、1980年分别生育两个女儿，然后自1989年起将被收养人接往住处一起共同生活，其间还办理了户口迁入手续，但一直未办理收养登记手续。至2004年，收养人夫妻以年老无力抚养为由将被收养人送回其生父处，并向其生父提供字据以供签名确认。同年，满15周岁的被收养人认为其生父母并不欢迎其回归，提起诉讼要求确认收养关系。一审判决认为收养人不符合《收养法》规定的收养条件故收养关系无效，驳回被收养人的请求，但是二审法院认为收养关系成立于《收养法》实施之前，应被确认为事实收养关系，而收养人与送养人之间签订的解除收养关系协议则因为未征得年满15周岁的未成年养子女同意而归于无效。[①]二审法院的判决显然在法律适用上更加细致更加精准。

3. 例外情形之二：收养人侵害养子女合法权益，送养人有权要求解除收养关系，必要时可提起诉讼

第1114条规定，收养人不履行抚养义务，有虐待、遗弃等侵害未成

---

① 广东省佛山市中级人民法院杨某永与杨某铭等收养关系纠纷上诉案民事判决书〔(2004)佛中法民一终字第807号〕。

年养子女合法权益行为的，送养人有权要求解除收养关系。因此种情形下收养人不尽父母义务，甚至存在虐待、遗弃等恶劣行为，使置身于收养家庭的未成年养子女不仅未得养护反而身心受害，赋权曾经的监护人送养人（往往亦是具有血脉传承的生父母）解除收养关系的权利，有助于帮助未成年被收养人脱离困境，维护其合法权益。

抚养、教育和保护是父母的天职和义务。《民法典》第26条第1款规定，父母对未成年子女负有抚养、教育和保护的义务。其第1067条第1款规定，父母不履行抚养义务的，未成年子女或者不能独立生活的成年子女，有要求父母给付抚养费的权利。收养人通过收养法律行为得以在其与被收养人之间形成法律拟制的亲子关系，具有如自然血亲父母子女同样的权利义务关系，包括抚养、教育和保护子女的权利和义务。收养人不履行抚养义务，使未成年养子女的生存权和发展权面临巨大威胁和风险，也使养父母子女关系失去其意义和价值。

长期拒不履行抚养义务可以认定为遗弃或虐待行为。遗弃是指负有法定抚养、扶养、赡养义务的家庭成员，拒不履行法定义务，致使需要抚养、扶养、赡养的家庭成员不能得到法定供养，损害其合法利益的违法行为。虐待是指以作为或不作为的形式对家庭成员歧视、折磨、摧残，使其在精神上、肉体上遭受损害的违法行为。虐待的形式多种多样，如打骂、恐吓、冻饿、限制人身自由，拒绝供应必要的衣食或放任疾病恶化等。这些违法行为与家庭暴力的形式具有一定的相似性，最高人民法院发布的《关于适用〈婚姻法〉若干问题的解释（一）》第1条规定，持续性、经常性的家庭暴力，构成虐待。

以养父母身份取得对养子女监护权的收养人如不尽抚养义务甚或有虐待和遗弃行为等，不仅要承担民事责任，也可能面临行政责任和刑事责任的处罚和惩治。在民事责任方面，《民法典》第36条规定，对于怠于履行监护职责、实施严重损害被监护人身心健康行为或严重侵害被监护人合法权益行为的监护人，可撤销其监护人资格。在行政处罚和行政处分责任方面，《治安管理处罚法》第45条规定，有下列行为之一的，处五日以下拘留或者警告：①虐待家庭成员，被虐待人要求处理的；②遗弃没有独立生活能力的被扶养人的。《行政机关公务员处分条例》第29条明确规定，有拒不承担赡养、抚养、扶养义务或虐待、遗弃家庭成员等行为的，给予警告、记过或者记大过处分；情节较重的，给予降级或者撤职处分；情节严重的，给予开除处分。在刑事责任方面，我国《刑法》有关于虐待罪和遗弃罪的规定。《刑法》第260条规定，虐待家庭成员，情节恶劣的，处二年以下有期徒刑、拘役或者管制；犯前款罪，致使被害人重伤、死亡的，处二年以上七年以下有期徒刑。第一款罪，告诉的才处理，但被害人没有能力告诉，或者因受到强制、威吓无法告诉的除外。《刑法》第261条规定，对于年老、年幼、患病或者其他没有独立生活能力的人，负有扶养义务而拒绝扶养，情节恶劣的，处五年以下有期徒刑、拘役或者管制。

收养人不履行抚养义务，有虐待、遗弃等侵害未成年养子女合法权益行为的，除未成年养子女或其他有关个人或者组织依上述规定追究收养人责任外，还对收养关系产生直接影响。亦即，送养人有权依照《民法典》第1114条的规定要求解除养父母与养子女间的收养关系，解除收养关系将从根本上消灭收养人对未成年养子女的监护权。

当送养人基于收养人上述怠于履责情事或侵权行为提出解除收养关系的要求，有可能双方能够达成一致，通过协议的方式解除收养关系，亦有可能无法达成协议，此种情形下送养人可以向人民法院提起诉讼，证明收养人存在第1114条规定的过错行为和侵权行为，主张解除收养法律关系。人民法院在认定事实的基础上，应当依据本条法律规定，支持送养人的诉讼请求。

## 第二节　养子女成年后解除收养关系

### 一　立法沿革

如同收养关系的认定，解除收养关系是新中国民事司法史上较早面临的现实法律问题和挑战。早在 1979 年发布的《最高人民法院关于贯彻执行民事政策法律的意见》即针对养子女成年以后解除收养问题给出指导意见:"养父母和已长大成人的养子女之间,因关系恶化或有其他正当理由,一方坚决要求解除收养关系,而另一方坚决不同意的,人民法院应根据具体情况处理。如养父母、养子女关系再继续下去,对养父母的晚年生活或养子女的前途确实不利的,可判决准予解除。"1984 年发布的《最高人民法院关于贯彻执行民事政策法律若干问题的意见》延续上述立场,简明规定:"养父母与其抚养成人的养子女关系恶化,再继续共同生活对双方的正常生活确实不利,一方坚决要求解除收养关系的,一般可准予解除。"上述司法解释文件失效后,其基本立场仍得以延续。我国首部《收养法》第 26 条规定:"养父母与成年养子女关系恶化、无法共同生活的,可以协议解除收养关系。不能达成协议的,可以向人民法院起诉。"1998 年修正的《收养法》第 27 条完全沿袭这一规定。

在民法典编纂中,《各分编(草案)》第 894 条完全保留了《收养法》的规定,至《婚姻家庭编(草案)》(二审稿)阶段,如同上文所述第 893 条对"起诉"二字的修改,第 894 条中的"起诉"一并改为"提起诉讼",整个条文表述为:"养父母与成年养子女关系恶化、无法共同生活的,可以协议解除收养关系。不能达成协议的,可以向人民法院提起诉讼。"略作修改后的条文被《婚姻家庭编(草案)》(三审稿)第 894 条和《民法典(草案)》、《民法典(草案)》(2020)、《民法典》第 1115 条一径保留下来。

## 二 养子女成年后解除收养的基本立场

《民法典》第 1115 条规定了养子女成年后解除收养关系的情形。基于收养之法律拟制的性质,收养主体既是通过民事法律行为创设并进入收养关系,亦得通过一定的法律机制退出。但是,应当确立收养关系成立后一般不能随意解除的基本准则:《民法典》第 1114 条从保护未成年被收养人成长权益考量，一般性地禁止在被收养人成年以前解除收养关系，规定两种情形作为例外；第1115条关于被收养人成年以后解除收养情形的规定，亦应作例外情形理解，条文中虽未特别说明，但自法理而言应秉持一般不予解除的基本立场。

然而在特定情形下，一味禁止解除收养关系反而损害收养主体的合法权益，第1114条规定的收养人不履行抚养义务甚至虐待、遗弃未成年养子女即为此极端情形，第1115条规定的养父母与成年养子女关系恶化、无法共同生活，则为被收养人成年后的极端情形。在此情形下，收养形成的拟制亲子关系在功能或价值上已受损害，为维护收养主体的合法权益，应当允许其解除收养关系。

### 三 养子女成年后解除收养的具体规则

《民法典》第1115条规定了养子女成年后解除收养关系的法定情形。其确立的具体规则析论如下。

1. 养子女成年后，一般不得随意解除收养关系

收养关系不能随意解除是收养法的基本立场。其法理基础在于：收养在当事人之间产生拟制的亲子关系效力，双方的权利义务是相互的，不唯养父母对未成年养子女负有抚养、教育和保护的义务，养子女成年后也对年老的养父母承担赡养和扶助的义务，而且双方之间互为第一顺序法定继承人，享有期待利益。被收养人成年以前任由收养关系解除，将损害到未成年被收养人的成长权益；被收养人成年以后任由收养关系解除，则将损害收养人受赡养扶助的权益。是以，收养法的基本立场应为维系调和收养关系，而非任意解除收养关系。

德国法严格遵守这一准则。《德国民法典》分别针对未成年人收养和成年人收养规定解除收养关系的条件：第1763条规定，在子女尚未成年期间，若为子女的幸福而有重要理由必须如此，监护法院可以依职权解除收养关系；第1771条规定，如果存在重要理由，经收养人和被收养人

申请，监护法院可以解除对成年人所建立的收养关系。德国联邦最高法院 2014 年针对一则养父严重侵害养女权益的案例申明：针对未成年人设立的收养关系，在该儿童成年后，即使当事人存在极其严重的过错行为（如该案中的性侵），也不能再废止收养。其裁判理由即在于：在实证法层面，前引《德国民法典》第 1763 条系针对未成年人收养，且只能适用于被收养人成年之前，第 1771 条仅适用于成年人收养，故两者皆不可适用；在立法意旨层面，1976 年《收养法政府草案》已申明，收养子女并非仅为让子女获得教育和照顾，被收养子女应当"永久性的，包括在成年之后，归属于新的家庭"。[①] 此案例虽于养子女的利益极为不利，却深刻阐明德国民法坚守收养不可任意解除的价值立场所在。

2. 养父母与成年养子女关系恶化、无法共同生活的，可以协议解除收养关系，不能达成协议的，可提起诉讼

第 1115 条规定，养子女成年后，养父母子女关系恶化、无法共同生活的，可以协议解除收养关系。法条表述中所言"成年养子女"，应依据《民法典》第 17 条规定以 18 周岁为年龄界点，避免与第 18 条第 2 款关于"视为完全民事行为能力人"的年龄界点相混淆。"养父母与成年养子女关系恶化"，是较为宽泛的描述，并无明确的法律规定或具体解释，须在具体案情中加以甄别。司法实践中，有因为养子外出打工疏于问候而致养父母心生不满认为关系恶化的案例[②]，也有因为养女为应聘招工改回原姓而与养父母生隙隔膜的案例[③]，种种细节不一而足，需要在个案中对养父母子女关系的现实状况加以甄别。"无法共同生活"的认定应从宽解，因为养父母子女关系是亲子关系，养子女成年后多婚配另居，与婚姻共同生活中的

---

[①] 案例号：BGH, Beschluss vom 12. März 2014-XII ZB 504/12-OLG Karlsruhe，转引自王葆莳《德国联邦最高法院典型判例研究 家庭法篇》，法律出版社 2019 年版，第 319、323 页。

[②] 河南省三门峡市中级人民法院苗某海、刘某某与苗某松解除收养关系纠纷上诉案民事判决书〔（2013）三民三终字第 170 号〕。

[③] 河南省灵宝市人民法院马某凡与张某玲解除收养关系案民事判决书〔（2009）灵民一初字第 453 号〕。

"同财共居"是性质不同的，只要双方以亲子身份来往探视、赡养扶助，即应被视为共同生活的维系。

在第 1115 条规定的情形下，养父母与成年养子女可协议解除收养关系。解除收养协议应符合民事法律行为的要件，即如《民法典》第 143 条规定的，行为人应具有相应的民事行为能力，意思表示真实，不违反法律、行政法规的强制性规定，不违背公序良俗。解除收养协议以书面形式为宜，不仅要明确表示双方自愿结束收养关系，还要根据需要对收养关系存续期间所形成的家庭共有财产作出合法的分割，并对缺乏劳动能力又缺乏生活来源的养父母的生活安置及养父母要求养子女补偿收养期间支出的生活费和教育费问题等予以合理解决。

养父母和成年养子女无法就上述事项达成一致的，应当依照《民事诉讼法》的有关规定，以《民事案件案由规定》第 21 项"收养关系纠纷"规定的"解除收养关系纠纷"案由向有管辖权的人民法院提起解除收养关系的民事诉讼。人民法院认定养父母与成年养子女关系恶化、无法共同生活的，一方或双方要求解除收养关系的，予以解除。人民法院依法解除收养关系，可以根据具体案件情况分别采取调解方式或者判决方式。

从最高人民法院发出的个案指导意见来看，针对养子女成年后解除收养关系的法律诉讼，应首先认定收养人、被收养人之间是否存在有效的收养关系（或是法律收养，或是在《收养法》首度实施之前形成的事实收养），然后根据具体案情考察当事人之间是否尽到扶养扶助义务、是否保留亲子称谓等，从而作出裁断是否解除收养关系。如《最高人民法院关于许秀英夫妇与王青芸间是否已事实解除收养关系的复函》〔1999 年 8 月 24 日（1990）民他字第 14 号〕充分体现此裁判思维，该函指出："1937 年王青芸两岁时被其伯父母王在起、许秀英夫妇收养，并共同生活了 20 年，这一收养事实为亲戚、朋友、当地群众、基层组织所承认，应依法予以保护。虽然王青芸于 1957 年将户口从王在起处迁出到其单位落户，后又迁入其生母处，但双方未以书面或口头协议公开解除收养关系。而且，王在起生前与王青芸有书信来往，并以父女相称，王青芸对王在起夫妇也尽有一些义务。据此，我们同意你院第一种意见，即以认定许秀英夫妇与王青芸的收养关系事实上未解除为妥。"此函信息丰富，从中不仅可循解除收养关系始自确认收养关系的裁判思维，亦可确证当时司法机关认为口头或书面形式皆构成协议。在此历史背景之下，《民法典》第1105条第3款将历次草案版本中所使用的"订立收养协议"最终修改为"签订收养协议"，释放出明确的立法信号：收养协议应具备书面形式。

## 第三节　解除收养关系的登记程序

### 一　立法沿革

如本书前文所述，我国首部《收养法》区分不同情形对收养关系的成立规定了三种不同的形式要件：收养登记、收养协议和收养公证。与之相应，这部法律在解除收养关系的形式要件上也实行三种机制并行的模式，具体表现为《收养法》第27条的规定："当事人解除收养关系应当达成书面协议。收养关系是经民政部门登记成立的，应当到民政部门办理解除收养关系的登记。收养关系是经公证证明的，应当到公证处办理解除收养关系的公证证明。"这种模式在1998年《收养法》修正时作了重大调整，修正后的《收养法》第15条统一规定"收养关系自登记之日起成立"，与之相应，第28条规定协议解除收养一律应当办理登记手续，具体表述为，"当事人协议解除收养关系的，应当到民政部门办理解除收养关系的登记"。

在民法典编纂历程中，《各分编（草案）》第895条完全沿袭1998年修正后的《收养法》第28条的规定。《婚姻家庭编（草案）》（二审稿）第895条仅作微调，去除一个"的"字，将条文表述为："协议解除收养关系的，应当到民政部门办理解除收养关系登记。"此后，这一表述一直延续下来，先后呈现为《婚姻家庭编（草案）》（三审稿）第895条和《民法典（草案）》、《民法典（草案）》（2020）第1116条的内容，并最终纳入《民法典》成为正式条文："当事人协议解除收养关系的，应当到民政部门办理解除收养关系登记。"

## 二 与收养登记的对应关系

《民法典》第1116条规定解除收养关系的法律程序，一并适用于第1114条规定的被收养人成年以前协议解除收养关系和第1115条规定的被收养人成年以后协议解除收养关系。解除收养关系须经特定的法律程序，原因主要存在于两个方面。其一，收养关系是重要的人身关系和家庭关系，解除收养关系应当通过一定的程序加以确认并向社会进行公示。收养关系是经由收养法律行为创设的拟制亲子关系，经此收养人具有养父母的身份，被收养人具有养子女的身份，双方之间具有同自然血亲父母子女关系同等的权利义务关系，所形成的收养家庭同无数自然亲子家庭一样是社会的基础组织细胞。解除收养关系将使得收养人、被收养人的人身关系发生重大变化，收养家庭结构也随之改变，由此在税收、社会保障和社会福利等方面都会产生一些衍生的社会效果，因此需要通过正式的法律程序加以确认并公示。其二，收养关系的建立是要式法律行为，收养关系的解除自应采用同等形式方能达到公示效果。《民法典》第1105条规定，收养应当向县级以上人民政府民政部门登记，收养关系自登记之日起成立。第1116条与之相呼应，规定当事人协议解除收养关系，应当到民政部门办理解除收养关系登记；解除收养关系登记的法律性质与收养登记相同。

## 三 解除收养关系登记的具体程序

第1116条规定的解除收养关系登记要件，应结合有关行政程序的具体实施规则一并理解。

《收养子女登记办法》第9条和第10条分别从当事人和收养登记机关两个方面规定具体程序：一是，收养关系当事人应当持居民户口簿、居民身份证、收养登记证和解除收养关系的书面协议，共同到被收养人常住户口所在地的收养登记机关办理解除收养关系登记；二是，收养登记机关收到解除收养关系登记申请书及有关材料后，应当自次日起30日内进行审查，对符合收养法规定的，为当事人办理解除收养关系的登记，收回收养登记证，发给解除收养关系证明。

《收养登记工作规范》以整章内容对解除收养登记详加规范，具体内容包括如下方面。

（1）受理解除收养关系登记申请的条件：①收养登记机关具有管辖权；②收养人、送养人和被收养人共同到被收养人常住户口所在地的收养登记机关提出申请；③收养人、送养人自愿解除收养关系并达成协议，被收养人年满10周岁的，已经征得其同意；④持有收养登记机关颁发的收养登记证，经公证机构公证确立收养关系的，应当持有公证书；⑤收养人、送养人和被收养人各提交2张2寸单人近期半身免冠照片，社会福利机构送养的除外；⑥收养人、送养人和被收养人持有身份证件、户口簿，送养人是社会福利机构的，要提交社会福利机构法定代表人居民身份证复印件，养父母与成年养子女协议解除收养关系的，无须送养人参与。

（2）收养登记员受理解除收养关系登记申请，应当按照下列程序进行：①查验当事人提交的照片、证件和证明材料，当事人提供的收养登记证上的姓名、出生日期、公民身份号码与身份证、户口簿不一致的，当事人应当书面说明不一致的原因；②向当事人讲明收养法关于解除收养关系的条件；③询问当事人的解除收养关系意愿以及对解除收养关系协议内容的意愿；④收养人、送养人和被收养人参照本规范第十五条的相关内容填写制式《解除收养登记申请书》；⑤将当事人的信息输入计算机应用程序，并进行核查；⑥复印当事人的身份证件、户口簿。

（3）收养登记员要分别询问收养人、送养人、年满10周岁以上的被收养人和其他应当询问的人。询问的重点是被询问人的姓名、年龄、健康状况、民事行为能力，收养人、送养人和被收养人之间的关系，解除收养登记的意愿。对年满10周岁以上的被收养人应当询问是否同意解除收养登记和有关协议内容。对未成年的被收养人，要询问送养人同意解除收养登记后接纳被收养人和有关协议内容。询问结束后，要将笔录给被询问人阅读。被询问人要写明"已阅读询问笔录，与本人所表示的意思一致"，并签名。被询问人没有书写能力的，由收养登记员向被询问人宣读记录内容，并注明"由收养登记员记录，并向当事人宣读，被询问人在确认所记录内容正确无误后按指纹"，然后请被询问人在注明处按指纹。

（4）收养登记员收到当事人提交的证件、申请解除收养关系登记申请书、解除收养关系协议书后，应当自次日起30日内进行审查。对符合解除收养条件的，为当事人办理解除收养关系登记，填写制式《解除收养登记审查处理表》，报批后填发《解除收养关系证明》。

（5）颁发解除收养关系证明，应当在当事人均在场时按照下列步骤进行：①核实当事人姓名和解除收养关系意愿；②告知当事人领取解除收养关系证明后的法律关系；③见证当事人本人亲自在《解除收养登记审查处理表》"领证人签名或者按指纹"一栏中签名，当事人没有书写能力的，应当按指纹，"领证人签名或者按指纹"一栏不得空白，不得由他人代为填写、代按指纹；④收回收养登记证，收养登记证遗失应当提交查档证明；⑤将解除收养关系证明一式两份分别颁发给解除收养关系的收养人和被收养人，并宣布：取得解除收养关系证明，收养关系解除。

（6）收养登记机关对不符合解除收养关系登记条件的，不予受理，但应当向当事人出具制式《不予办理解除收养登记通知书》，将当事人提交的证件和证明材料全部退还当事人。对于虚假证明材料，收养登记机关予以没收。

根据以上规定，当事人办理解除收养关系登记，取得解除收养关系证明，收养关系解除。在这一程序中，收养登记机关必须严格遵守相关工作规范。实践中，解除收养关系登记行为可能由于收养人离婚、被收养人被再次送养等因素的影响成为非常复杂的法律问题。2001年张某某诉沈阳市民政局民政解除收养行为纠纷案即典型案例：案中原告与妻子共同收养一养子，7年后原告夫妻协议离婚，约定养子由养母抚养，原告以房屋居住权作为抚养费的替代给付。又经过2年，养母再婚并将养子交由另一对夫妻抚养，且随后一并办理了解除收养关系登记和新的领养手续。原告知情后提起行政诉讼，请求确认收养登记机关办理的解除收养关系登记行为无效。被告收养登记机关未能提供办理解除收养关系登记时原告是否在场亦即收养人、送养人解除协议的证据。法院判决，收养登记机关违反《收养法》关于协议解除收养关系的规定和《收养子女登记办法》有关办理协议解除收养关系登记的具体要求，导致解除收养关系登记行为缺少法定要件、主要证据不足且程序违法，应予撤销，但原告之养子已被第三人收养并办理收养关系登记，应受到保护。[①]

## 第四节　收养解除的法律后果

解除收养关系的法律后果包括两个方面。一是解除收养关系后的人身关系。收养关系解除后，养子女与养父母之间的身份和权利义务关系即行消除，彼此不再具有抚养教育、管教保护、赡养扶助和继承遗产的关系。同时，养子女与养父母的其他近亲属间的权利义务关系也随之消除，同时未成年的养子女与生父母及其他近亲属的权利义务关系自行恢复，但成年养子女与生父母及其他近亲属间的权利义务关系是否恢复，可以由成年养子女与生父母协商确定。二是解除收养关系后养父母的补偿请求权。解除收养关系后，在不同的情况下养父母享有一定的财产补偿请求权。第一，收养关系解除后，经养父母抚养的成年养子女，对缺乏劳动能力又缺乏生活来源的养父母，应当给付生活费。第二，因养子女成年后虐待、遗弃养父母而解除收养关系的，养父母有权要求养子女补偿收养期间支出的生活费和教育费。第三，生父母要求解除收养关系

---

① 辽宁省沈阳市和平区人民法院张某某诉沈阳市民政局民政解除收养行为纠纷案判决书〔（2001）和行初字第109号〕。

的，养父母有权要求生父母适当补偿收养期间支出的生活费和教育费。但因养父母虐待、遗弃养子女而导致收养关系解除的，养父母无权要求生父母补偿收养期间养子女的生活费和教育费。

## 一　解除收养关系后的人身关系

### （一）立法沿革

关于收养关系解除的法律效力，1984 年发布的《最高人民法院关于贯彻执行民事政策法律若干问题的意见》（简称《意见》）首次明确予以规定，该《意见》第 32 条第 1 款和第 33 条一并规定：养子女和养父母之间的权利和义务，因收养关系的解除而终止。收养关系解除后，未成年的被收养人同其生父母之间的权利和义务即行恢复；已经成年并已独立生活的被收养人，同其生父母之间的权利和义务的恢复，则须以书面方式取得双方一致同意。这一司法解释文件现已失效，但其关于收养关系解除法律效力的规定基本被 1992 年实施的《收养法》吸纳。这部《收养法》第 28 条规定："收养关系解除后，养子女与养父母及其他近亲属间的权利义务关系即行消除，与生父母及其他近亲属间的权利义务关系自行恢复，但成年养子女与生父母及其他近亲属间的权利义务关系是否恢复，可以协商确定。"1998 年修正的《收养法》第 29 条完全沿袭这一规定。

在民法典编纂中，《各分编（草案）》第 896 条对旧有法条仅作文字上的细微调整：一者，将"自行恢复"后面的逗点改为句点；二者，将"但"字修改为"但是"。经此调整，法条内容更加层次分明、行文晓畅，具体表述为："收养关系解除后，养子女与养父母及其他近亲属间的权利义务关系即行消除，与生父母及其他近亲属间的权利义务关系自行恢复。但是成年养子女与生父母及其他近亲属间的权利义务关系是否恢复，可以协商确定。"此后，这一规范再未作任何修改，完整被纳入《婚姻家庭编（草案）》（二审稿）和《婚姻家庭编（草案）》（三审稿），先后呈现为《民法典（草案）》、《民法典（草案）》（2020）第 1117 条的内容，直至成为《民法典》的正式条文："收养关系解除后，养子女与养父母及其他近亲属间的权利义务关系即行消除，与生父母及其他近亲属间的权利义务关系自行恢复。但是，成年养子女与生父母及其他近亲属间的权利义务关系是否恢复，可以协商确定。"

（二）与收养效力的对应关系

《民法典》第1117条规定收养关系解除的效力，与第1111条具有对应关系。作为现代民法发展已久、趋于成熟的亲子关系拟制体系，收养制度不仅要建立进入机制，也要保留退出机制。收养各方主体达成收养合意，签订收养协议，办理收养登记，是收养体系的进入机制，其效力在于：消除送养人与被收养人之间的抚养、教育、监护等亲子关系内容，在收养人与被收养人之间缔结收养法律关系，形成与自然血亲父母子女关系内容同等的养父母子女关系，并以之为核心延伸至近亲属关系。收养主体经协商达成解除收养关系协议，办理解除收养关系登记，是收养体系的退出机制，其效力亦须一一明确，以稳定亲子关系、家庭关系，划定各方主体权利义务边界。本条规范目的即在于此。

（三）具体规则

收养关系是在收养人和被收养人之间拟制的亲子关系，其效力涉及多方面内容：有破有立，既有养子女与养父母方面权利义务关系的建立，也有养子女与生父母方面权利义务关系的消除；有亲有疏，既有养子女与养父母之间的亲子关系，也有养子女与养父母的近亲属间的亲属关系；有监护、教育等身份关系，也有抚养、继承等财产关系。相应地，解除收养关系的效力也会涉及多方面，且在方向上大致与收养关系相对：因收养关系而拟制的，解除收养关系使之消除；因收养关系而消除的，解除收养关系使之恢复。但也有不尽一致之处，比如未成年养子女已经成年，不再需要抚养义务人、监护人等，则其与生父母及其他近亲属间的权利义务关系可由各方协商议定。《民法典》第1117条就收养关系解除的效力所确立的规则可具体析分为如下几点。

1. 收养关系解除包括协议解除收养关系和诉讼解除收养关系两种情形，收养关系解除仅向后发生效力

根据《民法典》第1114~1116条的规定，收养关系一旦成立，一般不予解除，但在符合法律规定的情形下，可以根据不同情况通过协议或诉讼予以解除。协议解除收养关系的情形包括：①被收养人成年以前，收养人、送养人双方达成协议，并经年满8周岁以上养子女本人同意的，可以协议解除收养关系；②收养人不履行抚养义务，有虐待、遗弃等侵害未成年子女合法权益行为的，送养人提出解除收养关系，收养人同意的，可以协议解除收养关系；③养父母与成年养子女关系恶化、无法共同生活的，双方可以协议解除收养关系。以上第②种和第③种情形下，送养人与收养人、收养人与已成年的被收养人无法达成协议的，可以向人民法院提起诉讼。

当事人协议解除收养关系的，自办理解除收养关系的登记，取得解除收养关系证明之时起，收养关系解除。当事人提起解除收养关系诉讼的，自解除收养关系的法律裁决生效之日起，收养关系解除。收养关系的解除仅向后发生效力，不否定之前收养关系的有效性。

2. 收养关系一旦解除，养子女与养父母及其他近亲属间的权利义务关系即行消除

收养关系解除后，养子女与养父母之间的拟制亲子权利义务关系即行消除：养父母不再对未成年养子女负有抚养、教育、监护义务，已成年的养子女也不再对养父母承担赡养和扶助的义务，除非依照《民法典》第1118条的规定应向缺乏劳动能力又缺乏生活来源的养父母给付生活费；养父母与养子女彼此之间不再享有继承权益。养父母、养子女之间甚至不再以父母子女相称，除非双方另有约定或习惯。与此同时，原来以养父母子女关系为核心延伸出去的相关近亲属关系亦告终止，亦即养子女与养父母的近亲属间不再具有亲属关系，不再享有特定情形下的抚养权益或继承权益。

3.收养关系一旦解除，未成年养子女与生父母及其他近亲属间的权利义务关系自行恢复

收养关系解除后，未成年养子女与生父母及其他近亲属间的权利义务关系自行恢复为自然血亲亲子关系：生父母重新承担起对未成年子女的抚养、教育、监护义务，子女成年之后对生父母承担赡养和扶助义务；生父母与子女之间互相享有继承权益。同时，子女与其具有自然血亲关系的其他近亲属之间亦恢复相应的权利义务关系，在法律规定的情形下享有扶养权益和继承权益。

4.收养关系解除后，已成年的养子女与生父母及其他近亲属间的权利义务关系可协商确定

收养关系解除时，被收养人已经成年的，其与生父母及其他近亲属间的权利义务关系并非自行恢复，而应协商确定。原因在于：被收养人已达致成年，具有完全民事行为能力，一方面其可自行判断是否需要来自生父母或其他近亲属的抚养、教育，自行决定是否重新回归生父母家庭；另一方面生父母亦可自行决定是否为已成年的子女提供一定的供养或帮助，是否重新建立与已成年子女之间的家庭关系。鉴于生父母和已成年的子女都是自主的民事主体，法律可不必再作强制性规定，而由其自行协商是否恢复子女与生父母及其他近亲属之间的权利义务关系。

## 二　解除收养关系后养父母的补偿请求权

（一）立法沿革

在1979年发布的《最高人民法院关于贯彻执行民事政策法律的意见》中，收养关系解除后当事人间权利义务关系的规定杂乱地分布在关于收养问题的规范性意见中，提取出来的相关内容包括：生父母反悔，养父母要求补偿抚养费的，可根据抚养养子女的实际费用、生父母的经济能力、当地一般生活水平，酌情由生父母补偿；养父母、养子女关系解除后，养父母年老又无生活来源的，可由养子女给付一定的生活费，也可给

长期的生活费，养子女生活有困难的，可根据实际情况，予以适当处理。1984年发布的《最高人民法院关于贯彻执行民事政策法律若干问题的意见》已对上述规则进行了梳理，第32条第2、3款规定：收养关系解除时，养子女已由养父母抚养长大成人并已独立生活，而养父母却年老丧失劳动能力又无生活来源的，养子女应承担养父母晚年的生活费用；生父母要求解除收养关系的，养父母可要求补偿收养期间养子女的生活费和教育费；养父母要求解除收养关系的，一般不予补偿。

上述规则直接奠定我国首部《收养法》有关规范框架，这部法律第29条分两款规定收养关系解除后的权利义务关系。第1款："收养关系解除后，经养父母抚养的成年养子女，对缺乏劳动能力又缺乏生活来源的养父母，应当给付生活费。因养子女成年后虐待、遗弃养父母而解除收养关系的，养父母可以要求养子女补偿收养期间支出的生活费和教育费。"第2款："生父母要求解除收养关系的，养父母可以要求生父母适当补偿收养期间支出的生活费和教育费，但因养父母虐待、遗弃养子女而解除收养关系的除外。"1998年修正的《收养法》第30条完全沿袭这一规定。

在民法典编纂中，《各分编（草案）》第897条对上引《收养法》条款所作唯一修改，即将两处"生活费和教育费"合称为"抚养费"。修改后，整个条文仍然分两款进行表述。第1款："收养关系解除后，经养父母抚养的成年养子女，对缺乏劳动能力又缺乏生活来源的养父母，应当给付生活费。因养子女成年后虐待、遗弃养父母而解除收养关系的，养父母可以要求养子女补偿收养期间支出的抚养费。"第2款："生父母要求解除收养关系的，养父母可以要求生父母适当补偿收养期间支出的抚养费，但是因养父母虐待、遗弃养子女而解除收养关系的除外。"此后，这一条文未再改动，历经《婚姻家庭编（草案）》（二审稿）和《婚姻家庭编（草案）》（三审稿），成为《民法典（草案）》第1118条的内容。在2020年法典通过前的审议中，《民法典》（草案）（2020）第1118条第2款的标点有了新的调整，"但是"前的逗号改为分号，"但是"后增加标点逗号，经此修改后的条文最终呈现为《民法典》的正式条文：

"收养关系解除后，经养父母抚养的成年养子女，对缺乏劳动能力又缺乏生活来源的养父母，应当给付生活费。因养子女成年后虐待、遗弃养父母而解除收养关系的，养父母可以要求养子女补偿收养期间支出的抚养费。

生父母要求解除收养关系的，养父母可以要求生父母适当补偿收养期间支出的抚养费；但是，因养父母虐待、遗弃养子女而解除收养关系的除外。"

（二）规范意旨与条文勾连

规定收养关系解除后的权利义务关系，其实质是在消除当事人之间身份关系的同时基于过往的收养事实对相关主体作必要的利益补偿。在条文内容上，《民法典》第 1118 条第 1 款与第 1067 条第 2 款形成一定的呼应关系。

收养关系解除，养子女与养父母之间基于拟制亲子关系而产生的权利义务关系消除，未成年养子女与生父母之间基于自然血亲关系恢复为亲子关系，这是依据或顺应主张解除收养关系之一方或各方主体意愿、诉求而产生的身份关系方面的效力。

但与此同时，解除收养关系使得收养机制通过拟制亲子关系而达致的多重利益均衡被打破。一重在于相互扶养的均衡，亦即养父母抚育、监护未成年养子女，养子女成年后赡养、扶助年老的养父母。另一重在于相互继承的均衡，亦即养父母与养子女互为第一顺位法定继承人享有继承权益。解除收养关系使得当事人之间的扶养权益和继承权益随着身份关系的消除而消失殆尽。对于已对养子女尽到抚育、监护职责的养父母来说，其后续受到养子女赡养、扶助的期待利益落空，这些抚养支出、利益损失有必要通过一定的法律机制予以补偿。

上述补偿机制亦应考虑到，收养关系存续期间的过错行为，例如养父母虐待、遗弃未成年养子女，或成年养子女虐待、遗弃养父母等，如此综合考量方可尽可能平复解除收养关系给各方主体带来的震荡和影响。

（三）解除收养关系后养父母的补偿请求权

《民法典》第1118条主要规定，解除收养关系后对养父母的抚养支出、期待利益予以补偿。相关规则可具体析论如下。

1. 收养关系解除后，经养父母抚养的成年养子女，对缺乏劳动能力又缺乏生活来源的养父母，应当给付生活费

首先要明确，收养关系解除的是养父母与养子女之间曾经的拟制亲子关系，并非指双方自此往后毫无干系。养子女自其未成年时因失恃失怙或生父母有特殊困难无力抚养，经收养法律行为和收养登记程序被养父母收养，与养父母之间建立如同自然血亲父母子女一样的亲子关系，经养父母在生活上予以照料、在教育上予以供养，方得以成长为独立自主的民事主体。在拟制亲子关系体系中，抚养养子女成人的养父母本可期待在其年老时获得来自养子女的赡养和扶助，但解除收养关系使得其失去养父母身份从而也不再享有此等身份权益。加之我国社会保障体系目前仍不够完善，养老育幼功能主要由家庭承担，经济孤苦之养父母在解除收养关系后可能面临失依失助的处境。

故第1118条从救济养父母之期待利益损失和保障孤苦养父母生活的立法旨意出发，规定收养关系解除后，符合一定情形的，养子女应向养父母给付生活费，此情形须同时具备以下两方面要点。（1）养父母已抚养养子女至成年。养父母未尽抚养义务的，无由要求养子女回馈扶助。而未及成年的养子女自身尚需要抚养、教育和保护，无力承担扶助养父母的义务。因此承担义务主体须为经养父母抚养至成年的养子女。（2）养父母缺乏劳动能力又缺乏生活来源。此要点应结合第1067条第2款规定的"缺乏劳动能力或者生活困难"一并理解，并立足于具体案情判断有关主体在体力、智力和心理等方面是否具有参与就业的劳动能力，是否能够获得一定的薪资收入、是否拥有一定的资源和机会获得如租税等其他类型的收入以维持其生存生活所需。满足以上两个要点的，养子女应履行第1118条

规定的义务，按照双方协议的标准或者司法裁决确定的标准向养父母给付生活费。经协议或裁决，养父母的生活费可一次性给付，亦可分期给付。

2. 因养子女成年后虐待、遗弃养父母而解除收养关系的，养父母有权要求养子女补偿收养期间支出的抚养费

这一规则中，"虐待""遗弃""抚养费"均具有法律上特定的含义，应作细致界定。正如前文所述，虐待是指以作为或不作为的形式对家庭成员歧视、折磨、摧残等，使其在精神上、肉体上遭受损害的违法行为。打骂、恐吓、冻饿、限制人身自由，拒绝供应必要的衣食或放任疾病恶化，以及持续性、经常性的家庭暴力等，均为虐待的表现形式。遗弃是指负有法定抚养、扶养、赡养义务的家庭成员，拒不履行法定义务，致使需要抚养、扶养、赡养的家庭成员不能得到法定供养，损害其合法利益的违法行为。抚养费系经由以前立法条文中的"生活费和教育费"转化而来，包括抚养儿童所需的各种正当支出。

基于养父母之间的拟制亲子关系，养父母负有抚养、教育和保护未成年养子女的义务，俟养子女成年之后则应承担赡养、扶助养父母的义务。如养子女成年后虐待、遗弃养父母导致双方关系恶化、无法共同生活，最终一方或双方依据第1115条规定请求解除收养关系，并获生效司法裁决支持或得依据第1116条规定办理解除收养关系，系因养子女之过错导致收养关系终止，养父母在抚养养子女成年后失去原可由养子女赡养、扶助的期待利益，其在收养期间的抚养费支出应由成年养子女予以补偿。

第1118条所确立的抚养费支出补偿规则应从如下四个要点来理解和适用：①存在养子女成年后虐待、遗弃养父母的情形；②因前述情形导致双方解除收养关系；③养父母主张养子女补偿收养期间的抚养费支出；④抚养费支出的补偿规则可独立适用，亦可在符合法定情形时与前述生活费给付救济规则合并适用。亦即，因养子女成年后虐待、遗弃养父母而解除收养关系时，养父母缺乏劳动能力又缺乏生活来源的，不仅有权要求成年养子女给付生活费，亦有权要求其补偿收养期间支出的抚养费。

3.生父母要求解除收养关系的，养父母有权要求其适当补偿收养期间支出的抚养费，但因养父母虐待、遗弃养子女而解除收养关系的除外

本规则处理生父母要求解除收养关系的情形下养父母抚养支出补偿的问题。依据第1114条，生父母要求解除收养关系通常需与养父母达成协议，并征得8周岁以上养子女本人的同意。唯在一种情形下，生父母在其解除收养关系的提议不能获得养父母支持时，可向人民法院提起诉讼，单方要求解除收养关系，法律规定该情形为：收养人不履行抚养义务，有虐待、遗弃等侵害未成年养子女合法权益的行为。

在收养关系正常持续期间，养父母和养子女互享亲子权益，当生父母提出解除收养关系的要求，实则是背离之前其在收养法律行为中的意思表示及与其他各方当事人的合意。如果养父母基于种种考虑同意这项提议，则在客观上促成生父母的意愿和利益得以实现，而养子女重新回归自然血亲家庭也是有权益保障的，但养父母因此失去抚养子女而享有的期待利益，此际由提出解除收养关系动议的生父母适当补偿其抚养支出有助于在一定程度上救济养父母受到的损害。

但在养父母不履行抚养义务，有虐待、遗弃等侵害未成年养子女合法权益的行为时，生父母提出解除收养关系，是基于形势所迫为保全和保障未成年养子女利益计，而非对之前收养法律行为之意思表示及各方合意的背离，不应承担更多的解除收养关系成本。养父母则系因其自身履行亲职中的过错而丧失维系收养关系的权利，其抚养支出和期待利益损失无由要求他人予以补偿。

下 篇

# 前 瞻

# 第九章　立场转向与价值厘清

20世纪90年代初,《收养法》出台的背景是大量的收养行为缺乏规范、收养关系缺乏保护,由此带来诸多社会问题:①引发一些真实或虚假的遗弃婴儿事件,相关行为人意图达到规避抚养义务或计划生育政策的目的;②因收养而产生的子女上学、就业、迁移户口、继承财产等许多涉及相关主体重要权益的现实问题得不到解决;③不法分子利用部分社会成员急于收养子女的心理进行拐卖人口、买卖儿童等犯罪活动。[①] 在此背景之下,收养法律制度的功能除了规范收养法律行为、保护收养法律关系各方主体的合法权益、确认和维护养父母子女间的法律关系之外,也明确地指向打击拐卖儿童犯罪行为。防范和抵制不法行为的特定目标无疑使收养法律制度的设计不可避免地偏于保守、倾向抑制。

时至今日,虽然不法收养行为甚至违法犯罪行为仍未绝迹,但我国社会的人口结构、经济形势、社会观念乃至国家治理模式均已发生巨大的改变。在新的时代背景下,应从当前及未来社会生活领域的现实需求出发,深刻认识收养制度对于社会层面的代际融合、法律层面的儿童保护具有非常重要而独特的战略意义。要发挥收养制度的积极社会效应,必须坚持和厘清现代收养体系的核心价值指引——"最有利于被收养人"。

---

① 参见1991年司法部副部长金鉴在第七届全国人民代表大会常务委员会第二十次会议上所作《关于〈中华人民共和国收养法(草案)〉的说明》(北大法宝引证码:CLI.DL.705)。

## 第一节 鼓励收养的鲜明立场

实施和完善收养法律制度，应以当前及未来社会生活领域的现实需求为基础，从社会治理的角度重新认识收养的社会意义，以鼓励、促进的立场取代保守、抑制的立场，以实质审查、注重监督的机制取代形式审查、注重门槛的思维，力求实现收养机制的顺畅，充分发挥收养法律制度在儿童福祉、家庭建设、代际融合等方面的社会治理与社会建构效应。

### 一 收养的社会意义：透过家庭实现儿童保障和代际融合

收养是自然人依照法律规定的条件和程序领养他人的子女为自己的子女，从而使得收养人和被收养人之间形成法律拟制的亲子关系的民事法律行为。从法律范畴来看，收养发生在私主体之间，旨在创设私的法律关系。

收养有利于促进未成年人福祉。完整的家庭、温暖的亲情是未成年人最好的成长环境。在经由收养、再婚而重新组合的家庭中，通过法律重构亲子关系能够为未成年的家庭成员提供与原生家庭同样的权利保障，从而使其获得较好的抚养教育条件，实现未成年人的最佳利益。解决孤儿失养是收养制度自古以来的传统功能，但在全球化、老龄化的时代背景下，儿童保护与儿童发展的战略意义大幅凸显，以儿童福利为首要考量的价值导向推动现代收养制度更加注重通过国家干预和扶助保障儿童权益，更多体现国家对儿童所负终极责任和全局责任，从而走向更富前瞻性和建设性的发展路径。

保障未成年人的健康成长体现在我国诸多收养法律规范中：①法律将丧失父母的孤儿、查找不到生父母的弃婴和儿童、生父母有特殊困难无力抚养的子女等未成年人列为被收养的对象；②为了确保被收养未成年人健康成长，法律特别规定收养人应当具有抚养、教育和保护被收养人的能力，未患有在医学上认为不应当收养子女的疾病，且无不利于被收养人健康成长的违法犯罪记录；③自收养关系成立之日起，养父母与养子女间的权利义务关系，适用法律关于父母子女关系的规定，亦即养父母须如抚养教育保护亲生子女一般对待养子女。

收养制度同时也保障其他各方当事人的权益，如法律规定，生父母送养子女，需双方共同送养；有配偶者收养子女，需夫妻共同收养；收养人、送养人要求保守收养秘密的，其他人应当尊重其意愿，不得泄露；养父母子女间适用法律关于父母子女关系的规定，同时也要求养子女须如赡养照护亲生父母一般履行对养父母的义务。

但收养制度影响所及并不限于单个的收养家庭或若干的收养主体。随着科学技术的加速发展及其在社会生活中的转化应用，民众的生存、生活模式在极短的时间跨度内迎来急剧的变化和分裂，不同代际在技能、认知及理念层面的疏离日渐彰显。在此背景之下，收养不啻为促进代际伦理关系和代际群体融合的另一条通道。在宏观层面，通过收养在本无血缘关系的不同代际群体之间构建起共同生活、互相扶助的机制，保护合法收养关系、明确拟制亲子关系的法律效力有利于将处于失孤失养状态、脱离家庭环境或家庭成员不足的个体重新凝聚在家庭单元中，使孤单的个体融入家庭、使残缺的家庭恢复完整，有利于促进代际伦理关系和代际群体融合，有利于整个社会的和谐与稳定。如果说传统公私法域的划分使收养法律制度聚焦于私领域身份关系的调整并因之受到局限，那么突破公私法域的社会法视野已将现代收养法律制度植入更加广阔的时代背景和社会愿景。

## 二　收养的制度功能：透过法律提升社会治理与社会建构

### （一）社会治理

自法律视角而言，收养是自然人依照法律规定的条件和程序领养他人的子女为自己的子女，从而使得收养人和被收养人之间形成拟制亲子关系的民事法律行为。因此收养法律制度的功能首先体现在树立起一扇法律之门，合法收养关系在内，非法收养关系在外。合法收养关系的效力、内容等由收养法律制度予以调整，非法收养关系则被拒斥，有关主体的诉求往往被视为社会问题而被阻隔在法律视野之外。作为诸多社会规范体系之一，法律固应基于自身的有限性而有所谦抑①，但作为社会重要的公共制度供给，法律同时亦担负匹配社会资源与社会需求的功能。

现阶段我国收养领域呈现制度供给无法有效匹配收养需求与收养资源的严峻形势：根据民政部发布的《2021 年社会服务发展统计公报》，截至 2021 年底，全国共有孤儿 17.3 万人，其中集中养育孤儿 5.3 万人，社会散居孤儿 11.9 万人，同年全国办理收养登记 1.2 万件。②按照这些数据来计算，孤儿收养比约为 7%。而美国联邦政府 1998~2013 年数据的追踪统计表明，每年其公共照护系统中约有 20%~25% 的儿童通过收养重新融入家庭环境。③合法收养之外，大量民间收养关系不被法律认可，从而诱发侵害儿童权益事件及孤儿违法犯罪事件频发，导致被收养人被迫成为"黑户"，并在一定程度上纵容了生父母的遗弃行为。公共供养能力不足、法律收养通道受限、民间收养盛行，这样一重重的严峻现实构成对我国儿童权益保障事业的重大挑战，疏导民间收养、降低收养门槛直接关系到救助孤残儿童的整体成效，有学者强调："民间收养问题的法律瓶颈一天不能解决，法治民政建设就永远不健全。"④

随着我国经济、社会实力的提升，党和政府的执政理念越来越科学，法治制度建设越来越全面。儿童福利的深入推进、社会治理的提出与实

---

① 法律的有限性，"部分源于它所具有的守成取向，部分源于其形式结构中所固有的刚性因素，还有一部分则源于与其控制功能相关的限度"。参见〔美〕博登海默《法理学：法律哲学与法学方法》，邓正来译，中国政法大学出版社 1997 年版，第 402 页。

② 参见民政部《2021 年社会服务发展统计公报》，第 5~7 页，民政部官网，https://www.mca.gov.cn/article/sj/tjgb/，最后访问日期：2023 年 5 月 22 日。

③ Josephine A. Ruggiero, "Adopting Children from U. S. Public Foster Care: A Sociological Analysis with Practical Implications", *Sociology between the Gaps 1* (2015):14.

④ 雷敏：《民间收养问题研究——基于民政法治建设的视域》，《中国民政》2016 年第 14 期，第 30 页。

践、人口政策的重大转向、慈善公益意识的普及和高涨都使收养法律制度必将担当更加积极的历史使命并发挥更加突出的社会效应：2013年党的十八届三中全会首次提出社会治理的执政理念，强调"鼓励和支持社会各方面参与，实现政府治理和社会自我调节、居民自治良性互动"，收养作为运用社会资源解决社会问题的社会自我调节模式适逢其时；2015年党的十八届五中全会提出全面实施一对夫妇可生育两个孩子政策，这必将为长期贯彻独生子女计划生育政策的收养机制松绑，扩大其适用空间；2016年经过十年砥砺的《慈善法》出台，其开门立法的过程同时也是慈善公益倡导的过程，全社会慈善公益意识普遍提高、热心儿童救助的社会人士和社会资源积累愈多，为收养制度的实施培育了更加丰饶的文化土壤；《中国儿童发展纲要（2021—2030年）》明确提出要"畅通亲属抚养、家庭寄养、机构养育和依法收养孤儿安置渠道"，"完善儿童收养相关法规政策，引导鼓励国内家庭收养病残儿童。健全收养评估制度，建立收养状况回访监督制度，加强收养登记信息化建设。推动收养工作高质量发展"。

有鉴于此，在民法典正式实施、收养制度创新发展的当下，我们必须深刻认识收养制度对于救助困境儿童、增进儿童整体福祉、履行维护儿童权益国家责任等诸多施政目标有着非常重要而独特的战略意义，在规范的基础上鼓励和促进收养行为、收养关系是通过社会参与、运用社会资源解决社会问题的典型社会治理路径。这一立场对于优化和完善收养法律制度具有指导性意义。

（二）社会建构

现代社会发展到晚近，对现代性的反思、批判、诊断与发展催生了后现代思潮。[①] 后现代理论认为，社会民主的进一步发展将改变公共议事

---

① 后现代并非基于时代的分期，鲜有学者声称人类社会（即便只是局部地区）已进入后现代时期；它是一种关于如何看待和应对现代性的态度，因其对现代性主要持批判立场而被冠以后现代之名，但这种批判同时也是深刻的体察，甚至是探索性的诊断和发展。

机制，并引发私人生活领域的民主化和亲密关系的变革。当现代性发展到一定阶段，经典工业社会中层层套叠的集体生活方式——阶级预设着核心家庭，核心家庭预设着性别角色，性别角色预设着男女分工，男女分工预设着婚姻——失去赖以支撑的政治、经济和文化基础，取而代之的是福利国家背景下个体重返社会的进程。[①] 伴随而至的，是私人生活领域出现去家庭化和个体化的思潮：个人通过有意识地控制家庭生活的有效范围和持续时间来尽力减轻社会再生产的家庭负担，或者为了减小现代生活中与家庭有关的社会风险而延长或重回个体生活阶段。[②]

在此背景下，由文化传统、社会习俗所确立的"先在家庭"（birth family）已不孚亲密关系所需，社会成员产生"建构家庭"（chosen family）的需求。[③] 作为依据主体意愿"拟制亲子"（chosen children）的现有唯一制度通道，收养通过微观的家庭重构实现宏观的社会建构。与前述导向疏离的社会潮流形成角力，收养将脱离家庭环境或家庭成员不足的个体重新凝聚在家庭单元中，修复或重构家庭结构和家庭功能，有助于帮助相关个体在抵制和应对现代性风险时获得更多一重社会安全机制的支持。

在实现上述功能的过程中，新需求、新技术的涌现正将现代收养制度置于尖锐的价值冲突和棘手的政策抉择之下：在父母由于失职、滥权损害儿童利益而被褫夺监护资格的情形下，是长期照护还是收养更有利于实现儿童最大利益？通过人工生殖技术出生的婴童，基因来源、孕育行为、养育意愿分属不同主体，收养会否成为确定父母身份的制度选项？基于血缘关系的亲属收养与基于养育意愿的陌生人收养，何者应获优先支持？不

---

① 〔德〕乌尔里希·贝克、〔英〕安东尼·吉登斯、〔英〕斯科特·拉什：《自反性现代化：现代社会秩序中的政治、传统与美学》，赵文书译，商务印书馆 2014 年版，第 19 页。

② 张景雯：《无个体主义的个体化：东亚社会的压缩现代性和令人困惑的家庭危机》，刘汶蓉译，载上海社会科学院家庭研究中心编《中国家庭研究》（第 7 卷），上海社会科学院出版社 2012 年版，第 22 页。

③ Knauer, Nancy J., " LGBT Older Adults, Chosen Family, and Caregiving", *Journal of Law and Religion* 31(2) (2016):150.

完全收养／开放收养与完全收养／闭合收养，孰优孰劣？生身父母的保密请求与被收养人的知情吁求，孰轻孰重？对每一组权利冲突的价值判断与立场抉择都是对亲子关系、家庭结构乃至社会架构的形塑。现代收养制度的建构功能关乎儿童、家庭与社会的未来。

## 第二节　以最有利于被收养人为价值指引

如同任何一部法律一样，收养法律制度必须在众多价值理念和法律关系之间找到平衡点，《收养法》在总则中确立了多项原则：有利于被收养的未成年人成长原则；保障被收养人和收养人合法权益原则；不得违背社会公德原则；不得违背计划生育法律、法规原则。但是收养法律制度的设计必须考虑到：不同原则之间的相关性究竟如何、不同理念之间发生冲突时孰先孰后，以及具体制度设计中如何体现这些原则和理念。

以不得违背计划生育法律、法规原则为例，《收养法》中很多具体规则都来源于此，如要求收养人无子女且只能收养一名子女。实践中，恰恰也是这些规则造成收养门槛高企，很多有爱心、有资源、有能力的潜在收养人被这一障碍阻挡在收养门槛之外。然而，细细反思之下，要求收养人无子女且只能收养一名子女，只是在外观上造就同独生子女政策下核心家庭模式相似的收养家庭，其实质意义何在？相较于众多的被收养人获得更好的成长环境、整体儿童福利通过收养途径提升这些实实在在的积极效应，上述形式要求显然不尽合理。当然，计划生育政策仍具有现实指导意义，但其在收养领域的主要目标应是禁止送养人借送养规避计划生育政策实施。

作为协调收养资源、促进儿童福利的主干法，我国收养法律制度应当谨慎避免过多价值追求带来的低效之弊，以保障未成年人利益和促进收养规范有序进行为主线构建制度框架体系。《民法典》"婚姻家庭"编在第一章"一般规定"第1044条第1款将收养法的基本原则简约为"收养应当遵循最有利于被收养人的原则，保障被收养人和收养人的合法权益"，更加凸显最有利于被收养人原则的主导地位。以最有利于未成年人为核心价值理念构建收养法律制度，不同于《收养法》第 2 条规定的"收养应当有利于被收养的未成年人的抚养、成长"，其间的差别虽细微却关键。起草机构就《民法典婚姻家庭编（草案）》（三审稿）提请立法机关审议时特别指出，《民法典》第 1044 条规定收养应当遵循最有利于被收养人的原则是落实"联合国《儿童权利公约》中关于儿童利益最大化的原则"。①

《儿童权利宣言》和《儿童权利公约》提出的"儿童最大利益"（the best Interests of the child）②，强调"关于儿童的一切行动，不论是由公私社会福利机构、法院、行政当局或立法机构执行，均应以儿童的最大利益为一种首要考虑"③。长期以来，我国行政、司法当局在涉及儿童事务如收养事件、抚养权分配中通常也强调考虑儿童利益，即"有利于未成年人的抚养、成长"，但此种考量往往又同婚姻当事人或其他利害关系人的利益考量相缠绕，由此导致未成年人可能因缺乏独立维护自身权益的能力而默然承受利益损失。确立最有利于未成年人原则，即引入国际公约关于"儿童最大利益"的标准和价值，要求以未成年人最大利益为首要考虑，从而避免未成年人利益被削弱或忽视。

## 一 儿童最大利益原则在收养领域的适用特点

《儿童权利宣言》（简称《宣言》）和《儿童权利公约》并未对何为儿童最大利益作出界定，但其明确了儿童最大利益的范围和指向。首先，

---

① 参见 2019 年 10 月立法起草机关在第十三届全国人大常委会第十四次会议上所作《关于〈民法典婚姻家庭编（草案）〉修改情况的汇报》第二点。

② 《儿童权利宣言》《儿童权利公约》等国际文件中的"儿童"与我国法律如《中华人民共和国未成年人保护法》之"未成年人"均指 18 周岁以下的自然人，故本书所谓"未成年人"与"儿童"在内涵与外延上并无二致，仅为适应不同语境计，论及国际公约、比较研究时称"儿童"，论及我国法律体系或立法改革时称"未成年人"。

③ See *Convention on the Rights of the Child*, Part I, Article 3.

《宣言》和《公约》都确认，为儿童最大利益考量是儿童的一项权利，这意味着二者特别强调把儿童作为个体权利主体而不是作为一个家庭或群体的成员来加以保护。[①] 作为完整权利主体的儿童，其利益范围亦是完整的个体利益，并不因其年龄、心智或其他个体特征而有任何减损，所以儿童最大利益是全面的个体利益，在社会生活的各个方面都不能歧视或忽视儿童利益。第二，首倡儿童最大利益原则的《宣言》称此原则的目的在于使儿童"能在健康而正常的状态和自由与尊严的条件下，得到身体、心智、道德、精神和社会等方面的发展"，《公约》也要求缔约国确认"每个儿童均有权享有足以促进其生理、心理、精神、道德和社会发展的生活水平"（第 27 条第 1 款）。可见，儿童最大利益主要指向其生理、心理、精神、道德和社会发展这些维度，任何不利于儿童身心健康、精神道德培育、社会化和社会发展的因素都与实现儿童最大利益的目标相悖。通常而言，司法体系中对儿童最大利益的考量包含如下因素：①儿童的安全；②儿童的身心需求及发展水平；③儿童的立场；④家庭照料的连续性及儿童对学校、社区的适应性；⑤与父母、兄弟姐妹或任何对其最佳利益有重大关联的其他人的相互关系及家庭保障；⑥种族、语言和宗教传承；⑦本土或本部落文化传承；⑧后续影响。[②]

　　儿童最大利益原则的肯认还意味着，当儿童利益与其他主体利益产生冲突时，以有利于实现儿童最大利益为准据进行行政裁量和司法裁判。当前，实现儿童最大利益已成为现代法治国家在亲子法领域的共通司法目标，不同国别、不同文化的司法实践在探索如何确保儿童最大利益的征途上向既有的各种文化认知、社会观念提出挑战，表现出突破既有框架的革命性和强调个案评估的情境性。在"家庭"概念相对独立于"血脉"观念

---

① 王雪梅：《儿童权利保护的"最大利益原则"研究（上）》，《环球法律评论》2002 年第 4 期，第 495 页。

② Barbara Findlay, "All in the Family Values", *Canadian Journal of Family Law* 14, 129.

的国家和地区①，实现儿童最大利益的司法探索率先挣脱血脉传承的束缚。20 世纪 80 年代，美国哥伦比亚特区的一则收养案例充分展现祖父母与潜在收养父母之间的竞争关系。

　　D. 出生于 1977 年 9 月，其父母是一对未婚、未成年的黑人青少年。D. 的母亲生下她之后就签字放弃了父母权利，没有告诉她的生身父亲及男方的家人。1978 年 1 月，负责收养事务的有关机构将 D. 安置在一个白人寄养家庭。寄养父母开始精心护理当时患有呕吐、腹泻、嗜睡、体重畸轻、脑发育迟滞的 D.，并于 3 个月后提出收养申请。当收养机构建议批准该申请时，寄养母亲坚持由该机构通知孩子的生身父亲。生身父亲反对这一收养事项，但同意由他的母亲和继父收养 D.。于是收养机构调查了祖父母的家庭情况，撤销了先前对寄养父母的支持，转而建议批准祖父母的收养申请。

　　代表收养机构的社工建议由祖父母抚养 D.，理由是"孩子最好的安身之处是其血脉亲属"。支持收养机构的心理医生在未曾会见寄养家庭的情形下指出，白人家庭里的非白人孩子在青春期时会遇到特殊的困难，跨种族的收养总是对孩子有害。针对此，寄养父母也

---

① "家庭"概念相对独立于"血脉"，是指对"家庭"概念的界定与"血脉"传承形成的亲属关系不尽一致，质言之，并非有血缘关系的亲属均被涵盖在家庭的概念中。美国 20 世纪 70 年代的案例 *Moore v. City of East Cleveland* 清楚地表明当时的美国社会更加注重维护核心家庭关系，超出核心范围的亲属关系需证明其具有特殊保护的价值方可被制度接纳。该案案情：东克利夫兰市为防止城市过度拥挤，减少交通、停车困扰，避免教育体系负担过重，在住房管理条例中规定可居于同一住所的"单一家庭"（one, and only one family）包括：未婚子女随父母共同生活，没有独立生活能力的子女（仅限一个）携其子女随父母共同生活等情形。当地居民莫尔女士与自己的儿子 S1 和两个孙子 G1、G2 共同居住，S1 是 G1 的父亲，G2 的父亲并未居住于此地。市政机关据此认定莫尔女士与孙子 G2 分享住处违法行为，构成刑事犯罪，莫尔女士被裁决入监 5 日并支付罚款 25 美元。莫尔女士上诉称市住房管理条例违反宪法修正案关于非经正当程序不得限制民众自由的规定。上诉裁决推翻了原判决，并指出正当程序的适用应尊重历史传统，虽然现代社会中扩展家庭已大大减少，却不能否认大家庭对于家庭成员的支持与保障价值。此案争议颇大，附议与异议法官各二，异议法官认为根据先前判例市政管理规定并未违宪，附议法官则强调这种扩展式家庭单元对于移民、少数族裔以及弱势家庭的生存有着重要意义。虽然双方立场不同，其论争的现实起点却是相同的，即美国制度所默认的多限于核心家庭。

推荐了一位专家为己方作证。这位专家未曾会见过当事人，他承认种族问题应当纳入考量，但他认为在考虑种族问题时必须结合申请收养的家庭具体情况。初审法院非常慎重地考虑了种族问题，并在初审判决中将养父母与养子女之间的种族区分认定为收养评估中的一个负面因素。上诉法院推翻了初审判决，但并非出于对种族区分的忽视，而是要求初审法院继续推进有关程序，以在这个具体案例中，对两个特定的家庭进行评估，即种族问题究竟会给这个特定的黑人女孩带来怎样的影响。[①]

在这个案例中，"儿童最大利益"原则的指引使法官明确了两个重要立场。其一，收养判决并非建基于抽象的社会认知和社会观念，而是建基于对特定情境、特定主体的评估，最终要对个案中特定的被收养人和潜在收养家庭负责。质言之，较之一般法律问题所强调的逻辑思辨，收养更多是一个现实抉择的问题。其二，为实现儿童最大利益，收养判决必须有勇气直面思想禁区。在美国国情下，种族区分、种族隔离绝对是"政治不正确"的，但既然种族区分对收养存在现实影响，在判决书中对其进行讨论甚至肯认也就不容回避。这正是"儿童最大利益"原则之情境性与革命性的表现。儿童最大利益原则的至高地位及其革命性与情境性的适用特点使得该原则成为亲子法领域的"帝王条款""透明条款"，恰如诚信原则在民法领域的地位与功用，不拘形迹却又君临天下。

## 二　最有利于被收养人原则对我国司法及法治发展的深远意义

从中国文化背景去看上述案例，还会遭遇一个重大的思维革命：血脉传承对于黑人祖母及其家庭在争取收养权的问题上几无助益。这恰恰颠覆我国亲子法律制度上一个隐而不宣却影响深远的假定：血脉传承是最重要的亲子利益。如离婚案件中，对于两周岁以上未成年子女直接抚养方的

---

① Petition of R.M.G., District of Columbia Court of Appeals, 1982. 454 A.2d 776.

确定，最高人民法院在司法解释中明确规定，父母一方已做绝育手术或因其他原因丧失生育能力、父母一方无其他子女而另一方有其他子女的，可优先考虑子女随该方生活。[①] 没有明确规定的是，离婚诉讼中，未成年子女为多人的，通常会由父母双方分别抚养。李阳离婚案中，家暴受害者李金在争取三个女儿的抚养权时，遇到的最大阻力即来自于此，但李金坚称兄弟姐妹间的分离会是孩子们在父母离婚之外遭受的另一重不幸，加之父亲李阳有家暴事实，最终扭转了司法习惯认知，成功争取到三个孩子的抚养权，从儿童成长的视角来处理儿童抚养争议的理念也在此案中得到进一步的发扬。[②] 2016 年，上海市第一中级人民法院关于代孕子女监护权的开创性判决克服禁止代孕的法律立场，在对申请监护权的各方主体之具体境况及监护构想、安排进行比较和斟酌之后，直接援引联合国《儿童权利公约》第 3 条确立的"儿童最大利益原则"及国内立法相关规定将代孕子女监护权赋予委托代孕主体，所体现的也正是"儿童最大利益原则"在适用中的情境性和革命性。[③]

上述代孕子女监护权纠纷本非收养案件，但它实际上关联着一起潜在的收养案件。该案判决虽有发展"儿童最大利益原则"之锐意，却也有"拟制继母"之牵强，其关于（女性）委托代孕主体为代孕子女之继母的逻辑推理实在过于超现实，殊难认同。[④] 依笔者之见，此案作为监护权纠纷，除以"儿童最大利益原则"为指引外，最恰当的司法路径应是援引

---

① 最高人民法院 1993 年 11 月 3 日发布的《关于人民法院审理离婚案件处理子女抚养问题的若干具体意见》（法发〔1993〕30 号）第 3 条。

② 张荣丽：《李阳家暴离婚案 良好判例示范司法》，《中国妇女报》2013 年 2 月 5 日，第 A03 版。

③ 上海市第一中级人民法院陈某诉罗某耕监护权纠纷一案二审民事判决书〔（2015）沪一中少民终字第 56 号〕。全文可见中国裁判文书网（wenshu.court.gov.cn）。

④ 该判决推定，作为委托代孕方的陈某与两个孩子形成有抚养教育关系的继父母子女关系，理由在于："缔结婚姻之后一方的非婚生子女，如果作为非生父母的夫或妻一方知晓并接受该子女为其子女，同时与该子女共同生活达相当期限，并对该子女履行了抚养教育之义务的，则具备了上述主观意愿和事实行为两个条件，亦可形成有抚养关系的继父母子女关系。至于子女的出生时间在缔结婚姻之前还是之后，并非《婚姻法》规定的认定形成有抚养关系的继父母子女关系的实质要件。"实则，法律用语"继母"当然来源于社会生活用语，而这一语词的通用语义即生父再婚后的妻子，《仪礼·丧服》谓"继母如母"、《元典章·礼部三·丧礼》谓"继母，父再（转下页）

《民法典》第27条，案中未成年被监护人可认定的父亲已去世，基因母亲和代孕母亲不可考或不主张权利，其他近亲属中可认定的祖父母不具有监护能力，故长期抚养教育被监护人的陈某可作为"其他愿意担任监护人的个人"，经被监护人住所地的居民委员会、村民委员会或者民政部门同意后取得监护权。但从制度功能来讲，在现行法体系下于监护问题最恰当的司法路径并不足以解决陈某与孩子之间的亲子关系需求，往下推演就是寻求拟制血亲关系，即收养。我国现行法律制度能否为他们提供合法收养路径呢？有，但是很难。因为《民法典》第1096条规定"监护人送养孤儿的，应当征得有抚养义务的人同意"，即便案中未成年人因生父死亡、可能具母亲身份的主体不可考而被认定为"孤儿"，仍需取得有抚养义务的祖父母的同意，问题似乎又回到原点。

这种四处碰壁终不得出的处境并非当事人个体所独有，乃是整个传统法律体系包括收养、亲子制度在基因科学、生殖技术新发展下无所适从的体现。然而，威胁并不仅仅来自科学技术层面，也来自人文社会层面。在同性结合（以及其他少数性向群体）吁求合法化的过程中，收养制度也面临严峻挑战：同性伴侣可否如同婚姻配偶那样成为适格的收养人。承认同性结合这一立场本身并不必然赋予同性伴侣收养的权利。但已经有一些国家走到了这一步，如加拿大早在1996年就修订《收养法》，规定同性伴侣可以收养子女。[1]这意味着，同性伴侣不仅获得"婚姻"待遇，也拥有创建"家庭"的权利。如此，则法律层面的"家庭"不仅突破血缘的限制，还突破传统父母性别角色的限制：传统的一位男性父亲和一位女性母

---

（接上页）婆母，同亲母，齐衰三年"皆用此义；"继母"一词虽在古言中偶作"被过继子女的养母"之义，但现在已极为少见，且该案判决书业已详证"陈某与罗某丁、罗某戊之间不成立事实收养关系"，可见其绝非以"继母"一词谓"养母"之义。判决书所谓"继母"之论不仅有悖继父母子女关系认定规范，也与其后以"儿童最大利益原则"指定监护人的法律逻辑相冲突：如果承认陈某为存在抚养教育关系的继母，则其在丈夫去世后当然继续拥有孩子的监护权，根本无须适用指定监护。"继母"之说使该判决留白璧微瑕之憾，其牵强、悖谬、矛盾之处恰恰折射出，在我国既不承认代孕合法又没有非婚生子女认领机制的社会背景下，司法实践在认定代孕亲子关系上处于左支右绌、顾此失彼的困境。

[1] Barbara Findlay, "All in the Family Values", *Canadian Journal of Family Law* 14(1997):140.

亲可以替换成同性结合中的两位母亲（女同性伴侣）或者两位父亲（男同性伴侣）。这些突破无异于认知革命，但在个案中是否适用则取决于是否符合儿童最大利益。

在婚姻家庭领域，新技术、新需求正裹挟着未来呼啸而至，但新的伦理、新的规则尚未成型，收养制度很可能被推上应对基因科学、人工生殖技术、多元婚姻家庭观念的风口浪尖，而富于情境性和革命性的最有利于未成年人原则是我们在这一阵地最理性、最智慧的依恃。因为未成年人即未来，保护未成年人即护佑人类的未来。

# 第十章　社会化发展的奥义

收养法的社会化是自 20 世纪后半叶在世界范围内悄然兴起的法律改革。时至今日，现代收养法的发展已清晰地呈现始于私法又超越私法的轨迹：以 1804 年《拿破仑法典》为界碑，长期居于个体、家庭、国家三者连接点的收养制度被正式纳入私法框架，此后通过对私法逻辑不断加以承继和改造，现代收养法律体系得以确立。二战后，在国际人权思潮的影响下，肯认儿童主体地位、保护儿童特殊权益的共识逐步发展为层次丰富的理论体系和实践规范，引领各国收养立法逐渐溢出私法边界，形成社会化发展浪潮。法律社会化的实质是法律趋向于以社会需求为导向、为弱势群体提供社会保护。[①] 由此，收养法的社会化发展主要在两大维度展开：其一，制度目标兼及社会治理；其二，规范路径趋向社会保护。在收养领域，社会治理目标指向儿童保护公共政策，社会保护规范决定儿童保护个案裁决，两者均以儿童为本位，因此收养法社会化发展的实质乃是从亲子法到儿童法的转向。这对于我国收养私法体制应对当前严峻效用危机、寻求未来发展方向无疑具有深刻的启示意义。

## 第一节　以问题意识观照社会现实

现阶段中国收养法的社会化驱动可归结于两大方面：其一，宏观层

---

① 张文显:《二十世纪西方法哲学思潮研究》，法律出版社 2006 年版，第 96 页。

面如何化解法律收养冷寂、私自收养壅塞的系统性风险；其二，微观层面如何应对和调整非婚生子女送养、国家监护下未成年人的送养、继亲收养等法律问题。这些现实存在的问题决定了我国收养法律制度改革的具体着眼点。

## 一 系统风险

法律收养冷寂和私自收养壅塞是同一问题的一体两面，从不同角度折射出收养供需成效不佳。除民政部历年发布的《社会服务发展统计公报》有关数据说明我国法律收养效率不高外，收养之司法与民政的疏离和隔膜也暴露出我国纯粹私法收养体系在匹配收养供需、保障儿童权益等方面严重不孚所需。在此背景下，私自收养一直伴随着我国收养法律制度的形成和发展。

这里，私自收养有其特定的内涵，并非概指所有私主体收留抚养未成年人的行为。收留抚养脱离家庭环境或处于其他困境的未成年人，是历朝历代、古今中外都存在的一种社会现象[1]。关系和睦、功能良好的家庭在生活照料、行为塑造、知识培育等方面为未成年人提供周全细致的爱护，是其社会化过程中最为天然也最为理想的成长和教育环境。脱离家庭环境意味着未成年人失去物质供养和教育保护，此种情形下，慈善济助性质的收留和抚养行为在一定程度上有助于解决未成年人的迫切生存所需，而制度层面的监护和收养等机制则致力于为未成年人提供长期的保护和安置。至近现代，未成年人的权利主体地位和公民社会地位受到充分的肯认，现代法治体系要求国家对暂时或永久脱离家庭环境的未成年人予以特别保护和协助，为之提供多种救助和安置路径：监护、寄养、收养或者必要时安置在适当的育儿机构中。[2]当国家承担起对困境

---

[1] 由此衍生的经典文学作品，如《赵氏孤儿》描述的我国古代程婴收留抚养赵武的故事和《悲惨世界》描述的法国近代冉阿让收留抚养孤女珂赛特的故事等。

[2] 参见《儿童权利公约》第20条。

未成年人的责任，建立起以保护未成年人为目标的社会救助和收养机制，进而对家庭和社会实施规范化治理，与此同时慈善救助也普遍走向组织化、规模化、体系化时[①]，无视正式制度或者刻意回避正式制度的规范和适用，自行收留抚养未成年人的行为样态，被称为私自收留抚养未成年人。

基于不同的动机和行为类型，私自收留抚养未成年人的合法性、社会效应等处于不同的阈值之间。阈值一端是具有正向社会效应的行为，例如以收留抚养的方式对暂时脱离监护和家庭并处于困境的未成年人予以短期救助和妥善照管但未及时向有权主体报告的行为，其虽然也有"私自"的特点但总体是符合未成年人保护理念的，且并未妨碍未成年人监护权的行使，故其救助行为的合法性应予肯认。阈值另一端则是产生严重负向社会效应的行为，例如参与人口交易、私自收留和抚养被拐卖未成年人的行为，此种行为是拐卖未成年人犯罪的链条之一，危及未成年人的生命权、身体权和健康权等，妨碍未成年人监护人的权利行使，损害未成年人与其监护人之间的亲情权益，属于典型的违法犯罪行为。介于阈值两端的是各种意图收养未成年人但未按照法律规定核实各方条件、履行有关程序而径行收留抚养未成年人的行为，由于此类行为无法产生收养的法律效果，从而也无法被纳入户籍管理及其相关联的教育医疗系统等，一旦所涉未成年人有入学就医需求或所涉家庭需要申请社会保障、社会救助等，会面临重重障碍。由于这类私自收留抚养未成年人的行为最突出的困境在于，当事人希冀其收养关系被法律认可却难以实现，故可将其界定为与"法律收养"相对的"私自收养"。

私自收养的准确数据难以搜集，仅有零星可见的小范围样本：2000年北京市海淀区的263例抱养，99%为私下进行，仅有2%的孩子上户

---

口，其余都游离于社会管理和保障体系之外[①]；2001年"中国农村子女抱养调查"搜集到的549例抱养，仅有1/3在抱养时即办理收养登记[②]；2014年在东莞市的调查表明，民间私自抱养和社会福利中心送养各占一半，截至2013年底全市至少有300多名婴童被私自抱养[③]。近年来，与私自收养有关的负面新闻频发：2013年兰考县"爱心妈妈"袁厉害收留无家可归儿童的处所发生火灾，7名孩子死亡[④]；2018年河北武安市"大爱妈妈"李利娟涉嫌犯罪被刑事拘留，其照看的69名儿童全部转到当地福利院[⑤]。此类事件暴露出，在我国现行收养法律制度框架下不仅有个别的私自收养，还有规模化的私自收养，所涉儿童身处原生家庭、国家监护与收养机制的罅隙之间，身心健康面临不可控的风险。这其中固然有法治宣传不力、法治意识欠缺等原因，但根源仍在于法律规范与社会现实疏离，当事人难以实现法律收养。[⑥]多年来，行政系统不得不通过政策文件不断清理和疏导私自收养：2000年民政部发文要求开展"事实收养"调查并提出解决建议，称此为"涉及面广、处理难度大、有可能影响社会稳定的问题"；2008年民政部、公安部、司法部、卫生部、人口计生委联合发布详细指引，要求各部门协调解决私自收养问题。[⑦]北京、上海、江苏等

---

① 李卷林:《关于北京市海淀区抱养孩子调查的实证分析》,《南方人口》2000年第2期, 第26页。

② 杨彦:《关于"中国农村抱养子女"的调查报告》,《人口与经济》2004年第1期, 第63页。

③ 梁清:《中国式收养：私自收养子女 户口难以办理》, 南都网文献, http://www.sohu.com/a/2854 27445_120078003, 最后访问日期：2023年5月22日。

④ 王梦婕、张轶婷:《谁来"叫停"袁厉害的爱心困局》,《中国青年报》2013年1月14日, 第3版。

⑤ 郑林、付垚:《"爱心妈妈"李利娟的"滑铁卢"》,《北京青年报》2018年5月7日, 第A06版。

⑥ 雷春红:《欠缺法定要件收养关系的法律规制——以浙江省为样本》,《西部法学评论》2014年第1期, 第87页。

⑦ 参见《民政部关于开展国内公民"事实收养"调查的通知》(民发〔2000〕77号)和《民政部、公安部、司法部、卫生部、人口计生委等关于解决国内公民私自收养子女有关问题的通知》(民发〔2008〕132号)。后一通知认可了1999年4月1日《收养法》修改决定施行前的事实收养关系, 并对1999年4月1日以后的私自收养关系进行疏导, 区分不同情况, 提供政策依据, 通过补齐文件办理收养登记、签订助养协议等多种方式对私自收养予以规范。

地莫不循此路径以为权宜。

## 二 适法困境

《收养法》关于收养条件的规定不尽合理，不利于收养关系的成立，以致一些现实需求经政策变通或学理强解才得以解决，如大量无法回归原生家庭的打拐解救儿童因不属于"弃婴或儿童"导致无法送养，后由相关部委联合发文变通解决[1]；再如，再婚夫妇因一方已有成年子女无法收养孤儿，为促成收养作出"成年子女不是子女"的解释悖论[2]。《民法典》"收养"章已作细微修改解决上述问题，但仍有如下适法困境存在。

1.婚外生育的婴童，法律送养难以实现

婚外生育包括未婚生育、已婚者与非配偶生育、未成年人生育、性侵受害人生育等情形，其共同特点在于：这些情形下出生的婴童，其父母身处合法婚姻关系之外，他们的情感联系往往处于不明朗、不稳定甚至敌对排斥的状态，由此给这些婴童的抚养问题蒙上了阴影。按照我国法律一以贯之的设定和要求，父母有抚养、教育和保护未成年子女的权利和义务，如果他们有特殊困难无力抚养子女，则可按照法律规定的条件和程序共同将抚养、教育和保护子女的权利和义务转移至有抚养意愿和能力的主体（原《婚姻法》第21条、第23条和《收养法》第5条）。但在婚外生育情形下，生父母因为不具备合法婚姻关系，彼此之间没有明确稳定的权利义务和情感关联，往往缺乏合作抚养子女的意愿和能力，加之既定的经济文化和社会条件下，婚外生育事件给当事人所带来的种种压力和阻力，当事人之间甚至缺乏就子女抚养问题协同做出替代安排的意愿和能力。由此，生父母的不睦甚至反目常导致共同送养难以实现，而生母一方又难能举证"生父母

---

[1] 2015年8月，民政部、公安部联合印发《关于开展查找不到生父母的打拐解救儿童收养工作的通知》（民发〔2015〕61号），建立起公安机关出具查找不到生父或其他监护人的证明、社会福利机构送养的机制才解决这一现实问题。

[2] 黄忠：《有继子女的夫妻可否收养社会弃婴？——关于〈收养法〉第6条"无子女"含义的理解》，《社会福利》2009年第1期，第49页。

一方不明或查找不到"从而实现单方送养，由此导致婚外生育子女大多被私自抱养。

2. 生父母被撤销监护权的儿童，缺乏送养通道

自 2014 年最高人民法院、最高人民检察院、公安部、民政部联合发布《关于依法处理监护人侵害未成年人权益行为若干问题的意见》（简称《意见》）以来，我国监护监督和国家监护机制真正被激活。至 2017 年 8 月，据民政部不完全统计，全国已有 69 例此类案件，所涉未成年人的监护权或归民政部门，或归村（居）民委员会，或归与之建立抚养关系的其他亲属、朋友。[①] 此类案件中，若生父母监护权无由恢复，应可考虑通过收养机制使未成年人重归于家庭环境，前述《意见》确也规定"民政部门担任监护人的，承担抚养职责的儿童福利机构可以送养未成年人"，但由于《民法典》"收养"章承袭《收养法》，未对被收养人条件作调整，要构建此送养通道，唯有对"生父母有特殊困难无力抚养的子女"作扩大解释，法律适用再度落入政策变通、强作解释的窠臼。

3. 继亲收养一律适用完全收养机制，不利于保障被收养人最佳利益

随着再婚家庭增多，继亲收养争议时有发生，其焦点在于：继父母收养继子女后，共同生活的生父母一方死亡，继父母不愿再抚养继子女的，如何处理？在单一完全收养体制下，除非达成解除收养协议，否则继子女只能不受欢迎地留在继父母身边。但可资比照的是，继父母在离婚时不同意继续抚养曾受其抚养教育的继子女，司法裁判规则判定应由生父母抚养。[②] 然而在法理上，抚养教育事实达到一定期间的继亲关系和收养关系实为同等效力的拟制亲子关系，如此区别对待在逻辑上难以自洽，同时也不利于保障被收养人最佳利益。

---

① 张维：《全国已有 18 例因性侵被撤销监护权案》，《法制日报》2017 年 8 月 18 日，第 6 版。
② 参见《最高人民法院关于人民法院审理离婚案件处理子女抚养问题的若干具体意见》（法发〔1993〕30 号）第 13 条。

## 第二节　由国家责任导向社会保护

从世界范围来看，在收养法的社会化进程中，保护儿童权利强调国家责任的倡导和主张所起到的推动和改造作用是最为显著的。在最基础的层面上，收养是重新分配三方主要参与主体的法律利益的程序，与其他有关孩子的法令不同，它通过一个永久的、不可撤回的合约基础来实现其功能。在此程序进行调整以适应当前各方需求的过程中，这些习俗的一些特征已经逐渐演进。像所有合同一样，各方所作承诺必须经由通知的合意来证明，并且一般会通过禁止任何经济回报因素以及任何不当做法如未经授权将孩子带出国界来确保合同的适当。但是近年来，各方主体的合同地位不仅由于法律对生身母亲与未婚父亲权益权衡的不同而受到影响；更迫切的是儿童法律权益正经历急剧变革。历史上，儿童的法律地位一度仅被界定为收养程序客体，但现在儿童及其福利已成为主体和目的，儿童最大利益原则的引入显著改变了收养合同各方主体之间的平衡，给收养法律程序带来重大革新：强调国家责任，通过宣告收养加强儿童保护。[①]

### 一　儿童权利视角下的国家责任

历史法学——显然是历史与法学的相遇——认为，"我们当下思考家和国需要倍加小心，要在家和国中间加一个'连接／中断'的符号，即'家－国'。二者的关系不再顺畅，而是被不停地打断，新型的家－国关系需要在这些缝隙的基础上重新思考和构建"[②]。家与国之间旧有的联结不停地被打断，喻示着家与国的需求和利益不尽一致，尤其是传统的家庭形态和现代的发展道路，一静一动，一私一公，一个植根于过去，一个狂奔

---

[①]　Kerry O'Halloran, *The Politics of Adoption: International Perspectives on Law, Policy and Practice* (Dordrecht: Springer. Science+Business Media, 2015), p.23.

[②]　张新刚：《有待安顿的新家国关系》，载许章润、翟志勇主编《历史法学（第十一卷）：敌人》，法律出版社 2016 年版，第 68 页。

向未来。在治理结构上，除了固有的家庭、国家之外，个体和社会作为新的价值维度被"发现"。西方法哲学以政治国家与市民社会的分离为逻辑起点，强调通过市民社会的"权利"制衡政治国家的"权力"，视之为民主社会独有的治国战略。[①] 权利终究是归属于个体的，在权利张扬的时代，个体与家庭的关系也发生了质的嬗变：以个体为中心设计、选择生活的逻辑变得极为重要，家庭则面对容纳个体的兴趣、利益、经验等挑战，由此产生结构性的矛盾和冲突。[②] 这种矛盾和冲突在城市表现为离婚率不断上升，赡养纠纷、房产纠纷不断增多，在农村则表现为维系家庭的组织与人力纤维被完全隔断，传统家庭礼法体系被解构[③]，呈现家庭经济职能收缩、情感纽带脆弱、社会功能不足的危险态势。

当下家–国关系现实，以及国际人权领域对现代国家–儿童关系和国家–家庭关系的形塑，决定了国家在儿童事务和儿童保护领域应秉持终极负责、有限干预理念和儿童利益最大、家庭场域优先的原则，而社会组织蓬勃发展背景下的国家–社会关系则为国家履责采取国家机构协作、社会资源聚合的模式奠定了良好的基础。

（一）终极负责、有限干预的理念

从国家–儿童关系视角来看，国家应承担儿童权益保障的终极责任。《儿童权利公约》第 6 条蕴含着此终极责任的双重涵义。其一，全局责任。儿童是国家公民，同时也是民族与国家的未来所系，保障域内所有儿童的合法权益、"最大限度地确保儿童的存活与发展"是国家职责所在。其二，兜底责任。对于困境儿童，无论是其父母或其他监护人没有监护能力还是监护不当甚至实施侵害被监护人权益的违法犯罪行为，国家有责任"采取一切适当的立法、行政和其他措施"为之提供所需的救济、保护和

---

① 侯健：《三种权力制约机制及其比较》，《复旦大学学报》（社会科学版）2001 年第 3 期，第 104 页。

② 石金群：《独立还是延续：当代都市家庭代际关系中的矛盾心境》，《广西民族大学学报》（哲学社会科学版）2014 年第 4 期，第 36 页。

③ 彭卫民：《"家"的法哲学建构何以可能?》，《天府新论》2017 年第 2 期，第 48 页。

保障。全局责任与兜底责任具有逻辑上的共生关系：前者为后者之渊源，后者以前者为依凭。

从国家－家庭关系视角来看，国家应在儿童事务上持有限干预理念。以监护为例，这里的有限干预体现在两个方面。第一，尊重父母权利，保护家庭关系。在监护顺位上，国家居于父母或其他与儿童关系密切的监护人之后，父母或其他主体监护不足或滥用监护时方以国家监护予以补足或替代。第二，灵活干预，积极保护。在父母或其他监护主体缺位或严重损害、危害儿童身心发展权益的情形下，国家应积极干预，采取有效措施保护儿童权益。有限干预立场既强调"干预"，也强调"有限"，其度在于：国家的干预乃至替代应有助于增进儿童福利和家庭共同福利。[①] 过度干预的极端表现是包办式国家监护。如柏拉图在《理想国》中提出的"儿童公有"[②]，由此催生一些国家或地区出现统一抚养、教育儿童的做法，其结果却是难以为继或于儿童身心发展不利[③]。经济学家用父母的利他主义解释了为什么全社会具有比柏拉图更现实的常识。[④]

（二）儿童利益最大、家庭场域优先的原则

前文已述，1959 年《儿童权利宣言》和 1989 年《儿童权利公约》并未界定何为儿童最大利益，但都确认儿童享有将其最大利益作为首要考量的权利，强调把儿童作为权利主体来加以保护。儿童主体地位的要义之一是儿童对其自身事务享有与其理智水平相匹配的表达权及自决权。儿童主体地位的另一要义，即儿童利益是完整权利主体的全面利益，不因其年

---

① 〔美〕加里·斯坦利·贝克尔：《家庭论》，王献生、王宇译，商务印书馆 2007 年版，第 436 页。

② 柏拉图借苏格拉底之口主张儿童公有，即断绝父母与子女之间的亲缘关系，孩子由城邦统一组织抚养。参见〔古希腊〕柏拉图《理想国》，顾寿观译，吴天岳校注，岳麓书社 2010 年版，第 223~227 页。

③ 以色列集体农场运动中曾经实验过统一养育儿童，但以失败而告终，重又规定父母有抚养孩子的义务。罗马尼亚通过国立育儿机构集中抚养大批孤儿的实践也日益显现其不利儿童身心发展的弊端。

④ 父母的利他主义表现在："他们能够考虑自己的行为对孩子健康的影响，他们有时为了增加孩子的消费和安逸，宁愿牺牲自己的消费和安逸。"参见〔美〕加里·斯坦利·贝克尔《家庭论》，王献生、王宇译，商务印书馆 2007 年版，第 438、439 页。

龄、心智或其他个体特征而有任何减损。同时，《儿童权利宣言》"原则二"和《儿童权利公约》第27条第1款均指出倡导儿童最大利益原则的目的在于确保儿童得到身体／生理、心智／心理、道德、精神和社会等方面的发展。

家庭对于保障儿童各项权利、促进儿童全面发展从而实现儿童最大利益有着非常重要、无可替代的作用和意义。《公约》视家庭关系为儿童维护其身份的要素之一，在第8条中要求"如有儿童被非法剥夺其身份方面的部分或全部要素，缔约国应提供适当协助和保护，以便迅速重新确立其身份"。有鉴于此，国家干预的程序设计应有利于尽量、尽快促成儿童回归家庭环境：在国家干预的启动环节，撤销父母等主体的监护权、使儿童与此类监护主体分离必须是为实现儿童最大利益而必需之举措；在国家干预的实施环节，一方面要确保儿童的妥善安置，另一方面也要采取多种措施对违法犯罪的父母等监护主体进行疏导、矫治和训诫，条件具备时可酌情恢复其监护权；在国家干预的后续环节，要积极通过寄养、收养等机制为儿童寻得适宜的新的家庭环境。

（三）国家机构协作、社会资源聚合的模式

从国家－社会关系视角来看，国家干预应坚持国家机构协作、社会资源聚合的模式，以满足庞杂而繁重的干预需求。国家干预体系的运行极大地依赖于多方协作，负有主要监护职责的代表机构必须与负有儿童保护职责的其他机构与专业人员通力合作。作为强调合作的典范，英国不仅在1989年《儿童法》明确规定地方当局、地方教育当局、地方住房当局和地方卫生当局应互相帮助、通力合作保护儿童利益，还曾于1999年发布《协力保护儿童——机构间协作保护和促进儿童幸福指南》，给予详细指引。[①]

就我国的情况而言，以国家监护的激活为代表，以儿童保护为目标

---

① 〔英〕凯特·斯丹德利：《家庭法》，屈广清译，中国政法大学出版社2004年版，第371页。

的国家干预正在逐次深入：2015 年，全国首例由民政部门申请撤销监护人资格案在江苏省徐州市判决，因生父性侵女童、生母不加干预，女童父母的监护权被撤销，当地民政机关承担监护职责。[①] 此案中，检察机关及时发现问题并向民政机关提出检察建议，民政机关接受建议并积极作为向人民法院申请撤销生父母的监护资格，进而经人民法院判决承担起替代性的监护责任，不同国家机关各司其职、衔接有序，充分体现了其作为抽象"国家"之共同代表履行国家保护职责的能力和担当。

国家干预的案例目前尚在少数，但社会影响广泛且正面，未来这一机制的运用必呈增长态势。必须预见到，履行保护儿童的职责可能会涉及日常照料和教育看护，这是保障儿童生存与发展所必需。从法律层面来说，鉴于我国已确立大监护制度框架[②]，这意味着国家干预和保护包括对儿童的日常照护和权益保障，是在一定期间内全盘接收儿童的整个"生活"。德国法通过强调儿童的完整性利益和发展利益来实现这一功能：前者是指维护身体健康，提供食品、衣物、住房以及最低限度的人身投入；后者是指通过教育和适当社会接触获得的发展、学校和职业培训、对精神和文化兴趣的培养以及随着年龄增长而逐步提高的自决能力。[③]

困境儿童的现实需求和大监护的既有框架对国家监护提出两方面的要求：其一，国家监护的运转需要集聚和调配充足的物资、人力乃至公权力作为支持资源；其二，国家监护的执行有赖于个体工作人员或受委托人承担具体职能。前者正可充分发挥"国家"这一抽象主体在资源占有和人员调配上的集合优势。如我国首例由民政部门申请撤销监护人资格案正体现出检察机关、民政机关、司法机关基于各自的定位和彼此的协作履行国

---

① 《2015 年度人民法院十大民事行政案件》，《人民法院报》2016 年 1 月 7 日。

② 自监护、亲权（或谓父母责任）二者关系角度而言，与亲权相分离的监护制度谓之小监护，包含亲权内容的监护制度谓之大监护。长期以来，我国学界对监护与亲权之间的关系观点不一、争论不断，以致在立法构想上也多有差异。参见刘征峰《被忽视的差异——〈民法总则（草案）〉"大小监护"立法模式之争的盲区》，《现代法学》2017 年第 1 期，第 181、182 页。

③ Dieter Schwab, *Familienrecht* (28 Auflage) (München: Verlag C.H.Beck oHG, 2020), pp.394, 395.

家监护职责。后者则需克服"国家"之抽象主体特性，将其转化为个体职责。实证法上，德国的社团监护和官方监护都是通过指定具体的工作人员或雇员来执行监护的①；在英国，一旦启动国家监护程序就必须为孩子指定一个主要的社会工作者②。

要达到上述要求，首先需要国家内部实现机构协作。根据我国《民法典》和《未成年人保护法》的规定，民政部门是国家履行儿童监护职责的主要代表，但并非唯一代表；中央和省一级人民政府负有组织协调职责，各级国家机关都在其职责范围内承担相应责任。此外，群众性自治组织如居民委员会、村民委员会和有关社会团体如共产主义青年团、妇女联合会、工会、青年联合会、学生联合会、少年先锋队等都是儿童监护或儿童保护主体。但国家机关、自治组织和社会团体都有其既定的、明确的工作范围，不可能成为持续的、主要的国家监护辅助力量，履行国家监护职能还需借力社会组织、聚合社会资源。

在社会责任和社会服务意识愈益彰显的背景下，借助和倚赖专业社会组织已被证明是加强儿童保障、促进儿童发展的有效路径，也是实施和优化国家干预的有力支持。由公益慈善驱动的社会组织在我国儿童保护和儿童发展领域深耕日久，近年来发展模式越来越专业和规范，如通过免费午餐项目致力于解决乡村儿童饥饿问题的中国社会福利基金会、以教育为重点救助和照顾受艾滋病影响儿童的智行基金会等都成效卓著、信誉极佳。由民政部与联合国儿基会合作开展、众多公益组织参与其中的中国儿童福利示范区项目更是直接推动中央政府出台《关于加强困境儿童保障工作的意见》，以设立儿童福利主任的形式将包括国家监护在内的困境儿童保护机制覆盖到全国。这是国家履责借力社会组织和志愿服务的典范，也是国家与社会在现代性背景下深度融合的映像。

---

① Dieter Schwab, *Familienrecht* (28 Auflage) (München: Verlag C.H.Beck oHG, 2020), p.493。
② 〔英〕凯特·斯丹德利：《家庭法》，屈广清译，中国政法大学出版社 2004 年版，第 372 页。

## 二　儿童保护主旨下的宣告收养

### （一）普遍宣告收养趋势

基于儿童保护主旨，现代收养法律制度的发展趋势可归结为两点：一者，趋向于完全收养和宣告体系；二者，趋向于减少阻碍和积极促进。[①] 前者描述制度，后者概括立场。在制度演进中，完全收养与宣告体系之间具有内在关联：两者都主要适用于针对儿童的收养，且都着眼于保护儿童。

完全收养以不完全收养或简单收养为对称，其特点是，收养关系建立后养子女与生父母间不再保留亲子权利义务。[②] 当前国际范围内收养立法呈现以完全收养为主的趋同化走势，最主要的原因在于，很多国家认为完全收养比不完全收养能更好地保护儿童。[③] 从实证法的观照与比较来看，各法域规定的收养法定类型虽然有所不同，却在机理上高度一致，均以具有完全收养效力的未成年人收养为重：《法国民法典》采用完全收养和简单收养的类型划分，有关完全收养的法律规范更为繁复细致，且规定此种类型下被收养人一般年龄不满 15 周岁或符合法律规定的例外情形[④]；《德国民法典》和《瑞士民法典》均以被收养人年满 18 周岁为界点区分未成年人收养与成年人收养，但前者对两种类型的收养效力作了完全收养与不完全收养的区分，而后者则对成年人收养的条件作严格限定，两种类

---

[①] Dieter Schwab, *Familienrecht* (28 Auflage) (München: Verlag C.H.Beck oHG, 2020), p.439.

[②] 例如《法国民法典》在第八编"收养子女"中分章规范"完全收养"和"简单收养"的类型划分，并在第 356 条和第 358 条明确，完全收养的效力在于赋予一种替代原始亲子关系的父母子女关系。

[③] 参见蒋新苗、佘国华《国际收养法走势的回顾与展望》，《中国法学》2001 年第 1 期。这是从完全收养有利于被收养人完融入收养家庭的角度而言，但有些情势下不完全收养具有其独特的优势，例如继亲收养中一旦继父与生母或继母与生父之间因离婚或生父母死亡而致婚姻关系终结，被收养的继子女可能陷入不能被积极接纳的困境，这时如果继子女与继父母之间系不完全收养，则继子女仍与另一方生父母保持一定的权利义务关系，那么子女权益会更有保障。

[④] 参见《法国民法典》第 345 条。

型的收养效力统一适用完全收养规范<sup>①</sup>；《日本民法典》区分特殊收养与普通收养，分别在条件和效力上对应体现未成年人收养／完全收养与成年人收养／不完全收养的规范<sup>②</sup>；意大利的收养法定类型与日本相似，《意大利民法典》原来规定的"特别养子女收养"一节在收养条件、收养程序和收养效力的内容上均较一般收养有很大不同，而其中决定性、本质性的差异当属收养效力<sup>③</sup>，但在 1967 年第 341 号法律引入为救助未成年人而确立的"特殊收养"之后，又经 1983 年第 184 号法令将未成年人收养分离出民法典，以单行法的方式予以规范<sup>④</sup>。

与着重规范具有完全收养效力的未成年人收养相呼应，各国在收养程序上纷纷采用宣告体系，即国家有权机关依照法律规定的条件和程序，遵循儿童最大利益原则，宣告收养成立。<sup>⑤</sup>如，《德国民法典》"未成年人的收养"一节首条首款（第 1741 条）开宗明义规定，"收养有利于子女最佳利益的，且可期待在收养人和子女之间形成父母子女关系的，收养是可准许的"。又如，《法国民法典》第 353 条第 1 款规定，完全收养由大审法院应收养人的申请作出宣告，大审法院应审查是否具备法律规定的收养条件以及收养是否符合儿童的利益。《儿童权利公约》第 21 条（a）项

---

① 《德国民法典》在"收养"一节下区分"未成年人之收养"与"成年人之收养"两小节，根据该法典第 2 条，满 18 岁为成年，第 1754~1757 条规定了未成年人之收养的效力包括，养子女取得收养人子女之法律地位，其原血亲关系及由此所生之权利及义务消灭。第 1770 条规定成年收养的效力不影响被收养人及其直系血亲卑亲属与其血亲关系间所生之权利及义务，但收养人对被收养人所负之扶养义务，应优先于被收养人之血亲。

《瑞士民法典》则在"收养"一节中以一级标题显示"未成年人的收养"和"成年人的收养"，该法典第 14 条规定年满 18 周岁的为成年人。该法典第 266 条对成年人收养作了严格限定，此外其他事宜类推适用未成年之收养，而第 267 条则不区分类型，统一规定收养的效力为：养子女，与养父母的婚生子女具有同样的法律地位；原亲子关系在收养时解除，但收养配偶之子女的情形除外。

② 《日本民法典》包括特殊收养和普通收养的规定，其在收养效力的一般性规定中未提及被收养人与其生身家庭的关系，但对于特别收养则在第 817 条之 2 第 1 款明确规定，此种类型的收养须具备"下条至第八百一十七条之七规定的要件"，且"旨在与亲生方的血亲终止亲属关系"。

③ 参见《意大利民法典》第 300 条之 1 和第 314 条之 26 第 2 款。

④ 罗冠男：《意大利未成年人收养法改革评述》，载夏吟兰、龙翼飞主编《家事法研究》（2016 年卷），社会科学文献出版社，第 220~233 页。

⑤ Dieter Schwab, *Familienrecht* (28 Auflage) (München: Verlag C.H.Beck oHG, 2020), p.439.

要求各国确保以儿童的最大利益为首要考虑建立收养组织架构和程序保障，正反映出宣告收养机制的特点和要求，具体要素包括：①有主管当局；②有可适用的法律和程序；③以所有有关可靠的资料为依据；④儿童有关父母、亲属和法定监护人方面的情况允许收养；⑤必要时有关人士根据可能必要的辅导对收养表示知情的同意；⑥收养须经批准。[①]

与私法框架下以合意为基础的协议收养机制不同，宣告收养主要尊奉儿童保护理念，各国对收养事务持更加积极主动的立场，普遍引入收养成立前的试收养（有的国家称为安置）机制，亦即，在正式宣告收养之前进行一定期间的试收养以考察收养是否符合被收养人利益。虽然各国谓之养育、安置、预行收养的托付、监护等不同语词，但其功能殊为一致。《德国民法典》的此种关切散落于第1741条、第1744条和第1752条等具体规定中：收养人须提交不可附条件或期限、不可代理、经公证的申请；监护法院在收养有益于子女的幸福并且可以期待收养人与子女之间产生父母子女关系的情形下许可、宣告收养；一般情况下，应当在收养人对子女予以适当期间的养育之后，方得宣告收养；收养形成的过程中，监护法院可在符合法律规定的情形下，为（被收养的）子女的利益而取代其生父母的同意，促成收养。《法国民法典》针对完全收养专节规定"为完全收养进行安置与完全收养判决"，规定将拟送养的儿童实际送交拟定的收养人，进行为期不少于2个月的安置，然后由大审法院在受理收养申请之日起6个月内审查是否具备法律规定的收养条件以及收养是否符合儿童的利益，从而作出宣告收养的判决。《意大利民法典》针对特别收养，在第314条之20和第314条之24规定被收养未成

---

① 联合国大会1989年11月20日第44/25号决议，《儿童权利公约》（*Convention on the Rights of the Child*）（A/RES/44/25）。公约文本可在"联合国正式文件系统"（网址 https://www.un.org/zh/ga/documents/gares.shtml）查询获得。

《公约》第21条规定："凡承认和（或）许可收养制度的国家应确保以儿童的最大利益为首要考虑并应：（a）确保只有经主管当局按照适用的法律和程序并根据所有有关可靠的资料，判定鉴于儿童有关父母、亲属和法定监护人方面的情况可允许收养，并且判定必要时有关人士已根据可能必要的辅导对收养表示知情的同意，方可批准儿童的收养……"

年人所在地的少年法院收到收养申请后，查明当事人是否符合资格要件，秉持未成年人利益优先的原则进行比较、征询之后，决定预行收养的托付并规定其方式；预行收养的托付过程，由监护裁判官或专家或专门设施予以监视，经过一年的托付期间，少年法院再行征询之后，由评议室作出是否允许收养的裁定。《日本民法典》第817条之8针对特别收养规定，应考虑成为养父母者对成为养子女者6个月以上期间之监护状况。《瑞士民法典》关于试收养和收养评估的规定也相当明确。其第264条针对未成年人的收养，规定预期的收养人对养子女至少已照顾、教育满一年，并且有理由认为亲子关系的建立有利于养子女，又不致损害养父母其他子女的利益，才可以收养。其第268条规定，州政府主管部门应全面调查所有的重要情况，如有必要，可取得专家的协助，然后州政府主管部门才可以对收养作出决定，而且规定特别应调查养父母及养子女的人格与健康状况、相处倾向，养父母的教育能力、经济状况、收养动机、家庭条件以及收养关系的发展等。如养父母已有直系血亲卑亲属，收养还应当尊重其直系血亲卑亲属的意见。

（二）我国宣告收养发轫

1.《民法典》确立的父母同意免除规则

我国《民法典》没有规定收养同意的替代机制，但是在两个条文中运用了同意的免除机制，即第1095条和第1097条。前者是在未成年人的父母均不具备完全民事行为能力且可能严重危害该未成年人的情形下对其父母双方同意的免除。后者是在未成年人的生父母一方不明或者查找不到的情形下，对该生父母一方同意的免除。

2.两院两部文件确立的父母同意替代规则

在《民法典》第1095条和第1097条之外，还存在一种无须被收养人父母同意的机制，即父母监护权被撤销之后的子女送养，其依据在于最高院、最高检、公安部和民政部联合发布的《关于依法处理监护人侵害未成年人权益行为若干问题的意见》（简称《意见》）第36条第3款和第44

条（以及援引至第40条第2款）的规定。① 根据该《意见》的规定，在监护人由于侵害未成年人权益而被撤销监护人资格、未成年人由儿童福利机构收留抚养达到一定期间的情形下，儿童福利机构送养未成年人无需未成年人的原监护人作出意思表示或同意。原监护人通常是未成年人的父母，此时其已被撤销监护人资格，自然无由置喙于未成年人收养事项。这在效果上类似于对父母同意的替代，由国家有权机关替代未成年人的父母就收养事项作出决定。

3. 新增收养评估程序改变收养同意机制

惜墨如金的法律文本有时仅以寥寥数语即可撬动整个制度格局：我国《民法典》第1105条第5款即以区区22个字（核心只在"收养评估"四字）在传统的协议收养框架中楔入宣告收养的关键环节，从而带动整个收养制度的社会化发展。其体系化根基与效应在于：《民法典》之前，有民政部于2012年发布通知开展收养评估试点工作，并在总结28个省份156个地区试点经验的基础上于2015年发布《收养能力评估工作指引》②的实践与规范基础；《民法典》之后，有《未成年人保护法（修订）》第99条的呼应和民政部《收养评估办法（试行）》③的具体实施。

从具体实践来看，新增的收养评估程序内含收养适配和试收养（"融合期"）机制。在国家规范层面，收养评估主要是指民政部门自行组织或委托第三方机构，遵循最有利于被收养人的原则，独立、客观、公正地对收养申请人是否具备抚养、教育和保护被收养人的能力进行调查、评估，

---

① 最高人民法院、最高人民检察院、公安部和民政部联合发布《关于依法处理监护人侵害未成年人权益行为若干问题的意见》〔法发（2014）24号〕。文中所引条款针对未成年人权益遭受监护人侵害的情形所确立的规则可简述为：判决撤销监护人资格，没有合适人员和其他单位担任监护人的，人民法院应当指定民政部门担任监护人，由其所属儿童福利机构收留抚养；民政部门担任监护人的，承担抚养职责的儿童福利机构可以送养未成年人，送养未成年人应当在人民法院作出撤销监护人资格判决一年后进行，侵害人虐待、遗弃未成年人六个月以上、多次遗弃未成年人，并且造成重伤以上严重后果的，不受一年后送养的限制。

② 民政部《收养能力评估工作指引》（民发〔2015〕168号）。

③ 民政部《收养评估办法（试行）》（民发〔2020〕144号）。《收养评估办法（试行）》自2021年1月1日起施行，《收养能力评估工作指引》同时废止。

并出具评估报告的专业服务行为。① 具体收养评估内容除了收养申请人及其家庭、社区环境外，还包括其与被收养人的融合情况，目前设定的融合期限在 30 日到 60 日。② 在此过程中，收养申请人、送养人、被收养人先后有多个意思表示行为：其一，在申请收养登记材料中针对收养本身作出的意思表示；其二，在收养评估过程中针对融合安排所涉被收养人抚养和监护义务转移作出的意思表示。③

在地方实践层面，部分省市探索的收养适配机制使得收养同意的接收主体成为主管机构，而且在内容上更加趋向于"空白同意"。如北京市要求收养人和送养人原则上通过本市儿童收养信息管理系统提出申请；该系统按照最有利于被收养人的原则，根据收养意愿和送养意愿，在收养人信息库中为被收养人择优匹配 3 个候选家庭，根据每个家庭的评估结果择优选择最终匹配家庭；但有关法规和政策文件有具体规定的以及 2020 年底前寄养家庭提出收养本家庭寄养儿童且经评估符合收养条件的，收养人和被收养人之间可以定向匹配。④ 又如四川省要求收养关系当事人到民政部门提出收养意愿，填写《收养申请书》，并按要求提供相关申请材料；其后由民政部门将收养申请人与本行政区域内符合送养条件的未成年人进行信息配对，按照递交收养申请的时间先后顺序，并结合收养申请人抚养、教育和保护被收养人能力等方面因素综合研究，确定配对对象，收养

---

① 参见《收养评估办法（试行）》第 3~5 条。

② 参见《收养评估办法（试行）》第 8、10 条。民政部工作人员在对该文件的解释中称，"《办法》……规定融合时间不少于 30 日，由于《办法》明确收养评估报告出具时间为收养人确认同意接受评估之日起 60 日，故实际融合期间为不少于 30 日，不多于 60 日"。参见民政部门户网站资料：《民政部儿童福利司负责同志就〈收养评估办法（试行）〉有关问题答记者问》。

③ 《收养评估办法（试行）》第 9 条关于收养评估流程的规定中有两处提到收养当事人的意愿，一处是"收养登记申请材料"中所蕴含的当事人关于收养本身的意愿，另一处是"收养申请人确认同意进行收养评估"。这里，收养申请人同意进行收养评估是其接受民政部门专业服务行为的表示，不属于民法范畴的意思表示，但是因为收养评估内含融合机制即被收养人与收养申请人尝试共同生活，显然是需要送养人、被收养人和收养申请人各方同意的，其同意的内容主要指向对被收养人的抚养和监护义务转移，应属意思表示范畴。

④ 《北京市民政局关于贯彻落实〈民法典〉进一步做好收养工作的通知》，北京市民政局 2021 年 2 月发布。

申请人与被收养人配对比例不超过 3 比 1，收养三代以内旁系同辈血亲子女，可不进行信息配对与确认；经配对成功，再开展收养评估。[①]

与此同时，根据多年来沿用的《收养登记工作规范》第 15 条和第 16 条的规定，收养人、送养人和达到一定年龄的被收养人主要通过办理收养登记时现场回答收养登记员的询问调查及其后的签名、按指纹确认其收养意思表示。[②]总体而言，当前我国收养服务在以协议收养为逻辑起点的法律框架下正快速走向宣告收养的社会化实践。

---

① 《四川省收养评估实施细则（试行）》(川民发〔2021〕202 号）第 10、11 条，四川省民政厅 2021 年 12 月发布。

② 民政部《收养登记工作规范》(民法〔2008〕118 号）。

# 第十一章　社会化发展的路径

虽然存在很多现实问题，但随着我国儿童福利的深入推进、人口政策的重大转向、慈善公益意识的普及和高涨等，收养机制有望在经过社会化改造后更加充分地释放其积极效用。[1] 结合国际经验来看，收养法的社会化应着重在两个维度上开展：着眼于儿童保护社会政策，落脚于特定儿童社会保护。具体而言，针对法律收养冷寂、私自收养壅塞的系统风险，应进行结构性的制度改造，以儿童最大利益原则为统率，在广纳收养资源的同时加强国家干预，鼓励和促进法律收养。针对未婚生育儿童送养、国家监护儿童送养、继亲收养等诸多适法困境，可通过修改或增补法律规范一一予以突破。

在社会化发展目标下，我国收养法的体系构造应采领域法的大视野，以问题为导向，与传统私法范畴的部门法同构而又互补[2]，超越《收养法》以及《民法典》"收养"章，首先向外扩展至关联性的《婚姻法》、《继承

---

[1] 2010 年以来，我国收养发展的利好形势具体表现在：《中国儿童发展纲要（2011—2020 年）》明确提出"完善孤儿收养制度，规范家庭寄养，鼓励社会助养"，实现"提高孤儿家庭寄养率和收养率"的工作目标；2013 年党的十八届三中全会首次提出社会治理的执政理念，强调"鼓励和支持社会各方面参与，实现政府治理和社会自我调节、居民自治良性互动"，收养作为运用社会资源解决社会问题的社会自我调节模式适逢其时；2015 年党的十八届五中全会提出全面实施一对夫妇可生育两个孩子政策，这必将为长期贯彻独生子女计划生育政策的收养机制松绑，扩大其适用空间；2016 年经过十年砥砺的《慈善法》出台，其开门立法的过程同时也是慈善公益倡导的过程，全社会慈善公益意识普遍提高、热心儿童救助的社会人士和社会资源积累愈多，为收养制度的实施培育了更加丰饶的文化土壤。

[2] 刘剑文：《论领域法学：一种立足新兴交叉领域的法学研究范式》，《政法论丛》2016 年第 5 期，第 8 页。

法》和《民法典》"婚姻家庭"编与"继承"编，然后突破私法范畴，涵盖《未成年人保护法》有关规范及司法解释，民政部发布的收养登记规范、家庭寄养及儿童福利机构管理规范等，统合不同部门法、不同效力位阶的法律规范，确立起体系融贯、效能统一的收养新架构。其内外体系应协调呼应：内部体系是基础价值和法律理念，外部体系是外部架构和规范体系①，法律原则居中衔接，成为内在体系向外表达、外在体系向内追溯的连接点。

　　《民法典》"收养"章通过确立"最有利于被收养人"原则已实现收养法内在体系的革新，即在传统私法框架中楔入具有优先级别的儿童保护理念。在顶层设计中，这一原则体现为广纳收养资源、加强收养干预、创新收养指令和增设收养服务的立法思路；在个案裁判中，这一原则要求实现特定情境下特定儿童的最佳利益。以此为指引，收养法外在规范体系可分别通过畅达法律收养通道和完善宣告收养机制有效应对现实问题：①在私法框架内进一步放松对一般收养条件的不当限制，因应时势充实特殊收养规范，并针对继亲收养等开放不完全收养机制，充分发挥收养法律机制的积极效用；②在社会保护法律范畴中系统建构包括试收养、收养评估、收养回访、支持服务在内的收养辅助程序，与现有的收养登记相衔接，形成张弛有度的平衡机制。大体而言，应然层面我国收养法的体系架构如图 11-1 所示：

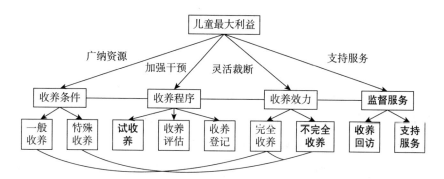

**图 11-1　应然层面我国收养法的体系架构**

说明：黑体字为我国现行法缺失的儿童保护机制和收养支持服务。

---

　　① 〔德〕卡尔·拉伦茨：《法学方法论》，陈爱娥译，商务印书馆 2003 年版，第 355、318 页。

# 第一节　畅通法律收养机制

当前，以《民法典》"收养"章为代表的私法体系仍是我国收养法的主体内容，收养条件、收养程序、收养效力尽皆归于其中，相关规范的修改和完善亦必在此体系下展开。就此而论，《民法典》"收养"章甫一面世即存在缺憾，征程未竟。要应对当前收养领域私自收养壅塞的系统风险和法律适用中的现实困境，可分别从注重当下的法律适用与着眼长远的法律改革两个不同层面予以考量。

## 一　法律适用

目前，私自收养问题带来的压力主要传导和集中在收养登记业务端口，主要涉及四类未成年人，即未婚生育的子女、婚外生育的子女、未成年人生育的子女和遭性侵女性生育的子女。各分类在逻辑上和事实上均有可能交叉，例如未成年人生育的子女同时也属于未婚生育的子女，而实践中也有未成年人被性侵生育的子女。私自收养浮出水面，多是由于当事人基于入学就业等方面的考量要求办理收养登记手续，但由于生父母信息不齐备或不配合，难以核验未成年人的身份，从而难以纳入法律收养系统。具体详述如下。

（一）私自收养何以难入法律收养轨道

如前所述，在我国现行收养法律制度下，1999 年 4 月 1 日之后发生的私自收养已无可能被认定为事实收养，任何个案都必须置于法律收养的框架之下予以审查。对照图 11-1 所示法律收养框架，个案分析需遵循如此路径，即是否符合一般收养要件、是否具有特殊收养情形（从而在某些条件上依法放宽或者加重），之后才是办理收养程序。实践中，私自收养案例往往在被收养人和送养人是否适格这一前提性问题上即陷入困局。

1. 关于被收养人是否适格

《民法典》"收养"章开篇第 1093 条规定被收养人限于三类未成年

人，即丧失父母的孤儿、查找不到生父母的未成年人和生父母有特殊困难无力抚养的子女。这是为了确保只有脱离原生家庭之抚养、教育、保护和监护的未成年人方可进入收养通道，避免不当或非法剥夺未成年人及其父母的家庭权。[①] 对该条理解和适用的要点在于以下三方面。

第一，关于"孤儿"的指向和证明。根据民政部1992年发布的《关于在办理收养登记中严格区分孤儿与查找不到生父母的弃婴的通知》，"孤儿"是指"其父母死亡或人民法院宣告其父母死亡"的未成年人，应提交孤儿父母死亡证明书（正常死亡证明书由医疗卫生单位出具，非正常死亡证明书由县级以上公安部门出具）或人民法院宣告死亡的判决书予以证明。

第二，关于"查找不到生父母的未成年人"的指向和证明。根据《收养子女登记办法》第6条第2款，证明被收养人属于原《收养法》第4条规定的"查找不到生父母的弃婴和儿童"（《民法典》规定的"查找不到生父母的未成年人"正渊源于此，修改仅限于表述层面），应提交弃婴、儿童进入社会福利机构的原始记录，或者公安机关出具的捡拾弃婴、儿童报案的证明。针对打拐解救儿童这个特殊的群体，《民政部、公安部关于开展查找不到生父母的打拐解救儿童收养工作的通知》（民发〔2015〕159号）规定了为这类儿童查找生父母及出具相关证明的程序。可见，这类被收养人的认定关键在于，必须通过适当的法律程序查找其生父母且最终未查找到。

第三，关于"生父母有特殊困难无力抚养的子女"的指向和证明。根据《收养子女登记办法》第6条的规定，对于被收养人系"生父母有特殊困难无力抚养的子女"，须提交生父母所在单位或者村（居）委会出具的送养人有特殊困难的证明。《民政部关于规范生父母有特殊困难无力抚养的子女和社会散居孤儿收养工作的意见》（民法〔2014〕206号）将

---

① 家庭权涉及婚姻、生育、收养、继承等多方面的"权利群"，主要包括组建家庭的权利、维持家庭存续的权利、维护家庭和谐的权利和维持家庭成员亲属关系的权利等。参见杨敬之《系统论视角下家庭权的宪法保障》，《黑龙江科学》2016年第14期，第151、152页。

"生父母有特殊困难无力抚养的证明"具体界定为，生父母所在单位或者村（居）委会根据下列证件、证明材料之一出具的能够确定生父母有特殊困难无力抚养的相关证明：①县级以上医疗机构出具的重特大疾病证明；②县级残疾人联合会出具的重度残疾证明；③人民法院判处有期徒刑或无期徒刑、死刑的判决书；④生父母因其他客观原因无力抚养子女的，乡镇人民政府、街道办事处出具的有关证明。

无论是单方私自收留抚养的情形，还是双方私自送交抚养的情形，面临的共同问题是：难以判定未成年人是适格的被收养人。原因在于以下两个方面。①在单方私自收留抚养案例中，抚养人往往自称于某处捡拾婴童后自行收留抚养，如此情形下未成年人的身份不明，无法判定其是否孤儿，又因未及时报警无法适用现有的查找、公告机制确认其生父母是否查找到、是否有特殊困难无力抚养，这就使得未成年人不仅在户籍法上身份阙如，在收养法上也处于悬而未决的地位，无法被纳入适格被收养人范畴。②在双方私自送交抚养案例中，无论是生父母方送交还是第三人转交，未成年人的来路实则是有线索的，至少可以确定生父母的身份，从而排除未成年人为孤儿或查找不到生父母的可能，但仍难以将其归入生父母有特殊困难的三种具体类型（可概括为重病、重残和被判刑），如归入"生父母存在其他客观原因无力抚养子女"，究竟其他客观原因何指，有权出具证明的主体在何种范围内具有自由裁量权，这些问题是值得探究的。实践中，乡镇人民政府、街道办事处对出具此类证明是非常谨慎的。从保护未成年人权益、强调父母是未成年人保护第一责任主体的角度来说，这种谨慎是有其合理性的。但当前有些新情况使得送养人获取此类证明更加不现实不可行：按照民政部等六部门《关于改进和规范基层群众性自治组织出具证明工作的指导意见》（民发〔2020〕20号），村（居）民委员会自2020年10月起不能再为送养人出具家庭存在特殊困难的证明。此外，私自送交抚养案例大多历时久远，有关线索已湮没或被隐匿，要证明被收养人系生父母有特殊困难无力抚养的子女常常难以实现。

### 2. 关于送养人是否适格

《民法典》第1094条规定，下列个人、组织可以作送养人：（1）孤儿的监护人；（2）儿童福利机构；（3）有特殊困难无力抚养子女的生父母。此外，根据第1095条的规定，对于父母均不具备完全民事行为能力且可能对其造成严重危害的未成年人，该未成年人的监护人可以作送养人。

由于在单方收留抚养未成年人的情形下，未成年人的身份无法确认，故法律逻辑于此中断，无法推进至送养人适格的问题。而在双方送交抚养未成年人的情形下，送养人适格同样面临能否证明"生父母有特殊困难无力抚养子女"的挑战。除此之外，还要考量是生父母双方送养，抑或是生父母一方单方送养。《民法典》第1097条规定：生父母送养子女，应当双方共同送养。生父母一方不明或者查找不到的，可以单方送养。据此，生父母送养子女，以共同送养为原则，单方送养为例外。依法单方送养的情形仅限于生父母一方不明或者查找不到的，对此，《收养子女登记办法》和《民政部关于规范生父母有特殊困难无力抚养的子女和社会散居孤儿收养工作的意见》（民发〔2014〕206号）将其主要解释为下落不明，以便通过宣告失踪等法律机制予以确认。这意味着，实践中除通过宣告失踪证明生父母一方下落不明之外，其他情形下生父母均须双方共同送养。但在未婚生育、已婚者与非配偶生育、未成年人生育、性侵受害人生育等情形下，确认生父的身份并使生父参与送养程序，可能会存在现实困难。

以未婚生育的子女为例。未婚生育的婴童历来是被收养的重要群体，但由于传统文化的抑制，该群体具有相当的隐蔽性。能够观察到的是，近年来随着国人的性观念、婚姻观越来越开放，未婚生育现象正在增多：2010年北京大学人口研究所发布，1.61亿名15~24岁的未婚女青年中4.1%有过妊娠经历，其中91%终止流产[①]，推算下来存活的非婚生子女数量可达数十万人左右。这些幸存的儿童，部分因父母结婚组成完整家庭，

---

[①] 胡玉坤、郑晓瑛、陈功、张蕾：《中国青年的性与生殖健康问题亟待纳入政策议程》，《国际生殖健康/计划生育杂志》2010年第6期，第393、394页。

部分随生父母一方生活，还有一部分因生父母无意愿或无能力抚养而被送养。但由于生父母往往倾向于保全自己的名声和利益，无视法律规定的条件和程序，轻率地将子女托付他人，被送养的婴童很难进入法律收养通道。

已婚者与非配偶生育的子女和未婚生育的子女相似：生父母往往背负沉重的道德压力，生父母一方对另一方的支持、对子女的责任往往有所保留，甚至恶意逃避乃至遗弃。这就导致生父母碍于各种主客观原因难以双双出面办理送养手续，或者生父母一方不愿抑或不能证明另一方不明或者查找不到从而适用单方送养手续，最终导致相当一部分此种情境下的未成年人无法被纳入法律收养通道而被私自送养。

未成年人生育子女更是偏离其成长轨道和社会认知，因此面临巨大的现实困难和舆论压力。如果未成年人有意愿，将其生育的子女送养出去确实有利于其尽快回复到求学和生活轨道，有利于其未来的成长和发展。但在羞于张扬的现实考虑之下，未成年的生父母双方难能协商一致，共同出面送养，同时也难以符合单方送养的条件，所以未成年人生育子女后往往也会规避法律送养路径，而于私下送养。

性侵受害人由于身体或其他客观原因被迫生育子女的情形下，由于受害人对于子女并非由衷接纳，抚育该子女可能使其难以逃离受害事件的记忆和影响，产生深重的次生伤害。此种情形在生母一方而言，应属有特殊困难无力抚养子女，但要办理收养手续须考虑生父的因素：如果施害人已明，作为受害人如何能够直面施害人并与之协商送养幼儿；如果施害人不明，现实的困难在于我国当前的收养登记实务只有证明生父母一方下落不明从而单方送养的规程，而在主体不明的情形要证明其下落不明显然是无法完成的证明责任。由此，性侵受害人欲送养其生育的子女，面临外在政策和内在身心的种种困境。

（二）通过法律解释创新疏导私自收养

根据《全国人民代表大会常务委员会关于加强法律解释工作的决议》第 3 条的规定，不属于审判和检察工作中的其他法律、法令如何具体应用的问题，由国务院及主管部门进行解释。一直以来，收养设立主要是在民政法治而非司法裁判范畴之下，因此民政系统通过部门规章、通知、意见、函复等方式对法律条文所作解释也是形塑我国收养制度规范的重要影响因素。在现行法体系下，通过法律解释创新尽可能弥合规则冲突、填补规则罅隙，正是民政系统作为收养主管机关应有的作为。就私自收养现象的疏导而言，主要涉及如下几个方面的法律解释创新。

1. 关于《民法典》第 1093 条和第 1094 条的对应关系

《民法典》第 1093 条规定："下列未成年人，可以被收养：（一）丧失父母的孤儿；（二）查找不到生父母的未成年人；（三）生父母有特殊困难无力抚养的子女。"其第 1094 条规定："下列个人、组织可以作送养人：（一）孤儿的监护人；（二）儿童福利机构；（三）有特殊困难无力抚养子女的生父母。"从表述上看，两者具有一定的对应性，但不应将其机械理解为：丧失父母的孤儿由孤儿的监护人送养，查找不到生父母的未成年人由儿童福利机构送养，生父母有特殊困难无力抚养的子女由生父母送养。在某些情形下，儿童福利机构也可能送养丧失父母的孤儿，或者生父母有特殊困难无力抚养的子女。

民政部就在工作意见中指出："生父母有特殊困难无力抚养的子女由生父母作为送养人。生父母均不具备完全民事行为能力且对被收养人有严重危害可能的，由被收养人的监护人作为送养人。社会散居孤儿由其监护人作为送养人。社会散居孤儿的监护人依法变更为社会福利机构的，可以由社会福利机构送养。"[①]故此，孤儿的送养人可以是孤儿的监护人，也可以是在国家监护之下承担养育责任的儿童福利机构。此外，儿童福利机构作为国家监护下的养育机构，还接收经公安机关确认的查找不到生父母的未成年人，以及生父母被撤销监护权转由国家监护的未成年人，

---

① 参见《民政部关于规范生父母有特殊困难无力抚养的子女和社会散居孤儿收养工作的意见》（民发〔2014〕206 号）第 2 条。这里需要澄清的是，无论是我国《民法典》"监护"一节还是《未成年人保护法》"政府保护"一章，国家监护的主体均为民政部门，而儿童福利机构是收留、抚养未成年人的主体，两者性质不同。

这些群体如须通过收养机制重新回归家庭环境，送养人亦由儿童福利机构担当。

2. 关于《民法典》第 1093 条和第 1094 条规定的"有特殊困难无力抚养子女"

《民法典》第 1093 条和第 1094 条规定的"生父母有特殊困难无力抚养子女"互为呼应，但是究竟应当如何理解和适用，法律并未明示。实践中，主要依据《民政部关于规范生父母有特殊困难无力抚养的子女和社会散居孤儿收养工作的意见》（民法〔2014〕206 号）列示的四种"生父母有特殊困难无力抚养"情形加以判定：生父母有重特大疾病；生父母有重度残疾；生父母被判处有期徒刑或无期徒刑、死刑；生父母存在其他客观原因无力抚养子女，经乡镇人民政府、街道办事处证明的。但从疏导私自收养的实践来看，涉及未婚生育的子女、婚外生育的子女、未成年人生育的子女、性侵受害人生育的子女以及父母被撤销监护权的子女的收留抚养，都可能会寻求纳入"有特殊困难无力抚养子女"的类型申请收养。究竟相关解释有无可能加以拓展？法律解释通常依次遵循四种方法予以推进，即文义解释、体系解释、历史解释、目的解释，如四种解释方法均不足以释明法律，则须填补漏洞以为完善。关于"有特殊困难无力抚养子女"，自文义而言确有弹性空间，但适用于具体情形时须考量两个层面的问题：其一，是否认定为"有特殊困难无力抚养子女"情形；其二，送养人应为何主体。

根据《儿童权利公约》第 18 条第 1 款和我国有关监护、抚养和保护的法律规定，父母是未成年子女的监护人，对儿童的养育和发展负有首要责任，因此非有重大情形不得放弃抚养子女的责任。需要强调的是，关于是否符合生父母有特殊困难无力抚养子女的情形，应在个案中遵循儿童最大利益原则综合多方情况作出准确判断。譬如，在国际儿童保护领域已形成共识，联合国《关于替代性儿童照料的导则》第 15 条指出："经济和物质上的贫困，或就此贫困可直接归咎的唯一状况，绝不应成为从父母照料下转移儿童的唯一理由……但应被视为需要为该家庭提供适当支助的信号。"[①]针对我国收养实务中的困扰，以下分情形详论。

关于未婚生育、婚外生育子女的送养。在事实层面未婚生育、婚外生育本身在抚养子女方面的困难主要是其思想观念、抚养意愿方面，而非对实际抚养能力的判断，因此其本身不属于特殊困难，不能仅以此类情形为由主张"有特殊困难无力抚养子女"。

关于未成年人生育子女的送养。由于未成年人通常不具有完全民事行为能力，遑论对子女的监护能力，因此在其无意愿无能力照护子女的情形下确系"有特殊困难无力抚养子女"。随之而至的法律问题是，未成年人送养子女，送养主体为何？自法理而言，这里存在未成年人民事行为能力不足的问题，然其限制行为能力可经由其监护人补足至完全，加之最有利于未成年人原则在此有双重适用之必要（最有利于生育子女的未成年人，和最有利于未成年人生育的子女），笔者认为在被认定有特殊困难无力抚养子女的情形下可允许未成年人送养子女，前提条件是：经辅导其已完全明了利害关系和法律意义，并经其监护人同意辅助。同时要特别注意的是，未成年人送养子女必须由其自身明确作出意思表示，不能以其监护人或亲属的意愿作为替代。国际上，儿童权利委员会在关于韩国的结论性意见中表示关切，在单身未成年母亲没有明确同意的情形下，基于其父母或法定监护人的同意而使她们被迫放弃孩子供收养的发生率很高。[②]由此亦可推论，如果未成年人有意愿、有经济基础且有其他主体辅助照料子女，则不应被认定为"有特殊困难无力抚养子女"。

关于生母遭性侵孕育子女的送养。此种情形下可基于前文详述之被性侵妇女的身心健康需求认定其属于"有特殊困难无力抚养子女"的情形。在这种情形下，如生父一方不明或查找不到，可按照《民法典》第

---

① 联合国大会：《关于替代性儿童照料的导则》，GA RES/64/142（2010 年 2 月 24 日）(UN Guidelines) 附件。

② 儿童权利委员会对韩国的结论性意见，CRC/C/KOR/CO/3-4 para 49(c)。

1097条单方送养，如生父收监服刑，民政部门可指导女方争取有关政法机构的支持，协助获得生父的同意，依法共同送养；如不能取得男方同意，建议探索由民政部门担当监护人，同时明确生父仍应承担抚养义务，后续可酌情安排未成年人与刑满释放后有抚养条件和能力的生父共同生活或在符合法律规定的条件时为未成年人寻求有利于其成长发展的收养家庭。

关于生父母被撤销监护权的未成年人的送养。鉴于生父母已被证实不能履职，故可基于未成年人成长需求予以认定，但这种情形下存在一个悬而未决的问题：根据《民法典》第38条和《未成年人保护法》第93条的规定，被撤销监护人资格的主体可能在符合条件的前提下申请并获批恢复其监护人资格，且目前现行法律并未规定可申请恢复监护人资格的除斥期间。[①] 针对这一困扰，可依据《民法典》第38条、第39条的规定把握两个原则：其一，对被监护人实施故意犯罪行为的主体，无权申请恢复其监护人资格；其二，在前一情形之外被撤销监护人资格的，如经过一定期间而未恢复被撤销的监护人资格，可向人民法院申请认定监护关系终止。在这两种情形下，被监护人在符合法律规定的条件时被送养均不受原监护人之意愿的制约，可由承担监护职责的民政部门依法安排由收留抚养未成年人的儿童福利机构作为送养人为未成年人寻求有利于其成长发展的收养家庭。

3. 关于《民法典》第1097条规定的单方送养条件

《民法典》第1097条规定，生父母一方不明或者查找不到的，可以单方送养。正如前文释义所言，这里的"不明""查找不到"应当指向客观上无法知晓、无法联络生父母一方进而无法获悉其对收养的知情同意。在操作层面，《收养子女登记办法》和《民政部关于规范生父母有特殊困难无力抚养的子女和社会散居孤儿收养工作的意见》都将法律中的"不

---

① 申请恢复被撤销的监护人资格属于一种形成权，而除斥期间是指法律规定的形成权存续的法定期间。该期间经过，则形成权消失，法律秩序由此趋于稳定。

明"转化为"下落不明"，虽便于通过宣告失踪等法律机制予以确认，却是对法律条文的限缩解释，从而也限缩了单方送养的适用空间。自法理而言，不明或查找不到的父母一方事实上已无意愿或无能力照料监护子女，其父母权益与子女权益相比，后者利益更值得保护，且此情形下父母双方的合意亦不可实现，法律不应苛求送养子女的父母一方完成事实不能之行为。因此，从最有利于被收养人原则出发，生父母一方主体不明确、下落不明确或查找不到，有特殊困难无力抚养子女的另一方都可依法为实现子女最大利益而送养子女。

与此法理相对照，我国《民法典》第 1097 条及其有关解释性规定目前尚远远不敷足用，其局限在于：第 1097 条本身仅规定在"生父母一方不明或者查找不到"的情形下可单方送养，而具体收养登记程序中又将其进一步限缩为"下落不明"，由此单方送养的法律通道愈加趋于逼仄。将收养登记程序修改至与法律规定一致，应属可期可为。

4. 关于《民法典》第 1098 条收养人条件的规定

确认被收养人适格并为其确定适格的送养人之后，面临的问题在于为其择定适格的收养人。除涉及违法犯罪行为外，宜从最有利于被收养人的原则出发优先考虑其长期生活的稳定家庭环境，可将有抚养能力和收养意愿的收留抚养主体视为潜在收养人，审核其是否符合法律规定的各项条件。针对此环节，通过法律解释将原本概括、模糊的法律规定予以明确，有助于增强收养程序的透明度、增进当事人的预期和信赖、提高当事人配合保护未成年人并依法申请法律收养的积极性。目前，实务界反映《民法典》第 1098 条关于收养人条件的规定不易把握的是关于疾病和违法犯罪记录的概括规定，因此可将其纳入法律解释的范畴予以明晰。

为保障被收养人身心健康，《民法典》第 1098 条第 3 项规定，收养人须未患有在医学上认为不应当收养子女的疾病。一般认为，传染性疾病和精神疾病患者不利于其照护未成年人的生活，不宜收养子女。其中，传染性疾病的认定可参照我国《传染病防治法》规定的甲类、乙类和丙类传染病列示①；精神疾病可根据国家卫生健康委员会发布的《严重精神障碍管理治疗工作规范（2018 年版）》指向精神分裂症、分裂情感性障碍、偏执性精神病、双相（情感）障碍、癫痫所致精神障碍、精神发育迟滞伴发精神障碍等疾病。鉴于当前医学界尚未就此给出系统的规范性指引，建议在个案中由医学专业人士对收养申请人的健康状况是否适于收养子女作出鉴定。实践中，有些地方采用制式的《收养人医学检查表》或《收养人健康检查证明》等对收养人身心健康状况进行甄别，在这些表格的制定和使用中应注重发挥医学专业资源的效用。

同时《民法典》第 1098 条在原《收养法》第 6 条规定的基础上，增补规定收养人应"无不利于被收养人健康成长的违法犯罪记录"。理解和适用这一要求，可以未成年人保护制度体系的相关规定作为参照：《未成年人保护法》第 22 条列举了以下禁止作为被委托人代为照护未成年人的情形，包括曾实施性侵害、虐待、遗弃、拐卖、暴力伤害等违法犯罪行为的主体，有吸毒、酗酒、赌博等恶习的主体，或曾拒不履行或者长期怠于履行监护、照护职责的主体等；第 54 条规定，禁止拐卖、绑架、虐待、非法收养未成年人，禁止对未成年人实施性侵害、性骚扰，禁止胁迫、引诱、教唆未成年人参加黑社会性质组织或者从事违法犯罪活动，禁止胁迫、诱骗、利用未成年人乞讨；第 62 条规定，密切接触未成年人的单位不得录用有性侵害、虐待、拐卖、暴力伤害等违法犯罪记录的人员。实践中，凡被证明具有以上列举的侵害未成年人合法权益的情形构成违法犯罪行为的，应视为有不利于被收养人健康成长的违法犯罪记录。

## 二　法律改革

针对法律收养冷寂、私自收养壅塞的系统风险和个案法律适用困境，

---

① 《传染病防治法》规定的甲类、乙类和丙类传染病主要指鼠疫、霍乱、传染性非典型肺炎、艾滋病、病毒性肝炎、脊髓灰质炎、人感染高致病性禽流感、麻疹、流行性出血热、狂犬病、流行性乙型脑炎、登革热等多达三十余种疾病。

虽可通过以上法律解释创新聊作补救，仍不足以完全化解风险或彻底脱离困境，更不足以保障最有利于被收养人原则的贯彻实施。未来法律改革的目标应是以最有利于被收养人原则为指引，通过结构性的制度改造，在广泛吸纳收养资源的同时加强国家干预，在充分保障儿童权益的前提下积极鼓励和促进法律收养，其要简述如下。

（一）修改一般收养条件

《民法典》"收养"章在放松一般收养条件后，仍存在基于人口政策设置的不合理限制：第1098条第1项规定收养人须"无子女或只有一名子女"，立法资料中明确此系"与国家计划生育政策的调整相协调"[①]。笔者认为，无论是从制度功能的预设，还是从比较分析的视角，未来我国收养制度均应完全放弃对人口政策的依附，理由在于以下三个方面。其一，人口政策是针对未出生人口的宏观调控，收养制度则是安置、保护已出生的未成年人，两者的价值目标、适用条件具有根本性的不同。其二，从外观上造就与人口政策下家庭模式相似的收养家庭，对人口政策的实施并无实质性影响，反而导致收养门槛高企，很多有爱心、有能力的潜在收养人被这一障碍阻挡在收养资源之外。其三，不限制被收养人的数量是国际收养领域的共识，德国在1961年去除收养人应无子女的规定，视该规定为二战及第三帝国导致收养社会角色扭曲的遗迹。[②]有些国家明确肯认可收养多名子女，如《意大利民法典》之"特别养子女收养"（近于完全收养类型）章节，第314条之3第2款规定，"准许以一个行为或相继的数个行为，为数个特别养子女收养"。

与收养人子女数量这种外观指标相比，收养法更应坚守那些有助于实现儿童最大利益的实质标准，如《民法典》"收养"章第1098条第2~4项：收养人应当具有抚养、教育和保护被收养人的能力，未患有在医学上

---

① 参见2020年5月22日全国人民代表大会常务委员会副委员长王晨在第十届全国人民代表大会第三次会议上所作《关于〈中华人民共和国民法典（草案）〉的说明》第四部分第五项第5点内容。

② Bosch, F.W., "Entwicklungen und Probleme des Adoptionsrechts in der Bundesrepublik Deutschland", *Zeitschriftfur das gesamte Familienrecht* 31(1984):829-842.

认为不应当收养子女的疾病，无不利于被收养人健康成长的违法犯罪记录。但恰恰第 1103 条针对继亲收养规定"可以不受……第一千零九十八条和第一千一百条第一项规定的限制"，这实际上是承继《收养法》第 14 条的规定，针对继亲收养放弃所有收养人条件限制，有架空"最有利于被收养人利益"原则之忧。如立法本意并非如此，则应修改条文表述，坚守前述实质标准，避免误导法律解释和适用。

（二）疏导特殊收养通道

针对婚外生育子女及生父母被撤销监护权子女的送养，应善用宣告收养机制对儿童作妥善安置。亦即，一方怠于履行照顾义务、缺乏亲子意愿的，经另一方的申请和儿童最大利益的衡量，应允许单方送养，适用宣告收养。

《法国民法典》通过多项条文形成此规则：第 311-25 条和第 327 条第 1 款分别规定，子女经由出生证对生母确立亲子关系，婚外父子关系则经法院作出宣告而确立；第 348-1 条规定，在儿童仅对生父母中一方确立亲子关系时，送养由该一方表示同意。据此，法国非婚生子女的送养在父子关系未确立的情形下仅需征得母亲一方同意。《德国民法典》第 1748 条规定，父母存在冷漠忽视、长期无能力照料教育等情形，如不收养将给子女造成极大损害，则由家庭法院取代该父母一方的同意。在美国，相当长的历史时期内未婚父亲并不享有参与子女收养程序的权利，直到 1972 年 *Stanley v. Illinois* 一案才确认未婚有权参与收养听审程序，后在 1983 年 *Lehr v. Robertson* 一案中，法院进一步阐明，未与子女建立抚养关系的生父不享有对其子女收养程序的知情权。[①]综合言之，生父母单方送养以另一方主体不存、身份不明、下落不明、怠于履行抚养责任等为前提，具体情形应当包括：①生父母一方死亡；②生父母一方被宣告失踪或宣告死亡；③生父母一方身份不明；④未缔结婚姻关系的生父母一方未与子女建立抚养关系。由此，无论是未婚生育子女、婚外生育子女还是未成年人生育子女、性侵

---

① Kerry O'Halloran, *The Politics of Adoption: International Perspectives on Law, Policy and Practice* (Dordrecht: Springer. Science+Business Media, 2015), p.346.

受害人生育子女的送养，在符合上述条件时，均可纳入单方送养机制。

生父母被剥夺监护权而无由恢复的情形下，《法国民法典》第348-6条第1款和《德国民法典》第1748条也是通过免除或替代怠于照护方的同意、适用宣告送养来解决的。[①] 我国目前主要依赖司法、执法指导性文件构造此类收养通道[②]，要将其纳入法治体系，权宜之计是对现行法上"生父母有特殊困难无力抚养"强作扩大解释，为长远计则须通过后续立法明确规定：未成年人的父母因严重侵害子女合法权益被撤销监护权，经较长期间仍不符合恢复监护权条件，且未成年人的安置不利于实现其最佳利益的，监护人可在征询未成年人意见[③]后申请送养。

（三）有限开放不完全收养通道

现代收养法以未成年人收养、完全收养为主导，但绝大多数国家实行完全收养与不完全收养的双轨制，因为前者有利于收养家庭的再造，而后者在满足开放信息和开放关系的需求方面有独特价值。[④] 但我国采用单一完全收养机制，易造成被收养继子女在生父母一方死亡后进退失据的困

---

① 《法国民法典》第348-6条第1款规定："在父母完全不照管子女，危害到子女的身心健康的情况下，父母双方或者其中一方仍拒绝将子女交他人收养时，如法院认为此种拒绝完全是一种滥用行为，得宣告送养。"《德国民法典》第1748条也将"父母一方持续不断地严重违反其对子女的义务，或以其行为表明对子女漠不关心""义务虽不是持续不断的但特别严重，且可预见已不再能将子女长期托付父母该方照护的"都列入"不收养就会招致对子女的极大的不利益"前提下"父母一方的允许可以被代替"从而宣告收养的情形。

② 2014年，最高人民法院、最高人民检察院、公安部、民政部联合发布的《关于依法处理监护人侵害未成年人权益行为若干问题的意见》第44条规定："民政部门担任监护人的，承担抚养职责的儿童福利机构可以送养未成年人。"

③ 此处对"征询未成年人意见"之要件略作解释。近年来我国法律逐渐深化对未成年人参与权的保障，例如《未成年人保护法（修订草案）》多条规定"听取未成年人/有表达意愿能力未成年人意见"。笔者认为，凡涉及未成年人的安置，均应充分尊重未成年人的参与权和表达权，尽量探明未成年人的意愿，如此方有助于作出最有利于未成年人的裁断。但同时要考虑到很多差异的存在：未成年人表达意愿、表达能力的差异；不同主体与未成年人之间关系及联系的差异等。文中情境系未成年人的父母被撤销监护权且不得恢复，未成年人的监护人欲申请送养，该监护人对未成年人的了解、与未成年人之关联介于父母与裁判机关之间，其尊重未成年人之参与权和表达权的义务可笼统表述为"征询未成年人意见"，后续具体制度设计则须考虑未成年人的表达意愿和表达能力、监护的性质（临时监护或长期监护）等作细密严谨的规范。

④ Cindy L.Baldassi, "The Quest to Access Closed Adoption Files in Canada: Understanding Social Context and Legal Resistance to Change", *Canadian Journal of Family Law*, 2005(21): 211-265.

扰。继亲收养的动机往往来自"有关婚姻质量的非常不现实的希望和猜测的鼓舞"[1]。尊重社会现实，增设不完全收养机制，使继子女与其未共同生活的生父母之间仍保留一定的权利义务和情感联系会有助于解决此类问题。考虑到我国传统宗族文化的影响、应对失独家庭引发的社会问题等，不完全收养制度也可以适用于收养三代以内同辈旁系血亲的子女和失独老人收养成年子女的情形。[2]对于不完全收养，可通过收养协议约定被收养人与养父母、生父母各方之间的权利义务关系。

## 第二节　完善宣告收养程序

从最有利于被收养人原则出发检视和反思我国收养法律程序，会发现当前我国收养法律程序主要体现为收养登记，以及收养登记机关为确认查找不到被收养人之生父母而进行的收养公告。总体而言，制度重心落在对收养各方主体是否符合法律规定的条件进行形式查验和核实，而忽视了各方主体之间的互动和适洽，不利于从实质上把握和实现收养的目标和原则。要在制度上实现和保障最有利于被收养人原则，应在收养程序中加强国家干预和监督。《民法典》在即将面世的最后关头增设收养能力评估机制，体现出社会各界已对增进收养社会化发展达成共识，但对试收养机制的忽略和对收养评估依据的简省说明我国对现代收养程序的内在逻辑和机制架构的构建仍不够清晰和明朗，未来尚有待将收养能力评估、试收养、收养回访监督等有益的实践经验与收养登记程序有机嵌合，形成体系化、社会化、现代化的宣告收养法律程序。

---

[1] Re PJ [1998] 2 FLR 252, 260, 转引自〔英〕凯特·斯丹德利《家庭法》, 屈广清译, 中国政法大学出版社 2004 年版, 第 433 页。

[2] 学界有多位学者主张在立法上确认不完全收养制度, 作为对完全收养制度的补充, 但对其适用范围观点不一。代表性观点如王歌雅教授主张被收养人为成年人、三代以内同辈旁系血亲的子女或已满 14 周岁不满 18 周岁的未成年人的情形及单身公民收养子女的情形等均可适用不完全收养机制, 参见王歌雅《关于我国收养立法的反思与重构》,《北方论丛》2000 年第 6 期, 第 57 页。

## 一　各国不同宣告收养模式

从国际视野来看，大陆法系代表之德国、法国和英美法系代表之英国、美国各自采用不同的宣告收养模式，但其中亦有共通之处。

（一）德国：多方参与的裁判模式

1.制度框架

在《德国民法典》"收养"一节外，《德国社会法典》收入的《青少年服务法案》（*Kinder und Jugendhilfegesetz*）、德国《家事事件和非讼事件程序法》（*Gesetz über das Verfahren in Familiensachen und in den Angelegenheiten der freiwilligen Gerichtsbarkeit*）等都包含与收养程序相关的规定。

就核心要求而言，《德国民法典》"未成年人的收养"一节首条首款（第1741条）开宗明义规定，"收养有利于子女最佳利益的，且可期待在收养人和子女之间形成父母子女关系的，收养是可准许的"。

"子女最佳利益"在德国收养制度中具有基本准则的指导地位，在诸多事项上作为最终裁判标准加以适用，特定情形下甚至具有阻却违法性的法律效果，如上一条款紧接着明确，"以收养为目的，以违反法律或违背善良风俗的方式参与介绍或运送子女，或以此委托第三人，或为此而向第三人支付报酬的人，仅在收养对于子女最佳利益为必要时，始应收养子女"。"子女最佳利益"及对子女"不利益"情形的干预和矫正在《德国民法典》"未成年人的收养"规范体系中堪称高频用语，使得被收养人利益在与其他主体之利益或其他法律规则产生冲突时具有明显的优势地位，本书前文已有若干阐释，兹不赘述。

"可期待在收养人和子女之间形成父母子女关系"除了通过收养的条件和同意作为前提和保障外，还直接导向试养期的制度设计：《德国民法典》第1744条规定，"收养通常仅在收养人已就某一适当的期间照料待收养子女时，始应予以宣告"。在程序上，试收养机制与被收养人父母同意及随后而至的国家监护相衔接：①在父母一方允许收养时，父母该方的父母照顾停止；亲自与子女交往的权能不得予以行使。青少年福利局成为监护人；父母另一方单独进行父母照顾或监护人已被选任的，不适用前半句的规定。现有的保佐关系不受影响。在收养前的照料期间，由收养人全面行使照料权能，如有权在日常生活事务中作出决定，以及在此种事务中代理有权进行父母照顾的人，有权管理子女的劳动收入，以及为子女主张和管理扶养给付、保险给付、供给给付和其他社会给付等，而家庭法院可以限制或排除其权能，但以对子女最佳利益是必要的为前提（第 1751 条第 1 款，并援引至第 1688 条第 1 款和第 3 款）。但这一规定不适用于其子女被配偶另一方收养的配偶一方（第 1751 条第 2 款）。②一旦子女的父母已给予必要的允许，且子女已被以收养为目的置于收养人的照护之下，收养人就有先于子女的血亲向子女给予抚养费的义务。配偶一方想要收养其配偶的子女的，一旦子女的父母的必要允许已被给予，且子女已被置于配偶双方的照护之下，配偶双方就有义务先于子女的其他血亲向子女给予抚养费（第 1751 条第 2 款）。

最后，"准许"收养在程序上表现为：收养由家庭法院根据收养人的申请予以宣告。该项申请不得附条件或期限或由代理人提出。它必须做成公证证书（第 1752 条）。

2. 收养程序

综合而言，德国收养程序大致包含这样几个方面：安置前辅导；（各方同意之后的）安置及安置监督；（对各方的）听审；（就收养申请）作出裁定；收养后支持与服务。这里的安置即前文所述试收养，是指将被收养人安置于收养家庭与收养人共同生活，以便考察可否期待在收养人和子女之间形成父母子女关系。

（1）安置前辅导。青少年福利局负责向生父母提供安置前辅导并为其提供关于可能的替代选择的建议。生父母对其子女安置的任何期待都应被记录、纳入考量并予实现，作为评判是否合乎儿童利益的依据。一旦法律程序继续推进，送养父母应进一步接受关于收养程序的辅导，并就收养后果等获取建议。①

（2）安置及安置监督。征得各方同意之后，专业人员（通常是青少年福利局或其他地方办公室的工作人员）方可依照收养安置法对被收养人进行安置。禁止由被收养人的生父母对其进行以收养为目的的安置。安置是收养程序中非常关键的一个环节，在此之前须满足以下条件：由专业人士参与进行严格的匹配评估；潜在的收养人已见过拟被收养人；征得各方的同意，如果被收养人的生父母此时尚未就收养本身表示同意，应确保其至少同意将被收养人安置于潜在的收养人处；有关被收养人背景的所有信息已完整披露。安置的具体期限取决于确认被收养人安顿下来以及确信收养家庭将会有良好的互动所需的时间，此间父母权利处于悬置状态，收养人承担照护责任，青少年服务局的地方办公室则承担监护责任。安置期结束时，监督机构须向监护法院出具一份评估报告，详细描述那些突出的家庭互动事件。如果安置失败，监护法院在获知信息后需决定实施对被收养人危害最小的替代照护，有可能让生父母重新承担照护责任。②

（3）听审。在德国，收养子女的法律程序所涉及的关系人包括收养人和被收养人，以及未成年被收养人的父母，收养人的配偶、被收养人的配偶等，其在收养程序中均应接受收养人双方或一方之惯常居所地法院的听审，收养人和被收养人需本人到庭。对于未成年关系人，法院应为其指定程序辅助人。此外，如有涉及，收养人和被收养人的子女也应进行听审。无论是被收养人，还是收养人和被收养人的子女，如果系未成年人，参加审理可能不利于其发展、教育或健康的，或因其年幼而不能期待通过听审确定其意愿的，法院可以免除对其听审。在未成年人收养中，法院还必须对青少年福利局以及依法参与收养程序的州青少年福利局的中心收养站进行听审，必须要求参与收养的中介机构提交专业意见，说明被收养人

---

① Kerry O'Halloran,*The Politics of Adoption: International Perspectives on Law, Policy and Practice* (Dordrecht: Springer. Science+Business Media , 2015),p.586.

② Kerry O'Halloran, *The Politics of Adoption: International Perspectives on Law, Policy and Practice* (Dordrecht: Springer. Science+Business Media , 2015),p.588.

和收养家庭是否适于收养，如无中介机构参与，则由青少年福利局等出具专业意见。①

（4）作出裁定。法院根据收养人的申请作出宣告或拒绝收养的裁定，二者必居其一，既不能有其他的替代形式，也不能附加条件。②宣告收养的裁定须载明收养成立所依据的法律条款，并就依照《德国民法典》的规定不需要父母一方事先同意的情形说明理由。裁定送达收养人后生效。收养人死亡的，裁定在送达被收养子女时生效。对该裁定不得声明不服，亦不得变更或提起再审。青少年福利局或州青少年福利局参与收养程序、提交专业意见或接受听审的案件，法院应告知其裁判结果，其有权对该裁定提起抗告。③

（5）收养后支持与服务。在德国，收养后支持与服务被视为一项公共服务，其内容包括经济资助，获得各种家庭与社区服务并享有相应的便利，以及获知地方和全国性收养网络与支持组织的联系方式等。收养人、被收养人及其生父母可以从参与收养程序的中介机构或青少年福利局地方办公室获得这类辅导和支持性服务。

总体上，《德国民法典》仍沿用秘密收养框架，规定非经收养人和养子女同意，不得公开或调查收养内容及情况，但有特殊理由为维持公共利益所必要者除外（第 1758 条第 1 款）。而且，该法典第 1757 条和《个人身份法》（Personenstandsgesetz）均要求被收养人的信息以收养人的家庭姓氏进行登记，因此被收养人出生证书上的生父母信息仅简单载明收养人姓名，并不显示收养信息。德国甚至没有建立专门的收养登记制度以对被

---

① 德国《家事事件和非诉事件程序法》第五章"收养事件的程序"第 186~188 条、第 191~193 条、第 194 条第 1 款、第 195 条第 1 款。参见《德国〈家事事件和非讼事件程序法〉》，王葆莳、张桃荣、王婉婷译注，武汉大学出版社 2017 年版，第 86~89 页。

② Kerry O'Halloran,*The Politics of Adoption: International Perspectives on Law, Policy and Practice* (Dordrecht: Springer. Science+Business Media , 2015), p.590.

③ 德国《家事事件和非诉事件程序法》第五章"收养事件的程序"第 194 条第 2 款、第 195 条第 2 款、第 197 条。参见《德国〈家事事件和非讼事件程序法〉》，王葆莳、张桃荣、王婉婷译注，武汉大学出版社 2017 年版，第 88、89 页。

收养儿童包括涉外收养的儿童进行统一登记，如此被收养人的生身家庭成员也就无法甄别、定位或者接触到被收养人。

《德意志联邦共和国基本法》（*Grundgesetz für die Bundesrepublik Deutschland*）第 2 条规定个体享有发展自身人格的基本权利，但是以不侵犯他人权利或公共道德为限。宪法法院肯认每个人享有知悉其生物来源的宪法权利，但是具体到被收养人而言，这项权利的行使取决于收养人关于何时以及如何行使这项权利的裁断。实践中，被收养人年满 16 岁可以向特定机构申请以获得有关其血缘及收养信息的公共记录，但须以获得生父母和收养人双方的知情同意为前提。一旦各方均表示同意，有关中介机构认为有正当理由即可在各方主体之间斡旋并协助其交换信息。实践中，当局也鼓励中介机构为收养家庭与生父母之间的联络提供便利，或者协助传递被收养人的成长讯息、交换照片等。[1]

（二）法国：行政批准 + 司法裁决模式

1. 制度框架

1804 年《法国民法典》首次将古已有之的收养制度纳入现代民法体系，此后在持续不断的修正和更新中逐步加以充实和完善，一直沿用至今。20 世纪后半叶以来，法国收养法在平等主义思潮的推动下经历了实质性的变革，逐渐摆脱父权主义及其附随的身份歧视，在婚外生育儿童被收养、同性伴侣收养等问题上转变了固有的保守立场[2]，但是仍然坚持以社会建构规范而非自然出生事实来确定个体的家庭和公民身份[3]。尤其是21 世纪初，法国频频通过以法令修改民法典条款的方式对收养制度进行改革，并引入社会保护元素，在《法国社会行动和家庭法典》中将收养程

---

[1] Kerry O'Halloran, *The Politics of Adoption: International Perspectives on Law, Policy and Practice* (Dordrecht: Springer. Science+Business Media , 2015), pp.596-598.

[2] 关于法国 20 世纪后半叶以来对家庭法和收养制度的改革法令，参见〔法〕科琳·雷诺－布拉尹思吉《法国家庭法精要》（第 17 版），石雷译，法律出版社 2019 年版，第 8~11 页。

[3] Kerry O'Halloran,*The Politics of Adoption: International Perspectives on Law, Policy and Practice* (Dordrecht: Springer. Science+Business Media , 2015), p.526.

序进一步细化，确立起行政批准＋司法判决的独特宣告机制。[1]

《法国民法典》第353条是对完全收养之宣告所作的基准规定。该条第1款规定，"收养，由大审法院应收养人的申请作出宣告。大审法院应在其受理申请之日起6个月期限内审查是否具备法律规定的收养条件以及收养是否符合儿童的利益"。

"法律规定的收养条件"包括收养人的年龄、被收养人的年龄及两者达到一定年龄差，被收养人系法律规定可以收养的儿童，各方主体的同意等，而且还要求被收养人被收养人家庭"接纳至少已经6个月"。这一关于接纳的要求指向试收养制度，法国法上称为"安置"。在各方主体的同意方面，法国法很倚重家族这一组织形式，由亲属会议作出送养同意适用于多种情形：如儿童的父母均已死亡，处于不能表达自己意思的状态，或者父母双方均丧失亲权，或者儿童没有确立亲子关系（第348-2条）；又如由国家收容的弃儿，而其父母并未同意送养（第349条）。

法国法在收养事项上注重考虑该事项对家庭整体的影响，还表现在第353条第2款规定的："在收养人有直系卑血亲[2]的情况下，法院还应审查收养子女是否影响家庭生活。"亦即，法院应核实收养不会有危及家庭中其他卑亲属生活的风险。[3]根据第353条第3款和第4款，如果收养人在符合规定接纳拟收养的子女之后死亡，收养申请可由收养人的健在配偶或继承人之一以其名义提出，而如果儿童在符合规定地受到接纳之后死亡，收养申请也仍然可以提出，这两种情形下继续完成收养程序，亦体现出法国法视收养为家族事件。

---

[1] Kerry O'Halloran, *The Politics of Adoption: International Perspectives on Law, Policy and Practice* (Dordrecht: Springer. Science+Business Media , 2015), p.544.

[2] 罗洁珍教授翻译的《法国民法典》此处作"尊血亲"，经对照法典原文，发现应为"卑血亲"，特此勘误。法典原文可见下标网址，相关条款内容为"Dans le cas où l'adoptant a des descendants le tribunal vérifie en outre si l'adoption n'est pas de nature à compromettre la vie familiale"，https://www.legifrance.gouv.fr/codes/section_lc/LEGITEXT000006070721/LEGISCTA000006150071?isSuggest=true#LEGIARTI000039367671，最后访问日期：2021年5月16日。

[3] 〔法〕科琳·雷诺－布拉尹思吉：《法国家庭法精要》（第17版），石雷译，法律出版社2019年版，第181页。

审查"收养是否符合儿童的利益"需要对被收养人与收养人之间的相处情况进行考察。第 351 条第 1 款明确规定了为完全收养进行安置的机制："将已经确定并有效同意送养的儿童、国家收容的弃儿或经法院判决宣告为弃儿的儿童实际送交拟定的收养人，即告实现为收养而进行的安置。"安置对被收养人和收养人的生活状况都会产生较大影响，同时也是收养程序中非常重要和关键的环节，因此需要审慎对待。第 351 条第 2 款和第 3 款规定特定情形下不得进行安置，第 352 条规定安置的法律效力，第 348 条则涉及安置对撤回同意的影响，下文结合《法国社会行动和家庭法典》(*Code de l'Action Sociale et des Familles*) 的有关规定一并阐释。

2. 收养程序

法国收养程序大致由这样几个节点构成：(特定情形下非必要的) 批准；(非正式的) 安置前辅导；安置与安置监督；听审；宣告；收养后支持与服务。需要说明的是，在法国，收养分为完全收养和简单收养，两者的程序基本一致，但具体规范上有些区分，这里主要讨论对我国而言更具参照意义的完全收养程序。

(1) 批准。根据《法国民法典》第 353-1 条第 1 款，收养由国家收容的弃儿、"交由经批准的收养机构照管的儿童"，或者收养不是收养人配偶之子女的外国儿童，法院在宣告收养之前，应当审查收养申请人或者两申请人是否得到收养认可或者免于获得认可。

根据《法国社会行动和家庭法典》第 L.225-2、L.225-4 条的规定，这项认可由收养人向其所在的省级社会援助儿童机构服务部门申请，该机构应听取批准委员会的意见，综合考虑"申请人在家庭、教育、心理方面提供的接收条件"，在收养人提交申请 9 个月内作出是否批准收养的决定。批准收养的决定有效期为 5 年。不予批准的决定，应说明理由。有些情形下，虽未经批准也可宣告收养：对于社会援助儿童机构服务部门委托照顾儿童的受托人，受托人与该儿童建立了感情，足以证明收养措施的正当性的；"如果为收养目的与其他国家达成了条约"，收养人接受儿童的能力"已经按照普通程序在上述国家得到了证实的"（《法国社会行动和家庭法典》第 L.225-2 条第 1 款）。此外，《法国民法典》第 353-1 条第 2 款规定，如果收养人提出的认可申请被拒绝，或者在法定期限没有给予收养认可，法院在认为收养人具备接纳儿童的能力并且收养符合儿童的利益时，可以宣告收养。

（2）安置前辅导。法国法没有明确规定特定机构承担安置前辅导的职责，但实践中一般由儿童福利服务机构对国内完全收养的同意主体给予辅导，告知其同意的法律后果，尤其是完全收养会导致儿童与其生身家庭之间法律关系终止这一要点。[①]

（3）安置与安置监督。收养人一旦获得批准，即可着手为接触可收养儿童做初步的准备。相关机构在进行此类安排时会着眼于收养人对于被收养人是第一方（存在亲缘关系）还是第三方（不存在亲缘关系），以及是国内收养还是跨国收养。安置通常发生在各方同意收养的 2 个月后，因为同意送养的意思表示可在 2 个月期间内撤回。《法国民法典》第 351 条第 2 款和第 3 款规定了两种情形下不得进行收养安置：其一，在儿童没有确立亲子关系的情况下，接纳该儿童后"2 个月"期限之内不得为完全收养而进行安置；其二，在儿童的父母要求将儿童送还的情况下，只要法院尚未应最迫切方提出的申请就父母提出的请求是否有依据作出审理决定，亦不得进行收养安置。

安置是收养程序中非常关键的一个环节，不仅用以考量收养人与被收养人相处的情状，亦决定着各方对收养事项影响力的削减。《法国民法典》第 348-3 条第 3 款规定，即使在同意送养之后"2 个月"期限届满没有撤回同意，只要儿童尚未因收养而得到安置，父母仍可请求将儿童送还。如已经接纳儿童的人拒绝将儿童送还，父母得向法院提出请求，法院根据儿童的利益，裁判是否有必要判令送还儿童。将儿童送还，即引起原

---

① Kerry O'Halloran, *The Politics of Adoption: International Perspectives on Law, Policy and Practice* (Dordrecht: Springer. Science+Business Media , 2015), p.553.

已作出的收养同意失去效力。

一旦进行完全收养的安置，即阻却送养人反悔的可能：为完全收养已进行安置，即阻止将儿童送还原家庭。完全收养安置一经进行，任何有关亲子关系的声明以及任何认领均予驳回（第 352 条第 1 款）。安置期限不少于 6 个月，因为第 345 条第 1 款从被收养人条件的角度规定，只有年龄不满 15 周岁，在收养人或者两收养人家庭中接纳至少已经 6 个月的儿童，始允许收养之。该条第 2 款规定的例外情形实已不少于 6 个月：如子女已年满 15 周岁，并且在其满 15 周岁之前即已由当时尚不具备法定收养条件的人收留或简单收养，在"该子女尚未成年期间内及其成年后 2 年内"，如各项条件均具备，得请求完全收养。自儿童被新家庭所接纳直到收养被宣告，儿童福利服务机构履行保护国家监护下儿童的福利与健康的职责，对安置程序予以监督。2005 年以后还规定了强制性的安置后评估机制，进一步加强对安置的监督和支持。[①]

（4）听审。无论是简单收养还是完全收养都须经过听审程序。正式的司法听审标志着收养程序即将进入最后的阶段。儿童一旦被安置于收养人处，收养人即可向其住所地的大审法院提起听审的申请，但对于完全收养，大审法院必须在安置期达到 6 个月后才可以审查这一申请。在听审中，法官就收养人与被收养人是否符合条件、各方是否同意以及收养是否符合儿童的最佳利益开展总体性的质询和调查，还应核实收养不存在可能危及家庭中其他卑亲属的风险。儿童福利服务机构可以向法官提供评估阶段获取的信息。[②]2016 年关于儿童保护的法令要求法院应听取具有辨识能力的未成年人的意见。[③]

---

[①] Kerry O'Halloran, *The Politics of Adoption: International Perspectives on Law, Policy and Practice* (Dordrecht: Springer. Science+Business Media, 2015), p.555.

[②] Kerry O'Halloran, *The Politics of Adoption: International Perspectives on Law, Policy and Practice* (Dordrecht: Springer. Science+Business Media, 2015), pp.555,556.

[③] 〔法〕科琳·雷诺 – 布拉尹思吉：《法国家庭法精要》（第 17 版），石雷译，法律出版社 2019 年版，第 181 页。

（5）宣告。大审法院应在受理收养人的申请之日起 6 个月内作出判决，通常表现为准许收养或拒绝收养，也可能针对完全收养的诉求作出简单收养的判决。一般而言，继父母一方只能在其配偶（被收养人的生父母一方）生存期间对被收养人实行简单收养。完全收养判决更常见，但其需要具备如下条件：被收养人的生父母未缔结婚姻，一方生父母死亡且未有直系亲属或者其直系亲属不主张对被收养人的亲属权益。①《法国民法典》第 353 条规定，宣告收养的判决无需说明理由。申请人或其他被通知到的主体在收到判决后 15 日内有权提起上诉。②

（6）收养后支持与服务。在收养信息的披露方面，法国力图坚持秘密收养的传统，2002 年出台的法律虽肯认个体享有知其出处的权利，但并不强制秘密生育的母亲揭示其身份，而是鼓励其在自愿的基础上将孩子父母的名字、健康信息、出生环境等信息存放于信封中，为日后认领孩子留下空间。信封由专门机构 CNAOP（Conseil National pour l'Accès aux Orifines Personnelles）保存。被收养人或其法定代表人提出申请后，CNAOP 即寻找和联系被收养人的生身母亲。如果能取得联系，生身母亲可以选择继续保持或放弃其匿名状态。事实上，生母任何时候都可以放弃其匿名身份，但其无权去寻找被收养人。③儿童权利委员会在 2004 年针对法国的报告中对此表示关切，认为这一规则不符合《公约》第 7 条对儿童身份权的保护。④

（三）英国：清单式的裁判思维与制度化的收养服务

1. 制度框架

英国是典型的普通法系国家，然而现今的普通法国家和地区在判例法

---

① Kerry O'Halloran,*The Politics of Adoption: International Perspectives on Law, Policy and Practice* (Dordrecht: Springer. Science+Business Media, 2015), p.559.

② Kerry O'Halloran,*The Politics of Adoption: International Perspectives on Law, Policy and Practice* (Dordrecht: Springer. Science+Business Media, 2015), p.558.

③ Kerry O'Halloran,*The Politics of Adoption: International Perspectives on Law, Policy and Practice* (Dordrecht: Springer. Science+Business Media, 2015) ,pp.561,562.

④ 参见儿童权利委员会对法国的结论性意见，CRC/C/FRA/CO 4 p.14。

之外也发展出大量的制定法，这里主要考察的即英国婚姻家庭法中的制定法，亦即由立法机关通过的正式法案（Act）。同时，英国作为联邦制国家，其法域亦有细分，考察英国法对此不可不交代：中文习惯所称"英国"，即大不列颠及北爱尔兰联合王国，由英格兰、威尔士、苏格兰及北爱尔兰组成，其中英格兰与威尔士形成较为统一的法域，苏格兰和北爱尔兰则各自形成独立的法域，通常所言英国家庭法是指主要适用于英格兰和威尔士地区的法律。[①] 本书对英国收养制度的引介也是如此，但亦留意到英格兰与威尔士的主要法律对苏格兰和北爱尔兰的制度发展具有引领效应。[②]

在英格兰和威尔士地区，1976 年《收养法》（*Adoption Act 1976*）形成了当代收养法律制度的主体框架，1989 年颁布《儿童法》（*Children Act 1989*）对收养法进行了一些修改，同时其确立的儿童福利和儿童保护制度对收养程序产生了深刻的影响。之后鉴于各方对收养法普遍不满，英国政府各部门和社会层面开始对收养制度进行反思、检视并提出改革建议，1992 年之后频频发布咨询文件和白皮书。[③] 经过相当长时间的酝酿，2002 年颁布《收养与儿童法》（*Adoption and Children Act 2002*）（后于2005 年全面修订），与 2004 年的《儿童法》（*Children Act 2004*）、2006年的《儿童与收养法》（*Children and Adoption Act 2006*）、2014 年的《儿童与家庭法》（*Children and Families Act 2014*）及其他相关条例与规范共同构成英国收养法律制度的主体内容。[④]

就目前而言，《收养与儿童法》是儿童收养领域最为核心的法律文件，其中第一章"通则"之下唯一的条文——第 1 条——分 8 款详细规定"行使权力应注意的事项"，内容丰富细致，从适用范围、基本原则、考

---

① 《英国婚姻家庭制定法选集》，蒋月等译，法律出版社 2008 年版，"前言"。

② Kerry O'Halloran, *The Politics of Adoption: International Perspectives on Law, Policy and Practice* (Dordrecht: Springer. Science+Business Media, 2015), p.192.

③ 〔英〕凯特·斯丹德利：《家庭法》，屈广清译，中国政法大学出版社 2004 年版，第 415、416 页。

④ Kerry O'Halloran, *The Politics of Adoption: International Perspectives on Law, Policy and Practice* (Dordrecht: Springer. Science+Business Media, 2015), p.191.

量因素、法律依据、概念界定等方面规定法院、收养机构就儿童收养作出决定、行使权力的基准。另第 2 款确立儿童最大利益原则的统率地位，规定"法院、收养机构均应以被收养儿童的终身利益为首要考量"。而第 3 款一以贯之地强调 1989 年《儿童法》即明确的不迟延原则，要求"法院、收养机构应当时刻铭记，任何决定的迟延解决通常均可能损害被收养儿童的利益"。

该条最为独特、最为具体也最为著名的条款当属第 4 款。该款被称为儿童"福祉清单"（welfare list），国内译著中也有"幸福清单"的提法 ①，这种颇具英美法特色的处理方式使得儿童最大利益这一抽象概念得以在收养领域具象化，对于其他法域把握这一原则具有积极的借鉴意义。早在 1989 年《儿童法》中就列举了法院在涉及儿童的有关事项中应当考量的具体因素和事项，形成初步的儿童"福祉清单"，这些因素包括：相关儿童的真实愿望和感受（根据他的年龄和理解能力衡量）；儿童的身体、情感及教育需要；任何变化对儿童可能的影响；儿童的年龄、性别、家庭背景及法院认为相关的任何性格特征；儿童已经遭受的伤害或可能遭受的伤害危险；儿童的父母及法院认为与所需解决的问题相关的其他人满足儿童需要的能力等。②

以上述"清单"为基础，《收养与儿童法》第 1 条第 4 款列举了在收养事项中应考虑的诸多因素。该款规定："法院、收养机构在作出决定前应当考虑下列事项：（a）尽量了解被收养儿童对这一决定的期望和情感（要考虑该儿童的年龄和理解能力）。（b）该儿童的特殊需要。（c）该儿童脱离原来家庭而被收养这一事实对其今后一生可能产生的影响。（d）该儿童的年龄、性别、背景以及其性格特征等相关事实。（e）根据 1989 年《儿童法》界定，该儿童曾经受到的或将有可能受到的任何伤害。（f）该儿童与其亲属的关系；与法院或收养机构认为其与相关其他人的关系，包

---

① 〔英〕凯特·斯丹德利：《家庭法》，屈广清译，中国政法大学出版社 2004 年版，第 419 页。

② 《英国婚姻家庭制定法选集》，蒋月等译，法律出版社 2008 年版，第 137 页。

括：（ⅰ）该儿童与上述人员的关系是否有继续的可能，维持这些关系对该儿童是否有价值；（ⅱ）上述人员是否有能力并愿意为该儿童提供安全的成长环境；是否能够满足其生活需求；（ⅲ）上述人员或任何其他人对该儿童的愿望或想法。"该条第5款对该"清单"也有补充意义，规定："在安排儿童试收养时，收养机构还须适当考虑被收养儿童的宗教信仰、种族血统以及语言文化背景。"余款则涉及适用范围、法律依据、概念释义等问题，兹不赘述。

2. 收养程序

在英国，无论是英格兰、威尔士还是其他法域，其收养程序的典型特征都表现为：借助于一整套具体规定并以司法规则为基础，确立起严格细致的规范体系。2005年的《收养支持服务规范》（*Adoption Support Services Regulations*）强化了这一特征，该规范后又发展为两套独立的标准：国家收养标准（National Adoption Standards）和关于收养的最低国家标准（the National Minimum Standards for adoption）。[①] 在英格兰和威尔士，2002年《收养与儿童法》的引入基本保留了此前的收养程序，但是对收养服务、试收养和收养令、收养信息的披露、收养注册等都进行了详细的规范，以下分而述之。

（1）贯穿始终、全面丰富的收养服务

在《收养与儿童法》所确立的制度框架下，收养服务及相关辅助服务、便利服务贯穿于整个收养程序。这些服务包括提供有关收养的咨询、建议、信息等（第2条），惠及的主体不仅包括被收养儿童及其父母或监护人，希望收养儿童的人，已经被收养的人及其养父母、亲生父母和原监护人，必要时也会扩展到其他人（第3条）。国家收养标准要求将儿童的需求、愿望、福利和安全置于收养程序的中心。每个孩子会被指定一名社会工作者，对他负责并在整个程序中为他解释各个阶段的事务。儿

---

[①] Kerry O'Halloran, *The Politics of Adoption: International Perspectives on Law, Policy and Practice* (Dordrecht: Springer. Science+Business Media, 2015), pp.210,211.

童的意见必须被倾听，儿童的观点必须被纳入考量，对于与其愿望不相符的事项必须加以记录并向儿童作出解释。①

地方当局应就收养服务作出规划，制定实施计划，并予以公布，经有关人员的请求应对其是否确实需要收养辅助服务予以评估（第4、5条）。如若地方当局无合理原因而未履行法律规定的义务，主管官员可发布命令宣布该机构怠职，并在必要时一并发出限期履职的指令，该指令可因主管官员的委托令而得以强制执行（第14条）；根据法律规定，主管官员还可以发起有关收养机构运作的任何事项的调查，且在每次调查开始之前可以指令开展秘密调查（第17条），因此对于收养服务的监督是非常有力的。

（2）从试收养令到收养令的系统规范

英国的试收养制度，大致相当于德法等国的收养前安置，分为两种：一种是由收养机构将儿童安排给合适的准收养人试收养，或将儿童安排给能够作为准收养人与该儿童一起生活的人，此项安排须经儿童父母或监护人同意，此种同意可以指向经合意明确的准收养人，也可以指向由收养机构选定的准收养人（第18~20条）；另一种是经地方当局申请，由法庭颁发试收养令，授权其将儿童安排给其选择的准收养人试收养，试收养令可以依照法律规定申请变更或撤销（第21~24条）。

进入试收养程序后，对儿童的父母责任由相关机构承担，并在作出试收养安排后转移至准收养人，但受到收养机构和儿童父母或监护人的限制，各方主体的责任范围可由收养机构作出决定（第25条）。儿童或收养机构、儿童父母或监护人等有关主体可以申请法院发布命令，要求准收养人允许儿童接触特定主体，允许儿童与之相处，保持联系（第26条）。试收养程序中，儿童的移送和交还都须遵循有关程序进行，不得违反法律的禁止性规定（第30~41条）。在英国，法院还可能通过颁发照护令、特殊监护令、居住令等方式寻求对儿童的替代照护，法律对各种命令之间的

① Kerry O'Halloran, *The Politics of Adoption: International Perspectives on Law, Policy and Practice* (Dordrecht: Springer. Science+Business Media, 2015), p.224.

效力协调进行了详细的规定（第29条）。

法律规定，只有在与儿童共同居住达到一定期间之后，准收养人才可申请收养令，该期间依据不同情形分别适用至少共同生活十周、至少连续共同生活六个月、至少连续共同生活一年、至少共同生活三年（是否连续在所不论）的标准（第42条）。当准收养人提出申请，请求法庭签发收养令时，收养机构或地方当局应当向法庭出具报告，阐明申请人是否适合收养该儿童，并就"福祉清单"上的其他问题作出说明，按照法庭要求的方式为法庭提供协助（第43、44条）。治安法院在颁发收养令之前，应当考虑是否允许其他人与儿童接触并予以安排，听取各方的意见。收养令的签发将对儿童所负的父母责任赋予数个或一个收养人。

（3）双向的信息披露

收养程序中，收养机构在法定情形下应当将法定信息披露给准收养人（第54条）。已满18岁的被收养人则有权经申请从适当的收养机构获得有关其出生记录的核准副本以及与收养有关的法定文件或令状的复印件等信息（第60条）。收养机构可在法定情形下将法定信息披露给法定人员，或者为履行其职责依照法律规定和协议向任何人披露信息（第58条）。披露成年人的受保护信息和未成年人的受保护信息适用不同的法律规范（第61、62条）。

（4）完备的注册簿记

在英国，收养事项的注册簿记系统包括"被收养儿童登记簿""收养接触注册簿"，两者均由注册总长持续在总注册办公室保存，其查阅或搜索权限均不向公众开放，而只能由注册总长根据有关法律规定进行披露，但索引和有关核准副本可供查询和搜索（第77~82条）。

（四）美国：不同收养类型统合于司法裁决

1.制度框架

美国虽然是典型的判例法国家，在收养法方面却接受了始盛行于英格兰和威尔士的成文法范式：1851年马萨诸塞州首先出台儿童收养法，其后各州都陆续引入并不断发展，如1891年密歇根州出台法律要求对潜在收养人及其家庭环境进行调查，到1929年，美国各州都采用了成文法规定收养法律事项。由历史传统所决定，家庭事务包括有关儿童福利的法律都属于各州的立法权限，但是权利法案和美国宪法尤其是第五、十三、十四和十五修正案会对各州的家庭法包括收养法的发展产生影响。同时，联邦司法系统一直强调父母享有与其子女保持联系的权利受到宪法保护，而议会则通过儿童照护及其他家庭项目影响各州。如此，本属于州自治范畴的儿童福利须在宪法、司法和预算的约束下寻求平衡。①

虽然各州各有其成文的收养法律文件，但就整个国家而言，美国的收养制度主要是由1997年的《收养与安全家庭法》(the Adoption and Safe Families Act)以及修改后的1980年《收养协助和儿童福利法》(the amended Adoption Assistance and Child Welfare Act)及其他一些相关法律共同形塑的，并由《海牙国际公约》(the Hague convention on Protection of Children and Co-operation in Respect of Intercountry Adoption)和2000年的《跨国收养法》(the Intercountry Adoption Act)予以充实和增补。②

2. 收养程序

总体而言，美国的收养制度呈现二分法的样态：区分合意收养与非合意收养，对合意收养主要适用契约理念，通过"市场"调整，对于非合意收养，行政机构发挥主导作用，国家干预较多③；区分独立收养与机构收养，独立收养中生父母的自主性更强，而机构收养（包括公共机构和民间机构）中机构的自主权更大④。两种分类标准有一定的互通性但又有所

---

① Kerry O'Halloran, *The Politics of Adoption: International Perspectives on Law, Policy and Practice* (Dordrecht: Springer. Science+Business Media, 2015), pp.330,331.

② Kerry O'Halloran, *The Politics of Adoption: International Perspectives on Law, Policy and Practice* (Dordrecht: Springer. Science+Business Media, 2015), p.332.

③ Kerry O'Halloran, *The Politics of Adoption: International Perspectives on Law, Policy and Practice* (Dordrecht: Springer. Science+Business Media, 2015), p.321.

④ Judith Areen, Marc Spindelman, Philomila Tsoukala, *Family Law* (6th Edition), (Foundation Press, 2012), p.410.

出入，独立收养通常达成合意收养，机构收养则不一定达成合意收养。独立收养虽不经过具有特定授权的机构，往往也通过专业人士如律师等处理有关收养事宜。无论是何种类型的收养，都应向法院提出收养动议，获批准后收养人方具有法律父母的地位和权利义务。亦即，不同类型的收养路径，最终都须统合于司法裁决程序。比较法学者认为，就当前而言，美国收养程序并不具有特别鲜明的独特性，但它曾在很多时兴机制的普及中发挥了先锋的作用。[①] 在制度机理上，美国法与英国法有很多相似之处，但也有不同之处。

（1）收养机构承担诸项收养服务

在美国，收养机构有营利性的（收取服务费用），也有非营利性的，但其承担的职能都是非常广泛的，因为被收养儿童的生父母往往会把亲职全部让渡给中介机构。如此，收养机构将对这些儿童承担起全部的责任，并会对潜在的收养人进行辅导、评估并负责收养安置，向法院提出收养申请，并在整个收养进程中承担相应的法律责任。[②]

2014 年生效的《跨国收养统一认证法》（the Intercountry Adoption Universal Accreditation Act）针对参与跨国收养的机构将收养服务的内容悉数列示，明确中介机构所提供的服务包括：确定纳入收养的儿童并安排收养；确保获取终止父母权利、同意收养的合意；就儿童或潜在收养父母的家庭作背景调查并基于此调查出具报告；作出符合儿童最大利益的决定并为其作出适当的收养安置；对收养安置进行监督直至收养完成；在收养完成之前为儿童提供任何必要的监护、照护或替代性安置等服务。[③]

就国内收养而言，除上述内容外，收养机构还提供收养后支持服务，

① Kerry O'Halloran, *The Politics of Adoption: International Perspectives on Law, Policy and Practice* (Dordrecht: Springer. Science+Business Media, 2015), p.321.

② Kerry O'Halloran, *The Politics of Adoption: International Perspectives on Law, Policy and Practice* (Dordrecht: Springer. Science+Business Media, 2015), pp.341,342.

③ Kerry O'Halloran, *The Politics of Adoption: International Perspectives on Law, Policy and Practice* (Dordrecht: Springer. Science+Business Media, 2015), p.343.

包括提供辅导并在当事人寻求身份信息时向其提供文件记录等。作为公共服务的收养支持服务，则主要投向以公共照护下的儿童为对象的收养，其他类型的收养经请求也可获得有关支持服务，如社工的指导、对父母的集体辅导和对儿童的督导等。[①] 在美国各州，收养后支持服务是强制性的法律义务，收养前的辅导却未尽然，但只有为相关当事人（包括生母和牵涉其中的生父，达到一定年龄的被收养人以及潜在的收养人）提供相应的信息和咨询服务，方可被法院认定为当事人具有适当的合意。实际上，大多数州也在法律规定中要求公共或私人收养机构就当事人的法律权利和可行选择为其提供辅导。

（2）相对灵活的收养安置

与英国相比，美国的收养安置更有可能由生父母作出决定。但科罗拉多州、康涅狄格州等少数几个州限制父母直接（不经过收养机构）将子女予以安置。[②] 在民间收养中，收养机构在生父母放弃亲职后自行作出收养安置的决定，而在公共照护体系下的儿童，则由相关政府机构在终结父母权利的司法裁决出来后将儿童予以安置。大多数州也允许独立专业人士如律师作出安置安排。各州通过签订儿童安置合约（the Interstate Compact for the Placement of children）保障收养安置中的儿童权益。[③]

（3）融入普通司法程序的听审及收养裁决

在美国，有关收养的听审和裁决适用普通司法程序，对裁判结果可以提出上诉。案件争点包罗万象：生父母是否在被充分告知有关信息和权利的前提下放弃对子女的亲职，可否基于欺诈、胁迫、越权、虚假陈述等

① Kerry O'Halloran,*The Politics of Adoption: International Perspectives on Law, Policy and Practice* (Dordrecht: Springer. Science+Business Media, 2015), p.358.

② Kerry O'Halloran,*The Politics of Adoption: International Perspectives on Law, Policy and Practice* (Dordrecht: Springer. Science+Business Media, 2015), p.352.

③ Kerry O'Halloran,*The Politics of Adoption: International Perspectives on Law, Policy and Practice* (Dordrecht: Springer. Science+Business Media, 2015), p.353.

撤销对收养的同意[①]；生父是否对子女尽到必要的亲职从而在子女收养事项上享有同意权，对儿童最大利益的考量、法律鼓励继亲收养的立场等可否阻却生父的同意权[②]；收养协议中关于生母与被收养儿童保持联系的约定可否强制执行[③]；律师等专业人士未遵循收养程序要求（安置前调查、安置后监督、提起收养动议）擅自转移儿童应受何种处罚[④]；收养人可否基于情事变更要求政府机构为有特殊需求的被收养人提供补助和医疗保险等福利[⑤]；衡平法上的收养应否被认可，效力如何[⑥]。此外，还有大量的案例涉及种族、肤色、性倾向等对收养的影响，以及收养后的法律问题如收养机构的过错责任、被收养人要求披露收养信息的诉求等。在最核心的问题即是否签发收养令方面，美国各州法院立足于每一例具体的案情，对"儿童最大利益"的内涵、标准及其与生父母宪法权利之间的关系等进行了阐述，形成了富有弹性、延展性和内敛性的基本立场。关于是否允许养子女与其生父母保持接触或联系，美国大约有半数的州允许收养协议中载明开放收养条款，并肯认该条款可执行，有些州宣布此种条款不可执行，还有一些州则明确禁止将收养后接触作为同意收养的条件，另有一些州将是否接触生父母或原生家庭的亲属或允许其探视交由养父母来决定。[⑦]

（4）逐步推进的信息披露服务

在秘密收养的传统框架下，美国法奉行"信息披露须得被披露者的同意"，因此允许生父母保持匿名。但为了满足被收养人罹患疾病时需要了

---

① *Vela v. Marywood*, Court of Appeals of Texas,2000, 17 S.W.3d 750；In re J.M.P. Supreme Court of Louisiana,1988, 528 So.2d 1002,393,399.

② In the Matter of the Adoption of G.L.V. and M.J.V., Supreme Court of Kansas, 2008. 190 P.3d 245.

③ *Birth Mother v. Adoptive Parents and New Hope Child and Family Agency*, Supreme court of Nevada,2002, 59 P.3d 1233.

④ In the Matter of Donna R. Hagedorn, Supreme Court of Indiana, 2000,725 N.E.2d 397.

⑤ *Ferdinand v. Department for Children and Their Families*, United States District Court, District of Rhode Island, 1991,768 F. Supp. 401.

⑥ *Lankford v. Wright,* Supreme Court of North Carolina, 1997, 489 S.E.2d 604.

⑦ Judith Areen, Marc Spindelman, Philomila Tsoukala, *Family Law* (6th Edition), (Foundation Press), 2012, p.425.

解家族病史或生物学信息这类需求，信息披露规则逐渐形成。美国统一州法委员会（NCCUSL）于 1994 年推荐给各州的《统一收养法》（*Uniform Adoption Act*）允许在有医疗需求时经各方同意披露身份信息，并要求非身份信息经养父母或成年养子女请求应予披露。各州可在此框架下进一步简化信息披露程序。美国法认为，披露是双向的，既包括养子女寻求生父母或其家族成员的信息，也包括生父母这方寻求养子女的信息。总体上，非身份信息的披露争议不大，很多州允许生父母出于医疗或健康需要获得被收养子女的有关信息，有些还将主体扩及有血缘关系的兄弟姐妹。身份信息方面也逐渐放开，至少有十个以上的州规定被收养人年满 18 岁或 21 岁后可要求复制其原始出生证明，即使未经生父母同意。[①] 与信息披露服务相关的问题是收养登记系统，各州情况不一样：在建立收养登记系统的州里面，宾夕法尼亚州、科罗拉多州等允许被收养儿童获取其生父母的医疗记录，纽约州等要求寻求非身份信息的申请人先行登记其自身的信息，阿拉巴马州、伊利诺伊州等相当一些州则允许收养人在需要额外的医疗或健康信息时请求登记机构与生父母取得联系。有 30 多个州就成年的被收养人和其生父母关于披露身份信息的意愿进行登记，以此来推动双方合意下的信息披露。[②]

## 二　我国宣告收养程序的构建

收养家庭需要“每个家庭成员遵循被规定的角色模式……实现家庭的整合”[③]。这种重构和整合是否顺利、结果如何并不确定，通过试收养、收养评估及监督机制确保收养符合儿童最佳利益，是世界范围内普遍采用的收养程序。具体立法模式大致可分为三类：其一，民法典模式，典型如

---

[①]　Kerry O'Halloran, *The Politics of Adoption: International Perspectives on Law, Policy and Practice* (Dordrecht: Springer. Science+Business Media, 2015), p.359.

[②]　Kerry O'Halloran, *The Politics of Adoption: International Perspectives on Law, Policy and Practice* (Dordrecht: Springer. Science+Business Media, 2015), pp.360,361.

[③]　邓伟志、徐榕：《家庭社会学》，中国社会科学出版社 2001 年版，第 105 页。

《意大利民法典》以大量篇幅规定特别养子女可能状态的通告及其异议、预行收养的托付及其撤销直至收养宣告，再如《法国民法典》专节规定"为完全收养进行安置与完全收养判决"；其二，单行的收养法或儿童法模式，如美国《统一收养法》规定，潜在收养人是否适格必须经由有公信力的社工人员或其他具有许可权的评估方在安置前、安置后各阶段进行评估来确定，①再如英国1976年《收养法》和其后修订形成的2002年《收养与儿童法》详细规定儿童收养事务的管理、服务、辅助机构以及试收养程序、收养令签发等；②其三，民法与社会法分工衔接模式，如《德国民法典》规定的收养程序所涉监护监督与国家监护事项由青少年事务局依据社会法典行使职权。③

我国《民法典》第1105条第5款将收养评估机制正式纳入我国收养法律程序，此条款虽行文简约却内涵丰富：收养评估是由收养登记机关借助专业资源针对收养个案作出具体研判。增设该程序将使我国收养法律机制融入更加显著的社会化元素：明确实质审查、引入专业资源、加强国家干预。但该条款过于概括，对收养评估与现有收养程序之间如何衔接并未明示，尚不足以形塑科学完整的收养程序新架构。新修订的《未成年人保护法》第4条与《民法典》相呼应，肯认最有利于未成年人原则，并在"政府保护"章将收养机制作为国家监护的后续安置措施加以规范，且在第99条中规定地方人民政府应当培育、引导和规范社会组织、社会工作者参与未成年人保护和服务工作包括收养评估等，体现了通过社会保护的法律路径规范和加强收养干预及监督的立法意旨，但在实质性的机制建设上并未突破《民法典》的限度，与其倾注于国家监护制度的浓墨重彩形成

---

① Joan Heifetz Hollinger, "The Uniform Adoption Act: Reporter's Ruminations", 30 *Family Law Quarterly* 345-378 (1996).

② 除直接与收养相关的法律外，英国1989年《儿童法》(*Children Act*)、1991年和1995年的《儿童抚养法》(*Child Support Act*)、1998年《人权法》(*Human Rights Act*)、1999年《儿童保护法》(*Protection of Children Act*)等都体现了在儿童福利法律中融合私法规范与公法规范的立法思路。

③ 张威：《德国〈社会法典〉第八部/〈儿童与青少年专业工作法〉的核心精髓及其启示》，《社会政策研究》2017年第1期，第90页。

鲜明对比。由是观之，具有社会法属性的未成年人保护法会否在收养领域大有作为尚不明朗。这取决于将来的立法态势和立法抉择，关键性的影响因素存在于两个方面：一是民法典亲子法体系的整体布局；二是民法典修订程序的繁简。①概括言之，当民法典囿于篇章布局或修法程序不便对收养法律制度作深度扩充时，未成年人保护法将是一个可选择路径。

无论采用何种立法路径，完整的收养法律机制应体现试收养、收养评估、收养登记和收养回访之间的依次衔接和有机关联，在增进审查、干预和保护的同时，也加强对被收养人及收养家庭的支持与服务。

1. 充实收养程序中的审查、干预和保护机制

（1）总体模式

现阶段我国民政系统围绕收养评估在收养信息匹配、融合期、回访监督等方面都有一定的探索和积累。2015年9月，民政部在总结28个省份156个地区试点经验的基础上发布《收养能力评估工作指引》（民发〔2015〕168号，简称《指引》），要求优先以政府购买专业服务的形式，引入社会工作师、律师、医生、心理咨询师、婚姻家庭咨询师等专业人员进行收养评估，具体的评估方式、标准和流程均已明确。安徽、北京等地在《指引》的基础上又有不同程度的创新。安徽省的施行办法在机构居间匹配信息方面有所探索：接到送养申请后，所涉儿童的信息通过专门平台公示三个月，接收潜在收养人提出的申请；最终通过收养能力综合评估确定收养主体。北京市的实施办法创设了"融合期"和"回访监督"机制：收养意向评估合格后，经各方同意，被收养人与收养家庭共同生活90日以期融合，然后进行综合评估；收养登记满6个月、18个月，评估机构进行回访并出具报告。北京经验为国家立法提供了收养新机制的成

---

① 具体而言，如果民法典亲子法体系日渐充实丰盈，收养法作为建构拟制亲子关系的法律机制一并臻于丰富势在必然；反之，如果民法典亲子法体系整体发展有限，"收养"章篇幅的扩充也会遇到较大阻力。另一方面，如果民法典具体章节的修订程序简便易行，能够及时回应各种现实需求，未成年人保护法在收养制度建设中将止步于辅助角色；反之，如果民法典的修订成本过高，则相应的儿童保护机制可期冀通过未成年人保护法的完善得以确立和体现。

熟运行模式。《民法典》颁布之后，民政部发布《收养评估办法（试行）》（民发〔20201〕44号），同时废止《收养能力评估工作指引》。根据《收养评估办法（试行）》的规定，收养评估是指民政部门自行或委托第三方对收养申请人是否具备抚养、教育和保护被收养人的能力进行调查、评估，并出具评估报告的专业服务行为。

以上述本土实务经验为基础，参照收养法社会化发展的成熟范式，我国收养法可实行以收养登记为核心、具备完整流程、融入相关服务的收养法律程序，其主线可概括为：信息匹配—设定试养期—开展综合评估—作出收养登记/不予登记决定—收养后监督回访。具体而言，民政部门或其授权的机构可对收养/送养的意愿和资源进行汇总和匹配，经审查后认为收养各方当事人适格且有利于被收养人成长的，可征询当事人意见设定不少于三个月的试养期；试养期届满，民政部门根据有关机构出具的综合评估报告，在一定期间内（如30日内）对有利于保障未成年被收养人健康成长、可期待在收养人和被收养人之间建立良好父母子女关系的收养申请予以登记；对试养评估报告不合格的收养申请，民政部门应作出不予登记的决定并书面说明理由；收养关系成立后，民政部门对登记在册的收养关系实施或委托实施监督回访，确保未成年被收养人健康成长。

（2）收养评估效用拓展

在机构改革、简政放权背景下，针对当事人难以提供由特定机构出具的多项证明文件的问题，地方实务部门创造性地尝试采用"声明＋核实"的组合机制替代原来的证明材料要求，一定程度上化解了程序性障碍。但要特别注意的是，收养是一种替代照护方式，其适用必须符合法律规定的条件和程序方可有效保障未成年人权益，因此证明机制的创新不应影响到证明效果本身，改革的重点在于尽可能减少行政管制和不当干预，赋权当事人自主举证，而非放松甚至取消证明责任。因此，当事人声明不足以自证，必须辅以事实认定方具有证明效力。

但法律本身并未限定收养评估仅适用于收养人主体，自法律解释而言，存在将收养评估拓展适用的空间，如通过综合评估判定生父母是否有特殊困难无力抚养子女。如此，关于生父母有特殊困难无力抚养子女的认定，将不再完全依赖于有权机关的列示枚举，而有个案认定的可能，从而也更有利于实践最有利于被收养人原则。

实际上，在数年前一度拟定的《中国公民收养子女登记办法（修订意见稿）》中，第6条关于评估范围的规定是较为开放的，其具体表述为"对送养人和被收养人的条件、被收养人的需求进行评估"。笔者认为这一立场有助于善用收养评估机制，将概括的法律用语落实于具体案情，有利于在个案中更好地保护特定未成年人的权益，值得在未来的收养实践中进一步探索和完善。

2. 增补对被收养人及收养家庭的支持与服务

从社会治理的视角来看，收养家庭是对国家所负的儿童保障责任的分担。同时，收养家庭往往也是脆弱的社会单元，需要强有力的社会支持与服务才能真正实现个体的发展和家庭的融合。近年来，我国已逐步构建系统完备的儿童福利体系，如国务院2016年发布《关于加强困境儿童保障工作的意见》（国发〔2016〕36号，简称《意见》），要求加快形成家庭尽责、政府主导、社会参与的困境儿童保障工作格局，涉及基本生活、基本医疗、教育保障、监护责任、残疾儿童福利服务等。该《意见》予以被收养儿童特别关注，要求民政部门落实抚养监护要求。与此相呼应，修订后的《未成年人保护法》第91条从"政府保护"的角度规定对处于困境的未成年人实施分类保障，我国收养法新格局的构建正可由此衔接收养服务与儿童福利机制，如要求民政部门在收养回访中发现被收养人或其家庭处于困境之中的，应及时会同有关部门予以支持和帮助。如此将便于有特殊需要的被收养人依法获得生活保障、医疗照护、辅助康复服务等，使得收养这类儿童更加现实可行。

在保护与服务机制的社会化方面，修订后的《未成年人保护法》有显著体现，如其第99条规定引入社会资源、建构收养支持体系："地方人民政府应当培育、引导和规范有关社会组织参与未成年人保护工作，开展家庭教育指导服务，为未成年人的心理疏导、康复救助、监护及收养评估等提供专业服务。"但对被收养人及收养家庭的支持与服务并非仅限于收养评估和困境儿童救助，还包括收养信息披露以及未来不断被发现的需求和诉求。对传统秘密收养模式构成挑战的是，随着被收养人的身份权（right to identity）意识觉醒并被识别和接受，一旦被收养人依据《民法典》第 1037 条第 1 款主张获悉生父母、出生地等关乎身份建构和身份认同的信息时，有关规范和服务体系的建构便成为必要的制度供给。就此而言，发展和完善我国收养支持与服务制度具有相当的紧迫性。

# 第十二章　社会化发展的制度涟漪

半个多世纪以来，各国收养法律制度普遍引入儿童最大利益原则，开放应对现实需求、积极融合多元主体、广泛引入社会资源，表现出鲜明的私法社会化倾向。在我国，针对私法社会化，民法学界有主张民法典应尽可能保持纯粹私法性质的观点[①]，也有主张亲子法乃至"婚姻家庭"编增强社会化属性的观点[②]，社会法学者则力主私法不应彻底社会化，以社会法为实现法律社会化的主要工具[③]。笔者认为，收养法的发展是私法社会化的缩影，我国纯粹私法框架的收养制度所面临的社会效用危机表明，社会化发展是传统私法走向现代化、忠实于社会实在的必然路径，是私法体系的自我完善和自我生发。在此论断之下，更具实质性和建设性的议题是，如何社会化方可在保留私法内核的同时实现私法的与时俱进？这实际上更多地取决于一国法律体系的现实基础与立法契机。以国际视域来看，各国收养法的社会化主要来自两个方面的驱动：其一，来自各方主体的现实收养需求；其二，来自国际人权领域儿童保护理念的发展与推动。中国的收养法亦当因应现实，以问题为导向，以儿童保护为价值目标，通过加强国家干预、引介社会服务，实现本土化的社会化发展。在立法或修法路

---

[①] 谢鸿飞：《民法典的外部体系效益及其扩张》，《环球法律评论》2018年第2期，第30页。

[②] 肖新喜：《亲权社会化及其民法典应对》，《法商研究》2017年第2期，第113页；肖新喜：《论民法典婚姻家庭编的社会化》，《中国法学》2019年第3期，第105页。

[③] 赵红梅：《私法社会化的反思与批判——社会法学的视角》，《中国法学》2008年第6期，第170、171页。

径方面，《民法典》"收养"章能够内化的社会化举措均应入典，无法内化吸收的则应另辟蹊径通过社会法予以补充和拓展。在《民法典》编纂完成之际，紧随其后的《未成年人保护法》修订立法将是我国收养法社会化发展的又一契机。

可预见的是，收养法的社会化通过两个范畴——"亲子关系"和"儿童"——将从属于私法体系的亲子法与从属于社会法体系的儿童保护法关联起来，映照出整个亲子法的发展趋向：尊重儿童主体地位和儿童人权，建构亲子领域的儿童保护机制，从"为子女的收养"发展至"为儿童的收养"。如果说传统收养制度通过利益平衡体现私法的"正义理念"，收养法的社会化则是通过特殊保护体现社会本位的"爱"。施塔姆勒曾言："正义理念必然包含着'爱'这个具有激荡作用和核准作用的因素。'爱'是法的成全。"①

## 第一节　从收养法到亲子法

依照自然事实与法律事实的区分，亲子关系可分为两类：①基于出生事实和自然血缘而产生的自然血亲关系，包括婚生父母子女关系和非婚生父母子女关系。②基于收养、结婚等法律行为和抚养事实而产生的拟制血亲关系，包括养父母子女关系和形成抚养教育关系的继父母子女关系。

以此概念体系为基础，我国亲子法的构建遵循一个简洁而明快的逻辑：以调整自然血亲关系的规范为主体，通过法律拟制将自然血亲法律规范同等适用于拟制血亲。自然血亲法律规范的同等适用，不仅有效节约了立法成本，还充分体现了对不同处境未成年人、不同类型婚姻家庭的一体保护。

但是当子女利益与父母利益构成冲突或至少是存在潜在竞争关系时，

---

① 〔德〕施塔姆勒：《现代法学之根本趋势》，姚远译，商务印书馆 2016 年版，第 141 页。

仍有大量沿袭的实践规则是偏向于父母利益的，构成对儿童最大利益原则的背离。另外，在同质拟制的制度阴影下，人情事理与法律规则的冲突导致法律适用悄然走向不同于立法的实践立场，在离婚后子女抚养、继承等诸多方面对养亲和继亲关系作区别对待。究其根源在于，养亲和继亲在法律事实层面的实质性差异并不以良好的制度初衷为转移。无视二者的异质性，概以同质法律关系格律之，导致亲子法中的法律拟制失去科学性、包容性和可操作性。如何在异质法律关系中实现同质的儿童最大利益，是家庭关系多元背景下儿童最大利益原则之适用面临的重大挑战。

## 一 最有利于未成年子女原则在离婚后子女抚养安排中的适用

在离婚事件中，子女是最大的利害关系人。在保障当事人离婚自由和财产权利之外，最为重要的制度安排即子女抚养事项的考量和裁决。《民法典》第1084条承继并微调《婚姻法》第36条的规定，从儿童最大利益原则出发，系统规定离婚后子女抚养方面的法律规范。

### （一）离婚不消除父母子女关系

婚姻关系与父母子女关系的产生依据有所不同，夫与妻结婚这一法律行为使彼此之间产生婚姻关系，而父母子女关系则是由子女出生的法律事实建立的。因此，即使夫妻之间通过离婚解除双方的婚姻关系，也不影响其与子女之间基于血缘联系而成立的法律关系。《民法典》第1084条第1款和第2款明确规定："父母与子女间的关系，不因父母离婚而消除。离婚后，子女无论由父或者母直接抚养，仍是父母双方的子女。离婚后，父母对于子女仍有抚养、教育、保护的权利和义务。"可见，在离婚后，父母与子女之间仍一如既往地存在法定权利义务关系，父母既要抚养孩子，也要教育孩子，而孩子成年后亦负有赡养双亲的义务和责任。

上述规定没有区分生父母子女关系、养父母子女关系和继父母子女关系，那么可以推定，一般而言，无论何种父母子女关系均应适用上述规定。但继父母子女关系可能会有多种情形，因而继父、继母与生母、生父离婚后继父母子女关系是否存续应当区分具体情况来处理：①如继父母子女之间已经建立起抚养教育关系，且继子女已经成年，则拟制的继父母子女关系并不随着夫妻离婚而解除。②如继父母子女之间已经建立起抚养教育关系，而继子女尚未成年，则拟制的继父母子女关系在夫妻离婚后是否存续取决于继父或继母在离婚后是否继续抚养继子女。如果其继续抚养继子女且得到生父或生母的同意或认可，则继父母子女关系依然存续，如果其停止抚养继子女，则继父母子女关系消灭。③如继父母子女之间并未建立起抚养教育关系，则夫妻离婚后继父母子女关系也随之消灭。

（二）离婚后子女的抚养归属

当婚姻关系存续时，子女随父母共同生活，当婚姻关系解体时，父母不再共同生活，此时子女只能随一方生活。确定子女究竟随哪一方生活，就是确定离婚后子女的抚养归属所要解决的问题。在这个问题上，《民法典》第1084条第3款对《婚姻法》第36条第3款作了一些修改，明确规定："离婚后，不满两周岁的子女，以由母亲直接抚养为原则。已满两周岁的子女，父母双方对抚养问题协议不成的，由人民法院根据双方的具体情况，按照最有利于未成年子女的原则判决。子女已满八周岁的，应当尊重其真实意愿。"这一规定将原条文的"哺乳期"替换为"两周岁"，更加明确，有助于实现统一裁判，同时明确提出离婚后子女抚养问题的裁判应遵循"最有利于未成年子女的原则"。

《婚姻家庭编解释（一）》第44~48条综合子女年龄、父母各方条件及抚养意愿等，对离婚案件中未成年子女的直接抚养问题进行了较为细致的规范。

1. 不满两周岁子女的直接抚养方

这个年龄段的幼小子女一般有哺乳喂养等只有母亲才能满足的需要，因此两周岁以下的子女以随母亲生活为宜。该司法解释文件第44条规定，离婚案件涉及未成年子女抚养的，对不满两周岁的子女，按照《民法典》第1084条第3款规定的原则处理。母亲有下列情形之一，父亲请求直接抚养的，人民法院应予支持：（1）患有久治不愈的传染性疾病或者其他严重疾病，子女不宜与其共同生活的；（2）有抚养条件不尽抚养义务，而父亲要求子女随其生活；（3）因其他原因，子女确不宜随母亲生活。该司法解释文件第45条还补充规定，父母双方协议不满两周岁子女由父亲直接抚养，并对子女健康成长无不利影响的，人民法院应予支持。

2. 两周岁以上未成年子女的直接抚养方

对于这个年龄段的子女，父母双方对抚养问题协议不成的，人民法院应当以最有利于未成年子女为原则，综合考虑父母双方的经济条件、身体和精神健康状况、文化素质、道德水平及其与子女的感情等因素，来确定子女由何方共同生活。子女已满8周岁的，应当尊重其真实意愿。

《婚姻家庭编解释（一）》第46条规定，对已满两周岁的未成年子女，父母均要求直接抚养，一方有如下情形之一的，可予优先考虑：①已做绝育手术或者因其他原因丧失生育能力；②子女随其生活时间较长，改变生活环境对子女健康成长明显不利的；③无其他子女，而另一方有其他子女；④子女随其生活，对子女成长有利，而另一方患有久治不愈的传染性疾病或者其他严重疾病，或者有其他不利于子女身心健康的情形，不宜与子女共同生活。

3. 父母及其他亲属抚养意愿的考量

就未成年子女的抚养问题进行裁判时，人民法院应充分考量父母及其他亲属的抚养意愿，因为积极主动的抚养意愿对于保障未成年子女的健康成长是至关重要的。有鉴于此，《婚姻家庭编解释（一）》第48条规定，在有利于保护子女利益的前提下，父母双方协议轮流直接抚养子女的，人民法院应予支持。同时还在第47条规定，父母抚养子女的条件基本相同，双方均要求直接抚养子女，但子女单独随祖父母或者外祖父母共同生活多年，且祖父母或者外祖父母要求并且有能力帮助子女照顾孙子女或者外孙子女的，可以作为父或者母直接抚养子女的优先条件予以考虑。关于继子女的抚养，《婚姻家庭编解释（一）》第54条规定，生父与继母离婚或者生母与继父离婚时，对曾受其抚养教育的继子女，继父或者继母不同意继续抚养的，仍应由生母或者生父抚养。

4.子女抚养关系的变更

离婚后，子女的直接抚养方可因父母抚养条件的变化或者子女的要求而变更。要变更子女的直接抚养方，父母双方可先予协商，无法达成协议时，可向人民法院提起诉讼要求变更子女抚养关系。《婚姻家庭编解释（一）》第56条规定，具有下列情形之一，父母一方要求变更子女抚养关系的，人民法院应予支持：①与子女共同生活的一方因患严重疾病或者因伤残无力继续抚养子女；②与子女共同生活的一方不尽抚养义务或有虐待子女行为，或者其与子女共同生活对子女身心健康确有不利影响；③已满8周岁的子女，愿随另一方生活，该方又有抚养能力；④有其他正当理由需要变更。

（三）离婚后子女抚养费的分担和变更

父母双方都有抚养子女的义务，离婚时确定子女的直接抚养方只是确定子女日常生活随父母一方起居，并不免除另一方抚养子女的义务。对于子女不随其生活的一方父母来说，给付一定额度的抚养费是其承担抚养义务的重要表现。《民法典》第1085条第1款规定："离婚后，子女由一方直接抚养的，另一方应当负担部分或者全部抚养费。负担费用的多少和期限的长短，由双方协议；协议不成的，由人民法院判决。"第2款规定："前款规定的协议或者判决，不妨碍子女在必要时向父母任何一方提出超过协议或者判决原定数额的合理要求。"

抚养费包括子女生活费、教育费、医疗费等费用。关于抚育费的具体额度，《婚姻家庭编解释（一）》第49条规定：抚养费的数额，可以根据子女的实际需要、父母双方的负担能力和当地的实际生活水平确定。有固定收入的，抚养费一般可以按其月总收入的20%~30%的比例给付。负担两个以上子女抚养费的，比例可以适当提高，但一般不得超过月总收入的50%。无固定收入的，抚养费的数额可以依据当年总收入或者同行业平均收入，参照上述比例确定。有特殊情况的，可以适当提高或者降低上述比例。

关于抚养费的给付，该司法解释文件第 50~53 条进一步明确：抚养费应当定期给付，有条件的可以一次性给付；父母一方无经济收入或者下落不明的，可以用其财物折抵抚养费；父母双方可以协议由一方直接抚养子女并由直接抚养方负担子女全部抚养费，但是，直接抚养方的抚养能力明显不能保障子女所需费用，影响子女健康成长的，人民法院不予支持；抚养费的给付期限，一般至子女 18 周岁为止，16 周岁以上不满 18 周岁，以其劳动收入为主要生活来源，并能维持当地一般生活水平的，父母可以停止给付抚养费。

关于增加抚养费，该司法解释文件第 55 条和第 58 条规定：离婚后，子女要求增加抚养费的，应当另行提起诉讼；具有下列情形之一，子女要求有负担能力的父或者母增加抚养费的，人民法院应予支持：①原定抚养费数额不足以维持当地实际生活水平；②因子女患病、上学，实际需要已超过原定数额；③有其他正当理由应当增加。

针对实践中因为子女变更姓氏而产生的抚养费纠纷，该司法解释文件第 59 条强调，父母不得因子女变更姓氏而拒付子女抚养费。为保障子女抚养权益，该司法解释文件第 61 条还明确，对拒不履行或者妨害他人履行生效判决、裁定、调解书中有关子女抚养义务的当事人或者其他人，人民法院可依照《民事诉讼法》第 111 条的规定采取强制措施。

（四）不直接抚养子女一方享有探望权

给付抚养费是不直接抚养子女一方的义务，而享有探望权则是其权利。所谓探望权，是指因离婚而与子女分开生活、不直接抚养子女的父或母定期或不定期探望子女或与子女共处的权利。虽然此类父母不与子女共同生活，但其仍是子女的监护人，仍对子女有抚养和教育的权利和义务，赋予其探望权能够保障其与子女的感情联络并有助于促进子女的健康成长。

有关探望权的规定是 2001 年《婚姻法》修改中新增加的内容，后被

《民法典》所承继。在此之前，相关规定只有司法解释文件里关于离异夫妻对子女的监护权方面的规定，即最高人民法院关于《民法通则》适用的司法解释第21条规定："夫妻离婚后，与子女共同生活的一方无权取消对方对该子女的监护权；但是，未与该子女共同生活的一方，对该子女有犯罪行为、虐待行为或者对该子女明显不利的，人民法院认为可以取消的除外。"该条关于监护权的规定比较笼统，实践中，离婚后的父母经常在探望子女方面产生分歧，甚至一方挟私阻挠另一方的探望活动，使另一方深受痛苦，也给子女的成长带来阴影。

为此，《民法典》第1086条分3款明确规定："离婚后，不直接抚养子女的父或者母，有探望子女的权利，另一方有协助的义务。行使探望权利的方式、时间由当事人协议；协议不成的，由人民法院判决。父或者母探望子女，不利于子女身心健康的，由人民法院依法中止探望；中止的事由消失后，应当恢复探望。"《民法典婚姻家庭编司法解释（一）》第65条规定，人民法院作出的生效的离婚判决中未涉及探望权，当事人就探望权问题单独提起诉讼的，人民法院应予受理。

一般来说，在离婚之际，夫妻双方应就探望权的行使进行具体的协商，主要是未与子女共同生活的一方于何时何地以何种方式探望子女，另一方应给予何种协助等，相关内容还可听取子女自己的意愿。在履行生效判决、裁定或者调解书的过程中，如果形势发生变化，父母行使探望权不利于子女身心健康，未成年子女、直接抚养子女的父或者母以及其他对未成年子女负担抚养、教育、保护义务的法定监护人，有权向人民法院提出中止探望权的请求。人民法院在征询双方当事人意见后，认为需要中止行使探望权的，依法作出裁定；中止探望的情形消失后，人民法院应当根据当事人的申请书面通知其恢复探望权的行使。《婚姻家庭编解释（一）》第66条、第67条对此有明确规定。此外，为保障探望权益，该司法解释文件第68条还规定，对于拒不协助另一方行使探望权的有关个人或者组织，可以由人民法院依法采取拘留、罚款等强制措施，但是不能对子女的人身、探望行为进行强制执行。

总之，探望权的行使与限制，须以子女利益的考量为基本出发点。现有规则中，存在两个不利于实现未成年子女最大利益的问题：其一，未成年子女自身的主体性未获充分肯认；其二，探望权所及主体有限，而未成年人成长研究领域近年来广受关注的"附属理论"表明，未成年人与其生活环境中形成依赖关系的主体保持联系和沟通，有助于促进其心理健康发展。

## 二 最有利于未成年子女原则在拟制血亲关系中的适用

我国《婚姻法》第26、27条转化为《民法典》第1111条和第1072条，通过法律拟制使养父母子女和有抚养教育关系的继父母子女彼此间产生与自然亲子关系同等的权利义务，力图在收养家庭和再婚家庭的不同代际家庭成员间构造同质亲子关系。循着这一立法思路，我国实行单一完全收养机制，收养关系的成立一概消除养子女与其生父母及其近亲属间的法律权利义务，并采客观标准认定具备有效婚姻关系和抚养教育事实的继父母子女间一概享有全部亲子权利义务。这固然是法律拟制的旨趣所在，但亦表现出法律忽视当事人真实意愿的自负以及制度供给的贫乏与不足。如何在实现法律拟制功能的同时加强包容性和多样性，是践行儿童最大利益原则的迫切要求。

合法收养行为是依法创设拟制父母子女关系的法律行为，理应产生当事人所期待的法律效果，该法律效果的内容即使本无父母子女关系的收养人和被收养人之间产生与亲生父母子女关系同等的身份关系和财产关系。而生父母一方与继父母一方的再婚行为及继父母一方对继子女的抚养和教育事实则由于符合法律规定的条件而使继父母子女之间产生与亲生父母子女关系同等的身份关系和财产关系。较之继父母子女关系，养父母子女之间的亲属关系要更加完全和彻底，具体表现在：养子女与生父母及其近亲属之间的权利义务关系解除。我国立法奉行养子女完全融入收养家庭、断绝与生父母法律关系的立场。当收养关系成立后，养子女即脱离生父母的监护而成为养父母的子女，养子女与生父母之间的权利义务关系解除，相互间不再承担扶（抚）养等义务，也不再享有继承等权利。同时，养子女与生父母的近亲属间（包括养子女与生祖父母和生外祖父母之间以及与自然血亲的兄弟姐妹之间等）的权利义务关系亦因收养关系的成立而解除。养父母具有与生父母完全相同且排除生父母而专享的法律地位和法律权利，具有广泛的适用范围，甚至及于养子女的再送养。[①]继父母子女关系的特殊性则表现在：继父母子女之间的拟制亲子关系并不产生解除继子女与其生父母之间亲属关系的法律效果。换言之，继子女在与继父母之间确立拟制亲子关系的同时，可以保持其与生父母之间的自然亲子关系，同时享有继子女和亲生子女的法律地位和法律权益，而且继子女的地位与权益适用婚姻法关于亲生子女地位与权益的相关规定。但是，如果继父母合法收养继子女，则适用养父母子女法律规范，继子女与其生父母及其近亲属间的权利义务关系解除。关于养亲关系中的未成年人最佳利益，本书论述已详，这里重点研讨继亲关系中未成年人最佳利益的实现。

（一）关于第 1072 条的理解

《民法典》第 1072 条完全来自《婚姻法》第 27 条。在学界，对于该条当如何理解和适用，迄今仍存争议：第 1 款关于"继父母与继子女间，不得虐待或歧视"的规定应适用于所有类型的继父母子女关系还是仅适用于部分类型的继父母子女关系？第 2 款关于继父母子女抚养教育关系的认定，究竟利于继父母抑或是继子女？立法应增强还是放松对继父母子女间法律关系的调整和干预？

有观点认为：该条第 1 款是普遍适用的禁止性条款，无论是姻亲性质的继父母子女，还是拟制血亲性质的继父母子女都不得虐待和歧视；该条第 2 款在认定继父母子女关系时考量依据单一且失于宽泛，并易造成当

---

① 参见《民政部办公厅关于收养人因生活困难不能继续抚养被收养人有关问题的复函》（民办函〔2009〕177 号）。

事人权利义务失衡。该观点认为，继子女在与生父母保持亲子关系的同时又与继父母形成抚养关系时，父母的抚养责任得以减轻而继子女却因承担对生父母和继父母的双重赡养义务而处于不利处境，另一方面，在有劳动能力且生活能够自给的继父母难以享受继子女赡养利益的情形下，受到继父母抚养教育的继子女有权继承继父母的遗产也是有失公允的。因此，持该观点的学者主张，鼓励继父母通过收养方式与继子女建立拟制血亲关系，引进国外不完全收养机制解决亲生父母不愿放弃与子女的亲子关系时的继父母子女关系问题，并认为立法应明确形成事实上的拟制血亲关系的条件和期限，尤其应注重当事人的合意。①

　　但另有观点认为：该条第 1 款中的"继父母""继子女"应作限缩解释，仅指共同居住生活的继父母子女；该条第 2 款将"受其抚养教育"作为适用婚姻法"对父母子女关系的有关规定"的前提不利于保护儿童的合法权益，如将这一前提条件解释为"正在受其抚养"会使得继父母掌握是否确立抚养教育关系的主动权，不利于保护未成年继子女的利益，如将这一前提条件解释为"曾经受其抚养"又会加重继子女的赡养义务，亦有碍于继子女的利益。持该观点的学者主张，虽然该条第 2 款在具体措辞和立法技术上有不妥之处，但其强化继父母子女关系的立场是值得赞同的，建议通过立法直接赋予继父或继母以监护人的资格，促进被监护人的利益和社会公共利益，同时补充规定成年继子女是限制行为能力或无行为能力的继父或继母的监护人。②

　　此外，虽然司法实践领域曾倾向于将继父母子女间抚养教育事实作狭义解释，认为继子女未成年是继父母子女间形成抚养教育关系的要件之一，但亦有学者主张成年继子女对继父母进行赡养扶助应当认定为继承法上所界定的"有扶养关系的继子女"，因而承担赡养义务的继子女应享有

---

　　① 杨晋玲：《继父母子女关系的法律调适》，《思想战线》2001 年第 4 期，第 88 页。
　　② 张学军：《试论继父母子女关系》，《吉林大学社会科学学报》2002 年第 3 期，第 104、105 页。

继承权 ①，这显然是从广义的角度认定继父母子女间的抚养教育关系。

（二）继父母子女关系的立法焦点

关于继父母子女关系，苏联及东欧社会主义国家的立法思路与我国较为接近，其特点在于，着重从权利义务相一致的角度对继父母子女关系进行规范。具体来说，继父母承担抚养继子女的义务与继子女承担赡养继父母的义务相关联。苏联《苏俄婚姻和家庭法典（1968 年）》第 80 条规定："如果继子女没有亲生父母而由继父母教育或抚养，或者他们不能从亲生父母处得到足够的生活费用，则继父母有义务抚养未成年的继子女。"第 81 条规定："如果继父母抚养继子女不满五年，或者他们没有适当地履行其教育继子女的义务，则法院有权解除继子女赡养他们的义务。"《阿尔巴尼亚社会主义人民共和国家庭法（1982 年）》第 81 条规定："如继父或继母对继子女进行了长期抚养，并对他们在未成年时的照料不少于十年，则继子女必须赡养继父或继母。"《塞尔维亚社会主义共和国父母子女法（1975 年）》第 40 条规定："如继父母对继子女曾长期履行过抚养义务，继子女则负有赡养继父母的义务。"②

西方国家关注的焦点则是子女利益，即继父母对继子女的照顾权。在德国，仅向夫妻或已经登记的同性生活伴侣开放的继子女收养，是当前创设继父母方完全的照顾权和其他法律关系（尤其是子女的扶养请求权）唯一可能的途径。如未建立收养关系，根据《德国民法典》第 1687 条之 2 第 1 款的规定，"单独行使亲权之父或母之配偶，而非子女之父或母者（即继父母——笔者注），与行使亲权之父母一方，于意思一致时，有共同决定子女日常事务之权限。"可见，一定条件下继父母享有照顾权能，但也有可能由于继父（母）与生母（父）的婚姻关系或伴侣关系解除而失去对继子女的照顾权。如果自然血亲的父母一方死亡或其照顾权被剥夺，子

---

① 吴国平：《论继父母子女关系法律规制的立法完善》，《江南大学学报》（人文社会科学版）2018 年第 1 期，第 34、35 页。

② 此处所引苏联及东欧社会主义国家相关法律条文转引自巫昌祯主编《婚姻家庭法新论》，中国政法大学出版社 2002 年版，第 247 页。

女必须回到另一方生父母处生活。在婚姻关系或伴侣关系之外，与生父母一方共同生活的主体可享有《德国民法典》第 1685 条第 2 款规定的密切相关人的交往权。

荷兰、英国的英格兰和威尔士以及欧洲北部的部分国家，还有美国的一些州和加拿大的一些省都是通过导入照顾权调整事实上的父母子女关系的。但是关于继父母或与孩子处于亲密关系中的人取得照顾权的途径，各国（地区）规定不同。根据冰岛的法律，与单独享有照顾权的生父母一方结婚或作为取得登记的生活伴侣与之同居持续一年，继父母一方就具备了获得照顾权的条件。在大多数其他国家（地区）如荷兰、芬兰、英格兰或加拿大的不列颠哥伦比亚省，第三人一般只有依据法院判决才能获得人身照顾权。[①] 在英格兰，一般而言法官在制作居住令时不会在子女抚养问题上视继父母为父母（即要求继父母承担抚养继子女的责任），但在继父母有意愿建立与继子女更加亲密的关系时，法官对于授予收养令会相当慎重，反而倾向于在居住令中授予继父母在指令有效期内享有父母责任。[②]

（三）继父母子女关系法律规范的优化

1. 注重当事人意愿，以明法律关系性质

《民法典》第 1072 条第 1 款注重引导继亲家庭成员间互相尊重、和睦相处，第 2 款则着重强调存在抚养教育关系的继父母子女间具有如同自然亲子关系一样的法律权利和义务。这实际上是对继父母子女关系的类型进行了区分：不存在抚养教育关系的继亲家庭成员之间不具有实质性的亲子关系（仅具有姻亲关系），存在抚养教育关系的继亲家庭成员之间则由法律拟制形成与自然血亲家庭成员之间同质性的亲子关系。

在现实层面，继父母子女关系的确具有多样性和复杂性的特点，继子女是否成年、继父母子女间如何相处、继父（母）与生（父）母的婚姻

---

① 〔德〕妮娜·德特洛夫：《21 世纪的亲子关系法——法律比较与未来展望》，樊丽君译，《比较法研究》2011 年第 6 期，第 152、153 页。

② 〔英〕凯特·斯丹德利：《家庭法》，屈广清译，中国政法大学出版社 2004 年版，第 317、433 页。

关系是否稳定都会影响到继父母子女关系的建构和走向。类型化处理是应对这种多样性和复杂性的必要路径。但目前该条的规定显然失于宽泛和笼统，其不尽人意之处主要存在于两个方面：其一，完全忽略了当事人的真实意愿和意思表示，而代之以直接的、一刀切式的法律区分和法律拟制；其二，法律对继父母子女间构成拟制亲子关系的具体要件缺乏明确规定，导致保守的司法实践与开放的学术观点相左，引起继亲关系权利义务边界的模糊和混乱。

关于继父母子女关系的立法，实应重点把握多重分类规范、尊重意思自治、明确扶养要求这几个方面的总体规划。其一，针对继亲家庭的现实需求、结合当事人的真意表达对继父母子女关系进行多层次的分类：名分型（继父母子女间不承担扶养义务）、不完全扶养型（继父母子女间的扶养义务不排除未共同生活的生父母一方对子女的扶养义务）和完全扶养型（继父母子女间扶养义务排除未共同生活的生父母一方对子女的扶养义务）。其二，对法律拟制亲子关系的构成要件予以明确，将成年继子女对继父母的扶养作为与继父母对未成年继子女的抚养同等的条件纳入拟制亲子关系认定体系，释明认定拟制亲子关系过程中应如何把握继父母子女间扶养事实的存续时间等具体问题。

2. 注重继子女权益，以定法律关系存废

相较于收养法律制度体系，我国当前对于继亲法律关系、继子女法律权益的规范是非常简略而贫乏的。但从社会现实层面来看，随着离婚率的提高，继亲家庭越来越常见。[①]作为继亲家庭中处于被动地位的弱势家庭成员，未成年继子女的家庭地位是非常特殊的：其既有可能得享来自生父母双方和继父母一方的多方关爱和照料，也有可能遭受来自生父母双方

---

① 我国当前究竟存在多少继亲家庭和生活在继亲家庭中的未成年子女，目前尚无准确的统计数据。但据德国学者披露，在德国近 850000 或者全部儿童的 6%（在新联邦州甚至达到约 10%）在他们成年前生活在继亲家庭中。数据源自比恩、哈特、托伊布纳：《德国的继家庭》，2002 年版，第 12 页，转引自〔德〕妮娜·德特洛夫《21 世纪的亲子关系法——法律比较与未来展望》，樊丽君译，《比较法研究》2011 年第 6 期，第 151 页。

和继父母一方的多方嫌弃和虐待。如何通过制度机制合理调配继子女的生活教育资源、如何规范继父母子女之间的权利义务直接关系到继子女的成长权益。

在未来《民法典》的适用和完善阶段，不仅要从体例均衡的角度对继亲法律规范进行扩展和充实，更要从价值理念的角度对继亲法律规范进行形塑和构建，在继亲家庭领域贯彻儿童最大利益原则，切实维护继子女权益。首先，立法应整合目前分散在"婚姻家庭"编、"继承"编以及相关司法解释文件中关于继子女或被收养继子女的法律规范，明确生父母、继父母或转化为养父母的继父母这些主体分别对继子女承担的抚养义务和监护责任，确立继子女享有多重亲子关系的制度机制，避免继子女所享有的亲子权益由于相关主体婚姻关系不稳定而落空。其次，立法应注重在特定情形下对不同抚养主体所承担的法律责任进行调配、衔接和协调。例如，从我国法律适用的现状来看，一般认为继父（母）在其与生（父）母的婚姻关系解除后，不宜再强行要求其承担对继子女的抚养责任，即便此前双方已经存在长期抚养教育关系从而适用"婚姻家庭"编关于父母子女关系的规定。如此则需针对此种情形处理好继父母抚养责任解除与生父母抚养责任加强之间的衔接和协调。

上述制度设计将使得继父母子女间的法律关系变得更加灵活而富有弹性，作为配套的制度支持，可考虑在一定程度上将继子女的受抚养权益与其继承权益分割开来，这样既可避免权利义务的制度性失衡，亦可避免继父母由于财产分配方面的顾虑而影响其抚养继子女的意愿，最终有利于实现和保障未成年继子女的最佳利益。

三 亲子领域法的形成

以传统部门法而论，亲子法是民法项下身份法的组成部分，与监护制度相互区分又互为观照。随着儿童保护理念的普及和推进，新兴的社会法也对家庭关系、家庭责任和家庭保护作出诸多规范，由此使得亲子法律规范突破部门法范畴，渐成领域之势。当前，我国《民法典》"总则"编和"婚姻家庭"编、《未成年人保护法》"家庭保护"章和《家庭教育促进法》"家庭责任"章等共同构建起跨越民法与社会法的亲子领域法体系。领域法视角使亲子法的最新发展与整体架构更加清晰可辨：亲子制度与监护制度趋于融合，具体表现为理念归一、儿童本位和职责趋同、身份并称；同时针对家庭场域的儿童保护规范又使得亲子法律规范进一步延展，呈现职能析分、规范扩充和视角迁移、功能转换的特点。亲子领域法仍在持续发展中，其边界亦有广狭之分，但调整对象、价值理念和制度目标始终是其可识别的界标。

（一）部门法发展：亲子制度与监护制度融合

在亲子法的主阵地民法体系中，原本着意区分的亲子制度与监护制度正渐趋融合，对此我国《民法典》的体例编排和规范内容表现得尤为显著。

1. 历史与国际视域观察

（1）传统民法体系下亲子制度与监护制度的区分

严格来讲，亲子制度之谓系以今日之概念度量昔日之规范，因为亲子关系本身是民法通过构造权利能力赋予所有人包括子女以主体地位之后才有的概念。[①] 近代以前，民法体系中无亲子之论而有亲权之谓。亲权与监护两者在适用范围、规范内容和价值目标上具有本质性的差异：亲权在罗马法上为支配性权利，后渐趋于保护，且由单独父权趋于父母之共同亲权，以教养保护未成年子女为中心之职能，"不复仅为权利而为权利义务之综合"[②]。而监护的设立是为不在亲权下之未成年子女或无能力人（被宣告禁治产人）为身体财产之照护，由父母之外的主体作为监护人，对于未成年人而言是"亲权之补充延长"，监护制度"殆近于亲子法之仿造品"，但因主体间无亲子自然之爱，故不同于对亲权之行使采放任主义，而须对

---

① 〔德〕迪特尔·梅迪库斯：《德国民法总论》，邵建东译，法律出版社2000年版，第781页。

② 史尚宽：《亲属法论》，中国政法大学出版社2000年版，第656、657、659页。

监护之行使加以限制。[①]

以主体区分亲权与监护主要是针对大陆法系国家而言的，在英美国家，父母关于亲子关系的诉求和主张常在离婚时以监护权（custody）的形式出现，故我国学者多认为该法域不区分亲权与监护，皆以之为监护[②]，或者英美法系不存在亲权概念[③]。但这一说法并不确切，布莱克斯通在《英国法释义》中用两章分别论述"父母与子女"（Parent and Child）、"监护人与被监护人"（Guardian and Ward）[④]，而美国家庭法的经典教科书也分不同章节分别论述养育（Parenting）与监护（Custody）[⑤]。

（2）当代民法体系下亲子制度与监护制度的趋同

历史悠久的监护制度在其发展中渐渐由早期"为家之监护"转向"为被监护人之监护"。[⑥]早在罗马法时期，监护人即被要求对待被监护人的事务应同于对自身事务所具有的认真勤谨，其失职或侵权行为是可诉的。[⑦]对监护权予以监督和制约的传统不断传承，监护的主体、义务与责任成为各国民法典不可或缺的内容。不仅如此，很多国家又发展出监护监督制度，如《德国民法典》第1792条、《法国民法典》第409~410条、《日本民法典》第848~852条等都是对监护监督人适用情形、选任及职责的规定。

另外，近代以降，亲子关系立法亦发生嬗变：从家族利益优先的"家本位亲子法"到父母利益优先的"亲本位亲子法"又至子女利益优先

---

① 史尚宽：《亲属法论》，中国政法大学出版社2000年版，第693~695页。

② 史尚宽：《亲属法论》，中国政法大学出版社2000年版，第657页。

③ 杨立新：《〈民法总则〉制定与我国监护制度之完善》，《法学家》2016年第1期，第97页。

④ 〔英〕威廉·布莱克斯通：《英国法释义》（第一卷），游云庭、缪苗译，上海人民出版社2006年版，目录页。

⑤ Judi Areen, Marc Spindelman, Philomila Tsoukala, *Family Law* (6th Edition) (Foundation Press, 2012), Table of Contents.

⑥ 史尚宽：《亲属法论》，中国政法大学出版社2000年版，第694页。

⑦ 〔意〕彼德罗·彭梵得：《罗马法教科书》，黄风译，中国政法大学出版社1996年版，第178、179页。

的"子本位亲子法"。[1]最直观的表现在于两个方面。其一，肯认子女的平等主体地位。平等理念深入至性别、代际各层面，父与母之间，子与女之间，父母与子女之间，婚生子女与非婚生子女之间，均被法律肯认彼此平等。[2]其二，摒弃亲权概念，代之以父母照顾或父母责任。例如德国法以父母照顾（Elterliche Sorge）取代父母权力（Elterliche Gewalt）[3]，美国法强调对父母权威的限制（the Limits of Parental Authority）[4]，英国法则以父母责任之谓（Parental Responsibility）指称父母对子女及其财产所享有的所有权利（Rights）、职责（Duties）、权力（Powers）、责任（Responsibilities）和权威（Authority）[5]。

无论是"为被监护人之监护"还是"子本位亲子法"，其最新发展态势都是尊奉国际人权领域确立的儿童最大利益原则。儿童最大利益原则在各国亲子和监护制度中的体现非常显著，且共同的价值理念和标准体系使得亲子与监护制度之间某些方面的界分渐渐模糊乃至松动。以最为典型的大陆法系国家德国为例，"子女之利益""受监护人之利益"是其对儿童最大利益的表达范式，此类表达及对子女"不利益"情形的干预和矫正在《德国民法典》关于亲子之一般法律关系、收养和监护法律规范中堪称高频用语，所涉法条为数众多，兹举一二释之：《德国民法典》第1627条规定父母应为子女之利益实现父母照顾；第1697条之1规定法院裁判应斟酌实际情况及各种可能性，并衡量当事人之正当福祉，作出最有利于子女之判决；第1741条规定收养子女应符合子女之利益；第1778条规定担任职务有危害受监护人之利益者，可不经其同意更改监护人；第1796、1797条对监护执行中的问题进行规范也屡屡提及受监护人之利益；其他

---

① 陈明侠：《完善父母子女法律制度（纲要）》，《法商研究》1999年第4期，第24页。

② 〔德〕卡尔·拉伦茨：《德国民法通论》（上册），王晓晔、邵建东、程建英、徐国建、谢怀栻译，法律出版社2003年版，第91页。

③ 〔德〕迪特尔·施瓦布：《德国家庭法》，王葆莳译，法律出版社2022年版，第334页。

④ Judi Areen, Marc Spindelman, Philomila Tsoukala, *Family Law* (6th Edition) (Foundation Press, 2012), p.358.

⑤ 〔英〕基斯·摩根：《家庭法基础》（第二版），武汉大学出版社2004年版，第96页。

诸如父母照顾之种种规范、收养禁止情形、监护人选任考量因素等，莫不于细微之处体现以儿童最大利益的衡量和标准为定夺。

在对儿童最大利益的一致关切下，传统民法区分亲子和监护制度的界限不再那么可靠。其一，亲子规范显著增加，旧有的放任主义立场已被摒弃。例如《德国民法典》关于"父母照顾"一节的规范足足有74条（第1626~1699条），包括父母照顾的内容、行使、与襄佐及监护规范的衔接、法院裁判与行政援助之原则等。加强对父母照顾的调整和规范，背后是对父母与子女各自独立主体地位和权益的肯认，这一认知还体现在父母照顾所支费用可依情事请求子女偿还之，《德国民法典》第1648条对此予以明确规定。其二，监护职能扩展，财产照护之外也开始注重人身照护的规范与促进。在监护制度的形成过程中，其与家族制度的分离使得监护人一度在事实上几乎成为财产管理人[1]，其后虽有校正但仍主要着眼于维护社会秩序的稳定[2]。但儿童最大利益原则适用于关于儿童的一切行动[3]，这使得监护人对被监护人的人身照护责任亦得到加强。《德国民法典》第1793条规定监护人应定期访视受监护人日常生活之场所，第1800条更是直接对标父母照顾，要求监护人对受监护人之人身监护之权利及义务，依第1631条至第1633条关于父母照顾规定而定，且要求监护人应亲自促进及确保对受监护人孩子抚育及教养。大陆法系阵营中，更为灵活务实的瑞士甚至直接在父母责任与监护责任之间建立起对应关系：《瑞士民法典》第327条b和第327条c第1款分别规定，受监护子女的法律地位，与父母照顾之下子女的法律地位相同，未成年人的监护人享有和父母同样的权利。[4]

但需强调的是，亲子制度与监护制度的融合是以彼此区分为前提的：

---

① 史尚宽：《亲属法论》，中国政法大学出版社2000年版，第694页。
② 王利明：《民法总则研究》，中国人民大学出版社2012年版，第249页。
③ 《儿童权利公约》第3条第1款规定，关于儿童的一切行动，不论是由公私社会福利机构、法院、行政当局或立法机构执行，均应以儿童的最大利益为一种首要考虑。
④ 《瑞士民法典》，于海涌、赵希璇译，〔瑞士〕唐伟玲校，法律出版社2016年版，第123、124页。

亲子制度的主旨功能在于调整存在于私密家庭领域中的亲子关系，因此其主体限定于具有天然或拟制亲情关系的父母和子女，以此为切入点构筑人类社会良好代际关系；而监护制度的主旨功能在于补足身心未发育完全或功能不足者的行为能力，因此其主体是以责任和信任相关联的监护人与被监护人，以此为立足点保障市场交易开放有序。因此，两者的融合呈现交叉而非替代模式，除法律特别规定外，非由父母承担的监护机制如国家监护不能被纳入亲子制度，而非由监护人承担的生活照顾等也不能适用监护制度。

2. 我国实定法分析

从我国的法律文本来看，亲子制度与监护制度的理念、父母与监护人的身份与职责等已表现出明显的融合态势。

（1）理念归一，儿童本位

《民法典》不仅在第 1041 条第 3 款将保护未成年人合法权益规定为"婚姻家庭"编的一般性原则，还分别在监护、离婚后子女抚养和收养的具体情境下强调有关主体履责、有关事项处理必须最有利于未成年人。①《民法典》第 31、35、36 条对最有利于被监护人原则的适用主体和适用事项作出明确规定：其一，对监护人的确定有争议时，居民委员会、村民委员会、民政部门或者人民法院指定监护人的情境下适用；其二，监护人存在法律规定的情形，人民法院根据有关主体的申请撤销其监护人资格，依法指定监护人的情境下适用；其三，监护人履行监护职责的情境下适用。②《民法典》第 1044 条第 1 款规定，收养应当遵循最有利于被收养人的原则。③《民法典》第 1084 条规定，父母离婚，对已满两周岁子女的抚养问题协议不成的，人民法院判决时应以最有利于未成年子女为原则。此外，《未成年人保护法》第 4 条明确规定，保护未成年人，应当坚持最有利于未成年人的原则。该法第 107 条第 2 款针对离婚案件未成年子女抚养问题规定与《民法典》第 1084 条相一致的最有利于未成年子女的原则。

从我国立法史上的"子女利益"原则①、"子女权益"原则②、"有利于……"原则③转向当前《民法典》《未成年人保护法》所采用的"最有利于……"原则，最主要的立法考量是对国际人权法上的儿童最大利益原则作国内法的转化。目前可见的佐证主要存在于三个方面：其一，起草机构就《民法典婚姻家庭编（草案）》（三审稿）提请立法机关审议时特别指出，《民法典》第1044条规定收养应当遵循最有利于被收养人的原则是落实"联合国《儿童权利公约》中关于儿童利益最大化的原则"④；其二，《民法典》颁布后，国家立法机关工作人员撰写论著对第1041条保护未成年人合法权益的规定进行解读时称，作为对未成年人的特别保护，"本编规定，收养应当遵循最有利于被收养人的原则；还规定，对离婚后子女的抚养，父母双方协议不成的，由人民法院按照最有利于未成年子女的原则判决。这些都体现了未成年人利益最大化的原则"⑤；其三，《未成年人保护法》修订后，国家立法机关工作人员撰写论著对第4条进行解读，指出："最有利于未成年人原则，与《儿童权利公约》规定的'儿童利益最大化原则'的内在精神是一致的……在总则中明确最有利于未成年人原则，体现了我国积极履行国际公约义务，将未成年人保护标准逐步与

---

① 1950年《婚姻法》第20条第3款和第23条分别针对离婚后子女抚养问题和离婚财产分割问题规定人民法院作出判决所依循的根据及原则包括"子女的利益"。

② 1980年《婚姻法》第29条第3款和第31条（其规范功能分别对应1950年《婚姻法》第20条第3款和第23条）则统一将原来立法上使用的"子女的利益"修改为"子女的权益"。亦即，离婚案件中，人民法院针对子女抚养问题和财产分割问题作出判决时应当以"子女的权益"为根据之一、原则之一。1986年《民法通则》第18条提及"被监护人的利益""被监护人的合法权益"，但并未上升至原则的高度。

③ 1992年《收养法》第2条规定"收养应当有利于被收养的未成年人的抚养、成长"，1993年发布的《最高人民法院关于人民法院审理离婚案件处理子女抚养问题的若干具体意见》（法发〔1993〕30号）很快吸收并体现了这一表达模式，规定审理离婚案件对子女抚养问题应当"从有利于子女身心健康，保障子女的合法权益出发"。2001年修正后的《婚姻法》第38条规定人民法院依法中止"不利于子女身心健康"的探望行为。

④ 参见2019年10月立法起草机关在第十三届全国人大常委会第十四次会议上所作《关于〈民法典婚姻家庭编（草案）〉修改情况的汇报》（北大法宝引证码：CLI.DL.13375）第二点。

⑤ 黄薇主编《中华人民共和国民法典婚姻家庭编解读》，中国法制出版社2020年版，第14页。

国际接轨。"[①]

综合上述立法文献可知,《民法典》第 31 条规定的"最有利于被监护人的原则"、第 1044 条规定的"最有利于被收养人的原则"与第 1084 条规定的"最有利于未成年子女的原则",以及修订后的《未成年人保护法》第 4 条规定的"最有利于未成年人的原则"等类似表述,以一系列"最有利于……"的句式形成对《儿童权利公约》"儿童最大利益原则"的特色表达,从其内涵与要旨而言,可视为对公约中"儿童最大利益原则"的国内法转化。于此,我国亲子与监护制度的宗旨理念在儿童最大利益原则这一层面达到统一。

(2)职责趋同,身份并称

在民法典编纂中,学界关于监护与父母责任之间的关系讨论颇多,谓与父母责任相分离的监护制度为小监护,包含父母责任内容的监护制度则为大监护[②],大小监护的概念本身显然是以监护为本位的视角。但正式实施的《民法典》分设监护制度和亲子制度,同时又一般性地将父母设定为未成年子女的监护人,既可说是将父母责任纳入监护制度予以统一构造[③],亦可说是将监护制度纳入父母责任体系,这种可以互换视角的辩证关系恰恰说明,我国民法上的监护制度与亲子制度虽各有其功能,却并非楚河汉界,而是力图互相融合,共同服务于现实需求。

自《民法典》的体例编排和规范内容而言,监护职责与父母责任呈交融状态:"总则"编"自然人"章"监护"一节首条(第 26 条)完全是对父母子女间法律义务的规定,次条以"父母是未成年子女的监护人"切入监护法律规范。如此体例安排使得"总则"编的监护制度与其后"婚姻家庭"编"家庭关系"章中的"父母子女关系"一节在逻辑上相互呼应、内容上相互交叉:前者规定父母子女间总体法律义务,后者规定父母子女间具体权利义务。

---

① 郭林茂主编《中华人民共和国未成年人保护法解读》,中国法制出版社 2020 年版,第 12 页。

② 刘征峰:《被忽视的差异——〈民法总则(草案)〉"大小监护"立法模式之争的盲区》,《现代法学》2017 年第 1 期,第 182 页。

③ 朱广新:《未成年人保护的民法问题研究》,中国人民大学出版社 2021 年版,第 25 页。

在义务内容方面，《民法典》仍恪守着古罗马以来的传统，第 34 条规定监护人的职责是代理被监护人实施民事法律行为，保护被监护人的人身权利、财产权利以及其他合法权益等；而在父母责任的内容上，"总则"编第 26 条和"婚姻家庭"编第 1067 条和第 1068 条都采用了抚养、教育和保护的措辞。但此间差异因社会保护立法广泛采用两种身份相提并论的表述方式而获相当程度的弥合，后文将对此详为比照。

在对外责任方面，根据《民法典》第 1188 条和第 1068 条的规定，未成年人造成他人损害的，监护人或父母都要承担法律责任。唯法律条文详略不同，第 1188 条详细规定，监护人尽到监护职责可以减轻其侵权责任，有财产的未成年人应以其自有财产支付赔偿费用，不足部分方由监护人赔偿。在法律逻辑上，如未成年人的父母与监护人系同一主体，可直接依其监护人身份援引和适用第 1188 条的规定划定责任，亦可首先依其父母身份援引第 1068 条主张"依法承担民事责任"，再转引第 1188 条将其纳入"依法"之范畴，如此，我国立法对父母所承担的责任与监护人责任实是适用同一责任限度。

（二）领域法贯通：亲子制度向儿童保护延展

在社会法体系中，对亲子制度予以规范和促进是儿童教育和保护的一个重要面相。以领域法的视角贯通民法与社会法，将各自分散的亲子法律规范作一体观，会发现社会法范畴中的儿童保护法律规范大大充实了原本偏安于传统民法体系中的亲子制度，并在相当程度上改变了其规范视角，拓展了其制度功能。

1. 历史与国际视域观察

通常情形下，未成年人由其父母养育和保护。家庭的基本职能即养育后代，父母对幼年子女的养育和爱护是本能也是天职，将保护子女的职责交由父母不仅符合政治经济的考量，也是人伦道义的诉求。[①] 父母是最

---

① 夏吟兰：《比较法视野下的"父母责任"》，《北方法学》2016 年第 1 期，第 27 页。

有意愿、最有能力防范各种与儿童有关的意外、侵权以及犯罪的主体，明确规定父母的注意义务和法定职责，并以国家强制力作为制度保障，能够以最小成本最有效地保障儿童权益。即使在家父权独断专横的古罗马，虽然父亲有权决定他的孩子是否被他的家庭所接受，但如果涉及养活义务，法官可以回避父子关系争议，"只是裁定要承担扶养义务"①，以此维系父母子女关系均衡、维护子女生存发展权益。

现代法治肯认儿童的平等独立主体地位，承认儿童因身心尚未成熟应获特别保护，并确认家庭作为社会的基本单元以及家庭所有成员特别是儿童的成长和幸福的自然环境，应获得必要的保护和协助，以充分担负起它在社会上的责任。作为对此共识的反映，《儿童权利公约》第3条第2款和第18条第1款确立起父母或监护人承担首要责任、国家承担保障责任的基本制度框架。其中，国家保障主要寓含于社会法体系的构建，尤其是面向儿童的社会保护制度和旨在促进家庭发展的社会保障资源和社会干预措施。20世纪末开始，很多国家都开始积极运用公权力调整和规范亲子关系，并在经济和政策层面提供支持：如英国于1989年发布《儿童法案》，确认儿童最大利益原则，强调父母及政府对儿童的责任，规定有关儿童事务的管理机构和司法指令，此后1991年和1995年的《儿童抚养法》、1998年《人权法》等持续关注儿童抚养问题，致力于保护儿童权益。②针对子女抚养问题，美国于1992年至1998年陆续发布《子女抚养救济法》《对子女抚养费支付令充分信任与尊重法》《个人责任与工作机会协调法》《赖账父母处罚法》等，通过州际合作、雇佣登记乃至刑事制

---

① 《优士丁尼〈学说汇纂〉》D.25.3.5.9，引自〔意〕桑德罗·斯奇巴尼选编《优士丁尼国法大全选译（第5卷）：婚姻与家庭》，费安玲译，〔意〕阿尔多·贝特鲁奇、朱赛佩·德拉奇纳校，商务印书馆2022年版，第117~119页。

② 参见〔英〕凯特·斯丹德利《家庭法》，屈广清译，中国政法大学出版社2004年版，第19页。相关法律文件英文名称分别为1989年《儿童法》(Children Act)、1991年和1995年的《儿童抚养法》(Child Support Act)以及1998年《人权法》(Human Rights Act)。

裁等机制确保子女抚养费的足额给付。[①]

21世纪初以来，家庭教育成为多国关注和干预的又一焦点问题：法国早在20世纪80年代即开始通过国家家庭问题讨论会的机制形成和完善其家庭政策；美国则着力将家庭教育融入学校教育体系，为父母提供家庭教育工具包，目前50个州均已肯认家庭学校的合法地位，允许父母安排孩子在家完成学业；日本在2006年修订《教育基本法》时将家庭教育纳入其中，明确父母或其他监护人是教育儿童的首要责任主体，同时要求行政管理部门在尊重家庭教育自主性的基础上予以支持。[②]总之，儿童权利获全面肯认和儿童保护理念广泛普及使得亲子制度突破私法范畴，纳入公共法治视野，来自国家和社会的外在干预成为形塑亲子制度的又一种力量。

2. 我国实定法分析

在我国，近年来《反家庭暴力法》、《未成年人保护法》（修订）和《家庭教育促进法》乃至《预防未成年人犯罪法》等对父母责任提出更加具体、更加全面的要求，不仅通过职能的析分大大丰富了亲子法律规范，也在一定程度上改变了亲子制度的规范视角并拓展了亲子制度的社会功能，具体阐释如下。

（1）职能析分，规范扩充

如前所述，《民法典》"总则"编第26条和第35条分别规定父母责任和监护职责，"婚姻家庭"编第1067条和第1068重申父母之抚养、教育和保护责任。但《未成年人保护法》"家庭保护"章第15条第2款规定同时提及"父母或者其他监护人抚养、教育和保护未成年人"，而第

---

[①] 参见〔美〕哈里·D.格劳斯、大卫·D.梅耶《美国家庭法精要》（第五版），陈苇等译，中国政法大学出版社2010年版，第126、127页。相关法律文件英文名称分别为1992年《子女抚养救济法》（*Child Support Recovery Act*）、1994年《对子女抚养费支付令充分信任与尊重法》（*Full Faith and Credit for Child Support Orders Act*）、1996年《个人责任与工作机会协调法》（*Personal Responsibility and Work Opportunity Reconciliation Act*）、1998年《赖账父母处罚法》（*Deadbeat Parents Punishment Act*）。

[②] 和建花：《法国、美国和日本家庭教育支持政策考察》，《中华女子学院学报》2014年第2期，第101~104页。

16条又同时提及"父母或者其他监护人应当履行……监护职责",如此分别建立起监护人履行父母责任和父母履行监护职责的对应关系,其后规定禁止行为样态、听取意见义务、陪伴照护义务、委托照护规范时均对两类主体相提并论,鲜明地体现出将监护职责与父母责任作一体观的立法预设。而《家庭教育促进法》"家庭责任"章和《预防未成年人犯罪法》关于家庭所承担的预防犯罪教育责任也采同样的立场,在绝大多数规定中对"父母或者其他监护人"的家庭教育职责统一规范。

可见在聚焦于保护和教育未成年人的社会法体系下,监护职责与父母责任并无实质区分,此领域内将监护人与父母并称几为通行的立法技术:《未成年人保护法》共有41处一并提及"父母或者其他监护人",唯一一次单独提及"父母"的是第24条,该条规定父母离婚情形下对未成年人的保护,单独提及"监护人"的则主要是第92~94条关于民政部门临时监护、长期监护法定情形的规定,而在逻辑上,"监护人"概念本身显然包括担任监护人的父母;《家庭教育促进法》共有29处一并提及"父母或者其他监护人",唯一一次单独提及"监护人"的是第48条,用于指称区别于"父母或者其他监护人"以外的"其他监护人",而两次单独提及"父母"的是第17条规定的"发挥父母双方的作用""父母与子女共同成长",但该条帽首所采用的是"父母或者其他监护人",自逻辑而言,具体项中的"父母"应类推适用至"其他监护人"。

综上,虽然《民法典》对父母责任与监护责任仍作区分,尤其是单独对父母抚养职能作出规定,但《家庭教育促进法》"家庭责任"章、《未成年人保护法》"家庭保护"章和《反家庭暴力法》《预防未成年人犯罪法》相关条款的预设则是,教育和保护职能为父母和监护人共有。自亲子领域法视角观之,这类社会保护性立法的细致规定大大充实了亲子法中父母之教育和保护职能规范。

（2）视角迁移,功能转换

在民法史上,最早的监护和家长权规范鲜明地体现了"亲"对"子"

居高临下的单向度视角。罗马法上生杀予夺的家父和我国"父为子纲""亲亲为大"的旧体统都是其典型表现。近代以来平等理念的启蒙使"子"的主体地位受到认可，法律权益得以确立，亲权概念演变为父母责任或父母照顾，从而大幅校正了"亲"与"子"之间既往的非对称性主从关系。为了达致实质平等，国际社会提出基于儿童固有的脆弱应予其特别保护，反映在国际文书中即普遍遵循的儿童最大利益原则。作为现代亲子法律体系的最新样本，我国《民法典》"总则"编中第4条所规定的平等地位、第35条规定的最有利于被监护人原则以及"婚姻家庭"编中规定的最有利于未成年子女原则、最有利于被收养人原则清晰地表明"亲""子"平等且予"子"倾斜保护的双向度视角。

至社会法领域，《未成年人保护法》第4条明确以最有利于未成年人为贯通整部法律的基本原则，该原则广泛适用于家庭保护、学校保护、社会保护、网络保护、政府保护和司法保护。这种各方协同的多向度视角使得家庭保护范畴下的亲子法律规范一反传统私法中的放任主义，尤其是第16条和第17条将未成年人的健康、安全、品行、教育等各项权益尽皆转化为父母和监护人的义务和责任，体现了父母和监护人在家庭场域内协同国家和社会对未成年公民的保护和培养。同时，教育机构、社会组织、网络服务企业以及政府部门、司法机关等其他主体在公共场域下对未成年人的保护也力图从外部积极支持和呼应父母及监护人对未成年人的保护。《家庭教育促进法》亦同此理，"家庭教育"章虽着力规范亲对子的教育，但从第16条的详尽教育内容和第17条的细微教育方法来看，其具体要求明显是新形势下家国一体文化的折射，体现了将家庭教育置于国家支持、社会协同框架下的多向度视角。《预防未成年人犯罪法》则整体贯穿多向度视角，将"亲"的教育职能融入综合治理中，与各部门主体的职能紧密融合。

在公共视角之下，亲子法律规范被赋予更加丰富的社会功能：不仅是对家庭成员之间共同生活关系的调整，也是对社会成员养成环节的规范。

实际上，家庭的教化功能由来已久：古罗马人认为，"最好的政治单位，是按男性排列的家庭"①。由家父各自统辖的无数家庭组成了国家，为罗马源源不断地输送公民。而在我国古代，"孝"文化也承担着强大的社会化功能，一切有悖于社会纲常的行为都可以被归结为不孝，正所谓："居处不庄，非孝也。事君不忠，非孝也。莅官不敬，非孝也。朋友不信，非孝也。战陈不勇，非孝也。"②当今社会保护立法同样是在"国家"的层面看到了"家庭"，通过对家庭关系的调整实现社会治理目标。但是法治国家的干预与专权国家的干预存在本质的不同：古代国家干预未曾经历过启蒙思想的洗礼，缺乏个体权利和平等思想的制衡，以维护家长权威和家庭秩序为制度目标，注重秩序和制裁；而当前国家干预是以经典公私法域的划分为基础，是在肯认私领域和私权利基础上的有限干预，以实现儿童最大利益为价值取向，注重支助和促进。

（三）亲子领域法的界标

经过《民法典》的整饬和《未成年人保护法》《家庭教育促进法》等社会保护立法的充实，我国亲子法律体系进一步与监护制度融合、向儿童保护延展，规范内容大幅增补，规范力度逐渐增强，渐成领域之势。亲子领域法的建构，可在广义和狭义不同层面展开：广义的亲子领域法包括所有围绕亲子法律关系确立的法律规范，既有亲子间法律规范也有涉亲子法律规范，规范目的在于直接或间接调整父母子女关系，主体并不限于父母子女本身；而狭义亲子领域法则仅指向亲子间法律规范，规范目的在于直接调整父母子女关系，主体仅限于父母子女。以父母教育职责为例，广义的亲子领域法可将整部《家庭教育促进法》囊括其中，而狭义的亲子领域法则仅包括该部法律中直接调整家庭教育实施法律关系的规范，其他调整

---

① 〔法〕安德烈·比尔基埃等主编《家庭史》第一卷（上册），袁树仁等译，生活·读书·新知三联书店1998年版，第343页。

② 《大戴礼记·曾子大孝》，转引自孙向晨《论家：个体与亲亲》，华东师范大学出版社2019年版，第241页。

家庭教育保障法律关系和家庭教育管理法律关系的内容则不在其内。①

在我国实定法体系下，以《民法典》"总则"编关于监护制度的规定和"婚姻家庭"编关于亲子关系的规定为主体，以社会保护和社会促进立法中直接调整父母子女关系的法律规范即《未成年人保护法》之"家庭保护"章和《家庭教育促进法》之"家庭责任"章为扩充，一并构建起以新时代父母子女关系规范与形塑为问题导向、以儿童最大利益原则的中国法表达——最有利于未成年人原则——为共通理念和价值基础的狭义亲子领域法架构体系。这一体系的构建，既是对亲子法律版图扩张的顺应，也是对传统家庭法谦抑理念的坚守，从中亦可体现新兴领域法与传统部门法之间的辩证关系：亲子领域法以家庭法的立场和规范为内核，以社会法的未成年人保护理念和实践为驱动，通过整合不同部门法规范而达致更加全面系统的规范体系。

领域法构建在一定程度上改善了我国亲子法律规范相对单薄和贫乏的痼疾，但也使得家庭私域与国家公权之间的张力进一步凸显，其底层逻辑在于：保护儿童的制度目标之下，尊重家庭私域和加强外在干预之间的度。一直以来，家庭被视为公私法域划分之下最具代表性的私密领域，是个体权利和自由的延伸，是迄今唯一仍主要依靠习惯来确立和维护内部秩序的原生性联合体，家庭事务仅在必要的情形下需要国家的强制。② 但随着儿童保护理念的兴起和普及，未成年人作为国家公民和社会成员的主体地位和权益实现成为国家公权力通过正式制度安排③承担保障责任的公共议题和法治命题，国家秉持儿童最大利益原则介入和干预未

---

① 有学者将《家庭教育促进法》所调整的法律关系区分为三类，家庭教育实施法律关系（民事法律关系）、家庭教育保障法律关系（宪法法律关系）和家庭教育管理法律关系（行政法律关系）。参见林建军《家庭教育法的调整对象及其逻辑起点》，《河北法学》2021年第5期，第106页。

② 〔奥〕尤根·埃利希：《法律社会学基本原理》，叶名怡、袁震译，中国社会科学出版社2009年版，第62页。

③ 新制度经济学认为，规制人类互动的约束分为正式规则和非正式约束，前者是指法律和产权等，它们为生活和经济提供了秩序，但只是社会约束的一部分（尽管非常重要），普遍存在的是后者，即行事准则、行为规范以及惯例，后者以前者为基础。参见〔美〕道格拉斯·C.诺斯《制度、制度变迁与经济绩效》，杭行译，韦森译审，格致出版社、上海三联书店、上海人民出版社2014年版，第43、44页。

成年人事务，对父母履责予以监督和辖制，由此形成家庭与社会、父母与国家之间的角力。

　　然而通过肯认与确立家庭是社会的基本单元和儿童成长与幸福的自然环境这一普遍信念和基本共识①，现代法治体系已有足够的智慧建立起一个正向的逻辑结构：以儿童最大利益原则为总体目标和基本原则，由父母或监护人对未成年人承担首要保护责任，国家居于其后承担终极保障责任。②这就决定，国家和社会在亲子关系问题上总体持有限干预立场，既强调"干预"，也强调"有限"，其度在于：国家和社会的干预乃至替代应有助于增进儿童权益和家庭共同福利。③在法律逻辑上在现代法治体系下，儿童不仅是家庭成员，也是国家公民和社会成员，保护儿童权益是国家职责所在，但这就决定了国家和社会在亲子关系问题上应持有限干预立场。在制度目标上，国家"采取一切适当的立法和行政措施"，旨在为儿童的父母、法定监护人或任何对其负有法律责任的个人提供支持和帮助。④而在责任顺位上，在父母或监护人履责不足或滥权时方由国家或社会予以补足或替代。⑤与有限干预相悖的两个极端，一是过度干预，通常表现为不当褫夺父母或其他监护人的照顾职责，二是疏于干预，往往体现在缺乏对父母或其他监护人的必要支持与支助，两者都会导致儿童权益受损。

　　作为人类代际关系最主要和最重要的制度安排，亲子法必将继续由部门至领域不断发展，亲子领域法的疆界也会随之发生变迁，但调整对象、价值理念和制度目标始终是其可识别的界标：以亲子间权利义务关系为共同调整对象，以儿童最大利益原则为核心价值取向，以有限干预和积

　　① 《儿童权利公约》"序言"。

　　② 邓丽：《多法域交叉下的国家监护：法律特质与运行机制》，《中华女子学院学报》2018年第4期，第19页。

　　③ 〔美〕加里·斯坦利·贝克尔：《家庭论》，王献生、王宇译，商务印书馆2007年版，第436页。

　　④ 《儿童权利公约》第3条第2款。

　　⑤ 《儿童权利公约》第20条。

极促进为一致规范目的，分布于不同部门法的法律规范由此得以走向整合，形成跨部门的亲子领域法。

## 第二节　从亲子法到未成年人法

我国《民法典》《未成年人保护法》一致采用"最有利于（被监护人／未成年子女／被收养人／未成年人）"表达范式，由此整个未成年人法律体系得以确立贯通性的基本原则即最有利于未成年人原则。该原则同时具有承继国内法治实践和转化国际公约义务两个向度。对解释文件和司法数据的梳理表明，当前该原则的适用主要呈点阵式分布，存在覆盖不足、标准不一等问题。对照国际规范体系，厘清儿童最大利益原则的权利要义、制度约束、效力层级和程序保障有助于为我国最有利于未成年人原则的适用注入系统、辩证和自洽的制度理性，进而通过权利本位明晰化、个案研判独异化、权益认定规范化和保护机制协同化将这一中国特色表达深化为中国特色实践。

### 一　最有利于未成年人原则的两个向度

在《民法典》出台和《未成年人保护法》修订之后，最有利于未成年人原则成为我国涉未成年人法律体系的贯通性、统领性原则。其渊源可从两方面把握：其一，国内法律沿革，即该原则萌发于其中的立法历程及在我国当前实证法体系中的规范表达；其二，国际文书渊源，即经立法文献佐证的直接推动该原则之确立的国际文书理念与规范。由此，最有利于未成年人原则在我国涉未成年人法律体系的发展中起到承前启后的作用：既是对此前有关法律原则和法律规范的承继和突破，也是未来我国更加积极深入履行国际公约义务的体现和推进。

（一）承前：国内法律更迭的突破性发展

如前所述，目前"最有利于……"系列原则的表述主要见于我国

《民法典》和《未成年人保护法》。在民法领域，对未成年子女的保护渊源已久，在表述上先后使用过"子女利益""子女权益"等措辞，直至在民法典编纂时开始使用"有利于"乃至"最有利于……"的表达，但是均结合具体领域对未成年人的身份作了细化，如被监护人、未成年子女、被收养人等，而修订后的《未成年人保护法》则采用了最为概括的表述——"最有利于未成年人"。以下详述之。

第一阶段，表述为"子女利益"或"子女权益"原则。早在1950年，新中国成立后颁布的第一部法律《婚姻法》第1条明确指出："废除……漠视子女利益的封建主义婚姻制度。实行……保护妇女和子女合法权益的新民主主义婚姻制度。"其后，第20、23条分别针对离婚后的子女抚养财产分割规定人民法院作出判决所依循的根据及原则包括"子女的利益"。

1980年《婚姻法》第2条确立"保护儿童的合法权益"为该法原则之一，第29、31条（其规范功能分别对应1950年《婚姻法》第20、23条）则统一将原来立法上使用的"子女的利益"修改为"子女的权益"。1986年《民法通则》第18条提及"被监护人的利益""被监护人的合法权益"，但并未上升至原则的高度。1993年《最高人民法院关于人民法院审理离婚案件处理财产分割问题的若干具体意见》（法发〔1993〕32号）规定，夫妻共同财产的处理要保护儿童的合法权益。[①]

第二阶段，表述为"有利于……"原则。这一表达首见于1991年《收养法》第2条的规定"收养应当有利于被收养的未成年人的抚养、成长"，该法于1998年修正后继续沿用这一表述。司法解释文件很快吸收这一表达模式，《最高人民法院关于人民法院审理离婚案件处理子女抚养问题的若干具体意见》（法发〔1993〕30号）规定，审理离婚案件对子女

---

[①] 参见《最高人民法院关于人民法院审理离婚案件处理财产分割问题的若干具体意见》（法发〔1993〕32号）起首语和第13条。根据《最高人民法院关于废止部分司法解释及相关规范性文件的决定》（法释〔2020〕16号），该解释文件于2021年1月1日起失效。

抚养问题应当"从有利于子女身心健康，保障子女的合法权益出发"①，并针对不同具体情形提出 21 条处理意见。"有利于"的反面是"不利于"，主张"有利于"必然的逻辑就是禁绝"不利于"：2001 年修正后的《婚姻法》除延续使用儿童权益、子女权益相关表述外，在第 38 条规定人民法院依法中止"不利于子女身心健康"的探望行为。

第三阶段，表述为"最有利于……"原则。这一提法初见于规范性文件，2014 年最高人民法院、最高人民检察院、公安部、民政部联合发布的《关于依法处理监护人侵害未成年人权益行为若干问题的意见》第 36 条规定人民法院根据最有利于未成年人的原则为其指定监护人。②而最早在法律层面采用这一提法的应为 2017 年《民法总则》，该法第 35 条规定监护人应当按照最有利于被监护人的原则履行监护职责，首次以"最有利于"句式作出原则性的规定。但民法典在编纂初期并未有意识地统一表述，例如《民法典婚姻家庭编（草案）》（二次审议稿）第 821 条之1 规定，收养应当"有利于被收养人的健康成长"，第 861 条规定，夫妻对离婚子女抚养问题无法达成协议的，按照"最有利于未成年子女的原则"判决。

至 2020 年 5 月《民法典》颁布之际，除第 1041 条将"儿童"合法权益修改为"未成年人"合法权益外，其他具体制度相关表述均已修正为统一的"最有利于……"模式，包括监护制度、离婚子女抚养制度、收养制度：①第 31、35、36 条明确提出监护制度中要以最有利于被监护人为原则，包括监护人的指定、监护人履责等；②第 1044 条规定，收养应当遵循最有利于被收养人的原则；③第 1084 条规定，父母离婚，对已满两周岁子女的抚养问题协议不成的，人民法院判决时应以最有利于未成年子女为原则。

---

① 参见《最高人民法院关于人民法院审理离婚案件处理子女抚养问题的若干具体意见》（法发〔1993〕30 号）起首语。根据《最高人民法院关于废止部分司法解释及相关规范性文件的决定》（法释〔2020〕16 号），前述解释文件于 2021 年 1 月 1 日起失效。

② 郭林茂主编《中华人民共和国未成年人保护法解读》，中国法制出版社 2020 年版，第 12 页。

2021 年 6 月 1 日起生效的《未成年人保护法》(修订)是我国目前唯一一部概括提出最有利于未成年人原则的法律。该法第 4 条明确规定,保护未成年人,应当坚持最有利于未成年人的原则。紧接其后,该条提出处理涉及未成年人事项的六项要求,作为对最有利于未成年人原则的细化。① 该法第 107 条针对离婚案件未成年子女抚养问题规定与《民法典》第 1084 条相一致的最有利于未成年子女的原则。

(二)启后:国际公约义务的进一步转化

从我国立法史上的"子女利益""子女权益"原则和"有利于……"原则转向当前《民法典》《未成年人保护法》所采用的"最有利于……"原则,最主要的立法考量是对国际人权法上的儿童最大利益原则作国内法的转化。目前可见的佐证主要存在于三个方面。其一,起草机构就《民法典婚姻家庭编(草案)》(三审稿)提请立法机关审议时特别指出,《民法典》第 1044 条规定收养应当遵循最有利于被收养人的原则是落实"联合国《儿童权利公约》中关于儿童利益最大化的原则"。② 其二,《民法典》颁布后,国家立法机关工作人员解读第 1041 条时称,最有利于被收养人原则和最有利于未成年子女原则都是对未成年人利益最大化原则的体现。③ 其三,《未成年人保护法》修订后,国家立法机关工作人员解读第 4 条时指出,最有利于未成年人原则与《儿童权利公约》规定的儿童利益最大化原则的内在精神是一致的,体现我国积极履行国际公约义务,未成年人保护标准逐步与国际接轨。④

鉴于《儿童权利公约》之"儿童"与我国法律文件中使用的"未成年人"均指不满 18 周岁的自然人,二者在内涵及外延上并无二致,前

---

① 这六项要求具体包括特殊、优先保护的要求,尊重其人格尊严的要求,保护其隐私权和个人信息的要求,适应其身心健康发展规律特点的要求、听取其意见的要求和保护与教育相结合的要求。参见《中华人民共和国未成年人保护法》第 4 条。

② 参见《全国人民代表大会宪法和法律委员会关于〈民法典婚姻家庭编(草案)〉修改情况的汇报(2019 年 10 月 21 日)》(北大法宝引证码:CLI.DL.13375)第二点。

③ 黄薇主编《中华人民共和国民法典婚姻家庭编解读》,中国法制出版社 2020 年版,第 14 页。

④ 郭林茂主编《中华人民共和国未成年人保护法解读》,中国法制出版社 2020 年版,第 12 页。

述论著中"未成年人利益最大化原则"和"儿童利益最大化原则"都是对《儿童权利公约》中儿童最大利益原则的援引。需澄清的是，在国际人权法体系中，《儿童权利公约》中文作准本是如同国内法律文本一样的权威文本，而该文本中并无"儿童利益最大化"的表述，如准确援引应是"儿童最大利益"原则，对应至英文作准本则是"the best interests of the child"。实际上，某些更为晚近的规范性文件在表述上已经愈加接近国际公约的表述，如 2022 年 2 月 15 日在内地与香港同时生效的《关于内地与香港特别行政区法院相互认可和执行婚姻家庭民事案件判决的安排》（简称《婚姻家事安排》）第 9 条规定在审查决定是否认可和执行相关判决时，应当充分考虑"未成年子女的最佳利益"。而"最佳利益"与"最大利益"同出一源（"the best interests"），是对儿童最大利益原则另一风行但并不严谨的化称。① 简言之，我国立法中的"最有利于……"表达范式与《儿童权利公约》中规定的"儿童最大利益"原则存在法律制定和法律适用上的逻辑关联和对应关系（如表 12-1 所示）。

表 12-1 "最有利于……"表达范式及其与"儿童最大利益"原则的对应关系

| 法律名称 | 《儿童权利公约》 | 《民法典》 | 《未成年人保护法》 | 《婚姻家事安排》 |
|---|---|---|---|---|
| 相关表述 | "儿童的最大利益"原则（中文作准本）"the best interests of the child"（英文作准本） | 最有利于被监护人原则 最有利于被收养人原则 最有利于未成年子女原则 | 最有利于未成年人的原则 最有利于未成年子女的原则 | 未成年子女的最佳利益 |

---

① 有学者就英文作准本中的"the best interests"与中文作准本中的"最大利益"之对应关系进行探究，认为应直译为"最好利益或最佳利益"，参见苑宁宁《最有利于未成年人原则内涵的规范性阐释》，《环球法律评论》2023 年第 1 期，第 143 页。笔者初亦曾持此论见，但后经多方求教，明确"最大利益"系中文作准本用语，不同于可修正的中文译本，并且"最大利益"之说有其合理之处：一者，中英文转换中将"best"译为"最大"存在通例，如将"best efforts"译为"最大努力"；二者，中文中"利益"本身即含"好处"之意，如此，言"最佳利益"（最好的好处）便有叠床架屋之嫌，而"最大利益"（最大的好处）则较为通顺。至于将"最大利益"狭隘地理解为数量或程度的最大化，则是望文生义之弊，正因如此，按照规范体系阐释这一专业法律概念的内涵和要求更显迫切和重要。

这种逻辑关联和对应关系使得国际人权领域关于儿童最大利益原则的规范体系和系统阐述可为我所用，成为最有利于未成年人原则解释和适用的参照标准，尤其是《儿童权利公约》及联合国儿童权利委员会关于《儿童权利公约》的一般性意见中所体现的丰富而具体的规则、标准和要求。

## 二 最有利于未成年人原则的本土实践基础

### （一）解释文件的指引

关于最有利于未成年人原则，我国现行有效的司法解释文件主要是围绕《民法典》的相关规定针对监护、离婚后子女抚养问题作出指引，另有民政部门针对未成年人收养事项发布指引，此外在少年司法方面有多项相关机制和举措，但并无直接针对该原则的解释。[①] 如此，当前最有利于未成年人原则的解释指引主要表现为亲子法领域的如下规则。

### 1. 监护

人民法院指定监护人时，应当尊重被监护人的真实意愿，按照最有利于被监护人的原则指定，具体参考以下因素：①与被监护人生活、情感联系的密切程度；②依法具有监护资格的人的监护顺序；③是否有不利于履行监护职责的违法犯罪等情形；④依法具有监护资格的人的监护能力、意愿、品行等。在监护人的数量上，也要考量怎样更有利于保护被监护人利益。[②] 但是关于如何评判监护人履责是否遵循最有利于被监护人原则，现有司法解释未作指引。

---

[①] 例如《人民检察院办理未成年人刑事案件的规定》（高检发〔2002〕8号），《最高人民法院关于审理未成年人刑事案件具体应用法律若干问题的解释》（法释〔2006〕1号），《未成年人刑事检察工作指引（试行）》（高检发未检字〔2017〕1号）《人民检察院刑事诉讼规则》（高检发释字〔2019〕4号）（第十二章第一节"未成年人刑事案件诉讼程序"），《最高人民检察院关于加强新时代未成年人检察工作的意见》（2020年4月21日发布），最高人民法院、最高人民检察院、公安部、司法部联合发布的《关于未成年人犯罪记录封存的实施办法》（2022年5月24日）等。

[②] 参见《最高人民法院关于适用〈中华人民共和国民法典〉总则编若干问题的解释》（法释〔2022〕6号）第9条的规定。

2. 离婚后的子女抚养

《民法典》第1084~1086条对离婚后子女抚养问题的基本处理准则是，离婚后双方共同抚养、教育和保护子女，在具体处理上区分直接抚养、负担抚养费和行使探望权。其中第1084条对于已满两周岁子女的父母对抚养问题协议不成的情形，提出人民法院按照最有利于未成年子女的原则判决，但该原则的实践并非孤立的自由裁量，而是具有多项前提和规则：首先，双方具体情况以及尊重已满8周岁子女的真实意愿亦是判决依据；其次，《婚姻家庭编解释（一）》第46~48条规定了父母直接抚养要优先考虑的情形、支持父母轮流直接抚养的情形，最有利于未成年子女原则借此规则得以具化。

3. 收养

《民法典》第1044条规定收养应当遵循最有利于被收养人的原则，在具体制度层面主要表现为第1105条增设的收养评估机制。此后修订发布的《未成年人保护法》第90条与之呼应，规范社会组织参与收养评估。最终这些标准和规则集中体现于民政部印发的《收养评估办法（试行）》（民发〔2020〕144号）。根据这一文件，判定收养申请人是否具备抚养、教育和保护被收养人的能力，须由民政部门自行组织或委托第三方机构开展调查、评估，并出具评估报告。评估内容包括收养申请人的以下情况：收养动机、道德品行、受教育程度、健康状况、经济及住房条件、婚姻家庭关系、共同生活家庭成员意见、抚育计划、邻里关系、社区环境、与被收养人融合情况等，同时要特别注意并及时报告收养申请人及其共同生活家庭成员的违法犯罪或其他不利于未成年人身心健康的行为。[①]

（二）裁判文书的援引

裁判文书对于考察法律规范如何作用于社会生活具有显明的重要意义。笔者分别以"最有利于未成年人"、"最有利于被监护人"、"最有利

---

① 参见《收养评估办法（试行）》（民发〔2020〕144号）第8条和第11条。

于未成年子女"和"最有利于被收养人"作为关键词进行全文搜索，得到自 2010 年 1 月 1 日至 2022 年 12 月 31 日的裁判文书数据分别为 91 例、9450 例、933 例和 1 例，裁判年份的具体分布如表 12-2 所示。考虑到"最有利于……"系列原则于近年来先后在法律文件中确立，而儿童最大利益原则在学界、司法界均早有探讨，笔者转而以"儿童最大利益"、"儿童最佳利益"、"儿童利益最大化"乃至"儿童利益"为关键词进行搜索，获得的裁判文书分别为 87 篇、1 篇、244 篇和 772 篇，具体年份分布也一并列于表 12-2。

表 12-2 "最有利于……"系列原则援引数据（2010~2022）

单位：篇

| 裁判年份 | 最有利于未成年人 | 最有利于被监护人 | 最有利于未成年子女 | 最有利于被收养人 | 儿童最大利益 | 儿童最佳利益 | 儿童利益最大化 | 儿童利益（含"儿童利益最大化"） |
|---|---|---|---|---|---|---|---|---|
| 2010 | | 1 | | | | | | 3 |
| 2011 | | | | | | | | 3 |
| 2012 | | | | | 1 | | | 7 |
| 2013 | 1 | | | | 1 | | 1 | 18 |
| 2014 | 4 | | 3 | | 11 | 1 | 15 | 125 |
| 2015 | 14 | 2 | 7 | | 8 | | 56 | 148 |
| 2016 | 2 | | | | 18 | | 38 | 120 |
| 2017 | 2 | 211 | | | 11 | | 16 | 60 |
| 2018 | 8 | 1311 | | | 13 | | 23 | 57 |
| 2019 | 7 | 1954 | | | 6 | | 30 | 73 |
| 2020 | 10 | 2147 | 7 | | 11 | | 30 | 72 |
| 2021 | 24 | 2417 | 643 | 1 | 7 | | 26 | 59 |
| 2022 | 19 | 1407 | 273 | | | | 9 | 27 |
| 总量 | 91 | 9450 | 933 | 1 | 87 | 1 | 244 | 772 |

注：数据来自中国裁判文书网，2023 年 4 月 7 日最后访问。

在后续研究中，笔者发现上引数据尚存一些疑问：其一，最有利于被监护人原则同时适用于未成年被监护人和成年被监护人，如何予以甄别？其二，当事人在诉讼主张中的援引和法院在裁判理由中的援引对案件的影响是不同的，如何予以甄别？有鉴于此，笔者于2023年7月31日针对以上两点重新在中国裁判文书网搜集数据，通过限定"未成年"甄别出最有利被监护人原则适用于未成年人领域的案例数量，限定以"理由"部分为搜索范围甄别出法院在裁判说理中援引相关原则的案例数量，从而得到表12-3中各项数据。此时本应将表12-2中的数据作全面更新，惜当日中国裁判文书网无法显示"裁判年份"等分类数据，且无法预知何时能够恢复显示，只得补录后期校正数据于此，两相对照互为补充，亦可借此真切体现当前裁判文书数据所披露的现状。需要说明的是，两表中的总量数据略有出入，系中国裁判文书网的数据不断更新所致，应在可解释、可接受范围内。

表 12-3 "最有利于……"系列原则援引（2010~2022）后期校正数据

单位：篇

| 援引原则 | 最有利于未成年人 | 最有利于（未成年）被监护人 | 最有利于未成年子女 | 最有利于被收养人 | 儿童最大利益 | 儿童最佳利益 | 儿童利益最大化 | 儿童利益（含"儿童利益最大化"） |
|---|---|---|---|---|---|---|---|---|
| 援引总量／法院援引 | 93/54 | 951/583 | 935/457 | 1/0 | 87/58 | 1/0 | 243/170 | 774/482 |

注：数据来自中国裁判文书网，2023年7月31日最后访问。

结合对两次调查数据及具体裁判文书的研读，可对表中所列数据作如下解释和分析。

（1）表12-2中，"最有利于被监护人"原则的援引数量于2017年陡增，以及"最有利于……"系列原则的援引数量整体于2021年大增，分别与2017年《民法总则》出台和2021年《民法典》施行及《未成年人保护法》修订，亦即各原则入法入典时间相契；而表12-3中，"最有利于……"系列原则的援引总量（1980例）与采用"儿童利益"系列表述的援引总量（862 例）比照悬殊。这些数据之间的关系表明，我国司法恪守成文法系传统，经法律明确规定的原则对司法裁决的影响更为有力，由此佐证通过国内法的转化履行国际公约责任更为可行。

（2）在"最有利于……"系列原则确立之前，裁判文书中已有对儿童最大利益原则的援引和体现。这种援引以含糊的"儿童利益"最多，次之为"儿童利益最大化"的表述，准确表述"儿童最大利益"的较少，而学界几乎与"儿童最大利益"并用的"儿童最佳利益"绝少被使用。这能够从一个侧面解释，我国立法和司法机关都已惯用"儿童利益最大化"的表述，而非严格遵守《儿童权利公约》中文作准本中"儿童最大利益"的表述。

（3）"最有利于……"系列原则内部各具体原则的援引存在较大的差异性：其中，最有利于被监护人原则确立最早，自 2017 年《民法总则》明确该原则以来，适用案件数逐年攀升，且绝对数量可观；最有利于未成年子女原则的援引远远不及最有利于被监护人原则，部分原因或在于司法解释文件历来对离婚后子女抚养问题有相当详细的指引，质言之，规则众多使得原则的适用空间受到限缩，反映出裁判系统更加倾向于稳定、明确和低风险；最有利于被收养人原则的援引仅为 1 篇，但该原则并非此案决定性裁判依据。[①]

最有利于未成年人原则本身的援引数量不多，有时与其他具体原则并用[②]，有时单独适用于前述几种具体原则无法覆盖的法律问题[③]。鉴于 2021 年始裁判文书对最有利于未成年人原则的援引和适用更具司法自觉

---

① 本案案情大致为母亲出走、父亲病逝，祖母送养孙子，后母亲诉争儿子抚养权，最终法院申明寻子非受案范围而予驳回，参见雷某与李某抚养纠纷二审民事裁定书〔（2021）晋 11 民终 1503 号〕。

② 如宿迁市人民检察院诉章某消费民事公益诉讼一审民事判决书〔（2021）苏 13 民初 303 号〕中同时援引最有利于未成年人原则和最有利于被监护人原则，王某、刘某 1 离婚纠纷民事一审民事判决书〔（2022）鲁 1428 民初 1289 号〕同时援引最有利于未成年子女原则和最有利于未成年人原则。

③ 如唐某 1 与广州某公司网络侵权责任纠纷民事一审判决书〔（2021）京 0491 民初 16731 号〕援引最有利于未成年人原则，阐明 14 周岁以下的未成年人在网络环境中易受不良信息侵蚀，应给予特殊保护。

性，从而更能反映裁判思维①，笔者对迄今可搜寻到的 2021 年 1 月 1 日至 2022 年 12 月 31 日共计 45 例援引最有利于未成年人原则的裁判文书进行分类研究，发现按照纠纷数量由高至低排列大致是：15 例抚养与探望纠纷（包括解除同居关系或婚姻关系时的子女抚养与探望问题及其后变更抚养关系、调整抚养费等，其中 1 例系祖父母抚养孙子女要求子女给付抚养费的纠纷），13 例人格权纠纷、侵权责任纠纷（涉及未成年人集体权益诉求、消费服务侵权、教育机构侵权、雇佣机构侵权、交通事故侵权等），10 例财产及合同纠纷（未成年人或其直接抚养方的财产析出或返还诉求、网络消费争端等），3 例监护纠纷（包括变更监护人和撤销监护人资格），3 例债权人代位权、撤销权纠纷和 1 例执行异议纠纷。绝大多数案件中，未成年人是当事人一方，也有少数案件中，未成年人是利害关系人。②绝大多数案件中，当事人陈述和裁判说理中均援引了最有利于未成年人原则，也有极少数案件仅当事人一方援引该原则。③绝大多数案件中，司法裁决关于最有利于未成年人原则的适用表述是程式化的，最为极端的是某区法院针对不同离婚案件子女抚养问题的裁决如出一辙："从最有利于未成年人的身心健康、保障其合法权益的角度出发，现 ×× 年幼，为了不轻易改变其生活现状，本院酌定 ×× 由原（被）告 ×× 携带抚养。"④也有个别案件阐述较为详细，但主要是针对特定类型案件的特点，而非涉案未成年人的个体处境和需求。⑤

---

① 此中缘由在于：《中华人民共和国民法典》自 2021 年 1 月 1 日起施行，而修订后的《中华人民共和国未成年人保护法》则是 2021 年 6 月 1 日开始实施。

② 如肖某、饶某燕等债权人代位权纠纷民事一审判决书〔（2020）粤 0391 民初 7210 号〕。

③ 如马某娜、宁夏回族自治区吴忠市利通区古新镇新生村村民委员会侵权责任纠纷民事二审判决书〔（2021）宁 03 民终 1495 号〕。

④ 参见吴某、赵某 1 离婚纠纷民事一审民事判决书〔（2021）粤 0113 民初 11203 号〕和吴某、张某 1 离婚纠纷民事一审民事判决书〔（2022）粤 0113 民初 3925 号〕。

⑤ 如施某与石某探望权纠纷二审民事判决书〔（2021）渝 05 民终 9571 号〕针对最有利于未成年人原则如何适用于探望权、刘某 1 与上海义悠网络科技有限公司网络服务合同纠纷一审民事判决书〔（2022）沪 0107 民初 6681 号〕针对最有利于未成年人原则如何适用于未成年人网络保护，均超越个案在法理层面加以阐述。

（4）司法裁判对最有利于未成年人原则的援引，及在该系列原则确立之前对特定处境下儿童权益的关切和对儿童最大利益原则的援引，在相当程度上起到革新或创设规则的作用。试举数例简要释之。

其一，在离婚案件的子女抚养问题上，2012 年北京市朝阳区人民法院在某名人离婚案中基于母亲坚称兄弟姐妹间的分离会是孩子们在父母离婚之外遭受的另一重不幸，加之父亲有家暴事实，征询年长子女的意见，结合幼小子女的生活现状，一举突破由文化思维和司法惯例共同造就的多名子女通常由父母分别抚养的隐规则[①]，"从有利于子女健康成长，保障子女合法权益的角度出发"判决三个孩子均由母亲抚养[②]。

其二，在监护问题上，2015 年上海市第一中级人民法院关于代孕子女监护权的判决开创性地克服禁止代孕的法律立场，在对申请监护权的各方主体之具体境况及监护构想、安排进行比较和斟酌之后，直接援引儿童最大利益原则及国内立法相关规定将代孕子女监护权赋予委托代孕主体。[③]

其三，在收养效力问题上，2020 年陕西省西安市中级人民法院在一例确认收养关系纠纷中指出，当事人在不符合收养条件、明知无法办理收养登记的情形下仍实施抱养行为，从而与未成年人之间形成事实抚养关系，基于此应对其行为负责，不得单方主张收养关系不合法而推脱责任，裁定从最有利于未成年人健康成长考虑，驳回当事人的再审申请。[④]该案在一定程度上突破了法律本身对于收养法律效力的规定，但在社会效果上保障了案涉未成年人的抚养和成长权益。

其四，在探望权问题上，2021 年重庆市南岸区人民法院和重庆市第五中级人民法院在一则探望权纠纷中以最有利于未成年人原则为指导，将未成年人的意愿表达和成长需求纳入考量，一再对探望安排作细致调整。

---

[①] 王广聪：《论最有利于未成年人原则的司法适用》，《政治与法律》2022 年第 3 期，第 136 页。

[②] 李金、李阳同居纠纷、离婚纠纷一审民事判决书〔（2012）朝民初字第 03041 号〕。

[③] 陈某诉罗某耕监护权纠纷一案二审民事判决书〔（2015）沪一中少民终字第 56 号〕。

[④] 王某安与秦某裔确认收养关系纠纷申诉、申请再审民事裁定书〔（2020）陕 01 民申 492 号〕。

二审判决书中多处引用未成年人的陈述，强调探望应优先保障未成年子女的利益、未成年子女不是父或母探望权行使的义务配合主体、探望应尊重8周岁以上未成年子女的意见等，总结出最有利于未成年子女原则适用于探望权问题时应遵循的七项规则。[①]

（三）当前实践的特点与局限

总体而言，在"最有利于……"系列原则确立之前，对儿童最大利益原则的肯认在一些个案中起到相当的革新作用，改变旧有规则或者创设新的规则，以积极能动的形式表现出对儿童权益保护的关切与探索。在"最有利于……"系列原则确立之后，实务界基于功用性目标在《民法典》和《未成年人保护法》关于"最有利于……"系列原则的规定之间建立起勾连关系，为最有利于未成年人原则的体系化适用铺设了必要的逻辑路径；但与此同时，各具体原则的适用重新回归至教义路径，严格依循法条限定的条件。最终在经验与教义双重因素的影响下，当前"最有利于……"系列原则的适用呈现点阵式的特点，即按点位、按阵营分布，存在覆盖不足、标准不一之弊。

1. 覆盖不足

覆盖不足主要表现为两个方面。其一，点阵内的覆盖不足。例如关于离婚后父母一方主张行使探望权，裁判文书中援引最有利于未成年人原则而非最有利于未成年子女原则，说明司法实践倾向于将后者限定在《民法典》第1084条第3款设定的已满两周岁子女直接抚养的情境。但即使采用严格的文义解释，该条款中前句规定不满两周岁子女的直接抚养，后句对于已满两周岁的子女，使用的表述是"抚养问题"而非"直接抚养问

---

[①] 此七项规则具体包括：探望协议或判决应符合未成年人的实际情况；探望不得对未成年人正常的学习、生活造成较严重的影响；父母一方不得以强迫、暴力等方式对未成年子女进行探望；一方的探望确有不利子女身心健康的，直接抚养一方或未成年子女均有权申请中止探望；父母在协商探望协议时，应考虑年满8周岁以上子女的意见；父母在探望交接等过程中，切实保障未成年人的人身安全；父母双方均有义务营造好、维持好和谐的探望环境。参见施某与石某探望权纠纷二审民事判决书〔(2021)渝05民终9571号〕。

题"，而抚养问题裁决本应将直接抚养、抚养费支付和探望权行使作一体化考量。质言之，在探望权案件中适用最有利于未成年子女原则本系最为适当之路径，却由于对条文本身作限缩解释而导致司法逻辑舍近求远，以《未成年人保护法》之最有利于未成年人原则就《民法典》之子女抚养与探望争议。其二，点阵外的覆盖不足。例如即使同在私法范畴下，亲子关系确认纠纷、婚姻存续期内的子女抚养纠纷、继承纠纷、寄养争议等并未纳入"最有利于……"具体原则之下。如自限于教义路径，则司法裁决或援引《未成年人保护法》规定的最有利于未成年人原则，或不作援引，两者都无助于该原则与私法具体规则融合，更无从发挥其体系化效用。

2. 标准不一

标准不一也可归纳为两个方面。其一，确立标准的主体不一。目前，在监护人指定中如何适用最有利于被监护人原则，以及离婚后子女抚养问题上如何适用最有利于未成年子女原则，大体由最高人民法院发布的司法解释文件予以释明。但监护人履责是否符合最有利于被监护人原则，尚缺乏明确的标准。而如何适用最有利于被收养人原则，则主要通过民政部发布的收养评估规范来把握。不同主体在制定标准方面难免有路径依赖，各自依循其既有的制度基础，缺乏统一的审验标准。其二，标准的具体内容不一。比照有关解释性文件所确立的适用标准可知：此类标准确有一些共同的交集，例如对监护人的考量和对潜在收养人的考察都包括对其道德品行、能力和意愿以及与未成年人相处状况的评价，也都包括对其违法犯罪行为的否定。但显然司法审判中的裁量标准往往还杂糅着其他一些考量，例如指定监护人要考虑监护人顺位。更为典型的是，《婚姻家庭编解释（一）》第 45 条规定一方已做绝育手术或者因其他原因丧失生育能力以及一方无其他子女而另一方有其他子女的，可优先考虑该方抚养已满两周岁的未成年子女。此规则沿袭自《民法典》之前久已存在的《婚姻法》司法解释文件，既反映出实务部门对最有利于未成年子女原则的理解与适用仍欠深入，也反映出社会规则体系中的父母本位思维根深蒂固，未经反思难以清除。

### 3. 机械援引

机械援引主要体现为，绝大多数裁判文书满足于程式化地援引具体法条中的具体原则，缺乏对该原则如何适用于特定案情特定主体的释明。最为极端的是某区法院针对不同离婚案件子女抚养问题的多份裁决如出一辙："从最有利于未成年人的身心健康、保障其合法权益的角度出发，现XX年幼，为了不轻易改变其生活现状，本院酌定XX由原（被）告XX携带抚养。"[1]也有个别案件阐述较为详细，但主要是针对特定类型案件的特点，如最有利于未成年人原则如何适用于探望权的行使，[2]如何适用于未成年人网络保护[3]等，偏好从普遍法理层面而非涉案未成年人个体处境和需求阐释法律适用。

以上种种局限皆反映出，过度依赖旧有规则和既有路径适用"最有利于……"系列原则，是对点阵适用模式的延续，不仅无从充分发挥其革新意义从而在未成年人相关法律问题上拓展新视角和新规则，也无从发挥其体系效用从而贯通不同领域形塑未成年人法整体格局。

### 三　最有利于未成年人原则的国际参照框架

鉴于当前"最有利于……"系列原则的点阵式适用使最有利于未成年人原则作为一般原则、整体原则的意义与价值大打折扣，无从彰显其体系化效应，着眼于该原则的国际公约义务向度，善用儿童最大利益原则的规范体系来填补国内法在具体规则层面的罅隙和空白，有助于使高高在上的"最有利于未成年人"真正从法律原则转化为现实保障。

儿童最大利益标准最早是布鲁尔法官在被任命为美国最高法院大法官之前于 1881 年在 *Chapsky v. Wood* 一案中提出的，后由卡多佐大法官

---

[1]　参见广东省广州市番禺区人民法院（2021）粤 0113 民初 11203 号民事判决书和（2022）粤 0113 民初 3925 号民事判决书。

[2]　参见重庆市第五中级人民法院（2021）渝 05 民终 9571 号民事判决书。

[3]　参见上海市普陀区人民法院（2022）沪 0107 民初 6681 号民事判决书。

在 1925 年 *Finlay v. Finlay* 案中予以阐释和发扬，[①]后 1948 年 *Fletcher v. Fletcher* 案成为适用这一标准的又一标志性案例。[②]在国际文书体系中，这一表述首见于 1959 年《儿童权利宣言》，但 1924 年《日内瓦儿童权利宣言》已经提出儿童权利的概念，其思想渊源可溯及至西方文艺复兴和宗教改革时期对权利的主张和对儿童的"发现"。[③]此后，《世界人权宣言》《公民权利和政治权利国际公约》《经济、社会、文化权利国际公约》等国际文书一再确认儿童应受特殊照护。至 1989 年《儿童权利公约》，关于儿童权利和儿童最大利益的规范体系已臻于成熟和完善。在儿童权利保护体系中，儿童最大利益原则在地位上举足轻重，却在形制上变幻不居，颇似民法中诚实信用原则兼具帝王条款之势与透明条款之容。但正如诚实信用原则之受限于民事法律文本与民事法理逻辑，儿童最大利益原则也须遵从《公约》的格局和章法。《公约》及其解释和执行机构联合国儿童权利委员会（简称"童权委"）为儿童最大利益原则的理解和适用确立如下规范框架。

（一）权利要义

根据《公约》第 3 条第 1 款，儿童最大利益原则的核心要求是将儿童的最大利益列为一种首要考虑。儿童的最大利益究竟何指？《公约》对此抱持的立场是摒弃抽象固化，主张动态研判。同时，《公约》及相关国际文书又通过儿童权利的概念为儿童最大利益原则指明宗旨和路线，甚至

---

① LeAnn Larson LaFave, "Origins and Evolution of the Best Interests of the Child Standard", 34 *S.D. L. Rev.* 459 (1989), pp.467, 468.

② S. Ferreira, "The Best Interests of the Child: From Complete Indeterminancy to Guidance by the Children's Act", (2010) 73 *THRHR* pp.201,202.

③ 社会史研究指出，古老的传统社会"看不到"儿童，直到中世纪晚期至 16、17 世纪之间，儿童才在父母跟前赢得了一个位置。针对中世纪以前对儿童的"漠视"，文艺复兴时期的人文主义思想家"发现"了儿童，其代表人物卢梭认为："在万物的秩序中，人类有它的地位；在人生的秩序中，童年有它的地位；应当把成人看作成人，把孩子看作孩子。"参见〔法〕菲力浦·阿利埃斯《儿童的世纪：旧制度下的儿童和家庭生活》，沈坚、朱晓罕译，北京大学出版社 2013 年版，第 320 页；〔法〕卢梭《爱弥儿——论教育》（上卷），李平沤译，商务印书馆 2017 年版，第 82 页。

将原则本身定性为权利，从而为该原则的理解与适用作出可靠的引导。

首先应明确的是，鉴于儿童处境不同需求不同，概难统一划定其最大利益所在。对于儿童所指，《公约》唯一明确的是年龄要素。① 言及儿童最大利益，虽中文作准本只概称"儿童的最大利益"，英文作准本却表述为"the best interests of the child"，凸显《公约》"适用于个体性决定时将儿童作为个体看待"②，着眼于特定处境下特定儿童的特定利益。这就决定，儿童最大利益无法固化也不应固化。童权委亦指出，儿童最大利益是一个动态性概念，涵盖各类不断演化的问题，故并不打算列出任何一个时间节点，任何一种情况下的儿童最大利益。③

但儿童最大利益并非漫无边际，《公约》通过目标指向和权利标记引导儿童最大利益的判定。《公约》第 27 条指出儿童最大利益原则的目的在于确保儿童得到身体 / 生理、心智 / 心理、道德、精神和社会多方面的发展。为达到这一目标，童权委强调，"需要做出范式的转变，尊重和促进儿童作为拥有权利的个人的人格尊严及……身心健全"④。所谓范式的转变，是指从之前将儿童定性为援助对象的"福利"范式转向肯认儿童主体地位的"权利"范式。⑤ 基于这一转变，童权委申明：要全面适用儿童最大利益原则，必须拟定基于权利的方针，让所有行为方参与，以全面实现儿童身心、道德和精神健全并增强他或她的人的尊严；且《公约》所列的一切权利均为"儿童最大利益"，对儿童最大利益的裁断不得推翻履行

---

① 参见《儿童权利公约》第 1 条。

② Committee on the Rights of the Child, *General Comment No. 14(2013): On the Right of a Child to Have His or Her Interests Taken as a Primary Consideration*, CRC/C/GC/14, p.22.

③ Committee on the Rights of the Child, *General Comment No. 14(2013): On the Right of a Child to Have His or Her Interests Taken as a Primary Consideration*, CRC/C/GC/14, p.11.

④ Committee on the Rights of the Child, *General Comment No. 13(2011): The Right of the Child to Freedom From All Forms of Violence*, CRC/C/GC/13, p.3(b).

⑤ John Tobin, "Understanding Children's Rights: A Vision beyond Vulnerability", 82 *Nordic Journal of International Law*(2015), 171–172；王雪梅：《儿童权利论：一个初步的比较研究》，社会科学文献出版社 2018 年版，第 20 页。

《公约》保障各项儿童权利的义务。①如此，时时权衡是否有利于保障儿童实现其各项权利和全面发展如同可识别路标，有效地指引有关儿童事项的决策导向儿童最大利益。

儿童最大利益原则的影响如此坚实而深远，时至今日，这一原则本身已被肯认为儿童所享有的权利之一：童权委第14号一般性意见的标题即"儿童将他或她的最大利益列为一种首要考虑的权利"。该意见强调，儿童最大利益概念包含三个层面：一项实质性权利，一项基本的法律解释原则和一项行事规则。作为实质性权利，儿童有权依据《公约》第3条第1款主张将其最大利益列为一种首要的评判和考虑；作为法律解释原则，它要求以《公约》及其各项《任择议定书》所列权利奠定解释框架；作为行事规则，它要求作出涉及儿童的决定时必须评判该决定对儿童的正面或负面影响并释明有关儿童最大利益的考量。②

（二）系统约束

《公约》"序言"部分以"考虑到""铭记"等不同措辞详尽援引了13项依据，并以此铺陈三组辩证关系来构建起儿童权利的制度语境：平等权利与特别照料和协助的关系；家庭责任与国家责任的关系；民族传统与国际合作的关系。三组概念之间的辩证思维辐射至《公约》的具体条文和规定，为儿童最大利益原则的理解与适用提供多重维度。①肯认儿童作为人类家庭成员享有固有尊严及其平等和不移的权利，同时确认儿童因身心尚未成熟有权享受特别照料和协助。儿童最大利益原则的适用要求缔约国为确保儿童享有其权利而给予特别照料和协助，《公约》关于"儿童最大利益"表述的条款概莫例外，如第3、9、18、20、21条等。②肯认家庭对于保护儿童应充分负起责任，同时明确家庭履责应获国家必要保护和协助。前引《公约》提及"儿童最大利益"的条款对此多有折射，其中尤以

---

① Committee on the Rights of the Child, *General Comment No. 14(2013): On the Right of a Child to Have His or Her Interests Taken as a Primary Consideration*, CRC/C/GC/14, pp.4, 5.

② Committee on the Rights of the Child, *General Comment No. 14(2013): On the Right of a Child to Have His or Her Interests Taken as a Primary Consideration*, CRC/C/GC/14, p.6.

第 18 条最为直接和明确。③肯认应考虑每一民族的传统及文化价值对儿童的保护及和谐发展的重要性，同时确认国际合作对于改善每一国家特别是发展中国家儿童的生活条件的重要性。《公约》第 20 条规定对儿童最大利益的考量应顾及民族传统及文化的影响。上述三组辩证关系为儿童最大利益原则的适用分别在儿童 – 他人、家庭 – 国家、民族 – 国际三重关系中划定限制：以实现儿童权利为目标，以支持家庭照护为首选，为尊重民族文化留空间。

除此之外，儿童最大利益原则还受到其体系地位本身的限制，即儿童最大利益原则是《公约》解释和执行所有儿童权利的四项基本原则之一①，其实施必须与其他三项原则协同一致，亦即儿童最大利益原则的实施必须确保儿童不受歧视地享有权利，确保充分尊重儿童的生命、生存和发展权，确保尊重儿童表达其本人意见的权利并赋予其所有相关意见应有的分量。②由此，儿童最大利益原则的适用得以保持在合理限度，避免陷入主观武断、唯儿童独尊、过度侵入家庭私域以及凌驾于民族文化之上等重大误区。

（三）效力层级

《公约》明确提及儿童最大利益的条款及其议题包括：第 3 条，基本原则；第 9 条，与家长的分离；第 10 条，家庭团圆；第 18 条，家长责任；第 20 条，丧失家庭环境和替代照料；第 21 条，收养；第 37 条，与成年人分开羁押；第 40 条，审判程序。③此外，《公约》有两项任择议定书也提及儿童最大利益。④这意味着，除概括规定外，至少在九类情境中应根据具体要求将儿童最大利益作为首要考虑。所谓"首要考虑"，是指

---

① Committee on the Rights of the Child, *General Comment No. 5(2003): General Measures of Implementation of the Convention on the Rights of the Child*, CRC/C/GC/5, p.12.

② Committee on the Rights of the Child, *General Comment No. 14(2013): On the Right of a Child to Have His or Her Interests Taken as a Primary Consideration*, CRC/C/GC/14, pp.41-45.

③ Committee on the Rights of the Child, *General Comment No. 5(2003): General Measures of Implementation of the Convention on the Rights of the Child*, CRC/C/GC/5, p.3.

④ 此两项任择议定书分别为《〈儿童权利公约〉关于买卖儿童、儿童卖淫和儿童色情制品问题的任择议定书》和《〈儿童权利公约〉关于设定来文程序的任择议定书》。

儿童的最大利益与所有其他考虑，并非出于同等的分量级别；当儿童个体利益与儿童群体利益或其他人群权利存在冲突，应逐案解决，审慎实现利益平衡；如无法协调，则儿童权利拥有高度优先权。[①]

但即使同在优先层级，儿童最大利益原则的实施力度也并非均匀等质。《公约》针对特别主体、特别议题强调该原则时，该原则的实施应遵循具体的规范要素，例如第 21 条针对收养所作的规定将儿童最大利益列为最重大考虑。[②] 其间的差异在中文作准本中因通篇均表述为"首要考虑"而无从显现，但英文作准本第 21 条在收养情境下特意使用"paramount consideration"以区别于一般情形下的"primary consideration"。这意味着收养情境下儿童利益被设定为优先于所有其他利益和考虑，包括儿童生身父母的利益、潜在收养父母的利益、收养中介甚至国家的利益。[③] 美国早在 1990 年的收养判例中即明确："儿童最大利益是收养程序中最重要的考量……当孩子的利益与成人利益冲突时，争议的解决必须有利于孩子。"[④] 英国大法官沃尔在适用英国 2002 年《收养与儿童法》和《欧洲人权公约》第 8 条裁判一例收养案时，将首要考虑原则解释为，"成年人的权利……屈从于儿童的权利"，儿童最大利益"比其他任何事都更重要"。[⑤] 但在无证据表明其他主体行使权利会对儿童造成损害时，儿童最大利益原则的实施应与其他主体的权利保护之间具有合理的比例关系。[⑥]

---

[①] Committee on the Rights of the Child, *General Comment No. 14(2013): On the Right of a Child to Have His or Her Interests Taken as a Primary Consideration*, CRC/C/GC/14, pp.37, 39.

[②] Committee on the Rights of the Child, *General Comment No. 14(2013): On the Right of a Child to Have His or Her Interests Taken as a Primary Consideration*, CRC/C/GC/14, pp.4, 12, 38.

[③] Vité and Boéchat, *Commentary* (n 13) 24; Rachel Hodgkin and Peter Newell, *Implementation Handbook for the Convention on the Rights of the Child*, UNICEF 2007,285. 转引自 John Tobin: "The UN Convention of the Rights of the Child: A Commentary", *Oxford Scholarly Authorities on International Law* 2019,769。

[④] *Sonet v. Unknown Father*, Court of Appeals of Tennessee, 1990,797 S.W.2d 1.

[⑤] *F & H (Children)* (2007) EWCA Civ 880 (United Kingdom), p.32.

[⑥] 欧洲人权法院在一则探望权纠纷中裁决，鉴于没有证据表明申请人的宗教信仰涉及危险行为或使其儿子遭受身体或心理伤害，全面禁止申请人的探望与实现儿童的最大利益的目标之间没有达成合理的比例关系。参见 ECtHR, *Vojnity v.Hungary*, No.29617/07, 12 February 2013, p. 22。转引自欧盟基本权利机构、欧洲理事会《欧洲儿童权利法律手册》，张伟、刘林语译，中国政法大学出版社 2021 年版，第 69 页。

（四）程序保障

现代法律的智慧和趋势之一即在于，通过法律程序导向法律确定性。[①]儿童最大利益原则的适用尤其需要程序保障，因为它本质上是由成年主体依据成年人主导的社会规范就涉及儿童的事项作出决策或裁判[②]，而其追求的目标则是最大可能保障儿童的权利和发展。这里，不仅决策主体与承受主体是错位的，而且制度目标本身是动态的，人类理性又是有限的，这些因素都使得儿童最大利益原则的适用极易偏离主旨而且充满不确定性。

在国际规范层面，童权委明确要求对儿童最大利益的评判和确定必须具备程序性的保障[③]，并肯认"最大利益"是以严格遵守评判依据和决策程序为前提"划定的最大利益"[④]。这是在绝对最大利益难以企及的背景下通过现有制度理性做出的努力，正如同刑事诉讼中永远无法抵达过去的真相却可通过证据链条排除合理怀疑从而彰显正义的努力。程序保障应透明客观，立法者、司法者或执法者在评判和确定儿童最大利益时尤应注重：以听证或儿童主导的其他方式确保儿童表达其意见的权利；会集跨学科专业人员搜集、核实和分析有关信息和数据；确保儿童得到适当的法律代理或代言；不延迟地作出决策并释明其动因、理由；建立决策审核、修订机制和儿童权利影响评估机制；基于儿童能力的演进和发展对有关儿童的决策进行定期审议；等等。[⑤]

## 四 最有利于未成年人原则的体系化适用路径

国际规范层面的儿童最大利益原则适用于某一特定司法管辖领域

---

① 〔德〕施塔姆勒：《现代法学之根本趋势》，姚远译，商务印书馆 2016 年版，第 98 页。

② Joseph Goldstein, Anna Freud, Albert J. Solnit, *Beyond the Best Interests of the Child*, The Free Press(1973), pp.106,107.

③ Committee on the Rights of the Child, *General Comment No. 14(2013): On the Right of a Child to Have His or Her Interests Taken as a Primary Consideration*, CRC/C/GC/14, p.6(c).

④ Committee on the Rights of the Child, *General Comment No. 14(2013): On the Right of a Child to Have His or Her Interests Taken as a Primary Consideration*, CRC/C/GC/14, p.47.

⑤ Committee on the Rights of the Child, *General Comment No. 14(2013): On the Right of a Child to Have His or Her Interests Taken as a Primary Consideration*, CRC/C/GC/14, pp.89-99.

时，往往体现为特定的法律改革和行动计划，如 2006 年欧洲理事会启动"为了儿童，共建美好欧洲"计划，优先在"促进儿童友好的服务和机制""消除对儿童的一切形式的暴力""保障处境不利的儿童的权利""促进儿童参与"四个关键领域促进对包括儿童最大利益原则在内的《公约》四项基本原则的执行和保障。① 在我国，这一法律改革最为重大的表现即最有利于未成年人原则的确立，该原则的确立将从根本上改变过去在未成年人保护领域倚重经验规则的传统，依循儿童最大利益原则的标准和规范逐步构建中国特色的最有利于未成年人原则的制度体系，由此在诸多层面产生重大革新效应：其一，在既有的未成年人保护立场中，叠加和强化未成年人权利视角；其二，在成文法传统的统一裁决尺度下，加入个案审查和独异研判的要求；其三，在注重结果的未成年人事务裁断中，推行和普及关于未成年人影响和利益的专业评估及认定程序；其四，在部门化、层级化的未成年人保护机制基础上，推动和建构全局性、体系化的整体保护网络。以下结合我国当前实践基础和国际规范标准一一详述。

（一）权利本位明晰化

目前我国涉未成年人法律领域由《未成年人保护法》担当主干法和综合法角色，未成年人保护话语深入人心，这固然有助于增进全社会爱护未成年人的意识和氛围，但也无形中将未成年人置于单一的受保护地位。随之而来的问题是，无论是国家、社会还是学校、家庭均主要基于成人的认知和判断对未成年人施予保护，在倾听未成年人意愿和主张方面严重不足，在保护方式和保护路径方面不能充分对接未成年人的需求和诉求，从而使保护效力大大受限。不唯我国如此，世界各地以儿童福利为基础采取的儿童保护制度在防止虐待儿童和处理各种暴力受害问题方面均成效不彰，普

---

① Jensdottir, Regina, "The Council of Europe Action in Favour of Children's Rights: Helping Professionals Working with Children Make the Best Use of the Available Standards", *Irish Journal of Applied Social Studies* 2 (2015) : 12.

遍令人失望。① 有鉴于此，《儿童权利公约》着力改变儿童保护的福利路径，不再将儿童视为受害者和需要援助的对象②，而是要求做出范式的转变，尊重和促进儿童的人格尊严及身心健全，视儿童为拥有权利的个人③。

基于权利本位的未成年人保护理念有助于在法律制度和社会政策层面摆脱家长式作风和福利主义立场，更加主动和有效地倾听未成年人的意见，在未成年人、规范制定者和服务提供者之间建立起伙伴关系，从而赋予国家"特别保护和协助"职能以新的活力。④ 实现从福利本位向权利本位的转向，首先应明确宣示以焕新理念。建议在未来修法活动中将《未成年人保护法》更名为《未成年人权益保护法》，不仅呼应《妇女权益保障法》和《老年人权益保障法》等立法文本，亦可成就宣传和普及社会保护理念的良好契机：对弱势群体的保护并非出于福利、限于权益，而系基于权利、聚焦权益。

从福利本位转向权利本位，要求对未成年人所享有的各项权利予以综合保障，尤其要确保未成年人的基本权利：在国际层面，它主要体现为《儿童权利公约》四项基本原则所保障的不受歧视的权利、生命权和发展权、表达意见的权利以及将其利益作为首要考虑的权利，在我国，它主要体现为《未成年人保护法》第3条列示的生存权、发展权、受保护权、参与权等。其中，保障未成年人表达意见的权利和参与权应贯穿最有利于未成年人原则在各个领域的适用，它不仅是一项独立的权利，也必须在解释和行使所有其他权利时加以考虑。⑤

从福利到权利的转向以及儿童参与价值观的贯通在很多方面提出新的

---

① Susan Bennett, Stuart Hart, and Kimberly Svevo-Cianci, "Need for a General Comment for Article 19 of the UN Convention on the Right of the Child: Toward Enlightenment and Progress for Child Protection", *Child Abuse & Neglect* 33 (2009): 786.

② John Tobin, "Understanding Children's Rights: A Vision beyond Vulnerability", 82 *Nordic Journal of International Law* 155 (2015): 171, 172.

③ Committee on the Rights of the Child, *General Comment No. 13: The Right of the Child to Freedom from All Forms of Violence*, 2011, CRC/C/GC/13, pp.3(b), 59, 72(a).

④ John Tobin, *The UN Convention on the Rights of The Child: A Commentary* (Oxford Public International Law, 2019),p.756.

⑤ Committee on the Rights of the Child, *General Comment No. 12: The Right of the Child to Be Heard*, 2009, CRC/C/GC/12, p.2.

挑战和要求，例如：在保护未成年人免遭暴力侵害方面，新的转向要求采取积极、系统的方法将未成年人及其父母和照料者均纳入其中，通过创造一个支持未成年人发展的环境来防止和减少针对未成年人的暴力侵害[①]；在保护脱离家庭环境的未成年人方面，新的转向要求采取支持和帮助的措施促成未成年人重新回到家庭照料之下，除非其不符合未成年人最大利益，而在各种形式的替代性照料中，许可未成年人被收养更要注重听取所有儿童的意见并根据其年龄和成熟程度给予应有考虑等[②]；在任何影响到未成年人的司法和行政程序[③]中，新的转向鼓励引入法律机制要求决策者说明在何种程度上考虑了未成年人的意见以及对未成年人的影响等[④]。

（二）个案研判独异化

我国法律实施主要遵从成文法传统，近年来最高审判机关着力推行统一法律适用、加强类案检索制度建设[⑤]，进一步确立同案同判在司法裁判标准中的核心地位[⑥]。但最有利于未成年人原则要求参照未成年人的具体情况，逐案评判未成年人的最大利益所在；即使是同样弱势境况的未成

---

[①] 约翰·托宾认为，这是由《儿童权利公约》第 19 条和儿童权利委员会第 13 号一般性意见共同构建的新路径。John Tobin, *The UN Convention on the Rights of The Child: A Commentary* (Oxford Public International Law, 2019), p.723.

[②] 儿童权利委员会的结论性意见：保加利亚，CRC/C/BGR/CO/3-5, p.37(b)；阿尔巴尼亚，CRC/C/ALB/CO/2-4 p.57(a)。另见儿童权利委员会对阿塞拜疆的结论性意见，CRC/C/AZE/CO/3-4, p.55(b)。

[③] 儿童权利委员会将影响到未成年人的法律程序具体分为三类：一类是司法诉讼，包括与父母分离、监护、照料和收养、触犯法律的儿童（指儿童罪犯——笔者注），遭受人身或心理暴力、性凌辱或其他暴力犯罪之害的儿童、卫生保健、社会保障、寻求庇护和难民地位的儿童，以及受武装冲突及其他紧急情况之害的儿童；另一类是关于儿童教育、保健、环境、生活条件或保护的决定；还有一类是由儿童提起的诉讼，例如虐待申诉，以及以求学被排斥为由提出的上诉，或者是由对儿童有影响的人提起的诉讼，例如与父母分离或收养。Committee on the Rights of the Child, *General Comment No. 12: The Right of the Child to Be Heard*, 2009, CRC/C/GC/12, pp.32, 33.

[④] Committee on the Rights of the Child, *General Comment No. 12: The Right of the Child to Be Heard*, 2009, CRC/C/GC/12, pp.34-37.

[⑤] 相关文件如：于 2020 年 7 月 31 日起试行的《最高人民法院关于统一法律适用加强类案检索的指导意见（试行）》；于 2021 年 12 月 1 日起施行的《最高人民法院统一法律适用工作实施办法》（法〔2021〕289 号）。此外，最高人民法院先后印发《人民法院第五个五年改革纲要》《关于进一步全面落实司法责任制的实施意见》《关于深化司法责任制综合配套改革的实施意见》等多个司法改革文件，均将完善统一法律适用机制作为主要任务和工作要求。

[⑥] 钟浩南：《论同案同判作为司法裁判的核心——一个基于系统论的描述》，《法制与社会发展》2022 年第 6 期，第 202 页。

年人，也必须认识到其最大利益并非相同，必须按每一位未成年人的独特境况作出评判。[①] 这一要求可概括为个案研判独异化，即主张探求个案的独异性：独异性是与普适性相对应的概念，源自社会学界对现代社会结构性转型趋势的概括，其对主张"辨差别异"的差别理论予以扬弃，更加强调事物自身内在的复杂性。[②] 应用于儿童保护领域，正如南非宪法法院解释的那样，"决定儿童最大利益不能通过机械的法律公式或者刻板的照料选项等级排序来划定"，它要求将"情境化的个案调查"引入"所涉特定儿童的真实生活处境"。[③]

事实上，不同国别、不同文化的司法实践在关于如何确保儿童最大利益的探索中都表现了突破既有框架的革命性和强调个案研判的情境性。例如 20 世纪 80 年代美国哥伦比亚特区的一则收养案例中，面对祖父母与潜在收养父母之间的竞争和种族区分敏感问题，法官适用儿童最大利益原则挣脱血脉传承认知的束缚，聚焦于对特定情境下特定儿童最大利益的考察，明确了两个重要立场：其一，关于儿童最大利益的判定要求立足于特定情境下特定主体的需求，依循法律程序作出现实抉择；其二，关于儿童最大利益的判定要求突破既有规则，革新传统认知，不回避敏感问题不迁就时风流俗。[④]

---

① Committee on the Rights of the Child, *General Comment No. 13: The Right of the Child to Freedom from All Forms of Violence*, 2011, CRC/C/GC/13, pp.48, 76.

② 〔德〕安德雷亚斯·莱克维茨：《独异性社会：现代的结构转型》，巩婕译，社会科学文献出版社2019 年版，第 38 页。

③ M v. The State [2007] ZACC 18 p.24. 转引自 John Tobin, *The UN Convention on the Rights of The Child: A Commentary* (Oxford Public International Law, 2019), p.782。（此为牛津国际公法数据库）

④ Petition of R.M.G., District of Columbia Court of Appeals, 1982. 454 A.2d 776. 该案案情：儿童D. 的生身父母是一对未婚未成年的黑人青少年，母亲生下她之后就签字放弃了父母权利，没有告诉其生身父亲及男方家人，发育不良且患有各种疾病的 D. 被安置在一个白人寄养家庭。寄养父母给予她精心护理并于 3 个月后提出收养申请。生身父亲接到通知后表示反对，但同意由他的母亲和继父收养 D.。收养机构转而建议批准祖父母的收养申请，理由是"孩子最好的安身之处是其血脉亲属"。支持收养机构的心理医生指出，跨种族的收养对孩子有害。而寄养父母推荐的专家认为在考虑种族问题时必须结合申请收养家庭的具体情况。初审法院非常慎重地考虑了种族问题，将养父母与养子女之间的种族区分认定为收养评估中的一个负面因素。但上诉法院推翻了初审判决，要求初审法院继续推进有关程序，对两个特定的家庭进行评估，即种族问题究竟会给这个特定的黑人女孩带来怎样的影响。

在我国，以血脉传承为重的社会认知更是深远，如离婚案件中父母一方已做绝育手术或因其他原因丧失生育能力、父母一方无其他子女而另一方有其他子女的，该方父母在争取两周岁以上子女直接抚养权时通常可获优先考虑。[①]此外，注重血脉传承还引申出另一个隐规则，即离婚诉讼中未成年子女为多人的，通常会由父母双方分别抚养，此等判决在2021年之后援引最有利于未成年子女原则的判例中仍有所见。[②]但正如前文所述，儿童最大利益原则指引司法机关在2012年某名人离婚案中突破多子女分别抚养的惯例，在2015年首例代孕子女监护权诉讼案的判决中突破血脉为重的先见，实现裁判思维的革新和司法实践的突破。最有利于未成年人原则确立后，相关司法实践应继续承继个案审查方法，力避固守陈规、因循守旧，在统一的最有利于未成年人原则之下着力探查每例个案中每个未成年人的不同最大利益所在。

（三）权益认定规范化

在人类有限理性的大前提下，具有因人而异和动态发展特性的儿童最大利益是以实现儿童权利为指引、以严格遵守评判依据和决策程序为前提划定的最大利益。同理，最有利于未成年人原则的适用也必须通过明确的标准和规范的程序确保其稳定性和可行性，否则就可能被滥用或被武断解释从而损害到未成年人的基本权利。[③]借鉴童权委对判定儿童最大利益的阐述，最有利于未成年人原则的实施可遵循如表12-4所示标准与程序。

---

[①]《最高人民法院关于适用〈中华人民共和国民法典〉婚姻家庭编的解释（一）》（法释〔2020〕22号）第46条。

[②] 参见山东省武城县人民法院王某、刘某1离婚纠纷民事一审民事判决书〔（2022）鲁1428民初1289号〕。

[③] Hague Conference on Private International Law: The Implementation and Operation of the 1993 Hague Intercountry Adoption Convention: Guide to Good Practice—Guide No. 1 (Hague Convention Guide to Good Practice No 1), 2005, p.44.

表 12-4　最有利于未成年人原则适用中的权益认定与程序保障

| 权益认定 | | 程序保障 |
|---|---|---|
| 考量因素 | 判定步骤 | |
| 未成年人的意见 | 汇总所有影响因素 | 确保未成年人充分参与 |
| 未成年人的身份特点 | 区分不同要素的比重 | 核查和认定事实 |
| 家庭环境与社会关系 | 权衡不同因素间冲突 | 及时决策并定期审查 |
| 照料、保护与安全需求 | 以赋权性举措平衡保护性考量 | 引入多学科专业资源 |
| 具体弱势境况 | 确认决策的持续性与稳定性 | 确保未成年人获法律代理 |
| 健康权 | | 释明法律推论过程 |
| 受教育权 | | 建立审核与修订机制 |
| …… | | 建立未成年人影响评估机制 |

　　结合我国现有实践基础，当前亟待在评判依据上善用清单机制，在决策程序上建立透明机制。①清单式评定机制可广泛用于具体影响未成年人的各个领域，诸如家庭关系、收养宣告和少年司法等。①如加拿大不仅在 2019 年修订《离婚法》时将之前规定的儿童最大利益考量因素由笼统的"子女的条件、方法、需求和其他状况"表述细化为 11 项具体规定，还辅以灵活开放的适用指引②；英国 2002 年《收养与儿童法》第 1 条第 4 款

---

① Committee on the Rights of the Child, *General Comment No. 14: On the Right of a Child to Have His or Her Interests Taken as a Primary Consideration*, 2013, CRC/C/GC/14, p.51.

② 加拿大 2019 年修订的《离婚法》(*Divorce Act*) 第 16 条第 3 款规定，"法庭在认定儿童最大利益时应考虑涉及儿童状况的所有因素，包括：a. 儿童基于其年龄和发展阶段的需要，如儿童对安定的需求；b. 儿童与父母各方、各兄弟姐妹、祖父母及其他在其生活中扮演重要角色的主体之间关系的本质和紧密程度；c. 夫妻各方在支持儿童与另一方发展和维持关系方面的意愿；d. 过往对儿童的照料情况；e. 儿童的观点与倾向，适当考虑其年龄和心智状况，除非无法确知；f. 儿童的文化、语言、宗教和精神养育与传承，包括土著的养育和传承；g. 关于儿童照料的所有计划；h. 受令照料和满足儿童需求的任何主体的能力和意愿；i. 受令在有关儿童事务中进行沟通合作的主体的能力和意愿；j. 任何家庭暴力及其影响，其一，任何卷入家庭暴力的主体在照顾和满足儿童需求方面的能力和意愿，其二，指令有关主体就儿童事务合作的适当性；k. 任何与儿童安全、保障和福利相关的民事、刑事程序、指令、条件或措施"。有关适用指引进一步指出，该清单并非穷尽，法庭也可以考虑清单之外的因素，或根据具体案情优先考虑其中一个因素，虽然通常要求对儿童的安全、保障和福利予以优先考量。参见加拿大政府网站对《离婚法》修订的解释，https://www.justice.gc.ca/eng/fl-df/cfl-mdf/dace-clde/div50.html，最后访问日期：2023 年 5 月 11 日。

和第 5 款详细列举了在收养事项中应考虑的诸多因素，形成著名的"福祉清单"①。我国民政系统业已在收养评估中积极探索清单机制，但多侧重于指标的多样性和精细性，而欠缺指标设置的科学性和规范性：一是侧重对潜在收养人品性及能力方面的考察，对未成年人的现实处境和独特需求体现不足②；二是侧重对未成年人衣食住行方面的保障，对未成年人在情感联结与安全保障方面的福祉重视不足③；三是侧重对收养家庭当前状况的评估，对实现收养之后的家庭发展及可能需要的支持辅助关注不足④。以上缺漏是判定和保障特定处境下特定未成年人之权利实现与整体发展不可忽视的考量因素，而补足这些考量则正是最有利于未成年人原则的革新意义所在。②透明客观的程序能够协助立法者、司法者和执法主体就儿童事务作出最有利于未成年人的相关决策。⑤此类决策可区分为两种，其各自遵循的

---

① 该清单要求法院、收养机构在作出决定前应当考虑下列事项：a. 尽量了解被收养儿童对这一决定的期望和情感（要考虑该儿童的年龄和理解能力）；b. 该儿童的特殊需要；c. 该儿童脱离原来家庭而被收养这一事实对其今后一生可能产生的影响；d. 该儿童的年龄、性别、背景以及其性格特征等相关事实；e. 根据 1989 年《儿童法》的界定，该儿童曾经受到的或将有可能受到的任何伤害；f. 该儿童与其亲属的关系以及与法院或收养机构认为相关的其他人的关系，其一，该儿童与上述人员的关系是否有继续的可能，维持这些关系对该儿童是否有价值，其二，上述人员是否有能力并愿意为该儿童提供安全的成长环境，是否能够满足其生活需求，其三，上述人员或任何其他人关于安置该儿童的愿望或想法。……在安排儿童试收养时，收养机构还须适当考虑被收养儿童的宗教信仰、种族血统以及语言文化背景。参见〔英〕凯特·斯丹德利《家庭法》，屈广清译，中国政法大学出版社 2004 年版，第 419 页；《英国婚姻家庭制定法选集》，蒋月等译，法律出版社 2008 年版，第 303 页。

② Committee on the Rights of the Child, *General Comment No. 14: On the Right of a Child to Have His or Her Interests Taken as a Primary Consideration*, 2013, CRC/C/GC/14, p.76. 该段阐明，待收养未成年人处于同样的弱势境况，即脱离家庭环境，但该群体中的每一位个体在其脆弱性的类别与程度上仍有不同，因此最有利于未成年人原则的适用必须依据每一位待收养未成年人的独特境况包括其出生时起的生活经历作出个体化评判。

③ Committee on the Rights of the Child, *General Comment No. 14: On the Right of a Child to Have His or Her Interests Taken as a Primary Consideration*, 2013, CRC/C/GC/14, p.71. 该段阐明，未成年人的福祉，包括未成年人在物资、生理、教育和情绪方面的需求，以及对感情与安全的需求。

④ Committee on the Rights of the Child, *General Comment No. 14: On the Right of a Child to Have His or Her Interests Taken as a Primary Consideration*, 2013, CRC/C/GC/14, p.84. 该段阐明，最有利于未成年人原则的适用应当考虑到未成年人发展的可能情景，并就此作出短期和长期的分析，相关决策应评判未成年人目前和未来境况的持续性和稳定性。

⑤ Committee on the Rights of the Child, *General Comment No. 14 : On the Right of a Child to Have His or Her Interests Taken as a Primary Consideration*, 2013, CRC/C/GC/14, pp.87, 88.

程序也有所不同。一种是针对一般意义上的未成年人或某类群体的未成年人作出的立法或行政决策，在程序上主要表现为通过未成年人听证会、未成年人权利影响评估等充分保障未成年人对有关公共事务的参与权。这里，有关影响未成年人的事项应作广义解，既包括直接针对未成年人的保健、照料或教育相关的决策行为，也包括影响未成年人和其他群体在内的环境、住房或交通运输等相关政策措施。①另一种是针对特定未成年人作出的个案决策，在程序上要求确保未成年人独立或在代理下表达自身意见、遵循时限要求、纳入多学科专业资源以及在裁判中释明如何适用最有利于未成年人原则等。当前，我国有关少年司法程序的规定最为严密，尤其是近年来在未成年人代理、罪错未成年人行为矫正方面不断改革和完善，更加趋近最有利于未成年人原则的标准和要求，但在决策裁判中偏重细节规则，缺乏关于原则如何适用于个案的具体阐述。在民事案件中，这一问题同样存在，裁判文书关于最有利于未成年人原则的适用通常呈现为程式化的表述，难以体现相关决策的"动因、理由和解释"。②此外还值得警醒的是，法律对年龄分界的强调是否在实践中造成不满8周岁的未成年人的参与权被事实性地削弱。需谨记的是，作为权利主体，即便是最年幼的未成年人也有权发表意见，以其所能及的方式传递自己的感情、见解和愿望。③

（四）保护职能协同化

作为我国未成年人保护领域的基本原则，最有利于未成年人原则的适用范围极其广泛，覆盖家庭保护、学校保护、社会保护、网络保护、政府保护和司法保护各个维度；适用主体囊括各方，延及国家机关、武装力

---

① Committee on the Rights of the Child, *General Comment No. 14: On the Right of a Child to Have His or Her Interests Taken as a Primary Consideration*, 2013, CRC/C/GC/14, p.19.

② Committee on the Rights of the Child, *General Comment No. 14: On the Right of a Child to Have His or Her Interests Taken as a Primary Consideration*, 2013, CRC/C/GC/14, p.97. 该段阐明，儿童最大利益原则的适用要求清楚释明决策动因，即如何判定儿童最大利益所在；在决策与儿童意见相左的情形下，清楚阐明决策理由，以确证已将儿童最大利益列为首要考虑，以及个案情形下该项考虑缘何不足以强大到压倒其他考量。

③ Committee on the Rights of the Child, *General Comment No. 7: Implementing Child Rights in Early Childhood*, 2005, CRC/C/GC/7/Rev.1, p.14.

量、政党、人民团体、企业事业单位、社会组织、城乡基层群众性自治组织、未成年人的监护人以及其他成年人。[①] 在如此广阔的领域探查未成年人最大利益所在，实现最有利于未成年人的法律适用效果，必然要求打通不同部门的职能壁垒和不同专业的资源分割，从而最高效、最充分地满足保护未成年人权益所需。

保护职能的协同化有不同层面的表现，首先表现为部门协同，其次表现为专业协同。以最有利于未成年人原则效力位阶最高的收养领域为例予以说明。无论是《公约》还是我国法律，均要求收养机制的适用必须以未成年人身处原生家庭环境已不符合其最大利益为前提。要确认这一前提存在，必须对未成年人的原生家庭环境作出评估，并在诉诸分离举措之前，为未成年人的父母或监护人提供支助，增强其照料未成年人的能力，协助其承担起家长的责任。[②] 只有在为家庭提供的必要援助不足以有效避免未成年人遭到忽视或人身伤害甚至被遗弃的风险时，方可认定未成年人与原生家庭的分离不可避免，从而采取后续替代照料方案，直至必要时作出决定将未成年人安置于新的适当的家庭环境。[③] 实践中，收养动议往往折射出家庭发展困境及结构性社会问题，例如原生家庭中可能存在父母失踪或失联、经济困窘、伤残无助、遗弃未成年人等问题，而收留抚养家庭可能也存在各种影响家庭功能实现的困难等。在个案处置中，针对家庭具体需求提供帮扶和救助，有时可以起到挽救原生家庭、保全未成年人既有生活环境的作用，有时则可以对收养家庭予以支助，帮助其实现照料和保护有特殊需要的未成年人的家庭功能，这些都需要多部门分享信息、合作协调，如民政帮扶、公安查证、法院启动特别程序、检察院支持监督、医疗机构开通救助通道等。这其中，也需要法律界、社会学界、心理学

---

[①]　参见《中华人民共和国未成年人保护法》（2020 年修订）第 6 条。

[②]　Committee on the Rights of the Child, *General Comment No. 14: On the Right of a Child to Have His or Her Interests Taken as a Primary Consideration*, 2013, CRC/C/GC/14, p.61.

[③]　Committee on the Rights of the Child, *General Comment No. 14: On the Right of a Child to Have His or Her Interests Taken as a Primary Consideration*, 2013, CRC/C/GC/14, p.63.

界、教育界、社会工作等的专业人士参与对未成年人及其家庭的评估和支助。①因此，在最有利于未成年人原则的指导之下，对收养案件的处置最终并不一定真正导入收养机制，而有可能转向家庭扶助行动，这都有赖于通过稳定高效的多部门、跨领域联合议事和行动机制予以支持。《中国儿童发展纲要（2021—2030年）》强调在基层实现儿童保护和未成年人救助保护的联动机制，全国层面推行统一的儿童保护热线，但未涉及中间层面统筹未成年人保护事务的施政机制。实际上，目前我国在中央政府层面已设立农村留守儿童关爱保护和困境儿童保障工作部际联席会议机制，其主要职能是，在国务院领导下，统筹协调全国农村留守儿童关爱保护和困境儿童保障工作，具体包括：研究拟订农村留守儿童关爱保护和困境儿童保障工作政策措施和年度工作计划，向国务院提出建议；组织协调和指导农村留守儿童关爱保护和困境儿童保障工作，推动部门沟通与协作，细化职责任务分工，加强政策衔接和工作对接，完善关爱服务体系，健全救助保护机制；督促、检查农村留守儿童关爱保护和困境儿童保障工作的落实，及时通报工作进展情况；完成国务院交办的其他事项。

联席会议由民政部、中央政法委、中央网信办、发展改革委、教育部、公安部、司法部、财政部、人力资源社会保障部、住房城乡建设部、农业农村部、卫生健康委等26个部门和单位组成，民政部为牵头单位。联席会议由民政部部长担任召集人，各成员单位负责人为联席会议成员。联席会议原则上每年召开一次全体会议，以会议纪要形式明确议定事项，经与会单位同意后印发，重大事项按程序报国务院。②如何将部门联合统一保护机制在横向上扩展、延伸同时在纵向上下沉、压实是未来发展和完善的方向。

---

① Committee on the Rights of the Child, *General Comment No. 14: On the Right of a Child to Have His or Her Interests Taken as a Primary Consideration*, 2013, CRC/C/GC/14, p.95.

② 参见《国务院办公厅关于同意建立农村留守儿童关爱保护和困境儿童保障工作部际联席会议制度的函》（国办函〔2018〕51号）。

### 最后的结语：模糊表述下的制度理性

当前，我国从理论界到实务界均普遍认同最有利于未成年人的基本立场，但对该原则的实质内涵与宗旨目标尚无精准把握，对其作为法律原则所应有的规范标准和实施机制缺乏明确认知，故一方面对该原则的实施会否造成亲缘关系及代际关系失衡存有疑虑，另一方面则依循教义裁判思维，仅在法律条文述及的条件和范围内依赖既往形成的粗疏经验和层级传达的操作规则行事，由此产生覆盖不足、标准不一和机械援引等问题。凡此种种使得最有利于未成年人原则仍孤悬于抽象与概括层面，难以发展具体规则体系从而发挥其体系化效用。

这与儿童最大利益原则在国际层面的发展历程极为相似：儿童最大利益原则本身萌发于人类保护后代的朴素经验，经过多年学理思辨和法律实践，不断克服其抽象模糊带来的不确定性和绝对表述导致的误解分歧①，最终确立起系统、辩证和自洽的规范体系，以实现儿童权利为核心要义，以儿童－他人、家庭－国家、民族－国际三组辩证关系及多原则并立为制度约束，以效力分级为作用方式，以透明程序为实现机制，从而在幼体权利保障和代际关系公约方面形成人类社会最广大范围的最普遍共识。

以儿童最大利益原则的概念内涵和规范体系为镜鉴，我国法律界应自领域法视角肯认最有利于被监护人／未成年子女／被收养人等具体原则之上存在贯通整个涉未成年人法律领域的最有利于未成年人原则。这一原则的独特法律逻辑在于，其并非三段论式的形式逻辑，而是运用于具体情境的试验逻辑。②该原则的适用需要分析多种要素之间的交互关联，尝试

---

① Ursula C. Basset, "The Changing Standard of the Best Interests of the Child and its Impact on the Exercise of Parenting and on Children", *International Journal of the Jurisprudence of the Family, Vol. 2*（2011）: 409.

② John Dewey, "Logic Method and Law", *10 Cornell Law Quarterly 17* (1924). 转引自冯玉军选编《美国法律思想经典》，法律出版社 2008 年版，第 39 页。

各种可能性的竞合①，从而将理论上的确定性转化为实践中的确定性②。结合我国当前实践基础，可通过权利本位明晰化、个案研判独异化、权益认定规范化和保护职能协同化逐步构建最有利于未成年人原则的体系化适用路径。唯其如此，"最有利于未成年人"方可从文本走进现实，从原则发展为规范，从中国法的特色表达转化为中国法的创新实践。

---

① Le Roy, *Une philosophie nouvelle: Henri Bergson* (Paris: Alcan, 1921), p. 92. 转引自〔德〕施塔姆勒《现代法学之根本趋势》，姚远译，商务印书馆 2016 年版，第 155 页。

② John Dewey, "Logic Method and Law", *10 Cornell Law Quarterly 17* (1924). 转引自冯玉军选编《美国法律思想经典》，法律出版社 2008 年版，第 41 页。

# 后　记

　　长期以来，亲子法一直都如此重要却又如此单薄。作为拟制血亲机制，《收养法》在《婚姻法》之外另起炉灶，孤悬一隅。《民法典》的编纂将两者一并纳入，收养制度在体系上更加明确地归于亲子法，但在内容上仍是另立一章，自成方圆。

　　五年前，当我受命踏入这个相对沉寂的领域，本以为只是一次速战速决的任务，却不料愈陷愈深，流连至此，由收养法而及于亲子法，又由亲子法而及于未成年人法，好似在岩洞的裂隙中窥见一角蓝天，由迩至远，广博无垠。

　　孟德斯鸠语，在民法慈母般的眼神中，每个人就是整个国家。其实，每个人首先是所有人，所谓"他者"实为镜像中的"我者"。未成年人更是如此，他们时时映照着我们的来路，也处处昭示着我们的去路。在学术生涯中有此机缘久久注目和倾心于这个群体，对我来说犹如明镜常在，清水长流，何其幸也！

　　谢谢我的东家和资助方——中国社会科学院法学研究所，谢谢以夏吟兰教授、薛宁兰研究员、谢鸿飞研究员、朱广新研究员为代表引领我在学术道路上不断前行的诸位师长，谢谢以冯珏研究员、刘征峰副教授为代表在小众研究中不断予我支持的同仁和同道！本书部分内容已公开发表，感谢中国社会科学院民法典评注项目和《法学研究》《政治与法律》《中国社会科学院大学学报》等刊物就相关研究给予我的督促、支持和鼓励！最后，本书的出版直接受惠于社会科学文献出版社刘骁军编审的督促和易卉编辑的襄助，没有她们的不懈推进，这部书稿或许会是西西弗斯的石头那般的命运，谨此致以最为诚挚的感谢和祝福！

书稿论及古今中外，疏漏和错误在所难免，文责必在我身，然亦当自勉：求知注定是在知与不知间跋涉，重要的是跬步自珍，逐光而行。

深愿我们永葆赤子之心！

邓 丽

2023 年 6 月 1 日

# 主要参考文献

## 一 中文文献

### （一）著作类

1. 蒋新苗：《收养法比较研究》，北京大学出版社 2005 年版。

2. 王雪梅：《儿童权利论》，社会科学文献出版社 2018 年版。

3. 朱广新：《未成年人保护的民法问题研究》，中国人民大学出版社 2021 年版。

4. 夏吟兰主编《婚姻家庭继承法》（第二版），中国政法大学出版社 2021 年版。

5. 雷明光主编《中华人民共和国收养法评注》，厦门大学出版社，2016 年版。

6. 陈甦主编《中国社会科学院民法典分则草案建议稿》，法律出版社 2019 年版。

7. 马忆南：《婚姻家庭继承法学（第四版）》，北京大学出版社 2019 年版。

8. 房绍坤、范李瑛、张洪波编著《婚姻家庭与继承法（第五版）》，中国人民大学出版社 2018 年版。

9. 陈苇主编《婚姻家庭继承法学（第三版）》，中国政法大学出版社 2018 年版。

10. 杨大文主编《亲属法与继承法》，法律出版社 2013 年版。

11. 薛宁兰、金玉珍主编《亲属与继承法》，社会科学文献出版社 2009 年版。

12. 吴国平：《婚姻家庭立法问题研究》，吉林大学出版社 2008 年版。

13. 巫昌祯主编《婚姻家庭法新论》，中国政法大学出版社 2002 年版。

14. 林秀雄：《亲属法讲义》，元照出版有限公司 2018 年版。

15. 史尚宽:《亲属法论》，中国政法大学出版社 2000 年版。

16. 余延满:《亲属法原论》，法律出版社 2007 年版。

17. 戴炎辉、戴东雄、戴瑀如合著《亲属法》，作者自版 2010 年版。

18. 程维荣:《中国继承制度史》，中国出版集团东方出版中心 2006 年版。

19.〔日〕滋贺秀三:《中国家族法原理》，张建国、李力译，法律出版社
    2003 年版。

20. 黄薇主编《中华人民共和国民法典婚姻家庭编解读》，中国法制出版
    社 2020 年版。

21. 郭林茂主编《中华人民共和国未成年人保护法解读》，中国法制出版
    社 2020 年版。

22. 吴晓芳主编《婚姻家庭继承案件裁判要点与观点》，法律出版社 2016
    年版。

23.〔德〕迪特尔·施瓦布:《德国家庭法》，王葆莳译，法律出版社 2022
    年版。

24. 王葆莳:《德国联邦最高法院典型判例研究 家庭法篇》，法律出版社
    2019 年版。

25. 王葆莳、张桃荣、王婉婷译注《德国〈家事事件和非讼事件程序
    法〉》，武汉大学出版社 2017 年版。

26. 王融擎编译《日本民法条文与判例（上下册）》，中国法制出版社 2018
    年版。

27.〔英〕基斯·摩根:《家庭法基础（第二版）》，武汉大学出版社 2004
    年版。

28. 蒋月等译《英国婚姻家庭制定法选集》，法律出版社 2008 年版。

29.〔英〕凯特·斯丹德利:《家庭法》，屈广清译，中国政法大学出版社
    2004 年版。

30.〔英〕威廉·布莱克斯通:《英国法释义（第一卷）》，游云庭、缪苗译，
    上海人民出版社 2006 年版。

31. Harry D. Krause、David D. Meyer：《美国家庭法精要（第五版）》，陈苇等译，中国政法大学出版社 2010 年版。

32.〔法〕科琳·雷诺—布拉尹思吉：《法国家庭法精要（第 17 版）》，石雷译，法律出版社 2019 年版。

33. 欧盟基本权利机构、欧洲理事会：《欧洲儿童权利法律手册》，张伟、刘林语译，中国政法大学出版社 2021 年版。

34. 周枏：《罗马法原论》（上下册），商务印书馆 2014 年版。

35.〔罗马〕查士丁尼：《法学总论——法学阶梯》，张企泰译，商务印书馆 1989 年版。

36.〔意〕彼德罗·彭梵得：《罗马法教科书》，黄风译，中国政法大学出版社 1996 年版。

37.〔意〕桑德罗·斯奇巴尼选编《优士丁尼国法大全选译（第 5 卷）：婚姻与家庭》，费安玲译，〔意〕阿尔多·贝特鲁奇、朱赛佩·德拉奇纳校，商务印书馆 2022 年版。

38.〔古希腊〕柏拉图：《理想国》，顾寿观译，吴天岳校注，岳麓书社 2010 年版。

39.〔德〕卡尔·拉伦茨：《德国民法通论》（上下册），王晓晔、邵建东等译，法律出版社 2003 年版。

40.〔德〕迪特尔·梅迪库斯：《德国民法总论》，邵建东译，法律出版社 2000 年版。

41.〔德〕维尔纳·弗卢梅：《法律行为论》，迟颖译，米健校，法律出版社 2013 年版。

42.〔德〕卡尔·拉伦茨：《法学方法论》，陈爱娥译，商务印书馆 2003 年版。

43.〔德〕齐佩利乌斯：《法学方法论》，金振豹译，法律出版社 2009 年版。

44.〔美〕博登海默：《法理学：法律哲学与法学方法》，邓正来译，中国政法大学出版社 1997 年版。

45.〔德〕施塔姆勒：《现代法学之根本趋势》，姚远译，商务印书馆 2016

年版。

46. 冯玉军选编《美国法律思想经典》，法律出版社 2008 年版。

47. 张文显：《二十世纪西方法哲学思潮研究》，法律出版社 2006 年版。

48. 〔美〕劳伦斯·M.弗里德曼：《美国法律史》，苏彦新等译，苏彦新校，中国社会科学出版社 2007 年版。

49. 〔奥〕尤根·埃利希：《法律社会学基本原理》，叶名怡、袁震译，中国社会科学出版社 2009 年版。

50. 〔德〕乌尔里希·贝克、〔英〕安东尼·吉登斯、〔英〕斯科特·拉什：《自反性现代化 现代社会秩序中的政治、传统与美学》，赵文书译，商务印书馆 2014 年版。

51. 〔美〕道格拉斯·C.诺斯：《制度、制度变迁与经济绩效》，杭行译，韦森译审，格致出版社／上海三联书店／上海人民出版社 2014 年版。

52. 〔德〕安德雷亚斯·莱克维茨：《独异性社会：现代的结构转型》，巩婕译，社会科学文献出版社 2019 年版。

53. 〔英〕丹尼斯·史密斯：《历史社会学的兴起》，周辉荣、井建斌等译，刘北成校，上海人民出版社 2000 年版。

54. 〔法〕安德烈·比尔基埃等主编《家庭史》（全三卷），生活·读书·新知三联书店 1998 年版。

55. 〔奥地利〕迈克尔·米特罗尔、雷因哈德·西德尔：《欧洲家庭史——中世纪至今的父权制到伙伴关系》，赵世玲等译，华夏出版社 1987 年版。

56. 〔法〕菲力浦·阿利埃斯：《儿童的世纪——旧制度下的儿童和家庭生活》，沈坚、朱晓罕译，北京大学出版社 2013 年版。

57. 〔美〕加里·斯坦利·贝克尔：《家庭论》，王献生、王宇译，商务印书馆 2007 年版。

58. 〔法〕卢梭：《爱弥儿——论教育》（上卷），李平沤译，商务印书馆 2017 年版。

59. 孙向晨：《论家：个体与亲亲》，华东师范大学出版社 2019 年版。

60. 邓伟志、徐榕:《家庭社会学》,中国社会科学出版社 2001 年版。

（二）论文类

61. 夏吟兰:《婚姻家庭编的创新和发展》,《中国法学》2020 年第 4 期。

62. 李永军、张兰兰:《"亲子合同承担":收养行为之教义学重构》,《学海》2022 年第 3 期。

63. 邓丽:《收养法的社会化:从亲子法转向儿童法》,《法学研究》2020 年第 6 期。

64. 雷敏:《民间收养问题研究——基于民政法治建设的视域》,《中国民政》2016 年第 14 期。

65. 蒋新苗、佘国华:《国际收养法走势的回顾与展望》,《中国法学》2001 年第 1 期。

66. 蒋新苗:《现代国际社会收养立法的溯源与展望》,载公丕祥主编《法制现代化研究（第六卷）》,南京师范大学出版社 2000 年版。

67. 王歌雅:《关于我国收养立法的反思与重构》,《北方论丛》2000 年第 6 期。

68. 〔日〕细川清:《日本的特别收养制度》,林青译,师张校,《环球法律评论》1988 年第 4 期。

69. 〔美〕泰米·L·布里安原:《日本的收养制度与观念》,范忠信摘译,《苏州大学学报》（哲学社会科学版）1997 年第 2 期。

70. 罗冠男:《意大利未成年人收养法改革评述》,载《家事法研究》（2016 年卷）,社会科学文献出版社 2016 年版。

71. 雷春红:《欠缺法定要件收养关系的法律规制——以浙江省为样本》,《西部法学评论》2014 年第 1 期。

72. 黄忠:《有继子女的夫妻可否收养社会弃婴?——关于〈收养法〉第 6 条"无子女"含义的理解》,《社会福利》2009 年第 1 期。

73. 王利明:《论公序良俗原则与诚实信用原则的界分》,《江汉论坛》2019 年第 3 期。

74. 肖新喜：《论民法典婚姻家庭编的社会化》，《中国法学》2019 年第 3 期。

75. 谢鸿飞：《民法典的外部体系效益及其扩张》，《环球法律评论》2018 年第 2 期。

76. 肖瑛：《家国之间：柏拉图与亚里士多德的家邦关系论述及其启示》，《中国社会科学》2017 年第 10 期。

77. 邓丽：《我国亲子法新架构：从部门法到领域法》，《中国社会科学院大学学报》2023 年第 6 期。

78. 肖新喜：《亲权社会化及其民法典应对》，《法商研究》2017 年第 2 期。

79. 张威：《德国〈社会法典〉第八部/〈儿童与青少年专业工作法〉的核心精髓及其启示》，《社会政策研究》2017 年第 1 期。

80. 杨立新：《〈民法总则〉制定与我国监护制度之完善》，《法学家》2016 年第 1 期。

81. 夏吟兰：《比较法视野下的"父母责任"》，《北方法学》2016 年第 1 期。

82. 林建军：《家庭教育法的调整对象及其逻辑起点》，《河北法学》第 39 卷第 5 期。

83. 和建花：《法国、美国和日本家庭教育支持政策考察》，《中华女子学院学报》2014 年第 2 期。

84. 夏吟兰：《民法典体系下婚姻家庭法之基本架构与逻辑体例》，《政法论坛》2014 年第 5 期。

85. 刘征峰：《被忽视的差异——〈民法总则（草案）〉"大小监护"立法模式之争的盲区》，《现代法学》2017 年第 1 期。

86. 邓丽：《多法域交汇下的国家监护：法律特质与运行机制》，《中华女子学院学报》2018 年第 4 期。

87. 赵红梅：《私法社会化的反思与批判——社会法学的视角》，《中国法学》2008 年第 6 期。

88. 钟浩南：《论同案同判作为司法裁判的核心———一个基于系统论的描述》，《法制与社会发展》2022 年第 6 期。

89. 刘剑文：《论领域法学：一种立足新兴交叉领域的法学研究范式》，《政法论丛》2016 年第 5 期。

90. 杨敬之：《系统论视角下家庭权的宪法保障》，《黑龙江科学》2016 年第 14 期。

91. 李石山、彭欢燕：《法哲学视野中的民法现代化理论模式》，《现代法学》2004 年第 2 期。

92. 〔德〕弗里茨·施图尔姆：《为德国法律统一而斗争——德国民法典的产生与〈施陶丁格尔德国民法典注释〉第一版》，陈卫佐译，《私法》2002 年第 1 期。

93. 邓丽：《最有利于未成年人原则的实践基础与制度理性》，《政治与法律》2024 年第 6 期。

94. 苑宁宁：《最有利于未成年人原则内涵的规范性阐释》，《环球法律评论》2023 年第 1 期。

95. 贺万裕：《欧洲人权法院视野下儿童最大利益原则的程序性转向》，《人权》2023 年第 4 期。

96. 王雪梅：《权利冲突视域下儿童最大利益原则的理解与适用》，《政法论坛》2022 年第 6 期。

97. 王广聪：《论最有利于未成年人原则的司法适用》，《政治与法律》2022 年第 3 期。

98. 宋英辉、李娜：《儿童利益最大化原则在刑事诉讼中的贯彻》，《中国青年社会科学》2022 年第 1 期。

99. 曾皓：《儿童利益最大化原则在学前教育立法中的落实》，《法学》2022 年第 1 期。

100. 王雪梅：《儿童权利保护的"最大利益原则"研究（上）》，《环球法律评论》2002 年冬季号。

101. 吴国平：《论继父母子女关系法律规制的立法完善》，《江南大学学报》（人文社会科学版）2018 年第 1 期。

102. 〔德〕妮娜·德特洛夫：《21 世纪的亲子关系法——法律比较与未来展望》，樊丽君译，《比较法研究》2011 年第 6 期。

103. 张学军：《试论继父母子女关系》，《吉林大学社会科学学报》2002 年第 3 期。

104. 杨晋玲：《继父母子女关系的法律调适》，《思想战线——云南大学人文社会科学学报》2001 年第 4 期。

105. 陈明侠：《完善父母子女法律制度（纲要）》，《法商研究》1999 年第 4 期。

106. 刘毅：《家国传统与治理转型》，《中共中央党校学报》2017 年第 1 期。

107. 孟宪范：《家庭：百年来的三次冲击及我们的选择》，《清华大学学报》（哲学社会科学版）2008 年第 3 期。

108. 盛泽宇：《"家国同构"问题与中国的法治国家建构》，《中国政法大学学报》2015 年第 6 期。

109. 张新刚：《有待安顿的新家国关系》，载许章润、翟志勇主编《历史法学（第十一卷）：敌人》，法律出版社 2016 年版。

110. 李伟：《"家"、"户"之辨与传统法律表征》，《政法论丛》2015 年第 6 期。

111. 章志远：《姓名、公序良俗与政府规制》，《华东政法大学学报》2010 年第 5 期。

112. 石金群：《独立还是延续：当代都市家庭代际关系中的矛盾心境》，《广西民族大学学报》（哲学社会科学版）2014 年第 4 期。

113. 彭卫民：《"家"的法哲学建构何以可能？》，《天府新论》2017 年第 2 期。

114. 张景燮：《无个体主义的个体化：东亚社会的压缩现代性和令人困惑的家庭危机》，刘汶蓉译，载上海社会科学院家庭研究中心编《中国家庭研究》（第 7 卷），上海社会科学院出版社 2012 年版。

## 二　外文文献

### （一）著作类

115. Kerry O'Halloran,*The Politics of Adoption: International Perspectives on Law, Policy and Practice* ,Springer. Science+Business Media, 2015.

116. Dieter Schwab, *Familienrecht (28 Auflage)* ,Verlag C.H.Beck oHG, 2020.

117. John Heifetz Hollinger, *Adoption Law and Practice,* Matthew Bender & Company Inc., 1996.

118. John Tobin, *The UN Convention on the Rights of The Child: A Commentary*, Oxford University Press, 2019.

119. Judith Areen, Marc Spindelman, Philomila Tsoukala, *Family Law (6th Edition)*, Foundation Press, 2012.

120. Joseph Goldstein, Anna Freud, Albert J. Solnit, *Beyond the Best Interests of the Child*, The Free Press, 1973.

121. United Nations International Children's Emergency Fund (UNICEF), *Implementation Handbook for the Convention on the Rights of the Child*, 2007.https://www.unicef.org/eap/reports/implementation-handbook-convention-rights-child.

### （二）论文类

122. Barbara Findlay, *All in the Family Values*, Canadian Journal of Family Law 14 (1997).

123. Knauer, Nancy J., *LGBT Older Adults, Chosen Family, and Caregiving*, Journal of Law and Religion 31(2) (2016).

124. Young Alexandra, *Developments in Intercountry Adoption: From Humanitarian Aid to Market-Driven Policy and beyond*, Adoption & Fostering 36(2) (2012) .

125. Joans, Barbara, *The Girls Who Went Away: The Hidden History of Women Who Surrendered Children for Adoption in the Decades Before Roe v. Wade*

*(review)*, Oral History Review 36(1) (2009) .

126. Sanders, Deborah L., *Toward Creating a Policy of Permanence for America's Disposable Children: the Evolution of Federal Foster Care Funding Statutes from 1961 to Present,* Journal of Legislation 29(1) (2003).

127. John Tobin, *To Prohibit or Permit: What Is the (Human) Rights Response to the Practice of International Commercial Surrogacy,* International and Comparative Law Quarterly 63( 2 ) ( 2014).

128. Lavanya Regunathan Fischer, Werner Menski, *"Baby pigeons"and the best interests of adopted children from India,* Journal of Immigration, Asylum and Nationality Law, 27(3)(2013).

129. Christine Jones, *Openness in Adoption: Challenging the Narrative of Historical Progress.* Child & Family Social Work 21(1) (2013).

130. Greenhow, Sarah, et al., *The Maintenance of Traditional and Technological Forms of Post-Adoption Contact*, Child Abuse Review, 25 (5) (2016).

131. Joan Heifetz Hollinger, *The Uniform Adoption Act: Reporter's Ruminations*, Family Law Quarterly 30 (1996).

132. Bosch, F.W., *Entwicklungen und Probleme des Adoptionsrechts in der Bundesrepublik Deutschland,* Zeitschriftfur das gesamte Familienerecht 31 (1984).

133. LeAnn Larson LaFave, *Origins and Evolution of the Best Interests of the Child Standard*, South Dakota Law Review 34(3) (1989).

134. Ferreira, *The best interests of the child: from complete indeterminancy to guidance by the children's act,* Tydskrif vir Hedendaagse Romeins-Hollandse Reg (Journal for Contemporary Roman-Dutch Law)73(2) (2010) .

135. John Tobin, *Understanding Children's Rights: A Vision beyond Vulnerability*, Nordic Journal of International Law 82 (2015).

136. Ursula C. Basset, *The Changing Standard of the Best Interests of the Child*

*and its Impact on the Exercise of Parenting and on Children*, International Journal of the Jurisprudence of the Family 2 (2011).

137. Jensdottir, Regina, *The Council of Europe action in favour of children's rights: helping professionals working with children make the best use of the available standards*, Irish Journal of Applied Social Studies 2 (2015).

138. Susan Bennett, Stuart Hart, and Kimberly Svevo-Cianci, *Need for a General Comment for Article 19 of the UN Convention on the Right of the Child: Toward Enlightenment and Progress for Child Protection*, Child Abuse & Neglect 33 (2009).

## 三　国际文书与外国法典

### （一）国际文书

139.《儿童权利公约》(the United Nations Convention on the Rights of the Child 1989).

140.《收养管辖权、法律适用和判决承认海牙公约》(The Hague Convention on Jurisdiction, Applicable Law and Recognition of Decrees Relating to Adoption 1965).

141.《跨国收养方面保护儿童及合作海牙公约》(The Hague Convention on Protection of Children and Co-operation in Respect of Intercountry Adoption 1993).

142.《欧洲人权与基本自由公约》(European Convention for the Protection of Human Rights and Fundamantal Freedoms 1950).

143.《欧洲儿童收养公约（修订）》(the European Convention on the Adoption of Children 2008).

144.《关于儿童保护及福利、特别是国内和国际寄养与收养办法的社会和法律原则宣言》(the United Nations Declaration on Social and Legal Principles relating to the Protection and Welfare of Children with Special Reference to

Foster Placement and Adoption Nationally and Internationally 1986).

145. Hague Conference on Private International Law, *The Implementation and Operation of the 1993 Hague Intercountry Adoption Convention: Guide to Good Practice—Guide No. 1 ("Hague Convention Guide to Good Practice No 1")*, 2005.

146. Committee on the Rights of the Child, *General Comment No. 5: General Measures of Implementation of the Convention on the Rights of the Child*, CRC/C/GC/5, 2003.

147. Committee on the Rights of the Child: *General Comment No. 7: Implementing Child Rights in Early Childhood*, CRC/C/GC/7, 2005.

148. Committee on the Rights of the Child: *General Comment No. 12: The Right of the Child to Be Heard*, CRC/C/GC/12, 2009.

149. Committee on the Rights of the Child, *General Comment No. 13: The Right of the Child to Freedom From All Forms of Violence*, CRC/C/GC/13, 2011.

150. Committee on the Rights of the Child, *General Comment No. 14: On the Right of a Child to Have His or Her Interests Taken as a Primary Consideration*, CRC/C/GC/14, 2013.

151. Committee on the Rights of the Child, *Consideration of Reports Submitted by States Parties under Article 44 of the Convention (Concluding Observations:Azerbaijan)*, CRC/C/AZE/CO/3-4, 2012.

152. Committee on the Rights of the Child, *Consideration of Reports Submitted by States Parties under Article 44 of the Convention (Concluding Observations:Korea)*, CRC/C/KOR/CO/3-4, 2012.

153. Committee on the Rights of the Child, *Consideration of Reports Submitted by States Parties under Article 44 of the Convention (Concluding Observations:France)*, CRC/C/FRA/CO/4, 2009.

154. Committee on the Rights of the Child, *Concluding Observations on the*

*Combined Second to Fourth Periodic Reports of Albania,* CRC/C/ALB/CO/2-4, 2012.

155. Committee on the Rights of the Child, *Concluding Observations on the Combined Third to Fifth Periodic Reports of Bulgaria,* CRC/C/BGR/CO/3-5, 2016.

（二）外国法典

156.《法国民法典》，罗结珍译，北京大学出版社 2010 年版。

157.《德国民法典》，台湾大学法律学院、台大法学基金会编译，北京大学出版社 2016 年版。

158.《意大利民法典》，陈国柱译，中国人民大学出版社 2010 年版。

159.《瑞士民法典》，于海涌、赵希璇译，〔瑞士〕唐伟玲校，法律出版社 2016 年版。

160.《日本民法典》，刘士国、牟宪魁、杨瑞贺译，中国法制出版社 2018 年版。

**图书在版编目（CIP）数据**

收养法论：源流、体系与前瞻 / 邓丽著 . -- 北京：
社会科学文献出版社，2024.7
ISBN 978-7-5228-2222-8

Ⅰ. ①收… Ⅱ. ①邓… Ⅲ. ①收养法 - 研究 - 中国
Ⅳ. ① D923.904

中国国家版本馆 CIP 数据核字（2023）第 141148 号

## 收养法论：源流、体系与前瞻

著　　者 / 邓　丽

出 版 人 / 冀祥德
组稿编辑 / 刘骁军
责任编辑 / 易　卉
责任印制 / 王京美

出　　版 / 社会科学文献出版社·法治分社（010）59367161
　　　　　 地址：北京市北三环中路甲 29 号院华龙大厦　邮编：100029
　　　　　 网址：www.ssap.com.cn
发　　行 / 社会科学文献出版社（010）59367028
印　　装 / 三河市龙林印务有限公司

规　　格 / 开　本：787mm×1092mm　1/16
　　　　　 印　张：25.75　字　数：362 千字
版　　次 / 2024 年 7 月第 1 版　2024 年 7 月第 1 次印刷
书　　号 / ISBN 978-7-5228-2222-8
定　　价 / 128.00 元

读者服务电话：4008918866